20대,
이제 철학을
만나다

20대, 이제 철학을 만나다

신응철 지음

동문사

서 문

내가 대학에 입학하여 철학을 공부하던 1980년대, 그리고 대학원에 진학하여 해석학과 문화철학을 전공 삼아 이것을 나의 밥벌이로 여기겠다고 결심하던 1990년대, 그리고 운 좋게 대학에 근무하며 학생들을 가르치고 있는 2000년대, 긴 세월이 흐른 만큼 그간 우리 학생들에게도 많은 변화가 일어났다.

내가 대학에 다닐 시절, 또래의 우리는 으레 철학, 역사, 문학에 심취했었고, 이것을 사회현실에 접목시키려 이리저리 부단히도 헤매고 돌아다녔던 것 같다. 그때에 비하면 요즈음의 스무 살 청춘들은 무엇에 바삐 움직이고 있을까? 키는 훌쩍 커버렸고, 덩치는 훨씬 좋아졌지만, 시대를 염려하고 역사를 바라보는 안목은 더 왜소해진 것은 아닐까?

요사이 나는 물질적 풍요가 가져다 준 정신활동의 마비증상을 종종 목격하곤 한다. 대학에 입학한 스무 살 청년들이 아직까지도 자기 주도적으로 대학생활을 하지 못한 채 부모님께 의존하는 모습들에서, 미래에 대한 확고한 자기 비전을 세우지 못한 채 하루하루 시간을 허비하는 모습들에서, 그리고 독립적인 주체로 살아가기보다는 누군가에게 절대적 의존을 하는 모습들에서 20대 청춘의 자화상을 그려본다.

그렇다면 20대 젊은이들을 이렇게 허약하고 무기력하게 만든 장본인들은 누구일까? 여러 가지 이유를 찾을 수 있겠지만, 역시 우리 기성세대가 만들어놓은 교육의 폐해, 즉 그 희생자라고 나는 생각한다. 이들은 오로지 입시만을 위해 달려왔고, 그 이상도 그 이하도 아니다. 우리의 자녀이자 미래세대인 스무 살 청년들이 그 모습 그대로 대학과 직장에 던져졌다.

나는 이제 이들 청춘들이 20년 전, 30년 전의 선배들과 똑같은 길을 걸으라고 강요하고 싶지는 않다. 다만, 우리 젊은이들이 21세기에 어울리는 우리시대의 삶의 풍경들을 냉철하게 읽어낼 수 있는 비판적인 안목을 갖기를 권유한다. 복잡 다양한 사회현실, 이해관계가 첨예한 정치현실, 생존 투쟁의 장인 냉혹한 국제질서 속에서 우리의 균형감각을 잃지 않을 그런 안목을 갖기를 기대한다.

그래서 더불어 살아가는 지혜도 발휘할 수 있기를 기대한다. 나를 세우는 일과 남을 배려하는 일을 균형 있게 추진할 수 있고, 지구촌 공동체의 구성원으로서의 책임과 의무도 함께 생각할 줄 하는 그런 인재들이 되기를 기대한다. 그러한 비전과 목표를 위해 오늘 지금 이 순간 땀 흘리며, 공부하며, 노력하여, 자신만의 능력과 역량을 겸비하는 그런 목적이 있는 청년들이 되기를 기대한다.

나는 우리 청년들이 저마다 자기가 처한 상황에서 최선을 다해 부단히 노력한다면, 미래는 불투명한 불안으로 다가오는 것이 아니라 약속된 선물로 주어질 것이라고 확신한다. 청년들이 걸어가는 이 여정에 나는 '철학'이라는 친구를 소개하고 싶다. 철학과 동행하는 삶, 철학이 있는 삶, 그래서 그들의 삶 자체가 철학적인 삶이 되게끔 도움을 주고 싶다. 우리 20대 청춘들이 이제 철학을 만나기를 바란다. 철학을 통해, 그들 모두가 당당하고, 건강하고, 자신감 넘치는 인생의 주역들이 되기를 바란다.

2014년 1월 청마 해를 기대하며
대림대학교 연구실에서 저자

목 차

Chapter 04 | 우리의 기억은 정당한가?____111

Chapter 05 | 우리는 이념논쟁에서 자유로운가?____143

Chapter 06 | 우리는 진정 지식인인가?____175

Chapter 01

교양 교육 이대로 좋은가?*

마사 누스바움

(Martha C. Nussbaum, 1947–현재)

누스바움의 책

『공부를 넘어 교육으로』

* 이 글은 「누스바움의 민주주의를 위한 시민교육-'이익창출'에서 '인간계발' 모델로」, 『철학논집』 34집(서강대 철학연구소, 2013)에 수록되어 있음을 밝혀둔다.

1. 누스바움, 민주주의에 대해 말하다

01

마사 누스바움(Martha C. Nussbaum. 1947-현재)[1]은 2008년 가을 한국을 방문하여 대학에서의 인문학과 교양교육의 중요성을 강조하고, 특히 인문학과 예술이 민주주의 역사에서 중심적인 역할을 수행해 왔으며, 앞으로도 그렇게 되어야만 민주주의의 미래를 기대할 수 있다고 언급하였다. 그녀는 오늘 세계 각국이 당면한 민주주의의 위기를 정치사상의 측면에서 분석하기보다는 교육의 관점, 특히 인문학적 교양교육과 예술교육의 측면에서 접근하고 있는데, 이 점은 매우 독특하며, 또한 강한 설득력을 지니고 있어서 우리는 그녀의 시선에 주목해볼 필요가 있을 것이다. 누스바움은 *Not for Profit*(2010)[2]에서 위대한 교육자와 국가의 창건자들은 모두 인문학과 예술이 어떤 식으로 아이들의 비판적 사색 능력을 길러줄 수 있는지를 이해하고 있었다는 사실을 우리에게 상기시키고 있다. 예술과 문학을

---

1) 뉴욕대학교에서 연극학과 서양고전학으로 학사학위를, 하버드대학교에서 고전철학으로 석사와 박사학위를 받았다. 이후 하버드대학교 철학과와 고전학과에서 교수직을 시작하여 석좌교수가 되었으며, 1980년 초 브라운대학교 철학과 석좌교수로 재직하였으며, 현재 시카고대학교 철학과, 로스쿨, 신학교에서 법학·윤리학 석좌교수로 재직 중이다. 2008년 한국학술진흥재단 주최의 <석학과 함께하는 인문강좌>를 통해 '감정과 정치문화'라는 주제로 세 차례 강연하였으며, 저서로는 *Loves's Knowledge*(1990), *Poetic Justice*(1996), *For love of Country*(1996), *Cultivating Humanity* (1997), *Sex and Social Justice*(1998), *The Fragility of Goodness*(2001), *Hiding from Humanity*(2004), *Animal Rights*(2004), *Creating Capabilities* (2011) 등이 있다.

2) Nussbaum의 책 *Not for Profit*은 국내에서 『공부를 넘어 교육으로』(우석영 역, 궁리, 2011)라는 제목으로 번역되어 있다(이후 *NfP*로 표기하고, 번역본의 쪽수를 표기하도록 함).

배우는 학생들은 또한 타인의 상황을 상상하는 법을 배우는데, 그 상상력은 민주주의의 성공에 근본적으로 필요한 능력이며, 이 상상력 훈련은 우리의 내면의 시선을 기르는 데 필요한 훈련이기도 하다. 누스바움은 이 책에서 동서양 양쪽의 철학과 교육이론의 핵심적 가치를 제시하고 있다. 누스바움은 인도의 라빈드라나트 타고르(Tagore, Rabindranath. 1861-1941)와 미국의 존 듀이(John Dewey. 1859-1952), 그리고 프랑스의 장-자크 루소(Jean-Jacques Rousseau. 1712-1778)의 교육사상에 근거하여 인간 계발의 교육모델을 만들어내는 동시에, 이 모델이 민주주의에, 그리고 국제적 감각을 갖춘 세계시민의 배양에 필수라고 주장한다.

이를테면, 누스바움에 따르면, 타인과 마음을 같이 하는 능력이 부족하다 보면 '혐오감'과 '수치심'과 같은 해로운 감정이 생겨날 수 있다. 이 수치심은 무력한 인간 지경에 대한 인간의 보편적 반응이다. 상호 필요와 상호의존성보다 완전한 통제의 신화를 가르치는 사회는 이런 감정을 오로지 강화시켜 줄 뿐이다.[3] 그래서 그녀는 우리더러 루소처럼 생각하자고 제안한다. 에밀이 인간의 평범한 곤경에 공감하는 법을 배워야 한다고 생각했던 루소처럼 말이다. 에밀은 수많은 약자가 처한 상황이라

3) 이 부분과 관련된 보다 세부적인 논의는 누스바움이 2008년 방한하여 서울대에서 행한 강연원고인 *Compassion : Human and Animal*을 참조 바람. 이 원고는 이후 누스바움, 「약자에 대한 배려 능력으로서의 공감」(오병선 역, 『서강법학』 10권2호, 2008.)으로 번역되었다. 공감 능력과 상반되는 감정인 혐오감과 수치심이 왜 생겨나는지에 대한 논의는 Nussbaum, *Hiding From Humanity : Disgust, Shame, and the Law*(Princeton : Princeton University Press, 2004) 참조 바람.

는 렌즈를 통하여 세계를 보고 풍요로운 상상력을 함양해야만 한다. 오직 그러해야만 참으로 타인을, 실재하는 동등한 이로서 볼 수 있을 것이다. 오직 그러할 때에만 그는 동동한 이들 속에 있는 이, 상호의존성을 이해하는 이가 될 수 있을 것이다. 그리고 이것은 민주주의와 세계 시민정신에 필요한 것이다. '공감 능력'이 부족한 시민들로 가득 찬 민주주의의 체제는 어쩔 수 없이 사회적 소외와 낙인의 체제를 양산할 것이며, 그리하여 그 체제의 문제들을 해결하기는커녕 오히려 악화시킬 것이다. 누스바움은 민주주의 사회에서 교육이 경제성장이라는 한 가지 가치에만 매몰되다 보면, 결국 보다 더 질 높은 삶을 이끌어내지 못하게 된다는 사실을 지적하고 있다. 예술과 인문학에 대한 무시와 경멸은 결과적으로 우리 모두의 삶을, 나아가 민주주의 체제의 건강을 위험에 빠뜨리게 된다는 것이다.

이제 필자는 이 글에서 민주주의를 견고하게 지켜나가기 위한 하나의 방책으로서, 누스바움이 제시하는 시민교육 모델을 세밀하게 검토하고자 한다. 이 과정에서 현재 진행되고 있는 민주주의를 위한 시민교육의 문제점과 이를 해결하기 위해 제안하는 누스바움의 교육모형에 대해 살펴보고, 나아가 시민교육과 세계 시민의 자질에 대해 검토할 것이다. 끝으로 이러한 누스바움의 인간 계발 중심의 시민교육 모델의 의미를 우리 사회에 적용하여 되살펴보고, 누스바움의 입장을 비판적 관점에서 보완해보고자 한다.

2. 민주주의를 위한 교육 진단 : '이익 창출'에서 '민주주의를 위한 교육'으로

누스바움은 민주주의의 앞날과 관련하여 현재 마치 암처럼 눈에 띄지 않게 진행되고 있는 어떤 위기가 있다고 말한다. 그녀가 '조용한 위기'라고 부른 이것은 다름 아닌 '교육에서의 전 세계적 위기'[4]이다. 누스바움에 따르면, 전 세계 민주주의 사회체제들이 젊은이들에게 가르치는 교육의 내용은 대부분 국가의 이익에 맞추어져 있고, 정작 민주주의 자체를 위한 교육에는 소홀하고 있다는 것이다. 따라서 이러한 현상이 지속된다면, 전 세계 국가들은 스스로 생각하고, 전통을 비판할 수 있으며, 타인의 고통과 성취의 중요성을 이해할 수 있는 온전한 시민이 아니라, 곧 '유용한 기계'[5]일 뿐인 세대를 생산하게 된다. 그런 맥락에서 세계의 민주주의 체제들의 미래는 오늘날 극도의 위기에 빠져 있다는 것이다.

그렇다면 오늘날 교육이 위기 상태에 봉착하게 된 근본 원인은 어디에 있는가? 누스바움은 그 원인을 교육현장에서 찾아내고 있다. 말하자면, 인문교양과 예술이 사실상 전 세계 모든 국가의 초·중·고 교육, 그리고 전문대·대학교 교육에서 잘려 나가고 있는 현실에서 답을 찾고 있다.[6] 국가는 세계 시장에서의

4) Nussbaum, *NfP*, 24쪽.

5) '유용한 기계'라는 표현은, 오늘날 민주주의 체제에서 위기의 교육을 받은 젊은이들은 온전한 주체로 성장하는 것이 아니라 기껏해야 국가의 이익, 즉 국가의 경제성장에 동원되는 유용한 기계로 전락하게 될 것이라는 의미이다.

6) 누스바움은 *NfP* 한국어판 저자 서문에서 2008년 방한 당시 인문학의 위

지속적인 경쟁력을 갖추기 위해서 당장 쓸모없는 모든 것들을 없애야 하는 시대에, 인문교양과 예술은 정책 입안자들의 눈에는 쓸모없는 겉치레로 보일 뿐이다. 그래서 그것들은 교과과정에서, 학부모와 학생들의 정신과 마음에서 자신의 자리를 속속 잃어가게 되었으며, 과학과 사회과학의 인문학적 요소라 불릴 만한 것들, 예를 들면 상상적이며 창조적 요소들, 비판적 사유의 요소들 또한 본래의 제자리를 잃어버리게 되었다는 것이다. 이는 국가들이 이윤 창출에 적합한, 유용하고도 최첨단 응용기술의 개발을 통한 단기적 이익의 추구를 선호함에 따라 발생된 현상이라 할 수 있다. 세계 시장 속에서의 이익창출 가능성을 향해 질주하는 쇄도와 함께, 민주주의 체제에 더 없이 소중한 가치들이 이제는 사라지고 말 위기에 처해 있다고 누스바움은 진단한다.

일반적으로 이윤(이익) 동기는 많은 관련 지도자들에게 과학과 기술이 국가의 미래 건강에 핵심적 중요성을 차지한다고 속삭인다. 누스바움은 훌륭한 과학/기술 교육 자체를 반대하는 것이 아니다. 과학/기술 교육만큼이나 똑같은 핵심적인 중요성을 지니는 다른 능력들이 지금의 경쟁적 혼돈 속에서 사라질 위기에 처해 있다는 사실을 지적하고 있는 것이다. 이 능력들은 다름 아닌 인문교양과 예술에 관련되어 있다. 그러니까 비판적으로 사고할 수 있는 능력, 지역적 차원의 열정을 뛰어넘어 '세계 시민'으로서 세계의 문제에 접근할 수 있는 능력, 마지막으로 다른 사람의 곤경에 공감하는 태도로 상상할 수 있는

기 상황과 교양교육을 지켜내려는 한국 사회의 열정과 의지에 큰 감명을 받았다고 밝히기도 하였다.

능력이다. 이를 한마디로 표현하면, '인문학의 정신'(the Spirit of humanities)이다.[7)]

누스바움에 따르면, 민주주의 체제들을 살아 있게 하고, 깨어 있게 하는 일에, 훈련된 비판적 사유 능력은 필수항목이 된다. 여러 다양한 문화·집단·민족들을 세계 경제에 대한 이해의 맥락에서, 또한 여러 국가적·집단적 상호 교류사의 맥락에서 사려 깊게 사색할 수 있는 능력이란, 민주주의 체제들로 하여금 각기 상호 의존적인 세계의 일원으로서 현재 우리가 직면하고 있는 문제들에 책임 있는 자세로 대응하도록 만들기 위해서 절대적으로 필요한 능력들이다. 그런 맥락에서 누스바움은 '이익 창출 중심의 교육'과 '훌륭한 시민양성 중심의 교육' 양자 사이에서 어느 하나를 선택하는 것이 아니라, 양자의 조화와 상호보완에 초점을 맞추고 있다.[8)]

'이익 창출 중심의 교육'은 달리 표현하면 '경제성장을 위한 교육'이며, '훌륭한 시민양성 중심의 교육'은 '민주주의를 위한 교육'이라 할 수 있다. 그런데 오늘날 세계 경제 위기의 상황에서는 단연코 '경제성장을 위한 교육'에 초점을 맞추게 되고, 그 결과 교양·예술 교육을 단지 무시하는 것에 그치지 않고, 인문교양·예술교육 자체를 반대하는 상황까지 초래하게 되었다. 이러한 상황에서 누스바움은 세계 교육계에서 통용되고 있는 경제성장 본위의 모델에 대한 대안으로 '인간 계발 패러다임'

7) Nussbaum, *Citizens of the World : A Classical Defense of Reform in Liberal Education*(Cambridge, MA : Harvard University Press, 1997). *NfP,* 31쪽.

8) Nussbaum, *NfP,* 36쪽.

(Human Development Paradigm) 모델을 제시한다.[9] 이 모델에 따르면, 중요한 것은 생명, 건강, 육체적 온전성에서부터 정치적 자유, 정치적 참여, 교육에 이르는 여러 핵심 분야에서 개인이 지니는 '기회' 또는 '가능성'이다.[10] 이러한 계발 모델은 모든 개인이 법과 제도에 의해 존중되어야 하고, 그 누구에게도 양도될 수 없는 인간 존엄성을 지닌다는 점을 인정한다. 국가다운 국가라면 최소한 시민들이 여러 권리들을 지닌다고 공인할 것이며, 시민들이 최소 수준 이상의 기회를 갖게끔 방법적 전략들을 고안해내어야만 한다.

누스바움은 자신의 '인간 계발 모델'이 민주주의에 절대적 관심을 두고 있다고 말한다. 한 인간의 삶을 지배하는 정책들의 선정 과정에서 일정한 목소리를 내는 일이야말로, 존엄한 인간의 삶에서 핵심적 요소가 되기 때문이다. 계속해서 그녀는 인간 계발 모델이 선호하는 종류의 민주주의란 다수당의 변덕스런 횡포로도 사람들에게서 빼앗을 수 없는 근본적인 권리들이 강력한 역할을 하는 그런 민주주의이다.[11] 그리하여 이 모델은 정치적 자유, 발언의 자유, 결사의 자유, 종교의 자유, 교육과 건강과 같은 여타 분야에서의 근본 권리들의 강력한 보호를 찬성하게 된다.

그렇다면 한 국가가 이러한 유형의 인간적이며, 인간에 대해 세심히 배려하는 민주주의를, 그 모든 사람에게 생명, 자유, 행복 추구의 기회 증진에 헌신하는 민주주의를 진흥하고자 한다

9) Nussbaum, *NfP*, 56쪽.
10) Nussbaum, *NfP*, 56쪽.
11) Nussbaum, *NfP*, 57쪽.

면, 그 국가는 어떤 종류의 능력과 자질을 지닌 시민을 양성해야 하는가? 이 물음에 대해 누스바움은 요청되는 일곱 가지 시민의 능력과 자질[12]을 제시한다.

① 전통에도 권위에도 판단을 맡기지 않으며, 국가 전체에 영향을 미치는 정치적 이슈에 대해 제대로 생각할 수 있는 능력, 즉 검토·성찰·주장·논쟁할 수 있는 능력

② 인종·종교·젠더·섹슈얼리티가 다르더라도 동료 시민을 동등한 권리를 가진 자로서 인정할 수 있는 능력, 즉 그들을 존중하며, 한 사람·조직의 고유한 이익을 위해 조작되어야 마땅한 도구로서가 아니라 목적으로서 바라볼 줄 아는 능력.

③ 타인의 삶에 관심을 기울일 수 있는 능력, 즉 특정 종류의 많은 정책이 동료 시민의 기회나 경험에 무엇을 의미하는지, 그러한 정책들이 자신이 살고 있는 국가 밖의 타인들에게 무엇을 의미하는지 파악할 수 있는 능력.

④ 한 인간의 삶의 서사에 영향을 미치는 다양하고 복잡한 이슈들을 제대로 상상할 줄 아는 능력, 즉 그저 합계 데이터에 의존함으로써만이 아니라, 인간에 관한 다채로운 이야기에 귀 기울임으로써 어린 시절, 청소년 시절, 가족관계, 병, 죽음, 그 외 많은 것들을 생각할 줄 아는 능력.

⑤ 정치 지도자들에게 허용되는 가능성을 보는 현실적이고 지적인 감각과 더불어 그들을 비판적으로 판단할 수 있는 능력.

⑥ 자신의 지역 집단에게 이로운 것만이 아니라, 전체로서의 국가에 이로운 것을 생각할 수 있는 능력.

12) Nussbaum, *NfP*, 57-58쪽.

⑦ 반대로 자신의 조국을 복잡한 세계 질서의 일부로 인식할 수 있는 능력.

또한 이것에 덧붙여 누스바움은 건강한 민주주의 체제를 위한 시민 양성을 위해서 학교가 무엇을 할 수 있고 또 해야 하는지 되물으면서 다음의 일곱 가지 사항[13)]을 제시하고 있다.

① 타인의 관점, 특히 사회가 '그저 사물'보다 덜 중요하게 보는 이들의 관점에서 세계를 볼 수 있는 능력을 계발하기.

② 나약함은 수치스러운 것이 아니며, 타인을 필요로 하는 것은 남자답지 못한 것이 아님을 일러주는, 인간의 허약성과 나약함에 대한 태도 교육, 즉 아이들에게 결핍이나 욕구, 자신의 불완전성에 대해 수치스러워하지 않도록 협동과 상호 호혜를 위한 기회로서 이러한 것들을 인식하도록 가르치기.

③ 가까이 있든 멀리 있든 타자에 대해 진심으로 관심을 기울이는 능력을 계발하기.

④ 다양한 종류의 소수자 집단을 '저열하고', '세상을 오염시키는' 이들로 보거나 혐오감 속에서 그들을 피하려는 성향을 약화시키기.

⑤ 다른 집단들(인종적·종교적·성적 소수자, 장애인)에 관한 참된 실상을 가르쳐 그들과 연결되는 상투적 사고나 이미지 그리고 혐오감을 없애기.

⑥ 아이 하나하나를 책임 있는 행위자로 대하기, 그럼으로써 아이들의 책임감을 진작시키기.

---

13) Nussbaum, *NfP*, 90쪽.

⑦ 반대 목소리를 내는 비판적 사유에 필요한 기술과 용기, 비판적 사유 자체를 활발히 증진시키기.

누스바움은 이상의 일곱 가지 내용은 거대한 의제들로서, 이것은 지역사회의 문제와 자원에 풍요로운 지식과 더불어, 지역사회의 상황에 관한 지속적인 이해와 더불어 실행되어야 한다고 말한다. 또한 이 사항들은 교육 내용을 통해서뿐만 아니라 교육방법(pedagogy)을 통해서도 다루어져야 한다고 말한다. 누스바움은 이러한 인간 계발 교육 모델을 위한 인문학 교육의 모범으로서 소크라테스식 교육법을 제시한다. 소크라테스식 교육법은 전통과 권위에 순종하기보다는 스스로 생각하고 논쟁할 수 있도록 학생들을 자극하게 되는데, 이는 민주주의에 가치 있는 일이 된다는 것이다.

3. 새로운 시민교육 모델 : '소크라테스식 교육법'을 통한 '인간 계발' 모델로

하지만 오늘날 소크라테스식의 교육의 이상은 경제성장을 극대화하는 일에 몰두하는 세계에서 심각하게 짓눌리고 있다고 누스바움은 판단하고 있다. 예를 들어, 경제성장의 문화는 규격화된 시험을 사랑하며, 규격화된 시험의 방식으로 쉽게 평가되지 못하는 교수법과 수업내용을 참아내지 못한다. 그 결과 개인적 또는 국가적 부가 커리큘럼의 근본 초점이 되는 한, 소크라테스식의 재능들은 덜 함양될 가능성이 크다고 할 수 있다. 바로 거기에는 '자기 검토'(Self-Examination)[14]가 결여되어 있기 때문이다. 그렇다면 자기 검토의 부족(혹은 결여)은 구체적으로 어떤 문제를 초래하게 되는가? 누스바움은 세 가지 문제를 지적한다.

첫째, '목표에 대한 불명료성'이 생겨난다는 점이다.[15] 플라톤은 자신의 대화록 『라케스』*Laches*에서 이 문제를 설명한다. 플라톤은 여기서 아테네의 선도적 장군들인 라케스와 니키아스 모두 군인으로서의 용맹을 지녔다고는 생각하지만, 그 용맹의 실체가 무엇인지 제대로 설명하지 못한다. 그들은 어떤 대의를 위해 싸워야 하는지, 도시의 관심사가 궁극적으로 무엇인지에 관한 사유가 용맹에 선결되어야 하는 것인지 아닌지조차 확신하지 못했다. 훗날 플라톤은 시실리 원정에서 군사적 정책적 실수라는 재난이 그들의 자기 검토의 부족과 관계있다고 말한다. 그 점에서 시실리 원정에서 장군 니키아스는 아테네의 치명적 패배에 책임이 있었다. 여기에서도 알 수 있듯이, 소크라테스식의 자기 검토는 적어도 추구되는 각 목표들이 분명히 보이게 하며, 경솔함으로 말미암아 중대한 이슈들이 자각되지 못하는 사태를 방지해 준다.

둘째, 스스로의 힘으로 문제를 검토해보지 못하는 이들은 그

---

14) 여기서 자기 검토란 자기 자신이 누구인지에 대한 검토라기보다는, 검토하는 이 스스로의 힘으로 스스로의 필요로 말미암아 검토 대상에 대해 질문을 던지며 하는 검토를 말한다. Nussbaum, *NfP*, 96쪽. 그 밖에 소크라테스의 자기 검토와 관련된 논의는, Martha C. Nussbaum, *Cultivating Humanity : A Classical Defense of Reform in Liberal Education*, Harvard University Press, 1997(Seventh Printing, 2003). Chapter One : Socratic Self-Examination 참조 바람.

15) Nussbaum, *NfP*, 96쪽.

들이 종종 너무 쉽게 남의 말에 휘둘린다는 점이다.[16] 이른바 우유부단함은 종종 권위나 동료의 압박에 순종하는 태도와 결합되어 한층 더 악화된다. '논리'가 관심의 중심이 되지 못할 때, 사람들은 쉽게 발언자의 명성이나 문화적 신망에 휘둘리거나 동료 문화가 그것을 따른다는 사실에 휘둘린다. 이와 상반되게 소크라테스식 비판적 질문은 철저히 반권위주의적이다. 이 비판적 질문에서 발언자의 지위, 신망 따위는 하등 중요하지 않고, 중요한 것은 오직 논리이다. 소크라테스가 아테네에 가져다 준 것은 민주주의의 유약함과 겸허함의 참된 예였다. 소크라테스에게는 계급, 명성, 신망은 전혀 중요하지 않았으며, 중요한 것이라고는 오직 '논리'가 전부였다.

셋째, 검토되지 않은 삶을 살아가는 이들은 그들 스스로가 타인에 대해 '공경심' 없이 대하기 쉽다는 점이다.[17] 정치 논쟁을 운동 경기와 같다고 생각할 때, 사람들은 상대편을 적으로 보며, 상대편을 이기거나 심지어 모욕하고자 한다. 이와 상반되게 상대편 대화자에 대한 소크라테스의 태도는 자기 자신에 대한 태도와 완전히 동일하다. 소크라테스가 보기에는 모든 이에게 자기 검토는 필요하며, 모두가 논리 앞에서 평등하다. 바로 이러한 비판적 태도가 각 개인의 입장이 무엇인지 드러내주며, 또한 그 과정에서 동료 시민들을 하나의 공통된 결론으로 나아가게 하는 공통의 가정과 교차점이 드러나게 된다. 상대편의 입장에서 생각하게 되고, 상대편 입장을 존중하고 양편의 논지와 공통점에 대해 호기심을 갖게 된다. 그리고 이러한

16) Nussbaum, *NfP,* 97-98쪽.
17) Nussbaum, *NfP,* 99쪽.

전환의 과정이 정치적 타자를 인간화하며, 상대방을 우리 자신의 집단과 적어도 일부분은 생각을 공유할 수 있을지도 모르는 이성적 존재로 여기게 한다.

누스바움에 따르면, 이러한 논리와 논쟁 능력에 기반을 둔 '비판 정신'과 '공감의 능력'은 강력한 국제 시장으로 둘러싸인 다정당 기반의 현대 민주주의 체제에서 대단히 중요하다. 따라서 소크라테스에 기반을 둔 인문교양 교육은 성공적인 혁신 문화의 지속에 필수 사항인 '상상력'과 '독립적 사색 기술'을 강화시켜주며, 민주주의를 위해 가치가 있을 것이라고 한다.

그런 맥락에서 누스바움은 소크라테스적 페다고지에 기초한 교육 개혁의 예들을 제시한다. 루소의 『에밀』, 요한 페스탈로치, 프리드리히 프뢰벨, 애모스 브론슨 올컷, 호레이스 만, 존 듀이 그리고 그녀 자신이 관심을 갖고 연구했던 라빈드라나트 타고르 등이다. 여기서 잠깐 누스바움이 파악하는 이들 교육가들의 핵심 주장을 살펴보도록 하자.

먼저 장 자크 루소(Jean-Jacques Rousseau. 1712-1778)의 『에밀』의 경우, 에밀이라는 젊은이를 자율적이며 스스로 독립적으로 생각할 수 있고, 권위에 의존함 없이 스스로의 힘으로 실제적 삶의 문제를 해결할 수 있는 이로 만들려는 교육이 기술되어 있다. 루소는 자신만의 지혜로 세계를 항해할 수 있는 능력의 함양이야말로 타인을 자신의 노예로 만드는 것이 아니라, 타인과 동등한 이로서 삶을 살아갈 수 있는 훌륭한 시민으로 한 아이를 성장시키게 하는 것이 핵심요소라고 주장하였다. 그래서 에밀이 받은 교육의 상당수는 실용적인 것이며, 에밀은 실천을 통해 학습하게 된다.[18]

루소에게서 영향 받은 스위스의 요한 페스탈로치(Johann Heinrich Pestalozzi. 1746-1827)는 그가 살던 당대의 모든 학교에서 목격되던 암기학습과 주입식 교육의 실천들을 비판의 주요 표적으로 삼았다. 그에 따르면 이런 종류의 교육의 목적은 다 성장한 이후 권위에 순종할 뿐 질문을 제기하지 못하는 순종적 시민의 양성이었다. 이와 대조적으로 페스탈로치는 아이 자신의 자연스러운 비판 능력을 계발하여 아이를 적극적이고 탐구적인 인간으로 만드는 일에 목표를 둔 교육을 주장하였다. 그는 소크라테스식 교육을, 아이를 참여하게 하고 유쾌하게 하는 교육, 상식적이기 이를 데 없는 교육으로 제시한다. 또한 페스탈로치는 공감과 사랑이 교육에서 매우 중요한 요소라고 주장하였다. 그가 생각한 이상적인 교육자란 소크라테스와 같은 지적인 자극자인 동시에 어머니와 같은 이였다. 아동 교육에서 놀이의 중요성을 강조했을 뿐만 아니라, 학생 체벌의 완전한 금지를 촉구했을 정도로 그는 자신의 시대를 너무나도 앞서나갔던 사람이었다.[19)]

한편 독일의 교육가 프리드리히 프뢰벨(Friedrich (Wilhelm August) Fröbel. 1782-1852)은 페스탈로치의 정신과 더불어, 사실상 전 세계 어린아이의 학교 공부 방식을 변화시킨 교육 개혁을 단행했던 인물이다. 유치원의 창시자였던 프뢰벨은 정규 교육이 시작되기 직전 일 년 동안, 어린이들은 놀이와 사랑이 충만한 환경에서 인지능력을 넓히도록 부드럽게 안내되는 것이며, 또 그 한 해 동안의 교육은 소크라테스식 방법을 따라

---

18) Nussbaum, *NfP,* 108쪽.
19) Nussbaum, *NfP,* 110쪽.

어린이 자신의 활동 자체를 배움의 원천으로서 강조하였다. 프뢰벨에 따르면, 교육의 초점은 나이든 어른들이 자신의 지혜를 부어내는 그릇으로써 아이들을 인식하던 전통적 교육모델에 있지 않았다. 오히려 그는 교육의 초점은 어린 아이의 자연스러운 능력들을 놀이를 통해 이끌어내고 함양시키는 일에 맞추어져야 한다고 보았다. 어린이들을 활동적이도록, 탐구적이도록, 질문하도록 부추긴다는 점에서 프뢰벨의 이론에서 소크라테스식의 방법의 기초가 확고하다고 할 수 있다.[20]

다음으로, 페스탈로치와 프뢰벨에게서 큰 영향을 받은 미국의 애모스 브론슨 올컷(Amos Bronson Alcott. 1799-1888)은 소크라테스식의 교수법을 가장 충실히 수행했던 교육가로 누스바움은 설명한다.[21] 올컷은 1834년 보스턴에 템플 스쿨을 설립하여 아이들을 가르쳤는데, 이때 주로 소크라테스식의 교수

---

20) Nussbaum, *NfP,* 112-113쪽.

21) 누스바움은 미국의 교육 현실을 매우 긍정적으로 평가하고 있다. "미국의 교육은 그 형성 과정에서 유럽의 진보적 교육 개혁들로부터 지대한 영향을 받았는데, 이 점이 왜 인문교양 교육의 이념이 유럽에서가 아니라 미국에서 꽃피었는지를 설명해줄는지도 모르겠다." Nussbaum, *NfP,* 114쪽.
또 다른 곳에서 누스바움은 미국이 단 한 번도 순수한 의미에서의 '성장중심 교육 모델'을 채택한 적이 없다고 말한다. "미국은 대학 교육상의 인문교양 교육 모델(liberal arts model)을 갖추고 있다. 단 하나의 전공분야를 학습하기 위해서 대학에 진학하는 대신, 학생들은 처음 2년 동안 다양한 범위의 과목들을 수강하도록 요청되며, 이 과목들 중 특히 현저히 눈에 띄는 것이 인문학 과목들이다. 이러한 대학교육 모델은 중·고등학교 교육에도 영향을 미친다……교양 인문학에 대한 강조가 엘리트주의의 흔적이거나 계급 차별화의 흔적인 것도 아니다. **초창기부터 선도적인 미국의 교육가들은 인문교양 교육이 지적이고 독립적이며, 남에게 공감할 줄 아는 민주적 시민이 되는 공부에 중요하다고 여겼다. 인문교양 교육 모델은 여전히 상대적으로 튼튼하다.**"Nussbaum, *NfP,* 46쪽.

법을 적용했다는 것이다. 이를테면, 교사의 가르침은 언제나 주장이 아니라 질문의 형태를 취했다. 아이들은 자신들과 생각과 감정을 스스로 검토해보도록 인도되었다. 올컷에 따르면, 교육이란 생각이 영혼으로부터 열려 나오며, 바깥의 사물들과 결합하고, 또 스스로를 성찰하는 과정이자, 그럼으로써 그 사물들의 현실과 형태를 알게 되는 과정이다. 그런 점에서 교육이란 자기실현(self realization)이다. 올컷의 생각에서 교육이란 질문함으로써 심층적 자기 검토(self scrutiny)를 통해 진척되는 무엇이다. 이러한 교육법의 핵심은 다분히 소크라테스적 방식이라 할 만하다. 그리고 올컷이 심성 교육과 시(詩)의 역할을 강조한다는 점에서 소크라테스와 변별된다고 할 수 있다. 그럼에도 불구하고, 자기 검토, 개인적 책임성, 그리고 학생들을 전통적 권위의 고분고분한 도구로 만드는 교육에 대한 해독제로서 개별적 정신활동을 교육의 중심에 놓고 강조한 점은 소크라테스식 교육법의 적용이라 할 수 있다.[22)]

다음으로 미국 공교육 역사상 가장 영향력 있는 인물로 누스바움은 호레이스 만(Horace Mann. 1796-1859)을 꼽는다. 호레이스 만은 매사추세츠 주 공립학교와 안티오크대학을 설립하여 교육실천에 힘썼다. 그는 노예제 폐지론자였고, 여성 평등권에 대한 선도적 옹호자였으며, 언제나 모든 이들의 '포용'을 옹호했다. 모두에게 무상으로 기술교육이 아닌 교양교육을 실시할 것과 주 내 모든 지역에 무상 도서관의 설치, 비엘리트 학생들이 다니는 학교의 고급 교육을 변호했다. 호레이스 만

22) Nussbaum, *NfP*, 114-115쪽.

역시 단순 암기식 교육을 증오했던 교육가로서 그의 개혁들은 평등주의적이며, 포용적인 개념으로서의 민주주의에 매우 밀접히 연결되어 있었다. 그는 시민이 교육받지 못하고 적극적인 목소리를 내지 못한다면 그 어떤 민주주의도 지속 가능하지 않다고 여겼다. 포용과 관련해서는 매우 급진적이었는데, 인종이나 성(性)과 관계없이 모든 어린이를 평등하게 가르치도록, 교육실천에서의 계급차별을 없애라고, 심지어 자신이 설립한 안티오크대학에서 여성 교직원에게 남성에게 지급되는 것과 동등한 임금을 지급하라고 주장하기도 하였다.[23)]

계속해서 존 듀이(John Dewey. 1859-1952)는 가장 영향력 있고 이론적으로 탁월한 소크라테스식의 교육의 미국인 실천가라고 누스바움은 평가한다. 그는 미국 내 초·중·고 학교 전체에서 그 개별 결점이 무엇이든 보편적으로 공유되는 한 가지는 아이들에게 사실만을 가득 주입시키고 그것들을 수박 겉핥기식으로 되풀이하여 학습하게 하는 교육법은 교육에 하등 보탬이 되지 않는다고 생각하였다. 오히려 아이들은 자신들만의 생각에 책임을 지는 법을, 호기심과 비판 정신을 지니고, 세계와 뒹구는 법을 배워야 한다고 생각하였다. 듀이의 주된 관심사는 적극적이며 호기심으로 가득 찬, 비판적이며 서로 존중할 줄 아는 민주적 시민의 양성이었다. 듀이가 보기에 전통적 교육의 핵심 문제는, 그것이 학생들에게 수동적 태도를 독려한다는 점이었다. 그러니까 학교는 듣는 곳, 흡수하는 곳으로 취급되어왔고, 분석·감별·적극적 문제 해결보다는 청취(듣기)가 선

23) 안티오크대학교는 여성과 남성을 완전히 동등하게 교육하고, 흑인 학생과 백인 학생을 동등하게 교육한 미국 최초의 대학 가운데 하나다.

호되어왔다. 학생에게 수동적인 청자가 되라고 요구하는 교육은 단순히 학생의 활달한 비판 능력들의 계발을 저해하는 것에 그치지 않는다. 그것은 그 비판 능력들을 적극적으로 약화시켜 버린다. 아이는 어떤 지적 열망이나 조심성도, 질문하려는 태도도 없이 책을 만나게 되며, 그것은 책에 대한 노예적 의존현상을 만들어낸다. 이러한 노예적 태도는 인간의 삶 일반에 나쁠 뿐만 아니라 민주주의에도 치명적이다. 민주주의는 경계하며 깨어 있는 적극적 시민들 없이는 지속될 수 없기 때문이다.[24]

마지막으로 인도의 라빈드라나트 타고르(Tagore, Rabindranath. 1861-1941)는 콜카타 외곽 산티니케탄에 한 학교를 세우고, 훗날 인문교양 대학인 비스바바라티를 설립하여 소크라테스식 접근법과 매우 밀접히 연관된 교육 실험들을 수행하였다. 철학자로서 타고르는 자신의 책 『인간의 종교』에서 인류는 오직 포용적 공감 능력을 함양함으로써만 진보할 수 있으며, 그러한 능력은 오직 전인 교육(global learning), 예술, 소크라테스식 자기비판을 강조하는 교육을 통해서만 길러질 수 있다고 주장하였다. 타고르에게서 예술의 일차적 역할이란 공감 능력의 훈련이었다. 그는 예술의 이러한 교육적 역할이 전형적 교육 모델에 의해 체계적으로 무시되어 왔으며, 심각하게 억압되어 왔다고 지적하였다. 따라서 타고르에게서 예술은 내면적 자기 함양(inner self cultivation)과 타자에 대한 대응 태도·능력 양자를 증진시켜주는 무엇이었다. 그런데 이 둘은 동시에 함께 성

24) Nussbaum, *NfP*, 118-121쪽.

숙되기 마련이다. 자기 안에서 스스로 탐구해보지 않았던 무언가를 다른 이 안에서 발견할 때, 누구라도 그것이 소중한 것이라고 여기기는 어려운 일이다. 또한 타고르는 수업 과정 전체에서 역할 놀이법을 활용했다. 아이들은 낯선 생각의 입장에서 스스로 취해보도록 요청받았고, 이로써 여러 지적 입장들을 탐색해볼 수 있었다. 이 역할 놀이는 그저 논리적인 게임만을 길러주는 게 아니고 논리 능력의 함양과 더불어 진행되는 공감 능력의 함양법이기도 했다.[25)]

이상에서 살펴본 여러 교육가들의 교육의 공통점은 특정 유형의 시민을, 즉 적극적이고 비판적이며 호기심에 가득 차 있고, 권위와 동료 압박에 저항할 줄 아는 시민으로 양성하기 위해 소크라테스적 가치들을 활용하는 살아 있는 교육전통을 제시하고 있다는 점이다.[26)]

4. 시민교육과 세계 시민 : 궁지에 몰린 민주주의 교육

누스바움은 자신이 제안한 소크라테스식 교육법을 민주주의를 위한 교육방법으로 강하게 주장하고 있지만, 세계의 교육 현실은 녹록치 않음을 그녀 스스로도 고백하고 있다. 그렇다면 오늘날 전 세계에서 민주주의적 시민 정신을 위한 교육은 얼마나 잘 되고 있는 것일까? 이 물음에 누스바움은 그나마 인문교양교육이 가장 잘되고 있다고 할 수 있는 미국의 경우를 보면서

---

25) Nussbaum, *NfP*, 175-176쪽.
26) Nussbaum, *NfP*, 108-129쪽.

굉장히 잘못되고 있다고 지적하면서 '두렵다'라고 말한다.27)

도대체 어떤 이유 때문에 이런 일들이 발생하게 되는 것일까? 전 지구적 시장의 요구가 그 모든 개인들로 하여금 핵심 능력으로서의 과학·기술적 숙련에 집중하도록 만드는 그 모든 곳에서, 인문학과 예술 교육이라는 것이 국가 경쟁력을 확실히 하기 위해서는 잘라내 버려도 좋을 쓸모없는 잉여로 점점 인식되고 있기 때문이다.28) 덧붙여 인문학·예술 교육이 전국적 논의의 초점이 되는 경우, 그것들은 계량적인 선다식 시험에 의해 측정되어야 하는 기술적 능력들로서 재규정되고, 그 핵심에 있는 상상력과 비판 능력들은 으레 주변적인 것으로 무시되기 때문이다.29)

미국의 경우, 국가시험(예를 들어, 아동 낙오 방지법)이 사태를 더욱 악화시켜놓았다고 누스바움은 파악한다. 비판적 사고

---

27) Nussbaum, *NfP*, 203쪽.

28) 이 부분과 관련하여 마이클 샌델도 누스바움과 거의 같은 입장을 드러낸다. 『돈으로 살 수 없는 것들』에서 '좋은 것'들이 지닌 선함이 돈 때문에 변질되는 현상을 최근 수십 년간 경제발전을 통해서 이미 경험했음을 내비친다. 그 책에서 '돈으로 사려해서는 안 되는 것들', '돈으로 사게 해서는 안 되는 것들'이 무엇인지 우리에게 되묻는다. 돈 때문에 우리의 무엇이 변했고 또 지금 변하고 있는지를 묻는다. 샌델은 우리가 시장의 무한한 확장에 속절없이 당할 것이 아니라 이런 사안들이 공적 담론과 토론의 대상이 되어야 하며, 우리가 그것을 허용할 것인지를 공적 검토를 통해 깊이 고민하고 서로 대화하고 합의해야 한다고 충고한다. 이를 누스바움식으로 말하면, 소크라테스식의 비판 능력이 요구되는 것이다. 샌델은 선물 교환을 예를 들어 설명하는 자리에서, 최근 수십 년 동안 현금을 선물하는 경향이 뚜렷해지고 있는데, 이는 '사회적 삶'이 점점 '상품화'하고 있는 한 예라는 것이다. 마이클 샌델, 『돈으로 살 수 없는 것들』(안기순 역), 와이즈베리, 2012. 141쪽. 325쪽.

29) Nussbaum, *NfP*, 221쪽.

능력과 공감적 상상 능력은 계량적 선다식 시험에 의해서는 측정 불가능하며, 세계 시민 정신과 관계되는 능력들 역시 그런 식의 시험으로는 제대로 측정할 수 없기 때문이다. 결국 '시험을 위한 교육'은 수동적이기만 한 학생, 판에 박힌 수업이라는 분위기를 양산하게 된다. 최고의 인문학적 교육과 배움을 지시해주는 '창조성'과 '개성'이라는 가치는 오늘날 스스로를 제대로 펼치기 어려운 상황이 되고 말았다. 시험이 학교 전체의 미래를 결정하는 경우, 시험에 의해 그 어떤 보상도 받지 못하는 형태의 학생과 교사 간의 대화는 억압되어야 할 부분이 되고 만다. 이런 맥락에서 민주주의 교육과 관련하여 지금 미국 대학에서의 가장 심각한 문제는, '커리큘럼'과 '교수법'의 변형[30]에 있다고 누스바움은 파악한다. 커리큘럼의 내용은 상상력을 강화시키고 비판 능력을 훈련하는 데 초점을 맞추는 것들에서 시험 준비에 직접적으로 중요한 것들로 변형되었다. 또한 교수법에 있어서도, 말하자면 질문 능력과 개인적 책임감을 북돋으려는 교수법에서 우수한 시험결과를 위한 강제 주입식 교수법으로 변형되었다는 점이다.

---

30) Nussbaum, *NfP*, 223쪽. 커리큘럼과 교수법의 변형 현상은 비단 미국만의 문제가 아니다. 한국에서 교육정책을 입안하는 위치에 있는 전문 교육 관료나 교육정책 담당자들은 대부분 미국에서 공부한 이들로서, 이들은 미국식의 교육정책을 거의 그대로 답습하고 있는 실정이다. 그나마 국내에서 최근 들어 각 대학에서는 인문학적 교양교육과 예술교육의 중요성을 인식하여 교양대학, 교양교육원, 교양기초대학 등을 신설하여 운영하고 있는데, 이는 누스바움이 예견했던 문제들을 대학 스스로가 해결하기 위한 나름의 고육지책으로 평가할 수 있을 것이다. 그렇지만 여전히 제기되는 문제는 교양대학에서 이루어지는 교양강의 조차도 대부분 상대평가라는 명목 하에 기존의 주입식의 교육법이 그대로 통용되고 있다는 측면에서는 여전히 문제점을 노정하고 있다고 할 수 있다.

누스바움은 인문교양 교육의 토대가 다른 나라에 비해 상대적으로 튼튼한 미국의 경우라 하더라도, 현행 오바마 행정부의 교육정책 방향에 대해 비판의 목소리를 내고 있다. 2009년 교육에 관한 연설에서 오바마 대통령은 모든 미국 시민이 '아메리칸 드림'을 추구할 수 있게 하는 일의 중요성에 대해 이야기하면서 '평등'의 가치를 강조하였다.[31] 그렇지만 꿈의 추구라고 것은 꿈꾸는 이들을 필요로 하는 법이다. 다시 말해, 누스바움이 볼 때, 대안에 대해 비판적으로 사색할 수 있고, 야심찬 목표를 상상할 수 있는 교육받은 정신을 필요로 한다. 그 목표에 개인적인 부, 혹은 국가의 부만이 아니라 인간 존엄과 민주주의에 관한 논쟁이 포함되어야만 한다. 그런데 이 중요하고도 풍요로운 목표들 대신에, 오바마 대통령은 '개인 소득'과 '국가 경제' 발전에 집중해 왔다는 것이다. 그러니까 이 말은 우리에게 필요한 교육은 이 두 가지 목표에 봉사하는 유형의 교육이라고 주장해 온 셈이다.

누스바움이 볼 때, 더욱 심각한 문제는 오바마 대통령이 교육 연설에서 반복해서 극동지역의 국가들(예컨대, 싱가포르와 한국)을 극찬하고 있다는 점이다. 그가 보기에 이 국가들은 테크놀로지와 과학 분야 교육에서 미국보다 앞선 국가들이기 때문이다. 계속해서 이 지역 국가들을 극찬하면서 오바마 대통령은 다음과 같은 표현을 하였다. "그들은 중요하지 않은 것들을 가르치는 데 시간을 적게, 중요한 것들을 가르치는 데는 시간을 많이 쓰지요. 그들은 학생들을 비단 고등학교나 대학 진학

31) 오바마 대통령의 교육에 관한 연설은 *Wall Street Journal blog*, March 10, 2009. 참조.

01

을 위해서만 가르치는 게 아니라 취업을 위해서도 가르치지요. 우리는 그렇지 않은데 말입니다."[32] 이 대목에서 누스바움은 비판의 목소리를 더욱 높인다. 오바마 대통령의 그 연설에서 '중요한 것들'이란 결국 '취업준비에 도움 되는 것들'만 한 값어치가 있는 것들이다. 누스바움을 분개하게 만든 것은, 그 연설 어디에서도 의미의 차원에서 풍요로운 삶, 타인을 존중하고 사태에 주의를 기울이는 '시민 정신'이라는 주제는 언급되지 않았기 때문이다.[33]

누스바움이 볼 때, 민주주의적 자치의 요구에 부응하는 교육이란, 학생들로 하여금 적극적이고 비판적이며 성찰적이고 남에게 깊이 공감할 줄 아는 모든 이를 평등하게 대하는 공동체 구성원, 다양한 문화적 배경을 지닌 다양한 이들과 함께, 존경과 이해의 바탕 위에서, 자신의 생각들을 서로 교환할 줄 아는 공동체 구성원을 양산할 수 있어야 한다.[34] 앞에서 살펴본 루

---

32) 같은 연설문 참조.

33) Nussbaum, *NfP,* 228쪽.

34) 누스바움은 *Cultivating Humanity*의 결론에서 '새로운' 자유 민주주의 교육에 대해 말하면서, 국가가 개인들로 하여금 비판적으로 사고할 수 있는 능력은 상실한 채, 자기 자신에 대한 검토 능력은 상실한 채, 그리고 다른 사람들에 대한 다양성과 인간성을 존중하는 능력은 상실한 채, 다만 기술적으로만 뛰어난 능력의 소유자를 길러낸다면 이는 커다란 재앙이 될 것이라고 경고하고 있다. 이제 매우 시급한 일은 시민성을 위한 능력과 그런 마음을 확장시킴으로써, 자기 스스로의 힘으로 추론할 수 있게 하고, 또한 다른 사람들과 외국인들을 위협적 존재로 바라보는 것이 아니라, 그들을 초대할 수 있는 그런 시민들로 양산해내어야 한다. 마지막으로 세네카의 말을 인용한다. "우리가 살아있는 한, 우리가 인간들과 더불어 살아가는 한, 우리는 우리의 인간성을 계발시켜야만 한다." Martha C. Nussbaum, *Cultivating Humanity : A Classical Defense of Reform in Liberal Education*, Harvard University Press, 1997(Seventh Printing, 2003). 300-301쪽.

소, 페스탈로치, 프뢰벨, 올컷, 타고르는 많은 점에서 서로 다른 이들이었지만, 이들 모두는 수동적 양식의 구식의 교육법이 미래 국가들에 줄 수 있는 혜택은 거의 아무것도 없다는 데, 참여적 제도들이 지속되려면 새로운 유형의 개인 활동과 새로운 형태의 비판과 비평의 자유가 필요할 것이라는 데 의견을 같이 했다는 점이다.[35)]

한편 오늘날과 같이 다원적인 세계에서는 사실적 지식과 논리적 지식만으로는 민주적 시민을 양성할 수는 없고, 거기에 상상력이 보태져야 한다. 상상력을 기르는 데는 놀이와 예술 교육이 대단히 효과적이다. 누스바움은 타고르가 인도에 설립한 학교에서 예술을 통한 교육이 어떻게 상상력을 함양시켰는지를 보여준다. 그러므로 놀이와 예술 교육을 통해 상상력을 함양하고 소크라테스적 교육을 통해 공감의 능력을 배양함으로써 민주적 세계 시민으로 인간 계발을 하는 것이 그녀가 생각하는 민주주의를 위한 교육의 내용이라고 할 수 있다.

이제 누스바움은 미국을 포함한 전 세계에서 궁지에 내몰린 민주주의 교육의 현실을 다음과 같이 고발하고 있다.

> 오늘날 우리는 여전히 우리가 민주주의와 자치를 선호한다고 주장한다. 또한 우리가 의사표현의 자유, 차이에 대한 존중, 타자에 대한 이해라는 가치들을 선호한다고 생각한다. 우리는 입에 발린 소리로 이러한 가치들을 언급하고는 있지만, 이러한 가치들을 다음 세대에 전하기 위해서, 그 가치들의 생존을 보장하기 위해 무엇을 해야 하는지에 관해서는 거의 생각하는 것이 없다. 부의 추구라는 잘못된 방향으로 끌려가며, 우리는 점점 더 큰 목소리로 학교들에게 사려

35) Nussbaum, *NfP*, 233쪽.

깊은 시민들 말고 유용한 이윤 창출자들을 배출하라고 요구하고 있다. 예산 삭감의 압력 아래 우리는 건강한 사회를 지속시키는 데 핵심적으로 중요한 교육 분야들만을 골라서 가지치기를 하고 있다.[36)]

누스바움은 이제 우리에게 되묻는다. 만일 이러한 추세가 지속된다면, 과연 어떤 결과가 우리 앞에 나타나게 될 것인가? 권위를 비판하는 방법에 무지한, 기술적으로 훈련된 사람들, 무딘 상상력을 지닌 이들, 유용한 이윤 창출자들의 나라들이 아니고 무엇이겠는가! 이런 사태보다 더 무시무시한 사태가 과연 있을 수 있을까?

> 민주주의 체제는 대단히 합리적인 힘들을, 상상적인 힘들을 갖추고 있다. 민주주의 체제는 또한 논리적 사유의 심각한 허점들, 편협한 지방색, 경솔함, 너절함, 이기성, 정신의 협소함으로 말미암아 곤란을 겪기 쉽다. 세계 시장 내 이윤 창출 가능성에 중점을 두는 교육은 민주주의 체제의 이러한 결함들을 강화한다. 그것은 또한 민주주의의 생명 자체를 위협하고, 고상한 세계 문화의 창조를 훼방하는 탐욕적인 정신적 둔함과 기술적으로 훈련되었을 뿐인 고분고분한 정신을 양산한다.[37)]

누스바움은 현대사회는 폭력과 인간 타락을 이끄는 힘은 살려내는 반면, 평등과 존경의 문화를 이끄는 힘은 살려내지 못하고 있다고 지적한다. 만일 우리가 인문학과 예술의 핵심적 중요성을 주장하지 못한다면, 그것들은 돈을 만들어내지 못한다는 이유로 이 세계에서 불현듯 사라지게 될 것이라고 예견한

---

36) Nussbaum, *NfP,* 233쪽.
37) Nussbaum, *NfP,* 234쪽.

다. 그렇다면 왜 인문학과 예술이 있어야만 하고, 그것이 교육되어야만 하는 것일까? 누스바움의 대답은 분명하다. 인문학과 예술은 단순히 돈 만들기보다 훨씬 더 고귀한 일을 수행한다. 다시 말해 인문학과 예술은 살 만한 가치가 있는 세계를, 타인으로부터 존경과 깊은 공감을 받을 만한 자신들만의 생각과 감정을 지닌 채, 타인을 전인적 인격체로 인식할 줄 아는 능력을 지닌 사람들을, 이성적이며 공감에 바탕을 둔 논쟁을 위해 공포와 의심을 극복할 능력이 있는 나라들을 창조하는 역할을 담당하기 때문이다.[38]

5. 민주주의의 강화와 세계 시민 되기 : 지금 이곳에서는?

우리가 앞에서의 논의를 통해서 이미 확인했듯이, 누스바움은 훌륭한 과학기술 교육 자체를 반대하는 것이 아니다. 과학기술 교육만큼이나 똑같은 핵심적인 중요성을 지니는 인문학적 교양교육과 예술교육이 세계적인 경제 침체 시기와 맞물려 사라질 위기에 처해 있음을 고발하고 있다. 이러한 분야의 교육은 인문학적 정신을 구현해 줄 수 있는데, 이를테면 비판적으로 사고할 수 있는 능력, 지역적 차원의 열정을 뛰어넘어 '세계 시민'[39]으로서 세계의 문제에 접근할 수 있는 능력, 마지막

38) Nussbaum, *NfP,* 235쪽.
39) Martha C. Nussbaum, *Cultivating Humanity : A Classical defense of reform in liberal education*, 1997. Chapter Two : Citizens of the World, 50-84쪽 참조.

으로 다른 사람의 곤경에 공감하는 태도로 상상할 수 있는 능력이다. 그래서 누스바움은 과학기술 중심의 교육에 기반을 둔 '이익 창출' 중심의 교육과 인문학적 교양 및 예술 교육에 기반한 '훌륭한 시민 양성' 중심의 교육, 이 양자 사이에서 어느 하나를 선택하는 것이 아니라, 양자의 조화와 상호보완에 초점을 맞추고 있음을 확인할 수 있었다. '이익 창출 중심의 교육'은 달리 표현하면 '경제 성장을 위한 교육'이 되며, '훌륭한 시민양성 중심의 교육'은 '민주주의를 위한 교육'이라 할 수 있다. 그런데 오늘날 세계 경제 위기의 상황에서는 인문교양·예술교육 자체를 무시하거나 심지어 반대하게 되고, 오히려 '경제 성장을 위한 교육'에 초점을 맞추는 경향이 강하게 되는데, 이러한 상황에서 누스바움은 '인간 계발' 중심의 교육 모델을 대안으로 제시하였다.

누스바움의 민주주의 교육에 대한 인식과 대안제시에 대해 다양한 의견이 있을 수 있다고 필자는 생각한다. 필자는 우선 누스바움의 문제의식에 대부분 동의할 수 있는데, 최근 고려대 박길성 교수 또한 오늘 한국사회를 진단하면서 누스바움과 거의 같은 생각을 피력한 바 있다. 그는 저서 『사회는 갈등을 만들고, 갈등은 사회를 만든다』(2013)의 출간을 기념하여 가진 한 언론사 인터뷰에서, 오늘의 한국사회를 갈등의 전람회장에 비유하였다. 그는 갈등은 폭증하고 일상화됐는데, 갈등을 조정하고 관리하는 능력은 매우 취약해서 상황에 따라선 불쏘시개만 던지면 폭발할 만큼 한국은 위험사회라고 진단하였다. 박길성 교수는 그 원인을 압축 성장에서 찾고 있었다.

지난 반세기 '속도'와 '효율'을 중시하는 '압축 성장'은 갈등 관리를 뒷전으로 미뤘다. 역사적 전통도 갈등관리에 필요한 타협과 조정을 야합 또는 사이비로 몰아갈 만큼 부정적이다. 서양에서 타협 또는 절충은 사회적으로 높게 평가되는 긍정적 규범이다. 타협이나 절충을 빼곤 문제를 민주적·합리적으로 해결할 수 있는 방안이 없기 때문이다.40)

박길성 교수는 사회운동이 갈등을 해결하는 데 기여했지만, 갈등이 일상화되고 구조화된 시대에도 실력행사를 통해 운동적 접근만 하는 것은 한계가 있다고 지적하였다. 밀리면 죽는다는 인식, 밀어붙이기식, 할 테면 해보라는 식의 권위주의에서 통용되던 비합리적 대응은 성숙한 민주주의 방식으로 보기 어렵다고 비판한다. 박길성 교수의 대안은 교양을 갖춘 시민들이 공동선을 달성하기 위해 심사숙고하는 '숙의(熟議) 민주주의'이다. 이를 위해 타협과 절충의 생활화, 공동체에 대한 배려가 몸에 밴 식견 있는 교양시민 양성 등을 제시하고 있다. 이타성, 동료애, 연대, 신뢰를 교육하고, 민주주의 틀 속에서 정당정치나 의회정치의 중요성도 끊임없이 강조해야한다고 밝히고 있다. 박길성 교수가 언급하고 있는 이러한 내용들은 바로 누스바움이 말하는 인간 계발 중심의 교육이 추구하는 지향점이자 목표라 할 수 있을 것이다.

한편 이화여대 박경미 교수는 누스바움의 입장에 대해 어느 정도 인정하면서도 비판적 입장을 나타낸 바 있다. 박경미 교

40) 조선일보, 2013년 7월 19일(금) 문화면 A21면기사 참조. 박길성(고려대), 『사회는 갈등을 만들고, 갈등은 사회를 만든다』, 고려대학교 출판부, 2013.

수는 한 인터넷 언론매체에 기고한 서평문[41]을 통해서, 만일 '민주적 세계 시민'인 누스바움이 오늘날 미국이 세계에서 하고 있는 역할, 미국이 전 세계에 가져오는 폭력과 파괴에 대한 진지한 성찰에서부터 출발해서 인문학 교육의 문제를 제기했다면, 생각의 방향은 거꾸로 되어야한다고 비판한다. 즉 '이익을 위한 교육', '경제 성장을 위한 교육'을 비판하면서 인문학 교육을 지원해야 한다고 말하기보다는, 오늘날 경제적으로나 군사적으로나 이러한 파괴적인 세계 상황을 가져온 사태의 근저에 미국이라는 나라가 있고, 그 사실에 근거해서 미국의 인문학 교육의 문제를 반성적으로 성찰하는 데서 출발해야 했다는 것이다. 현재 미국의 인문학 지원 시스템이 어떻게 이루어져 있는지, 그 돈이 어디서 오며, 어떤 돈인지, 대학의 평가 시스템과 그 안에서 인문학의 위치는 어떠한지 비판적으로 분석해야 할 내용이 너무나 많다는 것이다. 그런 분석 없이 내놓는 인문학 교육 강화란 공허할 뿐이라고 누스바움을 몰아붙였다.

이에 덧붙여 박경미 교수는 돈과 권력, 숫자가 판을 치는 자학적인 시스템을 유지하는 데 인문학 교육을 포함해서 교육 체계 전체가 동원이 돼서 일조하고 있다는 데 결정적인 문제가 있음을 지적한다. 이러한 자학적인 시스템 안에서 교양 있고 개방적이고 다원적인 인식을 갖춘 민주적 세계 시민으로 '인간계발'을 하는 것은 자학적 시스템 자체를 멈추는 것과는 별 관련이 없다고 말한다.

---

41) 박경미(이화여대), 서평 <피 묻은 돈으로 인문학 살리면, 세상이 바뀌나?>, 2011년 9월 23일. 프레시안 기사참조.

그러므로 지금 정말로 필요한 것은 인문학과 인문학자들이 삶의 바닥으로 내려가는 자세가 아닐까 생각한다. 삶의 바닥으로 더 내려가야 하고, 거기서 만난 사람들의 삶으로부터 배움으로써 진정한 삶의 세계에 발을 디딘 인문학이 되어야 할 것이다. 이럴 때 인문학은 인간을 교육을 통한 '계발의 대상'이 아니라, '배움의 주체'로 받아들일 수 있게 될 것이고, 보다 철저한 의미에서 민주주의에 한 걸음 다가가게 될 것이다.[42]

필자가 보기에, 박경미 교수의 비판은 누스바움이 말하는 민주주의를 위한 교육으로서 인문학적 교양교육과 예술교육의 의미, 특히 그 과정에서 소크라테스식 방법을 통한 '인간 계발' 중심의 교육모델에 대한 직접적인 비판이 될 수 없다고 생각한다. 박경미 교수의 비판의 논리에는 사태 중심적인 것이 아닌 감성적 측면에 강하게 의존하고 있기에 비판 내용의 객관성을 담보하기 어렵다. 더 나아가 박경미 교수의 접근은 민주주의 교육이 이루어지는 토대에 대한, 말하자면 사회구조적 접근이나 정치경제사적 접근을 통해 해명되어야하는 부분이기에, 이 부분은 누스바움이 주장하는 접근법(교육학적 접근)이나 핵심 내용과 논점에서 크게 빗나가고 있다는 비판을 면하기 어렵다.

그래서 필자는 누스바움이 대안으로 제시하는 '인간 계발' 중심의 교육모델에 대해서 약간 보완 설명을 덧붙이고 논의를 마무리하고자 한다. 인간 계발 중심의 교육모델이 어떻게 '이익 창출' 중심의 교육과 '훌륭한 시민 양성' 중심의 교육 이 두 가지의 요구에 대해 충돌하지 않으면서도 부합될 수 있을까?

42) 박경미, <피 묻은 돈으로 인문학 살리면, 세상이 바뀌나?>, 2011년 9월 23일. 프레시안 기사 참조.

그러기 위해서 어떤 측면이 전략적으로 전제되어야 하는 것일까? 사실 이러한 사유의 발상은 일찍이 게오르그 짐멜(Georg Simmel. 1858-1918)의 사상에서 명쾌하게 확인할 수 있고, 짐멜의 설명방식이 누스바움의 주장을 더욱 강화시켜줄 수 있다고 필자는 생각한다.[43]

짐멜은 1909년 「우리 문화의 미래. 문화경향과 문화정책에 대한 견해」라는 글에서, 현대 세계에서 주관문화를 보존하고 발전시킬 수 있는 유일한 대안은 '개인'을 주체적인 인격체로 교육시키는 일이라고 주장한 바가 있다.[44] 주관문화와 객관문화의 부조화와 갈등에서 그 차이를 줄일 수 있기 위한 문화정책을 강구해야 한다. 이 일은 개인에게 우리가 체험하는 다양한 객관적 문화의 내용을 지금보다 더 신속하고 효과적으로 자신의 주관적 문화의 바탕과 재료로 삼을 수 있도록 해줌으로써 가능하다.[45] 이러한 문화정책의 이념은 궁극적으로 문화의 출발점과 준거점, 그리고 목표점이 인간의 주체적 영혼에 있다는 짐멜의 기본적인 생각을 반영한다. 짐멜에 의하면, 문화란 자아의 통일적 중심점에 집적된 주관적인 영혼의 에너지가 객관적인, 역사적인, 또는 이상적인 가치영역과 맺는 관계에 다름

---

43) 누스바움의 논리를 보완하기 위해 끌어들인 짐멜의 견해는, 대동철학회 봄 학술대회(2013년 5월24일 충북대 인문대 시청각실)에서 이지성교수의 논문 「타인의 고통, 연민을 넘어 공감으로」에 대한 필자의 논평 「슬픔이 기쁨에게」에서 제시한 부분이기도 한데, 여기에서도 그대로 사용했음을 밝혀둔다.

44) Georg Simmel, "Die Zukunft unserer Kultur. Stimmen über Kulturtendenzen und Kulturpolitik(1909)"," in Georg Simmel Gesamtausgabe 17, Frankfurt a.M : Suhrkamp, 2005. 79-83쪽(이후 GSG 17로 표기함).

45) Simmel, GSG 17, 83쪽.

아니다.[46] 예를 들어 돈이라는 객관문화가 얼마만큼 주체의 세련됨, 특징과 내면화에 이바지할 수 있는가, 아니면 그와 정반대로 객체가 인간의 위에 군림하는 지배자가 될 수 있는가 하는 문제는 돈 자체가 아니라 인간에게 달려있다.

짐멜은 『철학적 문화』(1911)에서 개인이 단순히 '문화를 소유하는 것'과 '문화화되는 것', 즉 문화인간이 되는 것을 구분하였다. 말하자면 소유(Haben)와 존재(Sein)의 구분이다. 먼저 '소유'는 인간이라는 주체와 문화생산물이라는 객체가 단순히 기계적 병렬관계에 있음을, 즉 주관문화와 객관문화가 유기적이고 화학적으로 결합되지 못한 상태를 가리킨다. 이에 반해 '존재'는 객체가 주체와의 내적 결합으로 개인적-주체적 인격의 한 부분을 이룬 상태를 일컫는다. 존재의 경우, 객관적 문화의 산물이 개인의 주체적 인격을 연장해 주는 기능을 한다. 여기서 주체와 객체는 인격 또는 영혼의 중심과 주변의 관계를 이룬다. '문화를 소유하는 것'이 단순한 소유론적 범주라면, '문화화되는 것' 또는 '문화인간이 되는 것'은 소유와 존재가 결합된 범주라 할 수 있다.

그렇다면 문화갈등과 문화위기를 극복하기 위하여 짐멜이 생각하고 있는 주체적 인간이 되기 위한 교육이란 어떤 것일까? 짐멜은 개인을 주체적인 인격체로 교육시키는 것만이 현대세계에서 주관문화를 보존하고 발전시킬 수 있는 유일한 대안이라고 주장한다. 짐멜에 따르면, 18세기와 19세기는 모두 개인주의 이론을 발전시켰지만, 개인과 사회와의 관계를 어떻게

46) Simmel, GSG 17, 92쪽.

보느냐에 따라 두 세기는 근본적인 차이점을 보여주었다는 것이다. 18세기가 양적 개인주의, 혹은 개체성의 개인주의 철학을 발전시켰다면, 19세기는 질적 개인주의, 혹은 유일성의 개인주의 철학을 발전시켰다. 전자에 의하면 개개인은 보편타당한 이성적 존재로서 다른 이성적 존재들과 평등하기 때문에 자유로운 존재가 된다. 따라서 '평등'하고 '자유'로운 양적 개인들의 삶과 행위는 반드시 사회의 존재를 전제조건으로 한다. 이와 반대로 후자는 개인의 존재근거와 의미는 다름 아닌 자기 자신만의 개성, 특성 그리고 특질에 달려있다고 본다. 질적 개인들에게 중요한 것은 사회적 관계가 아니라 자신의 주체적 인격의 발달인데, 이것의 의미는 궁극적으로 개인이 인류의 발달에 기여한 정도에 달려있다. 전자의 대표적 이론가로 칸트와 피히테를 들 수 있다면, 후자의 대표적인 이론가로는 낭만주의자들, 슐라이어마허, 괴테, 니체를 들 수 있다.47)

그렇다면 개인의 내적인 인격체의 발달을 촉진할 수 있는, 말하자면, 성숙(成熟)과 교양(敎養)을 쌓을 수 있는 새로운 교육체제는 어떻게 가능한 것인가? 짐멜은 서구 유럽의 18세기적 교육이념과 19세기적 교육이념의 결합을 통해서 실현가능하다고 보았다. 그러니까 18세기의 인문주의적-이상주의적 교육이념은 원칙적으로 인간의 내적-인격적 가치 형성과 발전을 지향하였다. 이에 반해 19세기 교육이념은 일차적으로 객관적 전문적-기능적 지식과 능력의 축적 및 전수를 지향함으로써 18

47) Georg Simmel, *Grundfragen der Sozilogie. Individuum und Gesellschaft*, Berlin 1970. 68쪽 이하. 김덕영, 『현대의 현상학』, 나남출판사, 1999. 55-56쪽.

세기 교육이 추구한 인문주의적 이상주의적 가치를 상실하게 되었다. 이러한 19세기 교육이념은 교육의 이념과 체제 변화가 삶의 영역에서 객관문화가 급속히 확산되고, 궁극적으로는 객관문화가 주관문화에 대해 우위와 지배적 관계를 갖는 데 매우 중요한 역할을 했다는 것이다.[48] 그래서 이제 짐멜은 18세기적 교육이념과 19세기적 교육이념 간의 양자택일이 아니라, 이 둘을 한 차원 높은 통일체로 결합시키는 것이야말로 현대문화의 위기, 비극적 상황을 타계할 수 있는 유일한 대안이라고 확신하는 것이다.[49]

48) 김덕영, 『현대의 현상학』(1999), 2장, 3장(76-83쪽) 참조 바람.
49) 신응철, 『문화, 철학으로 읽다』, 북코리아, 2009. 제2장 참조 바람.

Chapter 02

우리는 안녕한가?*

마르틴 부버
(Martin Buber, 1878–1965)

게오르그 짐멜
(G. Simmel, 1858–1918)

* 이 글은 「문화의 비극-부버와 짐멜의 견해를 중심으로」, 『동서철학연구』 59호(한국동서철학회, 2011)에 수록되어 있음을 밝혀둔다.

1. 시작하는 말 : 문화비극의 한 현상

2011년에 접어들면서 우리 사회에 일어난 크고 작은 사건들 가운데 우리의 시선을 사로잡은 것은 바로 소망교회 폭력 사태이다. 서울의 강남에 위치한 소망교회는 한국개신교의 대표적인 대형교회 중의 하나이고, 이명박 대통령이 출석하고 있다는 이유에서 이른바 세상에 회자되는 기독교 교회의 상징처럼 되어 있는 곳이다. 이런 교회에서 부목사들이 담임목사를 폭행한 사건이 언론에 보도되면서 더욱 세상 이목의 중심에 서게 되었다. 우리의 관심은 폭행사건의 진위나 특정교회의 내부 문제에 관심이 있기보다는 한국 기독교 전반에 대한 근원적 문제에 놓여있다.

이번 소망교회 사건과 관련하여 어느 한 언론의 기사가 새삼 흥미롭다. 그 기사에 따르면, 요즘 목회자들 사이에서 회자되는 빠른 교회 성장의 세 가지 비결은 믿음과 소망과 사랑이 아니라, '목 좋은 위치'와 '넓은 주차장', '큰 교회건물'에 있다. 이 세 가지 요건만 갖추고 교회 운영이나 설교가 그다지 이상하지만 않으면 교회 성장은 그야말로 누워서 떡 먹기라는 말이다. 이 세 가지 교회 성장 비결의 공통점은 성령의 역사에 있는 것이 아니라 바로 세상에서 부와 성공을 가져다주는 토지에 있다. 좋은 위치에 자리 잡은 목 좋은 땅, 주차장 부지의 넓은 땅, 큰 교회건물이 들어선 바로 그 알짜배기 땅. 적어도 한국교회는 지금까지 그 땅을 통해 성장해 왔고 지금도 계속 땅을 사들이면서 하나님의 저주와 분노를 켜켜이 쌓고 있다는 것이다.[1)]

필자는 이번 소망교회 사건은 한국 기독교 전체가 안고 있는 심각한 치부(恥部)를 아주 정확하게 드러내 준 사건으로 간주한다. 우리 사회에 비춰진 기독교, 혹은 목회자들을 포함한 기독교인에 대한 자화상을 우리 스스로 그려볼 수 있을 것이다. 그런데 이런 비뚤어진 기독교의 모습이 비단 기독교에만 국한된 것이라고 말할 수 있을까? 불교를 포함한 여타의 종교와는 거리 먼 이야기일까? 필자는 우리 사회에서 벌어졌거나 진행중인 일련의 종교적 사건들을 접하면서, 이런 현상을 '종교의 비극', 나아가 '문화의 비극'으로 간주[2]하고자 한다. 물론 종교적 활동을 하는 우리 스스로도 그 비극적 상황에서 결코 자유롭지 못하다. 비극적 운명에 처한 우리 스스로의 모습을 이제 낱낱이 드러내 보고자 한다. 그래서 조금이라도 이 운명적 고리를 끊을 수 있다면, 아니 벗어날 수 있다면 새로운 선택을 할 수도 있게 될 것이다. 이 글은 이런 문제의식을 해결하려는 하나의 시도이다.

이런 맥락에서 우리는 우리의 종교적 활동을 포함한 문화적 활동에서 왜 비극적 상황을 맞게 되었는지 그 근본적인 이유를 되묻고자 한다. 이를 위해서 먼저 현대인의 사람살이의 직접적인 관계에서 그 원인을 살펴보고자 한다. 사람과 사람이 맺는

---

1) <뉴스앤조이>, 2011년 1월 10일(월) 기사 참조. www.newsnjoy.co.kr

2) 여기에서 필자가 사용한 '종교의 비극' 혹은 '문화의 비극'이라는 표현은 한국사회에서 기독교를 포함한 종교(문화)가 사회에 건강한 자양분을 제공하기보다는 오히려 사회로부터 지탄의 대상이 된 상황을 염두에 둔 표현이다. 그러니까 기독교라는 종교(문화)가 사회 속에서 활동하는 각 개인들에게 미래에 대한 비전과 공동체에 대한 확신을 심어주기보다는 오히려 불안과 염려의 대상으로 전락한 상황을 빗댄 말이다.

관계의 유형을 살펴보고, 관계맺음의 방식에 따른 문화의 출현을 마르틴 부버(Martin Buber. 1878-1965)의 시선을 좇아 살펴보고자 한다. 여기서는 깨진, 왜곡된, 단절된 사람 사이의 관계에서 비극의 원인을 찾아낼 수 있을 것이다. 다음으로 사람들이 만들어낸 문화와 문화의식의 상관성을 분석하도록 한다. 사람들이 문화화 되는 과정에서 겪게 되는 주관문화와 객관문화의 갈등, 여기에서 파생하는 문화의 비극의 현상을 게오르그 짐멜(Georg Simmel. 1858-1918)의 시선을 좇아 분석하고자 한다. 이러한 논의를 통해서 우리는 궁극적으로 문화비극의 원인을 인간의 내부적 측면과 외부적 측면에서 찾아내고, 나아가 이를 극복할 수 있는 대안을 찾아보려는 것이다. 물론 이러한 대안이 얼마나 실질적이고 효력이 있을 것인지는 차후의 문제이다. 적어도 문화의 비극을 최소화할 수 있고, 또한 그것을 방지할 수 있다는 소박한 바람이 우리의 첫 신념이다.

2. 사람살이의 관계에서 나타나는 문화의 비극

인간의 종교활동이나 예술활동 혹은 문화활동에서 빚어지는 비극적 측면의 원인을 단박에 찾아내는 일은 그리 간단치가 않다. 그래서 종교, 예술, 문화 자체보다는 그것을 만든 주체인 인간에게로 시선을 돌려보고자 한다. 사람들 '사이'의 관계, '사람살이'의 모습을 살펴보면 거기서 하나의 실마리를 찾아낼 수가 있기 때문이다. 이 지점에서 우리는 사람 사이의 관계 맺음에 대한 탁월한 논리를 제공한 부버(Martin Buber. 1878-1965)를 주목해 볼 필요가 있다.

부버는 1923년 『나와 너』[3]에서 사람은 세계를 향해서 이중적 태도를 취하게 되고, 이에 따라 세계도 그에게 이중적이 된다고 말한다. 사람과 세계와의 관계만이 이중적인 것이 아니라 사람과 사람 사이의 관계도 마찬가지라는 것이다. 그러니까 ‘나’ 그 자체는 없고, 오직 <나-그것>(Ich-Es)의 관계에서 ‘나’와, <나-너>(Ich-Du)의 관계에서 ‘나’만 있을 뿐이다.[4] 이 말은 사람은 홀로 있는 존재가 아니라 누군가와 더불어 있는 존재라는 의미가 된다. 부버는 1904년 비인 대학에서 「개체화 문제의 역사적 계보」라는 논문으로 철학박사 학위를 받았는데, 이 무렵 베를린대학의 딜타이(W. Dilthey. 1833-1911)와 짐멜(G. Simmel. 1858-1918)의 사상에 많은 영향을 받았다. 이들 사상가에게서 받은 영향은 부버 자신이 말하는 <나-그것> 관계와 <나-너> 관계에 대한 설명 속에 고스란히 녹아들었다.

1) 경험과 체험 : 〈나-그것〉과 〈나-너〉 관계의 특징

먼저 부버는 우리의 삶에서 겪게 되는 ‘경험’(Erfahrung)과 ‘체험’(Erlebnis)을 <나-그것>과 <나-너> 관계에 대입하여 설명한다.[5] 먼저 <나-그것>의 관계에서 나타는 경험(經驗)에 대해

---

3) Martin Buber, *Ich und Edu*, in *Die Schriften über das dialogische Prinzip*, Verlag Lambert Schneider, Heidelberg, 1923. 1954, 1974. 영어본은 *I and Thou*, ed by Walter Kaufmann, 1970. 번역서로 『나와 너』(표재명 역), 문예출판사, 1977(이후 『나와 너』로 표기하고 번역본의 쪽수를 표기함).

4) 부버, 『나와 너』, 8쪽.

살펴보자. 여기에서는 철저하게 '나' 중심적이며, 모든 것을 '대상'으로 간주하게 된다. 사람들이 세계를 경험한다고 말할 때, 실제로 그들이 경험하는 것은 사물의 표면을 돌아다니면서 그것을 경험한다. 그는 이 사물로부터 그것들의 성질에 관한 지식, 곧 경험을 가져온다. 그러니까 그는 사물에 붙어있는 것을 경험하는 것이다. 경험하는 사람은 세계와는 아무 상관이 없다. 경험은 실로 그 사람 안에 있으며, 그와 세계 사이에 있는 것이 아니다. 세계는 경험과는 아무 상관이 없다. 세계는 스스로를 사람들의 경험에 내맡기지만 그러나 경험과는 아무 상관도 없다. 왜냐하면 세계는 경험을 위해 아무 일도 하지 않으며, 경험은 세계에 아무 영향도 줄 수 없기 때문이다. 그러므로 경험으로서의 세계는 <나-그것>의 영역에 속한다.[6)]

부버는 <나-그것> 관계에서 나의 경험은 '대상(對象)'을 통해서 이루어지며, 그것은 시간과 공간의 한계 안에서 연관을 가지고 있다고 말한다. <나-그것>의 관계에서 나는 '너'에 대하여 몸으로 마주서있는 것이 아니라 다양한 내용으로 둘러 있는 나이다. 그렇기에 이런 '나'에게는 과거가 있을 뿐이며, 현재가 없다. 다시 말해 사람은 자기가 경험하며 사용하고 있는 사물에 만족하고 있는 한 과거에 살고 있는 것이며, 그의 순간은 현재가 없는 순간이다. 그는 대상밖에 가진 것이 없다. 이 대상의 본질은 있었다고 하는 데 있다.[7)] 현재는 덧없는 것, 지

---

5) 부버의 '경험'과 '체험'의 구분은 일차적으로 경험이 과거의 일회적 사건이라면, 체험은 지금 여기에 여전히 영향을 미치고 있는 현재적 사건이라는 의미를 가지고 있다. 이는 딜타의 삶의 철학에서 핵심 주제인 '체험' 개념의 영향을 그대로 이어받고 있는 부분이라 하겠다.

6) 부버, 『나와 너』, 9쪽.

나가버리는 것이 아니라 마주 기다리며 마주 지탱하고 있는 것이다. 그러나 대상은 지탱이 아니라 정지(停止)이며, 중지(中止)이고 단절(斷絕)이요 경화(硬化)요 고립(孤立)이며, 관계의 결여(缺如)이고 현재의 결여인 것이다.[8] 그래서 본질적인 것은 현재 속에서 살려지고, 대상적인 것은 과거에서 살려진다.[9]

<나-그것>의 관계에서 다른 사람은 '그것', 즉 비인격적 존재가 된다. <나-그것>의 관계는 다른 사람을 하나의 '사물(事物)'과 같이 다루어 자기의 수단으로 삼거나, 사람과 사람 사이의 문제를 조건과 조건, 사물과 사물 사이의 문제 같은 것으로 만들어 버린다. 이러한 관계는 과학적 관찰, 지식의 획득, 종교적 교리의 설정, 철학적 인식 등 다양한 형태로 나타날 수 있다.[10] 프랑스의 현대 철학자 피에르 쌍소는 『느리게 산다는 것의 의미』에서 다음과 같이 말한 적이 있다.

> 능력 있는 사람? 인간은 '나는 할 수 있다'고 생각하는 존재이며, 감각 및 운동능력이나 지적능력들의 총체이다. 내가 세상을 통제하고 지배할 수 있을 때, 세상은 내게 낯설지도 않고 더욱이 적대적이지도 않다. 다만 나의 자유가 타인들의 자유와 충돌을 일으키게 될 뿐이다. 우리는 타인을 복종시키든지 아니면 그에게 복종하든지, 이 두 가지로 선택이 제한되어 있다고 생각한다. 내 앞에서 노예 상태로 존재하

7) 부버, 『나와 너』, 18쪽.
8) 부버, 『나와 너』, 19쪽.
9) 부버, 『나와 너』, 19쪽. 유대인 출신의 부버가 과거보다 현재의 중요성을 분석한 것과 더불어, 시간이해에 있어서 헬라적인 전통이 아닌 히브리인들의 역사이해 방법을 통해 그들이 '현재'의 차원을 강조하고 있다는 사실을 밝힌 흥미로운 논문이 있는데, 김재진, 「역사의 시간화와 역사해석에 있어서의 히브리적 인지구조」, 2010년 12월 숭실대 기독교학대학원 교수퇴수회 발표원고 참조.
10) 부버, 『나와 너』, 7쪽.

는 타인들이 있을 때 우리는 자신의 능력을 확신하게 된다.[11]

쌍소의 이러한 언급은 부버가 말하고자 한 <나-그것>의 관계에서 생겨나는 가장 전형적인 인간관계를 잘 묘사해 주고 있다.

다음으로 <나-너> 관계에서 일어나는 체험(體驗)에 관해 살펴보자. 여기에서는 철저하게 '너' 중심적이며, 모든 것을 '너'로서, 즉 '인격(人格)'으로 간주하게 된다. <나-너>의 관계는 내가 '나'의 온 존재를 기울여 말할 수 있는 데 비해, <나-그것>의 관계는 '나'의 온 존재를 기울여 말할 수 없다. 나는 너로 인하여 '나'가 된다. '나'가 되면서 '너'라고 말한다.[12] 그래서 <나-너>의 관계가 인간의 주체적 체험, 즉 인격의 세계를 말한다면, <나-그것>의 관계는 인간의 객체적 경험, 즉 지식의 세계를 일컫는다.[13] 좀 더 부연하자면, <나-너>의 관계에서 '나'는 '너'로 인해 비로소 '내'가 된다. '내'가 되면서 '나'는 '너'라고 말한다.[14] 그래서 모든 참된 삶은 만남이다. 특히 타자와의 관계에서 가장 중요한 것은 인격적인 부분이다. 나와 너 사이의 긴밀한 상호 인격 관계에서 우리는 인격으로서의 자신을 깨달을 수 있을 뿐만 아니라 또한 다른 사람을 하나의 인격으로서 만나게 된다. 부버는 여기서 '너'에 대한 관계는 '직접적'이라고 말한다. 그러니까 나와 너 사이에 장애물이 제거된 상태, 모든 매개물이 무너져 버린 곳에서 일어나는 만남이기 때문에 이를 직접적이라고 말한다.

---

11) 피에르 쌍소, 『느리게 산다는 것의 의미』(김주경 역), 동문선, 2007. 130쪽(밑줄은 필자 강조).
12) 부버, 『나와 너』, 17쪽.
13) 부버, 『나와 너』, 6쪽.
14) 부버, 『나와 너』, 17쪽.

'나'와 '너' 사이에는 어떠한 개념 형태도, 어떠한 예비지식도, 어떠한 환상도 없다. 그리고 기억조차도 개별적인 것에서 전체적인 것으로 넘어갈 때에는 변하고 만다. 나와 너 사이에는 어떠한 목적도, 갈망도, 어떠한 예상도 없다. 그리고 그리움조차도 꿈에서 현실로 넘어갈 때에는 변하고 만다. 모든 매개물은 장애물이다. 모든 매개물이 무너져 버린 곳에서만 만남은 일어난다.[15]

'나'와 '너'와의 직접적 만남은 진정한 관계맺음에서 일어나며, 이 관계맺음은 바로 현재의 사건이다. 그렇기에 현재란 단지 생각 속에서 그때그때 지나가는 시간을 고정시킨 종점으로서의 하나의 점이라든가, 또는 겉보기로만 고정시킨 경과를 가리키는 하나의 점 같은 것이 아니다. 참되고 충만한 현재는 현전(現前)하는 것, 만남, 관계가 존재하는 한에서만 존재한다. 오직 '너'가 현전하게 됨으로서만 현재는 생성되는 것이다.[16]

부버는 '나'와 '너'의 관계에서 직접성을 세우는 본질 행위를 사람들은 감정적인 것으로 이해하지만 사실은 감정이 아닌 '사랑'이라고 말한다. 감정은 소유되지만 사랑은 생겨난다. 감정은 사람 안에 깃들지만 사람은 사랑 안에서 살아간다. 사랑은 '나'에 집착하여 '너'를 단지 '내용'이라든가 '대상'으로서 소유하는 것이 아니다. 사랑은 나와 너 '사이에' 있다. 이것을 모르는 사람, 곧 그의 존재를 기울여 이것을 깨달은 사람이 아니면 비록 그가 체험하고, 경험하고, 향수하고, 표현하는 감정을 사랑에 돌린다 하여도 그는 사랑을 모른다. 사랑이란 하나의 우주적인 작용이다.[17] 부버는 사랑이란 한 사람의 '너'에

15) 부버, 『나와 너』, 17쪽.
16) 부버, 『나와 너』, 18쪽.

대한 한 사람의 '나'의 책임(責任)이라고 말한다. 그렇기 때문에 그 어떤 감정에도 있을 수 없는 것, 곧 모든 사랑하는 사람들에게는 한결같음이 있다는 것이다.

> 그러므로 사랑 안에 있으며 사랑의 입장에서 보는 사람에게는 모든 사람들이 그들의 분주한 삶의 혼란에서 해방되어 선한 자나 악한 자, 슬기로운 자나 어리석은 자, 아름다운 자나 추한 자, 모두가 잇따라 산 현실로 나타나며, 그들 하나하나가 모두 자유로운 독자적인 존재로서 '너'가 되어 그 사람과 마주 서게 된다. 놀랍게도 그때마다 배타성이 나타나지만 그때야 비로소 사람은 활동하고 도와주고, 고쳐 주고, 키워주고, 높여 주고, 구원해 줄 수 있다. 사랑이란 한 사람의 '너'에 대한 한 사람의 '나'의 책임이다. 이 점에 그 어떤 감정에도 있을 수 없는 것, 곧 모든 사랑하는 사람들에게 있는 한결같음이 있다.[18]

이러한 한결같음은 지극히 작은 사람으로부터 지극히 큰 사람에 이르기까지, 또한 사랑하는 사람의 삶 가운데에 자신의 삶이 보호되어 행복하게 살고 있는 사람으로부터 한 평생을 이 세상의 십자가를 지고 가면서도 사람들을 사랑한다고 하는 엄청난 일을 할 수 있으며, 또 감히 하려고 마음먹는 사람에 이르는 모든 사랑하는 사람에 한결같이 나타나는 것이다. 사랑의 예에서 알 수 있듯이, 관계의 본질은 '상호성'[19]에 있다. 내가

---

17) 부버, 『나와 너』, 21쪽.

18) 부버, 『나와 너』, 22쪽.

19) 앞에서도 언급했듯이, 부버는 짐멜의 사상, 특히 사회학적 관점에 많은 영향을 받았는데, 관계의 본질을 상호성에서 찾고 있는 부분도 마찬가지 경우이다. 짐멜은 '사회'를 "다수 개인들 사이에 이루어지는 다양한 상호작용의 합"이라는 기본전제에서 출발한다. 따라서 상호작용이 존재하는 곳에서는 어디에서나 사회가 존재한다. 심지어 두 사람이 가볍게 차

나의 너에게 영향을 주듯이 나의 너는 나에게 영향을 미친다. 우리의 제자들이 우리를 가르쳐 주며 우리의 작품들이 우리를 세워 준다. 그래서 심지어 우리는 어린아이들이나 동물들에게서도 배울 것이 있는 것이다.[20]

2) '그것' 중심의 문화, 문화의 비극

우리는 앞에서 사람이 세계를 향해서 취하는 태도에 따라 사람과 세계와의 관계가 이중적일 뿐만 아니라 사람과 사람 사이의 관계도 이중적이 된다는 사실을 살펴보았다. 만일 사람 사이의 관계가 <나-그것>과 <나-너>의 관계로 고정되어 있는 것이라면, 우리는 결단이라든가, 회심이라든가, 선택을 통해서 우

를 마시는 것도 상호작용이며, 따라서 여기에도 사회는 존재하는 것이다. 이로써 고정적이고 실체적인 사회는 유동적이고 과정적이며 상대적인 상호작용으로 대체된다. 결국 짐멜에게서 사회학이란 이러한 상호작용을 다루는 과학이다. 현대사회에서는 다름 아닌 "사람에서 사람으로 이동하는, 순간적인 또는 지속적인, 의식적인 또는 무의식적인, 일시적인 또는 중차대한 수많은 관계들", 또는 영원히 유동하고 고동치는 무수한 사회적 삶이 개인과 개인 사이를 결합시킨다. 여기에서 중요한 것은 이들 대상을 다수 인간의 다양한 상호작용이라는 생생한 삶과 행위, 그리고 그 과정이라는 관점과 시각에서 접근해야 한다는 사회학적 원리이자 입장이다. 이 모든 것들은 개인들이 상호작용을 하기 위한 기회나 수단 또는 도구로 보아야 한다. 따라서 사회학적으로 보면, 개인들 사이에 상호작용이 존재하지 않는 한, 사회제도나 조직, 그리고 구조 및 시스템 역시 존재하지 않는다. Georg Simmel, *Soziologie. Untersuchungen über die Formen der Vergesellschaftung*(1908) : *Georg Simmel Gesamtausgabe* 11, Frankfurt am Main. 1992. 33쪽. 김덕영, 『논쟁의 역사를 통해 본 사회학』, 한울아카데미, 2003. 208-209쪽. 신응철, 『문화, 철학으로 읽다』, 북코리아, 2009. 제4장 참조 비람.

20) 부버, 『나와 너』, 23쪽.

리의 입장을 명확하게 취할 수 있을 것이다. 그런데 우리의 사람살이의 관계에서는 모든 '너'가 '그것'으로, 혹은 '사물'로 변할 수 있다는 것이다. 부버는 이런 현상을 우리의 '운명이 지닌 숭고한 우수(憂愁)[21]'라고 표현한다. 아무리 배타적으로 '너'가 직접적 관계 속에 현전해 있었다 하더라도 이 직접적 관계의 힘이 다했거나 또는 매개물이 파고 들어오면 그것은 여러 대상들 중의 하나가 되고 만다. 비록 그것이 제아무리 고상한 대상이 된다 하더라도 역시 여러 대상들 중의 하나에 지나지 않으며, 척도와 한정 가운데 있게 되는 것이다. 부버는 사랑도 예외는 아니라고 말한다. 바로 지금까지도 유일한 존재로서 한갓된 성질의 소유자나 대상적으로 존재하고 있지 않았던 사람, 경험할 수 있는 것이 아니라 오직 현전하고 있으며, 오직 접촉할 수밖에 없었던 사람도 이제 다시 하나의 '그' 또는 '그 여자'가 되고, 여러 가지 특성의 총화요, 어떤 형체를 갖춘 하나의 양이 되고 마는 것이다. 이때에 나는 그 사람으로부터 다시 그의 머리카락의 색깔, 그의 말하는 투, 그의 품위의 색깔을 끄집어 낼 수가 있다. 그러나 내가 그렇게 할 수 있는 한, 그는 이미 나의 '너'는 아니며 또한 다시는 나의 '너'가 되지 못한다.[22]

부버에 따르면 결국 이 세상에 있는 모든 '너'는 그의 본질상 '사물'이 되거나, 다시금 '사물성'으로 돌아가게 되어 있다. '그것'과 '너' 이 둘은 언제나 명확하게 분리되는 상태가 아니라 때로는 깊은 이중성 가운데서 어지럽게 뒤얽혀서 일어나는

21) 부버, 『나와 너』, 24쪽.
22) 부버, 『나와 너』, 25쪽.

하나의 사건이다.[23] 그런데 개인의 역사와 인류의 역사는 서로 구별되지만 한 가지 공통점을 가지고 있다고 부버는 말한다. 말하자면 '너'의 세계가 아닌 '그것'의 세계가 점진적으로 증대되어 간다는 사실이다.[24] 그렇다면 왜 사람살이에서 '그것의 세계'가 점차적으로 증대되어 가는 것일까? 그 원인을 어디에서 찾아야 하는 것일까?

부버는 먼저 문화 확장의 원리에서 그 원인을 찾고 있다. 여러 문화는 그 자체의 경험에 의해서만이 아니라 또한 이질적인 문화의 경험으로부터 흘러들어 온 것을 섭취함으로써 자신의 '그것의 세계'(It-world)를 확대해 가는 것이다.[25] 그리고 이렇게 발전해 감으로써 비로소 문화는 결정적이며 창의적인 확장을 이룩한다. 그렇기 때문에 일반적으로 말해서 각 문화의 '그것의 세계'는 그에 앞선 문화의 '그것의 세계'보다 더 포괄적이며, 약간의 정체나 외관상의 역행에도 불구하고 '그것의 세계'가 증대해 왔음을 역사상에서 명백히 알 수 있다. 그리스 문화가 이집트 문화를 받아들인 것과 같이 동시대의 문화를 직접 받아들인 경우이건, 서양의 기독교 세계가 그리스 문화를 받아들인 것과 같이 과거의 문화를 간접적으로 받아들인 경우이건 마찬가지라는 것이다. 그러니까 지금 부버가 말하려는 문화 확장의 원리란 다름 아닌 '그것의 세계', 즉 '그것' 지향의 세계관을 말한다. 이 부분과 관련하여 틸리히(Paul Tillich. 1886-1965)도 부버의 생각에 전적으로 동의한다. 그러면서 틸리히는

---

23) 부버, 『나와 너』, 25쪽.
24) 부버, 『나와 너』, 49쪽.
25) 부버, 『나와 너』, 50쪽.

현대 문화 속에 들어 있는 '그것' 중심의 세계관의 전제들을 신학의 영역에서도 반드시 극복해야 한다고 역설한 바 있다.

> 프로테스탄트 신학 변증학자들은 전체의 사물들 안에 신적 존재를 위한 자리가 있다는 것, 인격성과 세계와의 능동적 상호관계가 신적인 존재에 돌려져야 한다는 것을 입증하려고 시도했다. 경험주의 신학은 이 존재가 과학적 탐구의 일반적 방법으로 접근될 수 있다는 것을 입증하려고 시도했다. 말하자면, 이러한 시도들은 〈나–그것〉의 영역에 머무르게 된다. 그들은 '그것–세계'를 초월하려고 하지만, 그들은 처음부터 '그것'을 받아들였기 때문에 승리할 수가 없었다. 그들은 결국 '그것' 지향적인 현대의 세계관의 궁극적 전제들을 극복하지 못했던 것이다.[26]

부버는 현대 문화의 특징은 <나-그것>의 관계를 기반으로 한 '그것의 세계'에 초점이 맞추어져 있고, 현대인의 대부분의 생활은 '그것'의 세계에 떨어져 있다고 진단한다. 그러면서 사람살이의 관계에서 <나-너>의 관계가 아닌 <나-그것>의 관계에 지배권을 넘겨준다면, 끊임없이 자라는 '그것의 세계'는 사람 위를 뒤덮고 사람에게서 그의 본연의 '나'를 앗아가고, 마침내는 그의 머리 위에서 떠도는 악몽과 그의 내부에 있는 유령은 서로 자신들의 구원받지 못함을 고백하면서 속삭이게 될 것이라고 예견하고 있다.[27]

---

26) Paul Tillich, *Theology of Culture*, ed. by Robert C. Kimball, Oxford University Press, 1959. 번역서로 『문화의 신학』(남정우 역), 대한기독교서회, 2002. 195쪽.

27) 부버, 『나와 너』, 61쪽.

이러한 정치 지도자들이 '그 사람'+'그 사람'+'그 사람'을 하나의 '그것'이 되도록 보태는 대신에 '너'와 '너'와 '너'의 총계, 즉 그 결과가 '너' 아닌 다른 것이 결코 될 수 없는 총계를 이끌어내려고 한다면, 그들의 세계는 그들의 머리 위에서 붕괴되는 것이 아닐까?……그리고 우리들이 지배자들로부터 피지배자들에게로 눈을 돌린다면, 근대적인 노동 형태와 발전 자체가 타자와 마주 서는 삶, 즉 뜻 깊은 관계의 흔적을 말살해 버리고 만 것이 아닐까?[28]

다음으로 부버는 사람살이에서 '그것의 세계'의 증대 원인으로 인과율(因果律)적 사고를 꼽는다. 이러한 인과율이 그것의 세계에서 무한정의 지배력을 갖는다는 것은 자연의 과학적 질서를 위해서는 근본적으로 중요하지만, 그것이 사람을 억압해서는 안 된다는 것이다. 왜냐하면 사람은 '그것의 세계'에만 속박되어 있지 않고, 거기에서 벗어나 몇 번이고 되풀이하여 '관계의 세계'로 들어갈 수 있기 때문이다. 이 관계의 세계에서 '나'와 '너'는 서로 자유롭게 마주 서 있으며, 어떠한 인과율에도 얽매이지 않고 물들지 않은 상호관계에 들어서는 것이다. 이 관계의 세계 속에서 사람은 자기의 존재 및 보편적 존재의 자유가 보장되어 있음을 알게 된다.[29] 그렇다면 부버는 왜 사람살이에서 인과율적 사고의 위험성을 강조하고 있는 것일까? 만일 사람살이에서조차도 인과율이 지배하게 된다면 여기서 사람은 대상들의 세계에 만족하게 되고, 그것에 굴복당하기 때문이다. 결국 인과율은 사람 위에 올라타서 압박하고 질식시키는 숙명(宿命)이 되고 만다. 문화도 예외일 수 없다. 문화란 그

28) 부버, 『나와 너』, 61쪽.
29) 부버, 『나와 너』, 68쪽.

중심이 끊임없이 새로운, 생동하는 관계, 사건 속에 놓여 있지 않는다면, 마비되어 '그것의 세계'가 된다는 것이다.[30)]

부버는 현대의 생물학적 사상과 역사철학적 사상은 인과율을 바탕으로 서로 협력하여 숙명에 대한 신앙을 견고하게 만들어 놓았다고 말한다. 그러니까 생존법칙, 심리법칙, 사회법칙, 문화법칙 등등 이러한 무수한 법칙들에서 뜻하고 있는 것은 언제나 사람은 하나의 피할 수 없는 필연적 현상 속에 매어 있기 때문에 그것을 거스를 수 없다고 하는 것이다. 여기서는 자유를 상상하는 일 따위는 어리석은 일로 간주된다. 부버는 모든 법칙의 근저에는 필연적인 경과, 즉 '무제한의 인과율의 광란'이 놓여 있다고 비판한다.[31)] 인과의 점진적인 경과라고 하는 교리는 증대하여 가는 '그것'의 세계에 대한 인간의 권리 포기를 뜻한다. 그래서 '운명'이란 명칭은 그러한 사람들에 의해 오용되어 왔다는 것이다. 운명이란 인간 세계 위에 씌어 있는 종(鐘)이 아니다. 오직 자유에서 출발한 사람이 아니고서는 아무도 운명과 만나지 못한다.[32)] 그렇다면 사람살이에서 나타나는 그것 중심의 관계맺음, 인과율적 사고를 토대로 한 운명론, 이러한 현상이 복합적으로 작동되는 문화의 비극 현상을 극복할 방안은 무엇인가? 부버는 다시금 관계에 주목한다. <나-그것> 관계에서의 '나'는 '개별존재'(個別存在)로서 나타나고 자기를 경험과 이용의 주체로서 의식한다. 이에 비해 <나-너> 관계에서의 '나'는 '인격'(人格)으로 나타나고 자기를 종속적 속격을

30) 부버, 『나와 너』, 71쪽.
31) 부버, 『나와 너』, 75쪽.
32) 부버, 『나와 너』, 75쪽.

가지고 있지 않은 주체성으로 의식한다. 개별존재는 다른 여러 개별존재에 대하여 자기를 분리시킴으로써 나타나지만, 인격은 다른 여러 인격과의 관계에 들어섬으로써 나타난다. 전자가 자연적인 분립의 정신적 형태라면, 후자는 자연적 결합의 정신적 형태이다. 자기 분리의 목적은 경험과 이용이며, 경험과 이용의 목적은 삶, 즉 인생의 전(全) 기간에 걸친 죽음인 것이다. 이에 비해 관계의 목적은 관계 자체, 즉 '너'와의 접촉이다. 왜냐하면 모든 '너'와의 접촉에 의하여 '너'의 숨결, 곧 영원한 삶의 입김이 우리를 스치기 때문이다.[33] 인격은 자기를 존재에 관여하고 있는 것으로서, 하나의 공존자로서, 그리고 그러한 하나의 존재자로서 의식한다. 하지만 개별존재는 자기 자신을 '그렇게' 존재하며 다르게 존재하지 않는 것으로 의식한다. 그래서 인격은 자기 자신을 바라보지만, 개별존재는 그의 '내 것', 즉 나의 혈통, 나의 종족, 나의 창작, 나의 독창력 따위에 관계한다.[34]

부버는 이상과 같은 설명을 통해서 두 가지 종류의 사람이 있는 것이 아니라, 인간성(人間性)에 두 개의 극이 있다고 말한다. 어떠한 사람도 순수한 인격이 아니며, 어떠한 사람도 순수한 개별존재가 아니다. 완전히 현실적인 사람이란 없으며, 완전히 비현실적인 사람도 없다. 모든 사람은 이중의 '나' 속에 살아가고 있는 것이다. 부버는 사람이, 인류가 개별존재에 의하여 지배되면 될수록 '나'는 더욱더 깊이 비현실성에로 타락한다고 말한다. 부버는 '나'라는 말은 인류가 가지고 있는 참된 암호

33) 부버, 『나와 너』, 83쪽.
34) 부버, 『나와 너』, 85쪽.

(暗號)라고 말한다. 그러면서 그 암호를 해독할 수 있는 열쇠로 소크라테스[35]에게서 생기 있고 힘찬 나, 무한한 대화의 나를, 괴테[36]에게서 자연과의 순수한 사귐에 있는 나를, 예수[37]에게서 아버지와 아들로서의 절대적 관계의 나를 제시하고 있다.

부버는 뭇 관계의 연장선은 영원한 당신 안에서 서로 만난다고 말한다. 모든 낱낱의 '너'는 '영원한 당신'을 들여다보는 틈바구니이다.[38] 우리가 '너'로 만나는 우리와의 관계에 들어서는 모든 '너'는 하나의 조망을 이루며, 바로 이 <나-너>의 관계의 연장선에서 '영원한 당신'과의 관계에 들어가게 된다. 그래서 사람은 <나-너>의 관계가 강하면 강할수록 더욱 인격적으로 된다. 그리고 <나-너>의 관계가 강하게 되는 것은 그의 '너'가 '영원한 당신'이 될 때 정점에 다다른다. 이 영원한 당신은 여러 가지 이름으로 불려 왔지만, 역시 '신(神)'이라고 부르는 것이 가장 자연스럽다고 부버는 말한다. 우리는 '너'를 '영원한 당신'이라고 부를 때, 또한 그렇게 대할 때, 우리의 '나'는 인격적 존재의 가장 깊은 경지에 이르게 되는 것이다. 이렇게 하여 부버는 인간의 세계에는 두 가지 근본적인 질서가 있다고 말한다. 하나는 <나-너>의 관계에 바탕을 둔 참다운 대화(對話)가 이루어지는 '인격 공동체'라면, 다른 하나는 다른 사람을 자기의 욕망을 충족시키기 위한 수단, 즉 '그것'으로만 바라보는 <나-그것>의 관계에 바탕을 둔 독백(獨白)만이 이루어지는 '집단적 사회'이다.

---

35) 부버, 『나와 너』, 87쪽.
36) 부버, 『나와 너』, 88쪽.
37) 부버, 『나와 너』, 89쪽.
38) 부버, 『나와 너』, 97쪽.

3. 문화화 과정에서 나타나는 문화의 비극

이제 여기에서는 사람이 스스로 문화화 되는 과정, 이를 달리 표현해서 문화인, 성숙인, 교양인이 되는 과정에 주목해 보고자 한다. 일찍이 게오르그 짐멜(Georg Simmel. 1858-1918)은 현대 문화의 위기 상황을 문화의 비극이라는 관점에서 분석한 적이 있는데, 그의 이런 관점은 오늘 여기에서도 여전히 많은 시사점을 제공해 줄 수 있을 것으로 기대된다.

1) 문화화 과정과 비극의 발생

짐멜은 문화를 "영혼이 자신에게 이르는 길"[39]이라고 말하고, 또한 "폐쇄된 통일성에서 출발해 전개된 다양성을 거쳐 전개된 통일성에 이르는 길"[40]이라고도 말한다. 짐멜은 왜 이런 방식으로 문화를 정의하는 것일까? 짐멜에 따르면, 한 개인에게 가능한 모든 지식과 기교, 세련됨은 그가 정말로 문화화되었다(Kultiviertheit)고 간주하는 근거가 될 수 없다. 인간은 비록 문화화된 것을 소유할 수는 있지만, 이것이 문화화되었다는 것을 의미하지는 않기 때문이다.

---

39) 게오르그 짐멜, 『게오르그 짐멜의 문화이론』(김덕영·배정희 옮김), 도서출판 길, 2007(이후 『문화이론』으로 표기함). 20쪽. Georg Simmel, *Gesamtausgabe, Band 14. Hauptprobleme der Philosophie. Philosophische Kultur*, Herausgegeben von Rüdiger Kramme und Otthein Rammstedt, Suhrkamp Verlag Frankfurt am Main 1966(이후 GSG 14로 표기함). 385쪽. *GSG 14*, 385쪽.

40) 『문화이론』, 22쪽. *GSG 14*, 387쪽.

짐멜은 문화를 주체와 객체의 상호관계와 상호작용의 관점에서 파악하기 때문에 「문화의 본질」(1908)에서는 주관문화와 객관문화로 구분하고 있다. 먼저 짐멜은 교화되고 고양되며 완성된 사물을 가리켜 '객관문화'라고 말한다. 객관문화는 인간 영혼을 자체의 고유한 완성의 길로 인도하거나, 개별 인간이나 전체 사회가 더 높은 존재로 나아가면서 통과하는 도정의 일부분을 구성한다. 이에 반해 '주관문화'는 그렇게 달성된 개인적인 발전의 정도를 가리킨다.[41] 객관문화와 달리 외화된 개인들의 정신적 영혼의 에너지가 주체적 존재인 이들에 대하여 일정한 자율성과 자체의 고유한 가치와 의미를 획득하고서, 여러 세대에 걸쳐 유전된 물질적 또는 정신적 객체를 의미한다. 객관문화와 주관문화의 구분에서 중요한 점은 대상의 존재론적 구별이 아니라, 단지 인간의 문화적 삶이라는 경험적 현상과 과정의 두 측면에 대한 개념적 분리일 따름이다. 그것은 어디까지나 인식 근거일 뿐 실제 근거는 아니다.[42] 객관문화의 의미는 그것 없이는 주관문화의 존재가 불가능하다는 사실에 있다. 왜냐하면 주체의 발전이나 상태는 그렇게 가공된 객체를 자신에 이르는 도정에 포함시켜야만 문화가 되기 때문이다. 또한 객관문화는 주관문화와 더불어 개인의 삶의 양식과 행위방식을 결정한다. 개인의 삶과 행위는 결국 객관문화와 주관문화

---

41) 『문화이론』, 74-75쪽. Georg Simmel, "Vom Wesen der Kultur(1908)", in *Georg Simmel Gesamtausgabe, Band 8. Aufsätze und Abhandlungen 1901-08*, Suhrkamp Verlag Frankfurt am Main 1993. 371-373쪽 참조 (이후 *GSG 8*로 표기함).

42) 김덕영, 『게오르그 짐멜의 모더니티 풍경 11가지』, 도서출판 길, 2007. 194쪽.

의 종합으로 구성되는 것이다. 짐멜은 현대사회 질서에서는 주관문화와 객관문화가 점점 분리되고, 객관문화가 형식면에서나 내용면에서 점점 더 빨리 증가하면서 주관문화를 압도하고, 또한 이에 대해 우월한 지위를 차지하게 되었다고 분석하였다.[43)]

문화의 본질이란, 상호작용에, 구체적으로 주체와 객체의 상호작용에 존재하는 것이다. 짐멜은 이러한 주체와 객체의 관계를 인간 문화의 형이상학적 전제조건으로 간주한다. 아니 그는 한걸음 더 나아가 인간 사회의 형이상학적 전제조건도 바로 거기서 찾는다. 상호작용은 짐멜에게는 세계원리 바로 그것이다. 주체와 객체의 상호적인 구성은 발달사적인 측면에서 개체발생과 종족발생 모두에, 그리고 인간과 세계의 관계라는 측면에서는 이론적 측면과 실천적 측면 모두에 적용되는 원리이자 논리이다.[44)] 문화라는 객체에는 개별 영혼의 의지와 지성, 개성과 정서, 역량과 정취가 집적되어 있다.[45)] 짐멜은 이런 현상을 '문화의 역설'이라 말한다. 그러니까 우리가 그 연속적인 흐름 속에서 느끼고 자발적으로 내적 완성을 추구하는 주관적 삶은 문화의 이념에서 보면 결코 스스로 달성할 수 없고, 오로지 삶의 형식에 이질적으로 되어버린, 그리고 자족적이고 폐쇄적인 구조로 결정화된 것들을 경유해야만 달성할 수 있다는 말이다. 짐멜에 따르면 문화는 두 요소가 만남으로써 생성되는데, 이 둘 가운데 어느 것도 자체적으로 문화를 포함할 수가 없다. 여기서 두 요소란 주관적 영혼과 객관적 정신의 생산물을 뜻한다.[46)]

---

43) 『문화이론』, 75-76쪽. *GSG 8*, 363쪽 이하.
44) 김덕영(2007), 같은 책, 187쪽.
45) 『문화이론』, 29쪽. *GSG 14*, 392쪽.
46) 『문화이론』, 25쪽. *GSG 14*, 389쪽.

짐멜은 문화를 논의할 때, 항상 종합 혹은 통일의 관점을 유지한다. 왜냐하면 문화란 어떠한 의미에서든 주체의 외부에 존재하는 초개인적인 구성물을 받아들이거나 이용함으로써 실현될 수 있는 개인적인 완성의 방식이기 때문이다. 주체는 객관적으로 정신적인 실재를 경유하지 않고는 문화화의 특별한 가치에 접근하거나 도달할 수가 없다. 그리고 객관적으로 정신적인 실재 그 자체는 영혼이 자신으로부터 자신에 이르는 길, 즉 우리가 영혼의 자연상태라고 부를 수 있는 것으로부터 영혼의 문화상태로 이르는 길이 바로 그것을 관통하는 경우에만 '문화가치'(Kulturwerte)가 된다.[47] 결국 문화란 인간 영혼의 행위와 거기로부터 생산되는 것의 총합을 의미한다. 문화는 과학, 종교, 예술, 윤리, 경제 또는 기술과 같은 인간 삶과 행위의 전반적인 영역을 포괄한다. 그리고 이러한 변증법적 과정을 통해서 주체는 객체를 문화화 함으로써 자기 자신을 문화화한다. 달리 말해서 주체는 객체의 가치를 증식시킴으로써 자기 자신의 가치를 증식시킨다. 결국 문화화의 과정이란 가치증식의 과정이다.[48]

그런데 짐멜은 이와 같은 문화화의 과정에서 개인에게 독특한 현상들이 일어난다고 말한다. 주체가 객체를 통해 주체로 발전해가는 이러한 흐름은 이제 연속성을 상실할 수 있다. 객체는 지금까지 암시된 것보다 더 근본적인 방식으로 매개하는 활동과 의미에서 멀어지며, 그럼으로써 그것이 문화화의 길로 건너가는 다리를 파괴할 수 있다.[49] 이를테면, 개인들은 교화

---

47) 『문화이론』, 33쪽. *GSG 14*, 395쪽.
48) 김덕영(2007), 『게오르그 짐멜의 모더니티 풍경 11가지』, 188쪽.
49) 『문화이론』, 46쪽. 83쪽. *GSG 14*, 405쪽.

되고 더 합목적적으로 되며, 더 많이 향유하고 더 많은 능력을 얻으며, 또한 어쩌면 더 많은 교양을 갖추게 된다. 그렇다고 그것에 비례하여 문화화되는 것은 아니라는 것이다. 왜냐하면 우리는 비록 그렇게 낮은 단계의 소유와 능력에서 더 높은 단계로 나아가지만, 낮은 존재로서의 우리 자신에게서 더 높은 존재로서의 우리 자신에게로 나아가지는 않기 때문이다. 달리 말해서 개인적 존재가 문화적으로 의미 있는 발전을 이룬다는 것은 순전히 주체에 존재하는 상태지만, 동시에 이 상태는 어떠한 경우에도 객관적인 내용을 수용하고 이용함으로써만 달성될 수 있기 때문이다. 그러므로 어떤 점에서 보면, 진정한 의미의 문화화는 '무한한 과업'(unendlichen Aufgabe)이라고 할 수 있다. 왜냐하면 개인적 존재의 완성을 위해 객관적 요소를 이용하는 과정은 결코 종료된 것으로 간주할 수 없기 때문이다.[50] 이렇게 본다면, 개인의 문화화의 과정에서 주관문화와 객관문화 사이에 분열, 혹은 모순이 일어난다고 할 수 있다. 짐멜은 문화화의 과정뿐만 아니라 문화구조 내부에서도 이러한 분열이 일어나는데, 이 분열은 이미 문화적 토대에 그 단초가 주어져 있다고 분석한다. 그래서 주체-객체의 종합, 즉 문화 개념의 형이상학적인 의미에서 모순(矛盾), 아니 비극(悲劇)이 발생하게 된다는 것이다.[51]

50)『문화이론』, 42쪽. *GSG 14*, 401쪽.
51)『문화이론』, 43쪽. *GSG 14*, 402쪽.

2) '노동분업'과 '돈', 그리고 문화의 비극

02

그렇다면 문화화의 과정에서 주체와 객체의 균열, 부조화, 갈등이 일어나는 궁극적인 원인은 무엇 때문인가? 먼저 짐멜에 따르면, 객체가 창조적인 주체에 직면해 이처럼 고립, 소외되는 것은 무엇보다도 노동분업(Arbeitsteilung)에 원인이 있다.

> 분업의 결과로 사실상 모든 대상은 이미 대중적 노동의 산물이다. 현대의 노동 조직은 개인의 영혼을 여러 다양한 에너지와 활동으로 분해한 후, 이를 다시금 하나의 객관적인 문화생산물로 결합하도록 한다. 결과적으로 어떤 특정한 문화생산물에 더 많은 영혼이 참여하면 할수록 거기에는 더 적은 개인의 영혼이 존재하게 된다.[52]

이처럼 노동분업의 결과로 현대세계에서는 노동과정, 노동수단, 노동생산물이 노동하는 주체로부터 완전히 분리되고 독립해서 그 자체의 고유한 논리와 법칙 및 동력을 가지고 존재하며 기능한다. 결과적으로 객체에 투자된 개인의 주체적 영혼은 자기 자신에 이르는 길을 잃어버린다. 그리하여 객체화되고 물화(物化)된다. 짐멜은 마르크스가 분석한 노동의 물상화 과정과 상품화 과정을 현대 세계의 광범위한 문화적 분화과정의 특정한 부분적 측면으로 간주하고 있다. 다시 말해 현대 문화의 분화과정이란, 구체적으로 개인의 인격으로부터 그 개별적 내용을 분리해내어, 이를 독립적인 규정과 운동을 지닌 객체로서 개인의 인격과 대립시키는 과정을 가리킨다.[53] 짐멜은 노동분

52) Georg Simmel, *PdG*, 618쪽.
53) Georg Simmel, *PdG*, 632쪽.

업의 현상을 통해서 문화의 비극, 문화의 비극적 숙명을 예견하고 있다. 그러니까 노동분업에 의한 과도한 전문화는 심각한 결과를 초래하게 된다는 것이다. 객체는 자체의 고유한 발전논리를 가지며 그 결과 인간 영혼의 발전에 편입될 수 있는 방향에서 벗어나게 된다. 여기에서는 사물을 문화적으로 형성하는 내재적인 논리가 중요하다. 그래서 인간은 이제 그저 이 논리가 발전을 지배하고 궤도를 벗어나서 지속시킬 수 있도록 강제하는 존재가 되고 만다. 사실은 바로 이 궤도에서 사물의 문화적 발전이 다시금 생동하는 인간의 문화발전으로 회귀할 수 있는 것이다. 이러한 현상을 짐멜은 문화의 비극(Tragödie der Kultur)이라고 말한다.

그러면 문화의 비극 상황이 초래된 근본 원인은 노동분업 이외에 또 다른 이유는 없는 것일까? 짐멜은 '돈'을 현대문화의 갈등과 비극의 원인으로 간주하고 있다. 짐멜은 『돈의 철학』(1900)에서 다음과 같이 설명하고 있다. 사물의 문화는 비로소 돈을 통해 자연 상태에 대하여 자주적이고 독립적인 세력과 질서가 될 수 있었다. 돈은 문화과정의 관절체계로서 한편으로는 이 과정을 구성하는 요소들을 분리하고 이동시키며 새롭게 결합시키는 것을, 다른 한편으로는 이들 요소가 서로서로 의존하고 서로서로 다양하고 지속적인 자극과 충동을 주고받을 것을 가능케 해준다. 여기에서 돈은 동시에 주관문화의 발전을 위하여 긍정적인 기능을 하기도 한다. 돈은 주체와 객체 사이에 끼어들어 이들 사이에 거리를 만듦으로써 개인으로 하여금 사물과의 직접적인 관계에서 해방되어 사물에 대한 지배자가 되며 우리에게 가능한 것을 선택할 수 있도록 해준다. 객관정신과 주관정신의 관계를 상호간의 고양과 성숙의 관계로 이끌어줌으로써, 현대적 삶의 양식에 대한 돈의 문화의의는 지양되는 것이 아니라 상승되는 것이며, 반증되는 것이 아니라 입증되는 것이다. 짐멜은 그 좋은 예로 타자기를 든다. 타자기의 표준화되고 객관화된 활자로는 개인적 필체를 표현할 수 없지만, 다른 한편 우리는 타자기라는 객관문화를 수단으로 하여 자기 자신의 심층적 영혼이 이룩한 업적과 더불어 자기 자신의 주체적 개인적 인격을 표출시킬 수가 있다.[54)]

이러한 과정에서 돈이 문화위기와 관련되는 것은, 바로 수단(手段)의 자립화 현상과 관련된다. 그러니까 원래 돈은 교환과 가치보상을 위한 수단이었다. 그런데 돈이 대다수 문화 인간의 목표중의 목표가 되어버렸다. 합리적인 이성에 비추어보면 정당화될 수 없는 일이지만, 목적을 달성하기 위한 노력은 대체로 돈을 가짐으로써 종결된다. 결과적으로 객관문화는 마치 하나의 자율적인 세계와도 같이 주관문화와 특정한 관계를 갖지 않으면서 존속하고 발전할 수 있게 되며, 궁극적으로는 객관문화가 주관문화에 대한 우위를 차지하게 된다. 돈은 이처럼 현대문화의 갈등과 비극을 초래한다.

짐멜은 현대사회에서 주관문화와 객관문화가 점점 더 분리될 뿐만 아니라, 객관문화가 주관문화를 압도하는 현상을 문화의 비극이라는 관점으로 밝혀내었다. 그렇다면 현대사회에서 문화를 향유하고 있는 현대인에게도 이런 현상이 그대로 나타난다고 보아야하지 않을까? 짐멜은 현대인이 처한 상황을 다음

---

54) Georg Simmel, *PdG*, 651-654쪽. 그리고 김덕영(2007), 197-198쪽 참조.

과 같이 표현하고 있다. 짐멜은 초기 프란체스코 수도사들을 묘사하던 말, 즉 “아무것도 갖지 않는 것이 모든 것을 갖는 것”이라는 말의 의미를 되새기고 있다. 그러니까 그들은 영혼의 길을 어떻게든 자신을 통과해서 가라고 강요하여 이 길을 간접적인 길로 만들어버리는 경향이 있는 모든 사물들에서 완전히 해방되었다. 그런데 이에 반해 과도한 문화를 가진 오늘 현대인의 상황은 어떠한가? “모든 것을 가졌지만 아무것도 갖지 못한 것”이라고 표현될 수 있다는 것이다.[55)]

3) 문화의 비극 앞에 놓인 현대인

현대 문화의 비극성 앞에 놓인 현대인에게 앞으로 나아갈 수 있는 방안은 없는 것일까? 현대인을 향해 던지는 짐멜의 메시지에 귀 기울일 필요가 있다. 짐멜은 『철학적 문화』에서 개인이 단순히 ‘문화를 소유하는 것’과 ‘문화화되는 것’, 즉 문화인간이 되는 것을 구분하였다. 말하자면 소유(Haben)와 존재(Sein)의 구분이다. 먼저 ‘소유’는 인간이라는 주체와 문화생산물이라는 객체가 단순히 기계적 병렬관계에 있음을, 즉 주관문화와 객관문화가 유기적이고 화학적으로 결합되지 못한 상태를 가리킨다. 이에 반해 ‘존재’는 객체가 주체와의 내적 결합으로 개인적-주체적 인격의 한 부분을 이룬 상태를 일컫는다. 존재의 경우, 객관적 문화의 산물이 개인의 주체적 인격을 연장해 주는 기능을 한다. 여기서 주체와 객체는 인격 또는 영혼의 중심과 주변의 관계를 이룬다. ‘문화를 소유하는 것’이 단순한

55) 『문화이론』, 56쪽. *GSG 14*, 412쪽.

소유론적 범주라면, '문화화 되는 것' 또는 '문화 인간이 되는 것'은 소유와 존재가 결합된 범주라 할 수 있다.

결국 주체인 나 스스로의 문화화가 문화비극의 상황을 돌파할 수 있는 지름길이 되는 셈이다. 그러면 문화갈등과 문화위기를 극복하기 위하여 짐멜이 생각하고 주체적 인간이 되기 위한 교육이란 어떤 것일까? 짐멜은 개인을 주체적인 인격체로 교육시키는 것만이 현대세계에서 주관문화를 보존하고 발전시킬 수 있는 유일한 대안이라고 주장한다. 짐멜에 따르면, 18세기와 19세기는 모두 개인주의 이론을 발전시켰지만, 개인과 사회와의 관계를 어떻게 보느냐에 따라 두 세기는 근본적인 차이점을 보여주었다는 것이다. 18세기가 양적 개인주의 혹은 개체성의 개인주의 철학을 발전시켰다면, 19세기는 질적 개인주의 혹은 유일성의 개인주의 철학을 발전시켰다. 전자에 의하면 개개인은 보편타당한 이성적 존재로서 다른 이성적 존재들과 평등하기 때문에 자유로운 존재가 된다. 따라서 평등하고 자유로운 양적 개인들의 삶과 행위는 반드시 사회의 존재를 전제조건으로 한다. 이와 반대로 후자는 개인의 존재근거와 의미는 다름 아닌 자기 자신만의 개성, 특성 그리고 특질에 달려있다고 본다. 질적 개인들에게 중요한 것은 사회적 관계가 아니라 자신의 주체적 인격의 발달인데, 이것의 의미는 궁극적으로 개인이 인류의 발달에 기여한 정도에 달려있다. 전자의 대표적 이론가로 칸트와 피히테를 들 수 있다면, 후자의 대표적인 이론가로는 낭만주의자들, 슐라이어마허, 괴테, 니체를 들 수 있다.[56]

---

56) Georg Simmel, *Grundfragen der Sozilogie. Individuum und Gesellschaft*, Berlin 1970. 68쪽 이하. 김덕영, 『현대의 현상학』, 나남출판사, 1999.

그렇다면 개인의 내적인 인격체의 발달을 촉진할 수 있는, 말하자면, 성숙(成熟)과 교양(教養)을 쌓을 수 있는 새로운 교육체제는 어떻게 가능한 것인가? 짐멜은 서구 유럽의 18세기적 교육이념과 19세기적 교육이념의 결합을 통해서 실현가능하다고 보았다. 그러니까 18세기의 인문주의적-이상주의적 교육이념은 원칙적으로 인간의 내적-인격적 가치 형성과 발전을 지향하였다. 이에 반해 19세기 교육이념은 일차적으로 객관적 전문적-기능적 지식과 능력의 축적 및 전수를 지향함으로써 18세기 교육이 추구한 인문주의적 이상주의적 가치를 상실하게 되었다. 이러한 19세기 교육이념은 교육의 이념과 체제 변화가 삶의 영역에서 객관문화가 급속히 확산되고, 궁극적으로는 객관문화가 주관문화에 대해 우위와 지배적 관계를 갖는 데 매우 중요한 역할을 했다는 것이다.[57] 그래서 이제 짐멜은 18세기적 교육이념과 19세기적 교육이념 간의 양자택일이 아니라, 이 둘을 한 차원 높은 통일체로 결합시키는 것이야말로 현대문화의 위기, 비극적 상황을 타계할 수 있는 유일한 대안이라고 확신하는 것이다.

55-56쪽.

57) 김덕영, 『현대의 현상학』(1999), 2장, 3장(76-83쪽) 참조 바람.

4. 맺는 말 : 문화의 비극은 우리의 우울한 운명인가?

지금까지 우리는 부버와 짐멜의 시선을 좇아 문화의 비극 상황에 대해 살펴보았다. 이제 우리에게 남겨진 문제는 간단하다. 이런 상황에서 무엇을 할 것인가? 그리고 어떻게 할 것인가? 앞서 우리는 종교의 비극, 나아가 문화의 비극의 한 장면으로 소망교회의 폭행사건을 들었고, 그것이 한국 기독교의 전반의 근본적인 문제에서 파생한 것이라고 말한 바 있다. 지금 한국 기독교, 나아가 종교 공동체의 핵심 문제는 상호관계의 단절에 있다. 교회가 나-너 관계에 입각한 참다운 대화가 이루어지는 인격 공동체가 되어야 함에도 불구하고, 나-그것의 관계를 바탕으로 한 집단적 공동체로 전락해 있다. 여기에서는 타인을 인격체로 대하기보다는 수단, 이용, 착취의 대상으로 간주하는 그것 중심의 세계관이 통용되고 있는 것이다. 그래서 이제 다시금 우리 스스로가 온 존재를 기울여 타인을 진정한 한 인격으로, 나아가 영원한 당신으로 대할 수 있는 참된 공동체, 다시 말해 사랑의 공동체 회복이 그 어느 때보다 절실한 시점이다.

문제는 그 모든 것을 '내'가 먼저 시작해야 한다는 사실이다. 그런데 나는, 우리는 어떤 존재인가? 이중성을 지닌 존재, '너'의 세계와 '그것'의 세계를 오가는 존재, '자유'에의 결단과 '필연'에의 숙명 사이를 살아가는 존재, 그래서 더더욱 문화화되어야만 하는 존재가 아닌가? 진정한 문화화, 진정한 교양인, 진정한 성숙인은 결코 완결될 수 없는 무한한 과업(課業)이기에 우리는 매 순간 겸손할 필요가 있는 것이다. 우리 사회의 종교인들이 최소한 부버가 강조한 <나-너> 관계를 종교공동체 안에서만이라도 제대로 실천한다면, 그리고 종교 활동을 하는 오늘 우리들 모두가 '그것' 지향의 가치관을 한번쯤 철저하게 반성해 본다면, 그래서 짐멜의 눈높이에서 남을 탓하기보다 나 스스로의 문화화 지수를 체크해 본다면, 이 땅에서 벌어지는 문화 비극의 장면들은 사라지지 않을까? 대도시의 회색빛 우울한 운명에 안주하기보다 우리의 선택, 우리의 결단에 따라 우리 자신의 운명을 채색해야할 이유이다.

Chapter 03

우리 사회는 건강한가?*

고비노
(Joseph-Arthur Gobineau, 1816-1882)

체임벌린
(Houston Stewart Chamberlain, 1855-1927)

* 이 글은 「인종주의와 문화-고비노 읽기, 칸트와 니체 사이에서」, 『니이체연구』 8권(한국니이체학회, 2005.10)에 수록되어 있음을 밝혀둔다.

1. 시작하는 말 : 인종주의는 이제 사라졌는가?

우리에게 신칸트학파의 대표적인 문화철학자로 알려져 있는 에른스트 카시러(Ernst Cassirer. 1874-1945)는 19세기와 20세기에 걸쳐 서구 사회에 가장 강력한 영향을 미친 정치적 신화를 분석한 적이 있다. 이러한 그의 분석은 특히 서구 사회에서의 파시즘, 특히 나치 독일의 국가 사회주의 이념의 허구를 파헤치려는 의도에서 시작되었다. 1946년 카시러 사후에 출간된 『국가의 신화』[1]는 정치적 신화의 대표적인 예로서, 칼라일(Thomas Carlyle. 1795-1881)의 영웅숭배론, 고비노(Joseph-rthur Gobineau. 1816-1882)의 인종불평등론, 헤겔(Georg Wilhelm Friedrich Hegel. 1770-1831)의 국가 이념, 슈펭글러(Oswald Spengler. 1880-1936)의 운명론적 역사관을 제시하고 이를 분석하고 있다.[2]

여기에서는 위의 여러 정치적 신화들 가운데 고비노의 인종불평등론에 대한 카시러의 독해 방식을 좇아 보고자 한다. 한 세기가 이미 훌쩍 지나버린 고비노의 이론을 다시금 카시러의 목소리에 힘입어 살펴보고자 하는 것은 고비노의 이론이 서구 정치 사상사에 많은 영향을 미쳤기 때문이다. 특히 니체(Friedrich Nietzsche. 1844-1900)의 사상을 비롯해 파시즘 이론에 적극적으로 개입되었다는 혐의를 여전히 받고 있기 때문

---

1) Ernst Cassirer, *The Myth of the State*, New Haven and London, Yale University Press, 1946(이후 MS로 표기함). 번역서로는 최명관, 『국가의 신화』, 서광사, 1988.

2) 카시러의 사회철학에 대한 상세한 논의는 신응철, 『카시러 사회철학과 역사철학』, 철학과현실사, 2004. 제4장 참조 바람.

이다. 어쩌면 지금도 고비노의 이론을 은근히 기대하거나, 유지하거나, 더욱 계발하려는 숨은 의도를 지닌 정치 집단과 사회조직, 국가가 있을 수도 있을 것이다.

카시러의 고비노 독해는 일면적으로는 정치철학적 관점에서 진행되고 있지만, 인종주의에 대한 논의의 궁극적 목적은 신화적 사유와 정치의 결탁에서 비롯된 현대 사회에서의 인간의 삶의 위기, 특히 문화의 위기를 진단하는 데 있기에 문화철학적 함의를 지닌다고 할 수 있다. 그런 맥락에서 볼 때, 이 글에서 필자의 기본 관심은 고비노 이론의 파시즘과의 직접적인 관련성을 해명하고, 나아가 고비노의 인종주의 자체에 대한 해명, 고비노 이론의 니체와의 영향관계, 마지막으로 이러한 논의를 한국 사회의 당면한 문제와 연관시키면서 문화철학적 관점에서 반성해 보는 데 있다. 그렇기에 여기에서 적어도 필자는 한국 사회의 정치, 문화, 교육 현장에서는 여전히 고비노의 인종주의가 사멸한 것이 아니라, 잔존 내지 어떤 측면에서는 부활하고 있다는 사실을 입증하고자 한다. 이 점이 바로 이 논의의 목적이라고 할 수 있다.

2. 인종주의에 대한 일반적인 이해

우리가 일반적으로 인종주의(racism)를 말할 때 제일 먼저 떠올리는 사상가는 프랑스의 외교관 출신의 인류학자였던 고비노 백작이다. 그는 『인종불평등론』(*Essai sur I'inégalité des races humaines*)(4권, 1853-1855)에서 유전되는 신체적 특징과 성격·지능·문화 사이에 인과관계가 있다는 사상을 펼쳐보였다. 그러니까 이 사상 속에는 어떤 인종은 선천적으로 다른 인종보다 우수하다는 관념이 전제되어 있는 것이다. 고비노의 주장에 따르면 백인종은 다른 모든 인종보다 우수하며, 백인종 가운데서도 최고의 문명을 이룩한 아리안 인종이 가장 우수하다는 것이다. 그에 따르면 순수 민족만이 육체적·정신적으로 순수성을 유지할 수 있고, 그들에게서 문화의 퇴폐·몰락은 나타나지 않는다는 것이다. 그러한 민족으로 아리안족, 특히 게르만족을 들었다. 결국 나치 독일의 민족 우월론은 고비노의 이 같은 사상에 뿌리를 두고 있다고 해석할 수 있는 것이다.

고비노의 이러한 생각들을 철저히 계승한 사람은 영국 태생의 정치철학자 휴스턴 스튜어트 체임벌린(Houston Stewart Chamberlain. 1855-1927)이었다. 그는 1899년 독일어로 『19세기 유럽 문화의 토대』를 출간하기도 했다. 유럽 문화에 있어 아리안인의 인종적·문화적 우월성을 주장한 그의 사상은 범게르만주의와 독일 민족주의 사상, 특히 히틀러의 국가 사회주의 운동에 영향을 미치게 되었다. 베르사유·제네바·빈 등지에서 교육을 받은 체임벌린은 리하르트 바그너의 찬미자가 되어 1892년 그의 첫 작품인 『로엔그린에 관한 연구』를 출판했다. 그 뒤 바그너의 희곡을 분석한 저서(1892)와 바그너의 전기(1895)를 출판했는데, 이러한 출판물을 통해 그는 바그너의 작품 속에 내재한 영웅적인 게르만적 요소를 역설하게 되었다. 또한 체임벌린은 구원의 길은 튜턴족과 그 문화에 있다고 말하고, 튜턴족 가운데 독일인이 가장 고귀한 천품을 타고났다고 주장하기도 하였다. 이런 그의 주장은 독일인이 세계의 주인이 될 권리를 가지고 있다는 의미로 해석될 수 있다. 그렇게 하여 이들의 인종주의는 이후 나치 정권의 국가 사회주의 이념에 즉각적인 영향을 미치게 되었다고 일반적으로 평가되고 있다.[3)]

3. 고비노의 인종주의에 나타난 역사관

이제부터는 고비노의 『인종불평등론』을 중심으로 그의 인종주의 논의와 나치즘과의 관련성을 구체적으로 논의하도록 한다. 그 이유는, 위에서도 잠시 언급했듯이, 일반적으로 고비노의 이론이 나치즘과 직접적인 관계가 있다는 입장에 대해 카시러는 이의를 제기하고 있기 때문이다. 그래서 필자는 여기에서 고비노 이론의 진정성, 역사성, 문화철학적 함의 등의 측면을 논의하고자 한다.

먼저 고비노가 이 저서를 어떤 의도에서 쓰게 되었는가의 문제와 관련하여, 카시러는 의외의 입장을 취한다. 그러니까 고비노의 이 책에는 이후에 전개될 정치적 경향들(나치즘)이 이미 나타나있었다고 보는 기존의 일반적인 입장들과는 달리, 나중에 펼쳐진 정치적 경향들은 고비노가 의도한 바와 전혀 상관없는 것이라고 카시러는 단호하게 주장한다.[4)]

---

3) 이러한 평가는 Doris Mendlewitsch, *Volk und Heil. Vordenker des Nationalsozialismus im 19. Jahrhundert*, Rheda-Wiedenbrück, 1988. George L. Mosse, *Die Geschichte des Rassismus in Europa*, Frankfurt/M. 1990. 하인츠 파에촐트, 『카시러』, 인간사랑, 2000. 147쪽 참조 바람.

4) MS, 224쪽. 『국가의 신화』, 277쪽.

카시러는 고비노가 이 책을 정치적 팸플릿이나, 특정한 활동을 목적으로 쓴 것으로 보지 않는다. 다시 말해 정치적 사회적 질서의 재건이나 혁신에 적용하기 위해서 쓴 것이 아니라, 역사적 철학적 논문을 위해서 쓴 것으로 판단한다. 그 근거로 카시러는 고비노의 역사관을 제시한다. 고비노는 인류 역사에서 가장 중요한 것, 즉 본질적인 요인을 인종들 사이의 도덕적, 지적 차이라고 주장하고, 이러한 차이를 사실(fact)로 간주하였다.[5] 고비노의 역사관은 한마디로 숙명론적(fatalistic)이다. 다음의 카시러의 설명이 고비노의 역사관을 잘 대변하고 있는 것으로 보인다.

> "역사는 일정하고 냉혹한 법칙을 따른다. 우리는 사건의 진로를 변경시키기를 바랄 수 없다. 우리가 할 수 있는 것은 그것을 이해하고 받아들이는 것뿐이다. 그런 점에서 본다면, 고비노의 이 책은 강한 운명애(amor fati)로 가득 차 있다. 인류의 운명은 처음부터 예정되어 있다. 인간의 그 어떤 노력도 이것을 돌이킬 수 없다. 인간은 자기의 운명을 바꿀 수 없다. 그러나 한편, 인간은 동일한 물음을 거듭 묻지 않을 수 없다. 비록 그가 자신의 운명을 지배할 수 없다하더라도 그는 적어도 자기가 어디서 왔으며, 어디로 가는가를 알고 싶어 한다. 이 욕망은 근본적이고 소멸시킬 수 없는 인간 본능들 중의 하나이다."[6]

인종들 사이의 도덕적, 지적 차이를 주장하는 고비노의 인종주의의 제1원리는 "역사는 오직 백인종들과의 접촉에서만 생

5) Gobineau, *Essai sur I'inégalité des races humaines,* 제2판(Paris : Firmin-Didot), "Conclusion générale", Ⅱ, p. 548. 전2권.

6) MS, 225쪽. 『국가의 신화』, 277쪽.

긴다"[7]라는 주장 속에 있다. 그러니까 백인종만이 문화적 생활을 건설하는 의지와 힘을 가진 유일한 인종이라는 말이다. 흑인종과 황인종은 아무런 생명도, 아무런 의지도, 그들 자신의 아무런 에너지도 가지고 있지 않다. 이들은 그 주인들의 수중에 있는 죽은 물질이요, 보다 높은 인종에 의하여 움직여지지 않으면 안 되는 무기력한 집단일 뿐이다.[8] 그런 맥락에서 고비노는 심지어 중국의 문화에 대해서도 이와 동일한 설명 태도를 취한다. 흑인종과 황인종은 거친 천이요, 무명이요, 양모에 지나지 않는 것으로서, 백인종이 이 것 위에 그들 자신의 우아한 명주실을 짰다는 것은 아주 확실한 일[9]이므로, 중국 문화는 중국인이 만든 것이 아니었다고 주장한다. 고비노에 따르면, 인도에서 이주해 온 외래 종족, 즉 중국에 침입하여 이를 정복하고 중앙 왕국과 중화 제국의 기초를 닦은 크샤트리아족의 소산으로 보아야 한다는 것이다.[10] 더 나아가 서구에서 볼 수 있는 매우 오래된 문화의 흔적도 이와 마찬가지라는 것이다. 아메리카 원주민들이 그들 자신의 노력으로 문명의 길을 찾을 수 있었다고 하는 것은 불가능한 가정이라는 것이다. 고비노에 의하면, 아메리카 대륙의 인디안족은 독립된 인종을 이루고 있었던 것이 아니라, 흑인종과 황인종의 혼합일 따름이다. 고비노는 이런 방식으로 아메리카와 아프리카, 그리고 아시아의 문화와 역사를 파악하였다.

---

7) Gobineau, 같은 책, Ⅰ권, 527쪽.
8) MS, 226쪽. 『국가의 신화』, 279쪽.
9) Gobineau, 같은 책, Ⅱ권, 539쪽.
10) Gobineau, 같은 책, Ⅰ권, 462쪽.

이와 같은 고비노의 역사관은 프랑스의 세습계급과 귀족계급에 대한 옹호로 이어졌다. 그 자신이 귀족 가문에 속했기 때문에, 세습 계급은 그에게 있어 국가나 개인보다 훨씬 높고 더 귀한 현실이었다. 그는 『인종불평등론』에서 아리안족의 브라만들이 카스트의 가치와 그 절대적 중요성을 처음으로 이해하고 확립하였다고 이들을 찬양하였다. 이들의 솜씨는 천재적인 솜씨요, 이들의 심원하고 독창적인 관념은 인류의 진보를 위해 매우 새로운 길을 텄다는 것이다. 프랑스의 귀족 계급은 게르만 계통의 침입자요, 정복자인 프랑크족의 핏줄을 이었고, 일반대중은 피정복자의 계급, 즉 독립된 생활에 대한 모든 권리를 잃은 노예 계급에 속한다.11)

03

고비노의 역사관에는 전통적인 형이상학의 문제가 들어있다고 카시러는 분석한다. 그러니까 역사 속에서 의심의 여지가 없고, 흔들리지 않는 보편적 원리, 즉 진정한 보편자를 전통 형이상학은 사람들의 사고 속에서 찾으려 했지만, 고비노는 사람들의 운명을 결정짓는 실체적인 세력들 속에서 찾았다는 것이다. 말하자면 모든 세력들 가운데 '인종'이 가장 강하고 가장 확실한 사실이라는 것이다.12) 인종이 인류 역사에서 중요한 요인이며, 서로 다른 인종들이 서로 다른 형태의 문화를 건설해왔다는 것, 이 형태들이 동일한 수준에 있지 않다는 것, 그것들이 성격이나 가치에 있어서 여러 가지로 차이가 있다는 것은 일반적으로 인정되어 있는 사실이다. 여기서 고비노는 인종이 역사적 세계의 유일한 주인이요, 지배자라는 것, 다른 모든 세

11) MS, 229쪽. 『국가의 신화』, 283쪽.
12) MS, 231쪽. 『국가의 신화』, 284쪽.

력들은 그 심부름꾼이요, 위성이라는 것을 증명하려고 했던 것이다.[13)]

4. 고비노의 인종주의와 나치즘 다시 보기

그렇다면 이제 문제는 고비노의 인종주의 이론에 들어있는 역사철학적 관점이 나치즘으로 대변되는 전체주의 국가 이데올로기를 만들어내는 데 직접적인 영향을 주었는가하는 점을 해명하는 일이다. 결론부터 말하자면, 카시러의 관점에서는 고비노의 인종주의 이론은 나치즘과 아무런 관련이 없다는 것이다. 우리는 고비노의 인종주의를 크게 네 가지 관점에서 접근하는 카시러의 논의 속에서 그와 같은 판단의 근거를 찾을 수 있을 것이다.

첫째, 고비노의 인종주의 이론은 "다른 모든 가치를 파괴하려는 시도였다."는 관점이다.[14)] 이 관점에서 보면, 인종주의에는 기독교에 대한 고비노의 비판이 들어있다고 할 수 있다. 그러니까 이 관점은 인간의 기원과 종말에 대한 기독교적 생각에 대한 비판인 셈이다. 고비노가 말하는 인종이라는 神은 시기하는 신이다. 그것은 자기 이외에 숭배될 다른 신들을 용납하지 않는다. 인종은 모든 것이요, 다른 모든 세력은 아무것도 아니다. 이것들은 독립적인 의미나 가치를 도무지 가지고 있지 않

13) MS, 232쪽. 『국가의 신화』, 285쪽.
14) MS, 232쪽. 『국가의 신화』, 285쪽.

다. 만일 이것들이 어떤 힘을 가지고 있다면, 이 힘은 자율적인 힘이 아니다. 그것은 이것들의 상관이자 주권자, 즉 전능한 존재인 인종에 의하여 이것들에게 위탁되어 있을 따름이다. 이 사실은 온갖 형태의 문화생활, 즉 종교, 도덕, 철학과 미술, 국민과 국가 속에 나타나 있다는 것이다.

카시러는 고비노 이론의 가장 중요한 요소는 인종에 대한 찬미 자체가 아니었다고 본다. 그 자신 또한 열렬한 가톨릭 신자였던 고비노는 기독교의 교리를 받아들였고, 교회의 권위에 순종하였다. 성서는 그에게 어디까지나 영감으로 된 책이었고, 글자 그대로의 진리가 한 번도 부정된 적이 없는 것이었다. 그러므로 그는 세계 창조와 인간의 기원에 관한 성서적 이론을 공격할 수가 없었다. 그렇지만 다른 한편에서 볼 때, 흑인종과 황인종이 백인종과 동일한 인간 가족에 속한다는 것을 인정할 수가 없었다. 흑인종과 황인종에게서 발견할 수 있는 것은 더할 나위 없는 추악한 야만성과 가장 흉악한 이기주의였다.[15)] 그러니까 고비노는 자신의 종교적 생각과 자신의 인종주의 이론 사이의 괴리를 인정할 수밖에 없었다. 이러한 자신의 딜레마에서 벗어나기 위해서 고비노는 마침내 기독교의 '형이상학적 진리'와 인간 세계에서의 '문화적 가치'를 확연히 구별하게 된다. 이와 같은 구별을 통해서 고비노는 사실상 기독교가 인류의 문명의 발달에 그 어떤 영향도 끼치지 못했으며, 문명을 위한 능력을 창조하지도 않았고 변화시키지도 않았다는 사실을 제시하고 있는 것이다.

15) Gobineau, 같은 책, I 권, 227쪽.

결론적으로 볼 때, 고비노는 기독교가 크고 신비한 세력이기는 하지만, 인간 세계를 움직이는 그 어떤 일도 할 수 없는 세력으로 간주하였다. 그러니까 인간의 역사적 생활에서 기독교는 그 모든 권리를 포기하고 '인종'이라는 새로운 신에게 절하고 말았다는 것이다. 바로 이러한 관점에서 카시러는 고비노의 인종주의를 결국은 '모든 가치를 파괴하려는 시도'로 간주하는 것이 온당한 해석임을 주장하고 있는 것이다.[16)]

둘째, 고비노의 인종주의 이론은 18세기 계몽주의의 이념, 즉 "인도주의"와 "평등주의" 이념에 대한 비판이었다는 관점이다.[17)] 계몽주의의 이념은 종교에 근거한 것이라기보다는 새로운 유형의 철학적 윤리학에 근거하고 있다. 이러한 이념은 특히 칸트의 저작 속에서 명료하게 이끌어낼 수가 있다. 칸트의 저작을 떠받치고 있는 요체는 '자유'의 이념이다. 이 자유는 '자율'을 의미한다. 이것은 도덕적 주체는 그가 자신에게 주는 것 외의 다른 어떤 규칙에도 복종해서는 안 된다는 원리의 표현이다. 그는 그 자신 "목적의 왕국에 있어서의 입법자"[18)]이다. 이것이야말로 그의 참 존엄성, 한갓 물리적인 모든 존재를 넘어서는 특권을 구성하는 것이다.

그런데 이러한 칸트의 생각은 고비노에게서는 도무지 알 수 없는 소리로 들렸고, 참을 수 없는 것이었다. 왜냐하면 고비노

16) MS, 235쪽. 『국가의 신화』, 288쪽.
17) MS, 235쪽. 『국가의 신화』, 289쪽. 하인츠 파에촐트, 『카시러』, 148쪽.
18) Kant, *Grundlegung zur Metaphysik der Sitten*, sec. 2, "Werke", ed. E. Cassirer, Ⅳ, 293쪽.

가 볼 때, 칸트의 생각은 인종의 모든 본능과 가장 깊은 감정에 크게 어긋나는 것이었기 때문이다. 고비노에게서 존엄성이란 개인적 우월성을 의미하는 것이며, 우리가 남을 열등한 존재로 내려다보지 않고서는 이 우월성을 의식할 수가 없다. 모든 위대한 문명과 모든 고귀한 인종에 있어서 이것은 지배적 특성이었다. "자신의 가문과 혈통을 자랑스럽게 여기는 사람은 누구나 서민과 혼혈되기를 거부하였다."[19] 때문에 칸트 식의 보편적인 윤리의 기준과 가치를 찾는 것은 어리석은 일이다. 이와 같은 고비노의 입장에서는 칸트의 정언명법은 말 자체가 모순이 아닐 수 없다. 우리가 하고자 하는 것이 동시에 보편적 법칙이 되도록 하라는 격률은 불가능하다. 보편적 인간이 없는데 어떻게 보편적 법칙이 있을 수 있는가? 모든 경우에 타당할 것을 주장하는 윤리적 격률은 어떤 경우에도 타당하지 않다. 누구에게나 적용되는 규칙은 아무에게도 적용되지 않는다. 그것은 인간적 역사적 세계에서 대응하는 것이 하나도 없는 한갓 추상적인 공식에 불과하다.[20]

고비노는 "아리안"(Aryan)이라는 말의 어원론을 받아들이고 있는데, 그것에 의하면 이 말은 본래 "존귀하다"(honorable)라는 것 외에는 다른 아무 것도 의미하지 않았다. 아리안 인종의 성원들은, 인간이란 그 개인적 성질들로 인하여 존귀한 것이 아니라, 그 인종의 유전질로 인하여 존귀하다는 것을 잘 알고 있었다. "우리는 개인적 명예와 존엄성을 오직 보다 높은 영주의 영지에서, 참주권자인 인종으로부터 우리의 몫으로 받음으

19) Gobineau, 같은 책, Ⅱ권, 21쪽.
20) MS, 236쪽. 『국가의 신화』, 290쪽.

로써만 소유한다. 스스로를 아리안 족이라 칭하는 백인들은 이 칭호의 존대하고 화려한 의미를 잘 알고 있었다. 그들은 이것에 힘껏 집착하였다."[21] 한 인간은 그의 행동에 의해서가 아니라 그의 '혈통'에 의해서 위대하고 고귀하고 유덕하다. 우리의 개인적 업적이 받아야 할 유일한 검사는 우리들의 조상에 대한 검사다. 어떤 사람에게 그의 도덕적 가치에 대한 확신을 주는 것은 다름 아닌 그의 출생증명서다. 덕은 습득될 수 있는 어떤 것이 아니다. 그것은 하늘로부터의 선물이다. 더 정확하게 말하면, 땅으로부터의, 즉 인종의 신체적, 정신적 성질들로부터의 선물이다. 이런 맥락에서 고비노는 흑인종에 대해 "맹수도, 이 소름끼치는 종족들에 비하면 너무나 고상해 보인다. 신체적으로는 원숭이들이, 도덕적으로는 암흑의 혼령들이 이들과 비슷하다고 느끼지 않을 수 없다."[22]라고 묘사하였다.

한편, 고비노는 불교를 도덕적 차원과 지적 차원에서 인류 역사상 최대의 도착의 하나로 간주하고, 혹독하게 비판하기도 하였다. 그 비판의 전제는 위에서 살핀 바와 대동소이하다. 가장 훌륭한 신체적 지적 재능과 가장 고귀한 혈통을 받아가지고 태어난 한 사람, 최고의 카스트에 속하는 왕의 아들이 갑자기 이 모든 특권을 버리기로 결심하고 가난한 사람, 불쌍한 사람, 버림받은 사람들을 위한 새 복음의 전도자가 된 것이다. 고비노의 눈에는 이 모든 것이 용서할 수 없는 하나의 죄이자 일종의 큰 배신이었다. 그것은 혼혈의 위험으로부터 그 자신을 보호하는 카스트 제도를 만들어 낸 아리안 인종의 존엄성에 대한

21) Gobineau, 같은 책, Ⅰ권, 370쪽.
22) Gobineau, 같은 책, Ⅰ권, 227쪽.

범죄로 비춰진 것이다.[23] 그리고 고비노는 불교는 '존재론'을 '도덕' 위에 세우려 했지만, 사실은 '도덕'이야말로 '존재론'에 의존할 뿐이라고 주장한다. 고비노는 이러한 주장의 근거로 게르만 민족의 신화를 예로 든다. 게르만 민족의 신화에는 어떤 사람이 그의 도덕적 행위로 말미암아 구원을 받는 것이 아니었다. 낙원은 영웅들, 전사들, 귀족들에게 이들의 행위와는 아무 상관없이 열려 있었다. "고귀한 인종에 속하는 사람, 곧 참된 아리안인은 다만 그의 가문의 힘으로 발할라(Valhalla 천당)에 들어가는 영예를 얻었다. 한편, 가난한 자, 포로들, 농노들, 요컨대 혼혈 백인들, 낮은 가문의 혼혈아들은 누구나 얼음장 같은 암흑 속에 떨어졌다."[24] 그렇다면 이상과 같은 게르만 민족의 이 신화는 무엇을 의미하는가? 그것은 바로 존재론이 도덕에 앞서며, 또 어디까지나 존재론이 결정적 요인이라는 사실을 보여주고 있다. 그러니까 한 인간이 무엇을 하는가가 아니라, 그 인간이 무엇인가가 그에게 도덕적 가치를 준다. "인간은 잘 행동함으로써 善한 것이 아니라, 그가 선할 때, 다시 말해 잘 태어났을 때 잘 행동한다."[25]

셋째, 고비노의 인종주의는 국가주의(nationalism)의 이념, 특히 애국심과는 무관하다는 관점이다. 보통 고비노의 인종주의와 나치 독일의 국가주의를 연결시키는 것이 자연스러워 보이지만, 카시러는 역사적 관점이나 체계적인 관점에서 볼 때 그것은 부

23) MS, 237쪽. 『국가의 신화』, 291쪽.
24) Gobineau, 같은 책, Ⅱ권, 370쪽.
25) Gobineau, 같은 책, Ⅱ권, 370쪽.

정확한 일이기에 그와 같은 태도를 비판한다.[26] 그래서 카시러는 고비노가 국가주의자도 프랑스의 애국주의자도 아니었다고 주장한다.[27] 고비노는 프랑스의 불랭빌리(Boulainvillier)의 주장을 받아들였다. 이 주장에 따르면, 프랑스는 한 번도 진정으로 국가적 통일을 이루어보지 못했다. 프랑스는 정복자들과 예속자들, 귀족과 평민으로 나뉘어있는데, 이들은 동일한 수준에 있지 않았으며, 동일한 정치적, 국민적 생활을 공유할 수도 없었다. 고비노는 이 견해를 인류 역사 전체에 적용시켰다. 우리가 국민이라고 부르는 것은 결코 하나의 동질적인 전체가 아니다. 그것은 혼혈의 산물이요, 이 혼혈은 세상에서 가장 위험한 일이다. 이와 같은 혼성물에 대해서 경외와 존경을 가지고 말하는 것은 인류 역사에 관한 올바른 이론의 제1원리들을 어기는 것이다. 그래서 '애국심'(patriotism)은 민주주의자들이나 선동자들에게는 하나의 미덕일 수 있지만, 결코 귀족주의적 미덕은 못되며, '인종'이 귀족주의자의 최고의 미덕이다.

애국심의 기원에 대한 논의는 그리스인과 로마인에게까지 거슬러 올라간다. 그런데 애국심은 아리안 족의 이상이 아니었다는 사실을 알 수 있다고 고비노는 주장한다. 애국심은 게르만족의 미덕이 아니었다. 게르만족의 세계에서는 인간이 모든 것이었고, 국가는 거의 아무 의미도 없는 것이었다. 이것이 게르만족과 그 밖의 인종들−예컨대 그리스인, 로마인, 킴메르인

26) '인종주의'와 '국가주의'의 차이에 대한 논의는 Hannah Ahrendt, "Race-Thinking Before Racism", *The Review of Politics*, Ⅵ, No. 1 (1944). 36-73쪽 참조 바람.
27) MS, 239쪽. 『국가의 신화』, 293쪽.

의 피가 섞인 셈족, 혼혈 백인들— 사이의 깊은 차이를 이루는 것이다. 고비노는 유럽 문명의 경우 그리스인들이 폴리스에 대한 맹목적 찬양으로 말미암아 애국심이라는 그릇된 이상을 만들어내었다고 파악한다. 때문에 결과적으로 애국심이란 "가나안의 괴물"(Canaan monstrosity)[28]에 불과한 것으로 이는 거부되어야만 하는 것이었다.

한편, 고비노는 인종주의 이론의 결말 부분에서 고귀한 인종에 속하는 사람들은 일단 자신의 기원을 알게 되면, 위험한 유전질에 대해서 자기를 지키지 않으면 안 된다고 말한다. 그리고 이 과정에서 서로 다른 인종들을 어떤 방식으로 결합시켜 나아가야 할지를 고민하였다. 그 고민의 대답으로 고비노가 제시한 것은, 나면서부터 귀족이었던 자신은 귀족으로서의 신분에 어울리는 행동을 해야 한다는 원칙이다. 그러니까 노블레스 오블리주(noblesse oblige)의 태도이다.[29] 카시러는 고비노이론의 이런 요소들 때문에 그를 인간적 동정, 친절, 혹은 자비심이 없는 사람이라고 비난해서는 안 된다고 지적하기도 하였다.[30]

넷째로, 고비노의 인종주의 이론은 깊은 염세주의와 관련되어 있다는 관점이다.[31] 고비노는 오직 부자와 귀족만이 발할라(천당)의 영광을 누릴 수 있었던 옛 게르만족의 제도를 충심으로 찬성하였다. 빈궁은 천한 것이다. 아리안 인종인 게르만인은 그가 당연히 봉건 영주요 지주임으로 해서, 즉 세계의 일부분

28) Gobineau, 같은 책, Ⅱ권, 29쪽. 31쪽.
29) MS, 242쪽. 『국가의 신화』, 297쪽.
30) MS, 243쪽. 『국가의 신화』, 298쪽.
31) MS, 247쪽. 『국가의 신화』, 302쪽.

의 소유자인 까닭에 자기 자신과 세계에서의 자신의 역할에 대해서 매우 높이 평가하고 있었다.[32] 이런 점에서 고비노는 정력적인 인종인 아리안 족이 역사의 큰 무대에서 진정한 배우라면, 인류 문명의 진보에 무한한 희망을 품을 수 있다는 생각을 가지기도 하였다. 카시러의 분석에 따르면, 고비노의 저작은 일종의 도취, 그러니까 인종 숭배와 자기 숭배의 도취에서 출발하고 있는 것이다.[33]

그렇지만 최초의 낙관적 견해는 逆변증법에 의해 갑자기 심각하고 돌이킬 수 없는 비관론으로 전환하고 있음을 카시러는 지적한다. 어떤 측면 때문인가? 고비노의 이론에 의하면, 고등 인종들은 그들의 역사적 사명을 완수하고 나서 필연적으로 또 불가피하게 그들 자신을 파멸시킨다는 것이다. 그들은 세상과 밀접하게 접촉하지 않고서는 세상을 다스리고 조직할 수 없다. 그러나 그들에게서 접촉은 위험천만한 일이며, 나쁜 영향의 영속적이고 영원한 원천이다. 그 결과는 고등 인종들에게 참화를 가져오는 것일 수밖에 없었다. 서로 다른 인종들 사이의 협동은 동거(cohabitation)를 의미하며, 동거는 혼혈(blood mixture)을 의미하며, 혼혈은 부패(decay)와 타락(degeneration)을 의미한다. 그것은 언제나 종말의 시작이다. 인종의 순수성이 사라지면 그 힘과 조직력도 없어진다. 고등 인종들은 그들 자신이 저지른 일의 희생이 되며, 그들의 노예의 노예가 되는 것이다.[34]

---

32) Gobineau, 같은 책, I 권, 388쪽.
33) MS, 245쪽.『국가의 신화』, 301쪽.
34) MS, 245쪽.『국가의 신화』, 301쪽.

카시러는 고비노 이론의 마지막 부분을 그의 저작 전체의 정수로 파악한다. 그러니까 인종 숭배는 고비노에게 있어 최고의 숭배 형태요, 최고신에 대한 숭배였다. 그러나 이 신은 결코 패하는 일이 없는 불멸의 신이 아니다. 이와 반대로 극히 상하기 쉬운 신이다. 심기가 최고로 좋은 순간에도 고비노는 장차 올 운명, 곧 "신들의 황혼"(twilight of the gods)의 운명을 절대로 망각할 수 없었다. 신들은 죽지 않으면 안 된다(Les dieux s'en vont).[35] 카시러는 이런 점 때문에 고비노의 이론이 종국에는 '염세주의'(pessimism)일 뿐만 아니라 완전한 '부정주의'(negativism)이자 '허무주의'(nihilism)가 된다고 지적하고 있다.

5. 고비노의 인종주의와 니체와의 관계

고비노 인종주의에서 나타나는 '염세주의', '부정성', '니힐리즘'의 요소는 앞서 살펴보았던 '노블레스 오블리주'와 더불어 니체의 사상에 상당한 영향을 미쳤다고 필자는 판단한다. 이 부분에 대해 잠시 살펴보도록 한다. 이미 카시러도 니체가 말한 '거리의 파토스'(Pathos der Distanz)라는 감정에 고비노만큼 깊이 사로잡힌 사람은 없었다고 말한 바 있다.[36] 어떤 측면에서 그러한가? 니체는 인간을 지배자의 덕을 지닌 고귀한 인간과 노예의 덕을 지닌 비루한 인간의 두 유형으로 나누었다. 거리의 파토스는 전자가 후자와의 정신적 거리를 두고 자기를

35) MS, 246쪽. 『국가의 신화』, 302쪽.
36) MS, 236쪽. 『국가의 신화』, 289쪽.

지키려는 정열을 의미한다.

> '인간'이라는 유형을 향상시키는 모든 일은 지금까지 귀족적인 사회의 일이었다. 그리고 앞으로도 항상 그렇게 반복될 것이다. 이와 같이 사회는 인간과 인간 사이의 위계질서나 가치 차이의 긴 단계를 믿어왔고 어떤 의미에서 노예제도를 필요로 했다. 마치 혈육화된 신분 차이에서, 지배계급이 예속자나 도구를 끊임없이 바라다보고 내려다보는 데서, 그리고 복종과 명령, 억압과 거리의 끊임없는 연습에서 생겨나는 '거리의 파토스'가 없다면, 저 다른 더욱 신비한 파토스, 즉 영혼 자체의 내부에서 점점 더 새로운 거리를 확대하고자 하는 요구는 전혀 생겨나지 못했을 것이다.[37)]

니체는 『선악의 저편』 제9장에서 주인의 도덕과 노예의 도덕에 대해 설명한 적이 있다. 먼저, 좋음(gut)의 개념을 결정하는 것이 지배자들일 때, 탁월함과 위계질서를 결정하는 것으로 느끼게 되는 것은 영혼의 고양되고 자부심 있는 여러 상태다. 고귀한 인간은 그와 같이 고양되고 자부심 있는 상태의 반대를 나타내는 인간들을 자신에게서 분리시킨다. 그는 그러한 사람을 경멸한다. 그래서 사람들은 이러한 첫 번째 종류의 도덕에서 '좋음'과 '나쁨'(schlecht)의 대립은 '고귀한'과 '경멸할 만한'의 대립과 같은 의미라는 것을 알아차리게 된다. 한편 선(gut)과 악(böse)의 대립의 유래는 다르다고 니체는 말한다. 겁쟁이, 불안해하는 자, 소심한 자, 편협한 이익만을 생각하는 자는 경멸당한다. 또한 자유롭지 못한 시선으로 의심하는 자, 스

37) Friedrich Nietzsche, *Sämtlich Werke, Kritische Studienausgabe* Band 5. dtv/de Gruyter, dünndruck-Ausgabe, 1980. 257쪽. 번역본은 『선악의 저편·도덕의 계보』(김정현 역), 책세상, 2002. 271쪽.

스로를 비하하는 자, 학대할 수 있는 개 같은 인간, 구걸하는 아첨꾼, 거짓말쟁이도 경멸당한다. 비천한 서민들이 거짓말쟁이라는 것은 모든 귀족의 근본 신념이다. 니체는 도덕적 가치 표시가 어디에서나 먼저 '인간'에게 붙여지고, 그리고 비로소 파생되어서 후에 '행위'에 붙여졌다는 사실은 명백하다고 말한다. 이 대목은 고비노가 말한 존재론이 도덕보다 우선한다는 주장과 정확하게 일치하는 부분이다. 결국 고귀한 부류의 인간은 스스로를 가치를 결정하는 자라고 느끼게 되는 것이다. 그래서 그는 "나에게 해로운 것은 그 자체로 해로운 것이다."라고 판단한다. 그는 대체로 자신을 사물에 처음으로 영예를 부여하는 사람으로 알고 있다. 그 점에서 그는 '가치를 창조하는 자'이다.[38)]

니체는 도덕의 두 번째 유형인 노예의 도덕의 경우 염세주의적 의혹이 나타난다고 파악한다. 노예의 시선은 강한 자의 덕에 대한 증오를 품는다. 그래서 그는 회의하고 불신하며, 거기서 존중되는 모든 선(善)을 정교하게 불신한다. 그는 행복 자체란 거기서는 참된 것이 아니라고 스스로를 설득하고 싶어 한다. 니체에 따르면, 노예의 도덕은 본질적으로 유용성의 도덕이다. 여기에는 선과 악의 유명한 대립을 발생시키는 발생지가 있다. 그러니까 힘과 위험, 경멸을 일으키지 않는 일종의 공포, 정교함, 강함이 악에 포함된 것이라고 느끼게 된다. 따라서 노예의 도덕에 따르면, '惡人'은 공포를 불러일으킨다. 주인의 도덕에 따르면 공포를 불러일으키고 불러일으키고자 하는 사람

38) 『선악의 저편·도덕의 계보』, 276쪽.

이 바로 善人이며, 반면 '나쁜' 인간은 경멸할 만한 인간으로 느끼게 된다. 그 결과 자유를 향한 갈망, 행복에 대한 본능, 자유 감정의 예민함은 필연적으로 노예의 도덕과 노예의 덕성에 속한다.[39]

니체의 거리의 파토스는 적대화하지 않으면서 분리하는 기술, 즉 아무것도 섞거나 화해시키지 않는다. 끔직한 다양성, 그럼에도 불구하고 카오스와는 정반대의 것이다.[40] 그렇기에 니체에게서 거리의 파토스는 인간의 궁극적 원리이며 궁극적 이념이다. 자기 상승과 자기극복의 전제인 거리의 파토스는 극복되어야 할 존재로서의 인간을 위한 근본 조건이다.

니체의 생성의 철학에는 '초인'(Übermensch)의 이상이 놓여 있는데, 이때 초인이란, 자기를 부단히 극복하는 존재를 말한다.

> "나는 저희에게 초인을 가르치노라. 사람은 극복되어야 할 그 무엇이다. 너희들은 너희 자신을 극복하기 위해 무엇을 했는가?"[41]

> "보라, 나는 너희들에게 초인을 가르치노라. 초인은 대지의 뜻이다. 너희들의 의지로 하여금 말하도록 하라. 초인이 대지의 뜻이 되어야 한다고! 나의 형제들이여, 맹세코 이 대지에 충실하라. 하늘나라에 대한 희망을 설교하는 자들을 믿지 말라! 그들은 그들 스스로

---

39) 『선악의 저편·도덕의 계보』, 278-279쪽.

40) Friedrich Nietzsche, *Sämtlich Werke, Kritische Studienausgabe* Band 6. dtv/de Gruyter, Dünndruck-Ausgabe, 1980. Ecce Homo 9. 293쪽.

41) Friedrich Nietzsche, *Also sprach Zarathustra* Ⅰ-Ⅳ. Kritische Studienausgabe Herausgegeben von Giorgio Colli und Mazzino Montinari, Dünndruck-Ausgabe, 1988. Vorrede. 3. 14쪽. 번역본은 『차라투스트라는 이렇게 말했다』(정동호 역), 니체전집 13. 책세상, 2000. 16쪽.

가 알고 있든 모르고 있든 간에 독을 타 사람들에게 화를 입히는 자들이다. 그들은 생명을 경멸하는 자들이요, 소멸해 가고 있는 자들이며, 독에 중독된 자들로서 이 대지는 이런 자들에게 지쳐있다. 그러니 하늘나라로 떠나도록 그들을 버려 두어라! 지난날에는 신에 대한 불경이 가장 큰 불경이었다. 그러나 신은 죽었고, 그와 더불어 신에게 불경을 저지른 자들도 죽었다."[42]

이처럼 자신을 부단히 극복하는 존재인 초인은 바로 거리의 파토스를 통해 끊임없이 자신을 극복할 수 있는 자며, 모든 것의 덧없음을 긍정할 수 있는 자며, 결국 자신의 한계를, 자신의 그때그때마다의 유한성을 인정할 수 있는 자다. 이러한 초인만이 자신의 제약된 해석을 절대화하지 않은 채, 어떤 해석에도 머물러 있지 않고, 부단히 변화하는 생성이 세계를 끌어안을 수가 있는 것이다.[43] 이렇듯, 니체 사상에서 볼 수 있는 많은 부분들이 고비노의 인종주의 이론과 그 지반을 같이 한다고 할 수 있을 것이다. 참고로 하이데거의 니체 해석을 보면, 니체가 말하는 니힐리즘의 핵심은 (기존의) 최고의 가치들을 (이제) 무가치하게 만드는 데 있다.[44] 그러니까 니힐리즘은 하나의 과정인 바, 그것은 최고의 가치들이 가치를 상실하고 무가치하게 되는 과정이라는 것이다. 하이데거의 이러한 독해 방식은 카시러가 고비노의 인종주의를 모든 가치를 파괴하려는 시도로써 읽는 방식과 결과적으로 동일하다고 할 수 있다.

---

42) 『차라투스트라는 이렇게 말했다』, 15쪽.
43) 최소인, 「니체와 칸트-거리의 파토스와 사이의 로고스」, 『칸트와 현대 유럽 철학』(한국칸트학회 편), 철학과현실사, 2001. 170-180쪽.
44) 마틴 하이데거, 『니체와 니힐리즘』(박찬국 역), 철학과현실사, 2000. 45쪽.

6. 그렇다면 고비노의 인종주의 이론과 나치즘의 결합을 어떻게 보아야 하는가?

지금까지 우리는 카시러를 좇아 고비노 사상에 대한 내재적 분석을 통해서 그의 사상이 파시즘으로 대변되는 나치 독일의 국가 사회주의 이데올로기와는 직접적 관계가 없다는 사실을 살펴보았다. 그렇다면 왜 끊임없이 고비노 사상과 나치즘의 결탁설이 이어지고 그렇게 평가되는 것일까? 카시러는 이런 현상을 문화철학자의 혜안으로 시원스럽게 해명해 주고 있다. 그러니까 카시러는 인종주의와 나치즘의 결합을 신화적 사고의 정치철학에로의 침투 현상으로 간주한다.[45]

카시러에 의하며 신화는 기본적으로 세상에 대한 인식적 사변적 해석이 아니다. 그것은 실제의 생활 형식에 뿌리를 두고 있다. 신화는 우리가 그것을 의식상 이루어진 행위 내에서 이해할 때에 비로소 이해하기 쉽다. 원시인들에게서는 일상생활에서의 실용적 지식에 대한 합리적이며 경험적인 법칙이 존재한다. 신화와 그것에 맞는 의식적 실행들은 특히 '위기 상황'에서, 그리고 '결과가 불확실한 상황'에서, 말하자면 생명 순환적 과도기에 중요한 역할을 수행한다.[46]

카시러에 따르면, 신화는 공동체에 형식을 제공하며, 이 사회적 형식은 위기 발생 시에 파괴되지 않는다는 점을 보증한다. 만일 엄청난 위기 상황이 벌어졌을 때, 그것이 사회 경제적 성격을 지닌다면 신화는 '정치적 기능'을 수행한다. 그래서 신

45) 신응철, 『문화철학과 문화비평』, 철학과현실사, 2003. 116쪽.
46) MS, 279쪽. 『국가의 신화』, 337쪽.

화는 각 개인에게 무조건적으로 집단과의 일체감을 심어준다. 카시러는 이것을 신화의 정치철학에로의 침투라고 말한다. 카시러가 볼 때, 20세기 현대 정치사상의 발전에 있어서 가장 중요하면서도 가장 두려운 양상은 새로운 세력의 출현, 그러니까 신화적 사고를 바탕으로 하는 세력의 출현에 있다고 지적한다.[47] 그런 점에서 정치 제도들 가운데 몇몇의 경우에는 신화적 사고가 이성적 사고보다 우세하였다고 카시러는 확신하고 있는 것이다. 그런 점에서 카시러는 "원시 사회에서의 마법과 신화의 역할에 대한 기술은 인간의 정치 생활이 고도로 진보한 여러 단계에서도 잘 들어맞는다. 절망적인 정세에서 인간은 수단에 호소한다. 그리고 현대의 정치적 신화들(영웅숭배론, 인종주의, 헤겔의 국가 이념 등등)은 그런 절망적 수단이었다."[48]고 말한다.

카시러는 프랑스의 인류학자 두떼(E. Doutté)의 말을 인용한다. 신화는 "인격화된 집단적 욕망"(the collective desire personified)이다.[49] 카시러가 보기에 두떼의 이 표현은 지도력과 독재에 대한 현대적 개념의 가장 간결하고 분명한 표현으로 사용될 수 있었다. 말하자면 고비노의 인종주의와 나치즘의 결탁을 카시러는 두떼의 표현 방식을 빌어 들추어내고 있는 것이다.

지도력에 대한 갈망은 오직 집단적 욕망이 압도적으로 커졌을 때, 그리고 한편 이 욕망을 정상적인 방법으로 충족시킬 모든 희망이 끊어졌을 때에만 나타난다. 이런 때가 오면 이 욕망

47) MS, 3쪽. 『국가의 신화』, 19쪽.
48) MS, 279쪽. 『국가의 신화』, 337쪽.
49) MS, 280쪽. 『국가의 신화』, 339쪽.

은 절실해질 뿐만 아니라 또한 인격화된다. 그것은 인간의 눈앞에 구체적이고 개인적인 모습으로 우뚝 선다. 집단적 욕망의 강렬성은 지도자 속에 체현된다. 이미 있어왔던 사회적 속박물들 ―법률, 정의 및 여러 조직들―은 아무 가치도 없다고 선언된다. 오직 남는 것이라고는 영도자의 신화적인 권력과 권위뿐이고, 영도자의 의지는 최고의 절대적인 율법이 된다.[50)]

이처럼 카시러는 나치 정권의 국가 사회주의 이데올로기는 고비노의 인종주의를 정치적으로 악용하여 형성되었다는 사실을 우리들에게 밝혀 주고 있는 것이다. 나치 정권의 등장을 생생하게 목격했고, 독일 지식인의 지적 양심을 지켜야 했던 카시러로서는 함부르크대학의 총장직을 사임함으로써 자신의 철학함을 실천으로 옮겼다. 그리고 난후, 나치즘의 이론적 토대가 되었던 정치적 신화들의 실상을 우리들에게 낱낱이 풀어 헤쳐 놓았던 것이다.

7. 맺는 말 : 인종주의, 그러나 우리에겐 학벌의 이름으로

앞에서도 살펴보았듯이, 인종주의라는 정치적 신화는 위기 상황에서, 특히 정치적 위기 상황이 벌어질 때 언제든지 등장하여 그 힘을 발휘할 수 있는 것임을 재차 확인할 수 있었다. 그런 관점에서, 고비노의 인종주의는 한국 사회에서 여전히 살아있고, 더욱 그 기세를 높여 가고 있는 것으로 필자는 판단한

50) MS, 280쪽. 『국가의 신화』, 339쪽.

다. 프랑스를 비롯한 유럽에서 활개 치던 '인종'이라는 망령이 한국 사회에서는 이름만 달리할 뿐, 그러니까 '학벌'이라는 改名으로써 여전히 온 사회를 활개치고 다니고 있는 것이다. 이를 단적으로 표현하면, 고비노가 말한 인종불평등이 한국사회에서는 학벌불평등으로 나타나고 있는 것이다. 결국 우리에게서 인종주의의 극복이란 학벌주의의 타파에서 성취될 수 있다. 그렇다면 학벌이 인종주의와 직결될 수 있는 철학적 근거는 어디에 있는가?

첫째, '모든 가치를 파괴하려는 시도'에서 찾아볼 수 있다. 한 사회의 정상적인 의사소통의 구조를 마비시키고, 사회 구성원들 사이에 통용될 수 있는 여러 가치 기준들을 오직 단 하나의 잣대로만 재단하려는 태도를 학벌에서 찾아낼 수 있다. 그래서 이제 학벌은 우리 사회에서 가장 실질적인 영향을 미치는 중요한 사회적 이념이 되었다. 오직 학벌만이 한국 사회에서 최고의 가치요 최고선의 위치를 점유했다고 할 수 있다. 그 외의 가치는 그것에 비해 무가치한 것으로 전락되고 말았다. 학벌 그 이상의 최고선이 한국 사회에 존재하고 있는가? 분단된 한반도의 현실 앞에서, 통일의식이나 민족의식보다 학벌의식이 더욱 철저하게 그리고 강렬하게 우리의 일상의 삶과 의식을 옥죄어 지배하고 있는 것은 아주 분명한 사실임에 틀림없다.

둘째, '사회적 불평등을 조장하려는 시도'에서 찾아볼 수 있다. 고비노의 인종 찬미가 평등주의 이념에 대한 반대에서 비롯했듯이, 한국에서의 학벌은 각종 차별과 불평등의 기원이 되고 있다. 서울대 졸업생은 그가 이 땅을 떠나기 전까지는 서울대 '출신'이라는 학벌에 속하고, 연세대 졸업생은 연세대 '출신'이라는 학벌을, 고려대 졸업생은 고려대 '출신'이라는 학벌을 갖게 된다. 그렇지 않은 경우의 사람들과 이들은 분명한 차이가 있다. 그런데 중요한 것은 사람들 사이의 이러한 '차이'가 결국에 가서는 '차별'과 '불평등'의 원인이 되고 있다는 사실이다.

셋째, '사회적 신분계급의 질서를 형성하려는 시도'에서 찾아볼 수 있다. 고비노의 경우 아리안 인종 계열의 게르만 민족과 백인종은 세계라는 무대의 주인공으로서 사회적 신분 구조에서 최상위에 위치한다. 한국에서는 학벌이 사회적 신분을 결정하는 기준이며, 계급적 불평등의 재생산 장치로 작동한다. 한국에서 한 사람의 사회적 신분은 그의 출신 학교에 따라 결정된다. 한국 사회의 학벌을 철학적 논의의 장으로 이끌어내는데 성공한 김상봉의 표현을 빌리면,[51] 우리 사회의 신분 피라미드는 서울대가 '왕족'으로서 맨 위에, 다음으로 연대·고대를 비롯한 소수 명문 대학이 '귀족'으로서 그 아래에, 그리고 중상위권 대학, 중위권 대학 이런 식으로 형성되어 있다는 것이다.

넷째, '염세주의적 가치관의 형성'에서 찾아볼 수 있다. 고비노에게서 아리안 인종은 세계를 지배하고 다스리기 위해서라도 다른 인종들과 접촉해야만 했다. 그런데 이 접촉은 다른 인종들과의 혼혈을 의미하고, 이것은 부패와 타락을 의미하는 것으로서 종말의 시작을 의미한다. 급기야 인종의 순수성이 사라지면 그 힘과 조직력도 사라지게 되어, 고등 인종들은 그들 자신의

---

51) 김상봉, 「안티학벌 운동의 철학적 기초」, 『진보와 보수』(사회와철학연구회), 이학사, 2002. 279-292쪽. 그 밖에 한국에서의 학벌 문제에 대한 자료는 김상봉, 『학벌사회』, 한길사, 2004. 정진상, 『국립대 통합네트워크』, 책세상, 2004. 정진상 외, 『대학 서열제제 연구』, 한울출판사, 2004. 참조 바람.

노예의 노예가 된다. 현재 한국 사회의 각 분야는 서울대를 중심으로 하는 극소수의 학벌이 독점하고 있는 실정이다. 이들 학벌은 양적인 면에서 폐쇄성을, 질적인 면에서 동질성을 가지고 있고, 이것이 학벌 구성원들 사이에 강력한 유대감과 결속력을 가능하게 하고 있다.[52] 이런 이유에서 결국 특정 학벌은 자신의 지위와 권위 그리고 기득권을 유지하기 위해서 여타의 학벌을 부정하고, 그들이 지닌 가치관이나 세계관에 대해 배타적이거나 비관적인 태도를 취하게 된다. 이는 특정 학벌 내에서 '지켜내지 못하면 빼앗긴다'는 식의 염세주의적 가치관을 만드는 계기가 되고, 그 반대편에 서 있는 여타의 학벌 그룹에게는 '빼앗지 못하면 영원히 굴복당한다'는 식의 가치관을 심어줌으로써, 궁극적으로는 화해와 연결보다는 반목과 단절의 관계를 유지할 수밖에 없도록 만들어놓았다. 이 점에서 니체는 예언자적인 한마디를 하고 있다. "차이는 증오를 낳는다."[53]라고.

이상과 같은 네 가지 근거를 통해서 우리는 아직도 우리 사회에 인종주의, 곧 학벌주의가 남아있다는 사실을 다시 한 번 확인할 수 있었다. 이미 앞에서도 살펴보았지만, "인간은 잘 행동함으로써 선한 것이 아니라, 그가 선할 때, 다시 말해 잘 태어났을 때 잘 행동한다."라는 고비노의 이 말은 지극히 단순한 소리이면서, 동시에 굉장히 유치한 소리이기도 하다. 카시러는 고비노 이론에 가장 큰 실질적인 힘과 영향력을 준 것은 바로 이 유치함(naïveté)이라고 말한다.[54] 문제는 고비노의 이 말을

---

52) 김상봉(2002), 같은 글, 284쪽.
53) 『선악의 저편·도덕의 계보』, 285쪽.

03

합리적, 혹은 경험적 증명을 통해서 반박하기가 결코 쉽지 않다는 데 있다. 우리 사회에 학벌이라는 이름의 인종주의가 여전히 활개칠 수 있는 이유가 아마도 어쩌면 이런 이유 때문은 아닐까? 그렇지만 어쨌거나 카시러가 누차 강조했듯이, 인종이라는 신(神)은 불멸의 신이 아닌, 결국 사라져 죽을 수밖에 없는 신이기에 바로 이 사실에 우리의 희망을 두어야 할 것 같다.

54) MS, 238쪽. 『국가의 신화』, 292-293쪽.

Chapter 04

우리의 기억은 정당한가?*

에른스트 카시러
(Ernst Cassirer, 1874-1945)

박영신
(1938-현재, 연세대 사회학과 명예교수)

* 이 글은 「문화적 기억과 공공성」이라는 제목으로 한국해석학회, 한국가톨릭철학회, 한국자치학회 신년 공동학술발표회(주제 : 공공성에 대한 철학적 반성, 2014년 1월 10일(금) 연세대 외솔관 526호)에서 발표된 것임을 밝혀둔다.

사랑의 기억

-서희정-

때 없이 송두리째 흔들리네
그대 떠난 강가에 서노라면
때 없이 송두리째 흔들리네
그대 떠난 강가에 서노라면
한 번 더 그 눈길 받아봤으면
한 번 더 그 손길 잡아봤으면
내리는 빗속에 눈물을 감추려
아스라이 손짓만 나부꼈었지
내리는 빗속에 눈물을 감추려
아스라이 손짓만 나부꼈었지
그대 한때는 나만을 향한 그리움
나도 한때는 그대만을 위한
사랑이었건만

때 없이 송두리째 흔들리네
강물 같은 세월이 지났건만
때 없이 송두리째 흔들리네
강물 같은 세월이 지났건만
아직도 그대 숨결 들려오나니
아직도 그대 떨림 느껴지나니
내 생에 꿈처럼 황홀했던 순간
눈부시게 빛나던 그대의 미소
내 생에 꿈처럼 황홀했던 순간
눈부시게 빛나던 그대의 미소
그대 언제나 나만을 위한 그리움
나도 언제나 그대만을 위한
사랑이었건만
아직도 나는 때 없이 흔들리네
그대 떠난 눈물의 강가보다
행복했던 어느 아침에 사랑했던
기억

1. 기억과 우리의 삶

드라마 <주몽>의 삽입곡이자 조수미가 부른 '사랑의 기억'을 듣고 있노라면 우리는 누구나 한때의 사랑을 떠올리게 된다. 그것이 고통의 순간이었든, 기쁨의 순간이었든 상관없이, 지난 사랑을 기억하여 지금 사랑을 바라보게 된다. 흔히 인간을 정의할 때, '이성적 동물', 혹은 '사회적 동물'이라는 말을 한다. 인간의 사회적 삶은 자신의 지나온 삶에 대한 반성과 또한 더불어 살아가고 있는 타자들에 대한 관계맺음에서 비롯한다. 이러한 삶의 여정에서 기억, 혹은 기억능력은 중요한 역할을 수행한다. 그 기억을 바탕으로 자신의 생각과 행동을 되살피고 다스릴 수 있기 때문이다. 기억능력은 자기 바깥의 다른 사람들을 거울로 삼아 자기의 생각과 행동을 비춰보고 살피는 사회적 행동에 앞서는 기본역량이기도 하다.[1)]

그런 의미에서 사회 구성원이 되어 살아가는 사회적 동물로서의 자격은 이와 같은 기억의 능력에서 비롯한다고 말할 수 있을 것이다. 자기와 이어진 어떤 것을 기억하지 못하고, 자기를 둘러싼 사람들과 이어진 어떤 것을 기억하지 않는다면 그는 다만 숨만 쉬고 있을 뿐, 엄밀한 의미에서 사회적 존재는 아닌 것이다. 기억의 대상을 기억하고, 기억의 내용을 기억할 때 비로소 사회적 동물, 사회적 존재가 되는 것이다. 그런 측면에서 '인간은 사회적 동물'이라는 명제는 인간은 '기억하는 동물'이라는 것을 전제해야한다. 기억의 능력은 사회적 동물 됨에서

1) 박영신, "기억과 자기이해", 『현상과 인식』 제35권 3호 통권 111호, 2010 가을호, 20쪽.

없어서는 안 될 밑바탕의 조건이다.[2)]

요즘 기억에 대한 관심이 커지고, 기억에 대한 연구도 매우 활발하다.[3)] 뇌신경계에 대한 연구로부터 정신분석학, 역사학, 철학, 사회과학 일반에 이르기까지 그 연구는 다양하다. 특히 인문학의 영역에서도, 예컨대 문화학, 해석학, 문예비평 등의 영역에서도 기억이 새롭게 관심영역으로 떠오른 이유는 무엇일까? 한마디로 말하면, 기억으로부터 상상의 영역이 분리되었기 때문이다. 이것이 계기가 되어 환상에 젖어들어 가공의 비현실적 세계를 그리는 유토피아에 지향된 '상상(想像)의 영역'과 시간의 축에서 앞선 어떤 것, 곧 이전에 실재한 현실의 어떤 것에 대한 생각에 지향되어 있는 '기억(記憶)의 영역'이 서로 나뉘게 되고, 나아가 기억의 영역이 하나의 당당한 영역으로 받아들여지게 되었다.[4)]

---

2) 박영신(2010), 같은 글, 21쪽.

3) 예컨대 기억 연구와 관련하여 국내에 소개된 대표적인 것들로는 다음의 것이 있다. 프랑스의 피에르 노라는 기억의 장소들이라는 기획을 통해서 프랑스에 대한 역사적 접근을 시도하고 있는데, '국왕에 대한 기억', '국가와 일체화된 기억', '민족과 일체화된 기억', '시민과 일체화된 기억'에 대해 논의하면서 이를 각각 봉건왕정시기, 절대왕정시기, 대혁명의 공고화시기, 공화국으로의 종합시기에 대응시키면서 현재의 상태를 '문화재로서의 기억'이라는 측면에서 설명하고 있다. 피에르 노라 외, 『기억의 장소』 1-5(김인중 외 역), 나남출판사, 2010. 그리고 올릭은 집단기억이 인류의 역사와 사회, 그리고 정치를 어떻게 뒤바꿔놓았는지를 규명하고 있는데, 제프리 올릭, 『기억의 지도』(강경이 역), 옥당, 2011. 그리고 아스만은 문화적 기억의 형식과 변천에 대해 논의하고 있는데, 이는 알라이다 아스만, 『기억의 공간』(변학수외 역), 그린비, 2012. 또한 앙리 베르그손, 『물질과 기억』(박종원 역), 아카넷, 2012.

4) Ricoeur, Poul., *Memory, History, Forgetting*(Chicago : University of Chicago Press, 2004), 5-7쪽.

우리는 동일한 역사적 사건이나 사실을 기억하여 그것에 대한 의미를 부여하곤 한다. 그 과정에서 의미부여가 더러 과장되거나 왜곡되는 사례들을 주변에서 쉽게 목격하게 된다. 정치권에 널리 퍼져있는 당파적 입장은 그렇다 치더라도, 학문 공동체에서도 엇비슷한 현상을 목격하게 된다. 진실과 진리를 추구하는 학문세계 공동체 안에서조차 이러한 모습이 쉽게 사라지지 않는 이유는 무엇일까? 정치판이나 학문판이 결국은 다를게 없다는 뜻일까? 그 연장선에서 소통과 불통의 이미지는 그렇다면 예견된 결과가 아닐까?

이 글은 문화적 기억, 혹은 역사적 기억이 공적 영역에서 설득력을 얻으려면, 혹은 설득력을 잃게 된다면, 그 원인은 무엇에 있으며, 우리는 이것을 어떻게 이해해야하는가? 라는 문제의식에서 출발한다. 그래서 필자는 이 글을 통해 문화학의 관점에서 문화적 기억의 성격을 일차적으로 해명하고, 다음으로 사회학의 관점에서 기억과 기억 책임, 기억 공동체에 대한 논의를 통해서 궁극적으로 문화적 기억과 공공성의 상관성 내지 문화적 기억이 공공성을 획득하기 위한 토대(혹은 조건)를 제시하고자 한다.

2. 문화학에서 본 '기억', '역사', '역사가'

1) 바르부르크와 카시러에게서 문화적 기억

먼저, 기억, 혹은 문화적 기억은 문화학과 문화철학 연구에서 여전히 중심 주제 중의 하나이다. 그 논의는 카시러와 바르부르크에게로 거슬러 올라간다. 카시러는 1919년 10월부터 1933년 5월까지 14년간 함부르크대학에 재직하였다. 이 시기에 그는 대표작인 『상징형식의 철학』 1권 <언어>(1923), 2권 <신화적 사고>(1925), 3권 <인식의 현상학>(1929)을 출간한다. 그는 이 책의 1권과 2권의 서문에서 함부르크대학의 바르부르크 연구소가 자신의 문화이론과 상징이론에 많은 영향을 주었다고 밝힌바 있다. 어떤 이유 때문일까? 이 연구소는 바르부르크(Aby M. Warburg. 1866-1929)에 의해 설립되어 1926년에 5월에 개원하였다. 이 연구소와 관련하여 주목할 부분은 설립자인 바르부르크의 학문하는 방식이었다. 바르부르크의 학문하는 방식은 항상 '역사가'의 방식과 '인간학자'의 방식을 유지하는 것이었다.

이러한 학문하는 방식의 태도를 가장 잘 찾아볼 수 있는 단서가 있다. 그가 도서관으로 사용하고자 연구소 건물을 지었을 때, 그 건물의 현관에 '므네모시네'(*Mnemosyne*; 그리스 신화의 기억의 여신을 뜻함)라는 한 단어만을 써놓았다. 므네모시네는 바르부르크 자신의 작품의 모토가 되었고, 자신의 역사 연구 전반에 걸쳐 그가 채택한 준칙이 되었다. 말하자면, 바르부르크는 단순히 서적들이나 자료들을 수집만 하려고 하지 않았다. 그는 '살아있는 형식들'을 수집하는 일, 특히 서구 문화의 뿌리라고 할 수 있는 그리스의 문화, 예술, 종교, 신화에 의해 만들어진 그러한 생생한 형식들을 수집하는 일에 고취되었다. 그러한 살아있는 형식들은 서구 근대 문명 전체에 퍼져 있는 하나의 '살아있는 힘'으로서, 영구적인 에너지들의 흐름으로 작용하였다. 바르부르크는 이러한 세계에 대한 완전한 이해와 인식은 이 세계의 근원을 '기억(記憶)'하고, 이를 '재구성(再構成)'하는 데서 비롯된다는 점을 인식하고 있었던 것이다. 이 같은 바르부르크의 학문하는 태도와 방법론을 카시러는 자신의 문화철학에도 그대로 수용하였다.[5)]

카시러는 역사에 대한 논의에서 바르부르크의 방법론을 활용한다. 역사 탐구에 있어서 역사가의 탐구방식은 과학자와 똑같이 엄밀한 규칙에 매여 있음은 틀림없는 사실이다. 역사가는 모든 경험적 탐구 방법들을 이용해야만 한다. 또한 구할 수 있는 모든 증거들을 수집하고, 그 모든 자료를 비교 분석하여 비판해야만 한다. 그리고 그 어떤 중요한 사실도 망각하거나 무시해서는 안 된다. 이 과정에서 카시러는 역사가에게서 나타나는 최후의 결정적인 행위는 언제나 '생산적인 상상의 행위'(act of the productive imagination)[6)]라고 주장한다. 이 말은 역사가의 탐구 방식의 마지막 부분에서는 결국 상징들에 대한 '해석', 혹은 그것에 대한 '의미부여' 행위가 들어간다는 뜻이다.

서구 문화학에서 문화적 '기억'의 문제는 문화학의 연구 주제가 우리가 살아가는 당대의 문제들만을 연구 대상으로 하기보다는 과거 전통과 밀접한 관련이 있음을 드러내 준다. 또한

---

5) 한편 바르부르크는 인류의 주술적, 공포적 충격 혹은 제의적, 열광적 충격을 나타내는 인류의 기억을 '인류의 고통의 유물'이라 불렀으며, 상징은 문화의 집단적 기억으로서의 '에너지 저장소'로 보았다. 알라이다 아스만, 『기억의 공간』(변학수외 역), 그린비, 2012.510-511쪽. 신응철, 『카시러의 문화철학』, 한울출판사, 2000. 34쪽.

6) Cassirer, E., *The Philosophy of Symbolic Forms,* Vol 3 : *The Phenomenology of knowledge*, translated by Ralph Manheim, New Haven and London, Yale University Press. 1957. 134쪽

전통에 대한 올바른 이해와 그것과 현재와의 관계맺음이라는 측면에서 대단히 중요한 논의의 장이 되고 있다. 바르부르크에서 시작하여 카시러에게서 두드러진 문화적 기억의 논의가 갖는 의미는, 문화학의 경우에 순수이론이란 없으며, 다만 자료에 기초한 이론만 있을 뿐이라는 사실을 확인해 준다는 점이다. 그리고 바르부르크의 문화적 기억에 대한 논의는 문화학에서 원천 자료의 영역을 내용적으로나 공간적으로 확장시켜 놓았다. 내용적 확장은 문화사를 심리학, 역사학, 종교학, 문화인류학, 예술학, 매체학으로 확장시키는 것을 말하는데, 이는 연구방식으로서 '학제 간 연구'를 정초한다. 그리고 공간적 확장은 예컨대 문화사가가 상징과 기억형식의 이동운동을 각각의 문화지리적인 단위 너머로 확장시키는 것을 의미한다. 여기서 '비교문화학'의 기초가 다져진다. 그런 의미에서 바르부르크와 카시러의 문화적 기억의 논의는 현재의 문화학 연구에서, 특히 현대의 문화가 지닌 문제점들을 파악하는 방식에 있어서 '원시문화', 혹은 '전통문화'에 대한 가치를 부여하고, 또한 거기에서 현대문화에 대한 보완기능을 찾아내도록 하는 시사점을 주고 있다.

2) 역사적 사실, 역사가의 기억, 그리고 역사적 진리

카시러는 역사에 대한 논의를 할 때 자연과학과의 차이점을 말하면서 시작한다. 빈델반트(Wilhelm Windelband. 1848-1915)의 경우 역사적 인식과 자연과학적 인식의 형식에는 근원적인 차이가 있다고 주장한 바 있다. 말하자면 자연과학적 인식은 보편성을 향해 있고, 역사적 인식은 개별성을 향해 있다는 것이다. 그래서 자연과학적 인식이나 판단은 법칙적(nomothetic)인데 반해, 역사적 인식과 판단은 개성 기술적(idiographic)이며, 전자는 일반적 법칙을 추구하지만 후자는 개별적 사실들을 기술한다는 것이다.[7] 카시러는 빈델반트와는 달리, 모든 개념과 판단에는 보편성과 개별성의 계기가 함축되어 있다고 말하면서 그러한 구분에 반대하였다. 모든 개념과 판단은 우리에게 일반적 명제나 일반적 규칙을 제공해 준다. 그런데 이러한 규칙은 특수하거나 특별한 경우에도 적용되어야만 한다. 그래서 모든 경험적 인식은 양 계기들 간의 상관관계나 연쇄관계, 말하자면 이것들의 논리적인 종합에 의존해 있다는 것이다. 그런데 이러한 상관관계는 역사적 인식의 경우와 수학적 인식(혹은 자연과학적 인식)의 경우에 서로 동일하지가 않을 뿐이라는 것이다. 역사도 어쨌든 인간 경험의 영역 안에 속해 있는 한, 역사에 대한 인식에도 자연과학적 인식에서와 마찬가지로 논리성 내지 인과성이 확보되어야 한다는 것이다.[8] 문제는 역사적 인식과 자연과학적 인식에서의 그것에는 차이가 있는데, 그 점을 인식하는 것이 대단히 중요하다. 이러한 차이점은 역사적 인식의 대상 문제와 관련이 있다.

역사 연구에 있어서 가장 중요한 것 중의 하나가 바로 역사 연구의 '대상'을 무엇으로 삼을 것인가 하는 문제다. 대상이 있

---

7) Cassirer, Ernst., *Symbol, Myth, and Culture : Essays and Lectures of Ernst Cassirer 1935-1945*, Edited by Donald Philp Verene, New Haven and London Yale University Press, 1979. 122쪽(이후 SMC로 표기함).

8) Cassirer, SMC, 126쪽.

어야 그것에서 비롯되는 지식이 나올 수 있다. 그런데 전통적 인식이론에 있어서 진리의 확보는 인식 행위와 인식 대상 사이의 일치 여부에 달려있다. 이러한 관점에서 괴테도 모든 사실적 진리는 이미 이론적 진리를 내포하고 있다고 말한 바 있다. 이러한 견해에 비추어 본다면, 역사적 진실 또는 역사적 진리는 '사실들과의 일치'가 이루어질 때 확보될 수 있다고 생각할 수 있다.[9] 때문에 역사도 '사실들'(facts)을 가지고 시작해야 하며, 어떤 의미에서 이 사실들은 우리들의 역사적 인식의 알파와 오메가라는 것을 부정할 수가 없게 된다. 카시러는 여기에서 그렇다면 도대체 역사적 사실이란 무엇인가? 라고 묻는다. 이러한 카시러의 물음은 우리가 자연과학적 인식에서도 '사실'을, 그러니까 '물리적 사실'을 출발점으로 삼고 있기 때문에, 역사적 사실과 물리적 사실의 차이가 어디에 있는가 하는 물음이다.

물리적 사실(physical fact)이나 역사적 사실(historical fact) 모두 하나의 '경험적 현실'(empirical reality)의 부분들로 생각되고 있고, 또한 이것들 모두에는 '객관적 진리'가 있다고 생각하게 된다. 그런데 만일 우리가 이 진리의 성질을 확실하게 알고자 할 경우에는 서로 다른 방식[10]을 따르게 된다고 카시러는 말한다. 카시러의 설명을 따라가 보자. 우선, 물리적 사실은 '관찰'과 '실험'에 의하여 결정된다. 이러한 객관화(客觀化)의 과정은 우리가 주어진 현상을 수학적 언어, 즉 수의 언어로 기

9) Cassirer, *An Essay on Man*, New Haven : Yale Univ. Press, 1944. 174쪽(이후 EoM으로 표기함).
10) Cassirer, EoM, 174-175쪽.

술하는데 성공할 때 그 목적을 달성하게 된다. 만일 그처럼 기술할 수 없을 경우, 그러니까 측정의 과정으로 환원될 수 없는 현상은 우리의 물리적 세계의 일부가 되지 못한다. 물리학의 경우, 직접 측정할 수 없을 때에는 간접적 검증이나 측정 방식에 의존하고, 다른 현상들과의 인과법칙에 의존하게 된다.

반면에 역사적 사실의 경우는 좀 복잡하게 된다. 역사적 사실들은 과거에 속하고, 또 과거는 영원히 지나가 버렸다. 우리는 그것을 재건할 수도 없고, 물리적이고 객관적인 의미에서 그것이 생명을 가지게끔 불러일으킬 수도 없다. 그것을 '회상(回想)'하는 것, 그러니까 그것에 새로운 관념적 존재를 부여하는 것이 우리가 할 수 있는 전부다. 그 결과 경험적 관찰이 아니라 '관념적 재구성'이 역사 인식의 첫 단계가 된다.[11] 역사가들도 사료(史料)를 분석 검토한다. 사료들도 어떻게 보면 일차적으로는 물리적 사실이다. 카시러가 예로 들고 있는 파피루스[12]도 처음에는 한 조각의 물건에 지나지 않았다. 하지만, 이것이 언어학적, 문헌학적, 미학적 분석 등의 복잡한 과정을 거친 후에는 더 이상 단순한 물건이 아니었다. 그것은 의미를 가진, 하나의 '상징(象徵)'이 되었다는 것이다. 여기에서도 알 수 있듯이, 역사적 사실과 물리적 사실에는 결정적인 차이가 있다.

카시러가 볼 때, 역사적 사실들, 즉 사료들은 하나의 새롭고 특별한 계기를 내포하고 있는데, 말하자면 사료들은 단순한 물리적 사실이 아니라 하나의 '상징들'(symbols)이다. 그래서 역사가는 비록 물리적 세계에 살고 있기는 하지만, 그가 자신의

11) Cassirer, EoM, 174쪽.
12) Cassirer, EoM, 175쪽.

04

탐구의 최초의 출발점에서 발견하는 것은 물리적 사물의 세계가 아니라, 하나의 '상징적 우주', 말하자면 '상징들의 세계'이다.[13] 그래서 역사가는 이러한 상징들을 읽을 수 있는 능력을 가지고 있어야만 한다. 때문에 역사적 사실들은 아무리 단순한 것이라 하더라도 상징들을 분석함으로써만 결정될 수 있고 이해될 수 있다고 카시러는 주장한다. 결국 역사적 인식의 최초의 직접적 대상은 사물들이나 사건이 아니라, 문서들과 기념물들이 된다. 그러니까 '인간의 삶'과 '인간 문화'가 역사가의 연구 대상이 된다는 말이다.[14] 우리는 이러한 상징적 자료들의 매개와 개입을 통해서만 진정한 역사적 자료를 파악할 수 있다는 뜻이다.

이상에서 우리는 카시러 자신이 역사 연구의 대상인 사료들에서 그것의 '상징적 특성'을 밝혀내고 있으며, 나아가 역사적 인식은 관찰이나 실험이 아닌 역사가의 기억과 회상, 즉 관념적인 재구성 과정을 통해 가능하다는 사실을 강조하고 있음을 확인할 수가 있었다. 그런데 카시러는 역사적 인식에서 일어나는 상징적 측면이 그 당시 역사학계에서의 논의, 말하자면 역사적 방법과 역사적 진리에 관한 논의에서는 간과되고 있었음을 지적하면서 이를 강하게 비판하고 있는 것이다.

---

13) Cassirer, EoM, 175쪽.

14) 이 점에 있어서는 리쾨르(Paul Ricoeur)도 카시러의 생각과 동일하게 자신의 책 『역사와 진리』 제1장 '역사의 객관성과 주관성'에서 역사가 설명하고 이해하고자 하는 마지막 영역은 바로 '인간'이라고 말하고 있다. 리쾨르, 『역사와 진리』(박건택 역), 솔로몬출판사, 2002. 35쪽.

3) 역사적 대상과 상징, 상징적 재구성

카시러는 인간에게서 역사적 인식[15]이든 과학적 인식이든 간에 인식의 형식은 언제나 내적 통일성과 논리적 동질성을 보여주고 있다고 말하면서, 역사적 사고와 과학적 사고는 '논리적 형식'에서 구별되는 것이 아니라, 그 '목표'와 '주제'에 의해서 구별된다고 말한다.[16] 이 말은 무슨 의미인가? 카시러가 보기에, 진리 탐구에 있어서는 역사가도 과학자와 마찬가지로 똑같은 형식적 규칙에 매여 있다. 추리와 논증의 양식에 있어서, 귀납추리에 있어서, 그리고 원인에 대한 탐구에 있어서, 역사가는 물리학자나 생물학자와 마찬가지로 일반적인 사유법칙을 따르게 된다. 그렇지만 역사가가 밝혀내고자 하는 것, 그러니까 역사 탐구의 목표는 물리적 세계의 예전 단계에 있는 것이 아니라, '인간 생활과 인간 문화의 예전 단계'에 있다.[17] 이러한 목표를 위해서 역사가는 과학적 방법을 이용할 수는 있으나, 이 방법에 의하여 얻을 수 있는 자료에만 스스로를 국한시킬 수 없게 된다. 앞에서도 언급한 바 있지만, 역사적 대상들도 어떤 면에서는 물리적 대상들 속에 포함되어있다. 하지만 역사적 대상들은 물리적 대상들에 비하면 '보다 높은 차원'에 속한다고 카시러는 주장한다. 보다 높은 차원이란 무슨 의미인가?

---

15) 신응철, 「카시러의 인식이론 고찰」, 『칸트와 현대 유럽철학』(한국칸트학회 편), 철학과현실사, 2001. 218-223쪽.
16) Cassirer, EoM, 176쪽.
17) Cassirer, EoM, 176쪽.

예컨대 우리가 어떤 돌에 대해서 말할 때, 돌의 형태나 색깔을 보듯이 역사적 대상들을 바라보자고 카시러는 제안한다. 그대로 따라 하게 된다면, 우리는 그 돌에 의해서 어떤 '물리적 세계' 뿐만 아니라 '인간의 세계' 속으로 인도된다고 카시러는 말한다. 이 말은 우리가 단순히 '사물들의 세계'로 인도되는 것이 아니라, '상징들의 세계'로 인도됨을 의미한다.[18] 이렇게 하기 위해서 역사가는 '인간의 세계'를 '이해'하기 위해서 상징들을 해석해야만 한다. 이러한 역사적 대상들에 대한 해석 과정에서 역사가는 '역사적 경험'을 하게 된다.

역사가들은 소위 문서들, 기념물이라고 일컬어지는 것에 의존한다. 그런데 여기서 중요한 사실 한 가지는 역사가들은 문서와 기념물들을 과거의 죽은 유물로서가 아니라, '과거로부터 살아 있는 메시지', 그러니까 우리에게 그들 자신의 언어로 호소하는 메시지로 읽고, 또 해석한다는 점이다. 이 말은 역사가들이 그들의 역사 탐구에 있어서 항상 현실적이고 경험적인 재구성 위에 '상징적 재구성'을 하나 더 보태고 있다는 의미가 된다.[19]

카시러는 그러한 의미에서 역사가가 탐구하고 있는 것은 이전 시대의 '정신의 구현물'이라고 말한다. 말하자면 역사가는 법률과 성문법 속에서, 헌장과 인권선언 속에서, 사회제도와 정치조직 속에서, 종교행사와 의식 속에서 그와 같은 정신을 찾아내고 있는 셈이다. 그래서 진정한 역사가에게서는 이러한 재료들이 '굳어져 있는 사실'이 아니라, '살아있는 형식(형상)'(living

18) Cassirer, SMC, 136쪽.
19) Cassirer, EoM, 177쪽. SMC, 136쪽.

form),[20] 즉 상징이 된다. 인간은 문자적 상징들, 종교적 상징들, 신화적이고 예술적인 이미지 등을 만들어 낸다. 그리고 인간이 사회적 삶을 유지할 수 있고, 또한 다른 사람들과 의사소통할 수 있는 것은 바로 이러한 상징들의 체계나 이미지들을 통해서만 가능하게 된다. 이러한 상징들의 세계는 자연세계와 비교해 볼 때 커다란 차이가 있다. 상징적 표현들은 자연 대상들보다 훨씬 더 불안정하고 변덕스런 특성을 가지고 있다. 그래서 우리는 상징적 세계 속에서 지속성이나 영원성 같은 것을 발견하기가 어렵다. 인간은 상징들 속에서 자신의 생각과 감정, 욕망, 사상, 신조 등을 표현하고, 이것들은 늘 의미의 변화를 겪기 때문에 우리가 이것들을 이해하기가 상당히 어렵다. 때문에 역사는 바로 이 지점에서 진정한 임무를 시작해야 한다고 카시러는 말한다.[21] 이런 관점에서 카시러는 역사란 과거의 모든 흩어진 흔적들과 상징들을 한데 융합시키고, 종합하여 새로운 형상을 가지게 하려는 시도라고 말한다.[22]

4) 역사가의 주관성과 역사적 진리의 객관성 사이의 갈등

역사가는 어떤 일련의 사건들을 '연대기적'으로 서술하는 데 그치지 않는다. 역사가에게서 사건들은 그저 껍질에 지나지 않으며, 이것의 밑바닥에서 인간적이고 문화적인 생활, 말하자면 행동과 정열, 논쟁과 해결, 긴장과 이완의 생활을 그는 찾아내

20) Cassirer, EoM, 177쪽.
21) Cassirer, SMC, 138쪽.
22) Cassirer, EoM, 177쪽.

야 한다. 역사가는 이 모든 것을 위한 하나의 새로운 언어, 하나의 새로운 논리를 발명할 수는 없다. 하지만 역사가는 자신의 개념과 말에 자기 자신의 내적 감정을 불어 넣으며, 또 그렇게 함으로써 그것들에다 새로운 음성과 새로운 색체를 부여한다. 그런데 바로 이 지점에서 역사 연구, 더 정확히 말해서 역사적 사고의 근본적 딜레마에 봉착하게 된다. 말하자면, '역사적 진리의 객관성'과 '역사가의 주관성' 사이의 대립[23]이 그것이다. 이 딜레마는 역사가의 역할은 어디까지인가라는 문제와 직결된다. 카시러는 이 딜레마를 해결하는 방식으로 랑케(Leopold von Ranke. 1795-1886)와 텐(H. Taine)의 입장을 소개하면서 그것의 장·단점을 살핀다.

랑케는 과거 역사의 진실을 파악하기 위해 역사가는 어떤 태도를 취해야 하는가에 관심이 있었다. 랑케는 진리를 추구하는 데 있어서 어떤 개념을 통한, 그리하여 필경은 사변적이 되어버리는 철학적 방법을 반대했고, 진리에 접근하는 데는 실재의 인식을 전제해야만 하며, 이를 통해서 가능해진다는 입장을 취했다.[24] 그래서 역사가의 현실인식, 현재적 관심을 강조하기도 하였다. 그러나 랑케는 역사가의 역사 연구에서 역사가 자신의 현재적 관심이나 정치적 견해가 역사 연구에 작용하는 것에 대

---

23) Cassirer, EoM, 187쪽. 한편 이 대립과 관련하여 리쾨르는 역사는 역사가의 주관성을 반영하고 있고, 역사가의 직업이 역사가의 주관성을 단련한다고 말한다. 그는 역사가의 좋은 주관성과 나쁜 주관성을 말하면서, 역사가의 주관성은 좋은 주관성(카시러가 말하는 당파심과 이해관계를 초월한 주관성)의 승리를 구현해야 한다고 말한다. 그런 측면에서 역사의 '객관성'의 정의는 '논리'에서가 아니라 '윤리'에서 찾아야 한다고 주장한다. 리쾨르, 같은 책, 37-39쪽.

24) 이상신, 『19世紀 獨逸歷史 認識論』, 고려대출판부, 1989. 117쪽.

해서는 강력하게 반대하였다. 그 이유는 역사가 자신의 현재적 관심이나 정치적 견해가 과거를 현재의 관점에서 해석하게끔 만들고, 그렇게 함으로써 결국에는 역사를 흐리게 만들 수 있다는 이유에서였다. 그래서 랑케는 역사가는 모든 종류의 관심들로부터 '초연'해야 하며, 역사 연구에는 그 어떤 목적도 부여되어서는 안 된다는 원칙으로까지 나아가게 되었다.[25] 이것이 말하자면 역사가의 '객관적 태도'다.

04

랑케의 객관적 연구 태도에는 많은 문제점이 들어있는 것이 사실이지만, 그의 방식은 경험주의적 방식이나 실증주의적 방식과 동일하지 않은 독특한 측면이 있었다. 경험주의에서의 인식이란, 감각으로부터 얻어지는 것이고, 그로부터 얻어진 사실을 근거로 하여 결론이 성립한다. 여기에서 실재란, 곧 현상이고, 이 현상을 초월하는 인식이란 존재하지 않는다. 그렇지만 랑케의 경우, 현상의 내면에 있는 생동하는 힘을 인식하고자 했으므로, 경험론적, 실증주의적 태도와는 근본적으로 달랐다고 할 수 있다. 랑케는 인식 과정에 있어서 주체의 작용과 그 주관성을 주로 부정적으로 이해함으로써, 주체의 긍정적 역할을 언급한 바는 없지만, 그럼에도 불구하고 역사학이 과거 사실을 파악하는데 있어서는 '예술'과 같다는 견해를 표명한 바 있고, 사건에 내재하는 힘을 파악하는 데 있어서는 '직관적 이해'를 스스로 갖고 있었던 것이다. 이것이 바로 연관관계를 이해하는 역사가로서의 랑케의 방법이었다.[26]

랑케는 세계사의 큰 시련 속에서 역사가가 할 일은 심판을 준비

25) 이상신(1989), 119쪽.
26) 이상신(1989), 129-130쪽.

하는 것이지 심판을 선고해서는 안 된다고 주장한다.[27] 역사가는 피고를 위한 검사도 아니고 변호인도 아니라고 그는 말한다. 만일 역사가가 판사로서 말하는 일이 있다면, 그것은 예심(豫審) 판사로서 말할 뿐이라는 것이다. 사건들의 모든 자료를 최고 재판소, 그러니까 세계의 역사에 제출하기 위하여 이를 수집하지 않으면 안 된다. 만일 그가 이러한 임무에 실패한다면, 만일 그가 당파심을 가지고 어떤 한쪽을 좋게 여기거나 혹은 증오한 나머지, 단 하나의 증거라도 은폐하거나 왜곡한다면, 그는 자신의 최고의 의무를 소홀히 하는 것이 된다. 여기에서 카시러는 랑케가 말하는 역사가의 연구 방식과 자기 임무, 역사가의 권위와 책임에 대한 생각을 매우 긍정적으로 평가하고 이를 수용하고 있다.

한편 텐은 역사가는 박물학자처럼 행동해야 한다고 주장한다.[28] 또한 역사가는 모든 인습적 편견에서 벗어나야할 뿐만 아니라 또한 모든 개인적 편견과 모든 도덕적 기준으로부터 자기자신을 자유롭게 하지 않으면 안 된다고 말한다. 이러한 주장은 역사적 인식과 자연과학적 인식의 차이를 인정하지 않고, 역사를 자연과학으로 환원시키려는, 그래서 역사의 객관성의 문제를 해결하려는 텐의 의도에서 비롯되었다고 할 수 있다.[29]

텐은 역사가에게는 오직 두 가지 임무가 있다고 주장한다. 하나는 '사실들'을 수집하는 일, 다른 하나는 이 사실들의 원인을 탐구하는 일이다.[30] 이러한 텐의 입장에 대해서 카시러는

27) Cassirer, EoM, 189쪽.
28) Cassirer, EoM, 192쪽.
29) Cassirer, SMC, 139쪽.
30) Cassirer, SMC, 133쪽.

다음과 같이 비판한다. 역사적 사실들은 물리적, 혹은 화학적 사실들처럼 관찰될 수 있는 것이 아니라 재구성되는 것인데, 텐은 이 점을 놓치고 있다는 것이다. 또한 역사의 객관성 문제를 해결하기 위해서 사물들의 가치를 판단하는 것 대신에 사물들의 원인을 탐구하게 되면 이는 곧 '역사 결정론'의 형태가 된다[31]고 비판한다. 역사 진행의 방식을 바라보는 카시러의 기본적인 입장은 역사 결정론 또는 운명론이 아니라, 인간의 자유 의지의 선택의 결과로, 인간의 해방의 과정으로 인식하고 있다.[32] 카시러에 의하면 역사가는 단일하고 단순한 사실에 접근하기 위하여 자기가 가지고 있는 자료들을 읽고 기념물들을 이해하는 것을 배워야만 한다. 그런 의미에서 역사에 있어서 역사가의 '상징들의 해석'이 '사실들의 수집'에 앞선다고 카시러는 말한다.

카시러의 입장을 요약하자면, 역사 탐구에 있어서 역사가의 탐구 방식은 과학자와 똑같이 엄밀한 규칙에 매여 있음은 틀림없는 사실이다. 역사가는 모든 경험적 탐구 방법들을 이용해야만 한다. 또한 구할 수 있는 모든 증거를 수집하고, 그의 모든 자료를 비교하고 비판해야만 한다. 또한 그는 그 어떤 중요한 사실도 망각하거나 무시해서는 안 된다. 그런 면에서 카시러는 텐보다는 랑케의 입장을 지지하고 있다. 그렇지만 카시러는 역사가에게서 최후의 결정적인 행위는 언제나 '생산적인 상상의

---

31) Cassirer, EoM, 193쪽.

32) 카시러에게서 역사를 포함한 문화 해석의 방식에 대한 상세한 논의는 신응철, 「문화 해석의 두 입장 : 자유의지론과 문화결정론의 논쟁」, 『고전해석학의 역사』(한국해석학회), 철학과현실사, 2002. 10. 209-229쪽 참조 바람.

행위'라고 주장함으로써,[33] 랑케와 일정한 거리를 두고 있다. 그러니까 역사가의 탐구 방식의 마지막 부분에는 결국 상징들에 대한 해석, 혹은 의미부여 행위가 들어있게 된다는 사실을 카시러는 강조하고 있다.

3. 사회학에서 본 '기억', '기억 책임', '기억 공동체'

1) 사회학자 박영신의 기억 연구와 통찰

기억, 기억 행위, 기억 현상, 기억과 역사, 기억 공동체, 기억의 책임, 기억의 윤리, 기억과 가치 등의 주제가 특정 분과학문 영역에서 명료하게 체계적으로 논의된 적은 아직까지 없었다. 다만, 국내에서는 주로 사회학자 박영신(연세대 사회학과 명예교수)에 의해 기억과 현실인식, 기억과 자기이해라는 측면의 단일 연구가 이루어졌고, 이는 기억 연구의 방향성과 의미 파악을 위한 매우 중요한 선행연구 자료가 되고 있다. 또한 역사학자 박정신(숭실대 기독교학과 교수)에 의한 역사학에 기댄 기억 연구는 역사적 사료와 기억, 역사가와 역사인식의 왜곡 현상을 올바로 파악케 하는 중요한 단서를 제공해 주는 선행 연구들이다. 이 글의 전반적인 논의 방향 역시 이러한 선행 연구에 터하고 있음을 밝혀둔다.

---

33) Cassirer, *The Philosophy of Symbolic Forms,* Vol. 3 : *The Phenomenology of knowledge*, translated by Ralph Manheim, New Haven and London, Yale University Press. 1957. 134쪽.

그렇다면 이제 기억을 어떻게 이해해야 하는가?라는 문제에로 초점을 돌려보자. 기억 현상이 성립하기까지의 과정은 어떠하며, 기억은 어떤 구조로 이루어져 있는가라는 부분이 관심거리가 된다. 최근까지의 기억 연구의 동향에서 보자면, 우선은 '개인기억'과 '집단기억'(혹은 집합기억)이 있다. 기억은 의식의 주체가 되는 개인이 담당해야 하지만 그 기억은 개인으로부터 나와서 개인으로 끝나는 직관이 아니라 그 개인이 위치하고 있는 집단과의 관계에서 만들어지는 사회구성의 과정이라는 견해가 있다. 사회 속에 태어난 인간이라면 그 사회가 담아내고 있는 기억의 망 속에서 들어서 그 망에 자리할 수밖에 없기에 기억은 집단기억의 틀에 기댈 수밖에 없다는 주장이다.[34] 이와 관련하여 해석학자 폴 리쾨르(Paul Ricoeur)는 개인기억의 영역을 인정하지 못할 것은 아니지만 집단과 개인 사이에는 변증관계가 있다는 사실을 강조하기도 한다. 따라서 리쾨르의 경우는 개인기억과 집단기억을 둘로 갈라놓은 다음 그 중간지점의 중요성을 강조하기도 한다.[35]

한편 기억은 자체의 자율성(自律性)을 가지고 움직이지 못한다. 기억은 사회의 관계망 속에서 형성될 수밖에 없는 사회의 구성물이기 때문이다. 이 지점에서 역사의 힘, 정확히 말하자면 역사가의 붓이 휘두르는 힘이 끼어든다. 여러 색깔의 역사가들이 여러 논리를 세우며 기억 앞에 다가선다. 그들은 기

34) Hallbwachs, M., *The Theory of Memory : A Reader*(Baltimore : Johns-Hopkins University Press, 2007)

35) Ricoeur, Poul., *Memory, History, Forgetting*(Chicago : University of Chicago Press, 2004)

억이 견고하지 않고 주관의 차원을 벗어나지 못했다면서 그것을 단단한 객관의 차원으로 끌어올려 기억을 영구히 지켜가야 한다고 외친다. 말하자면 역사가 기억을 만나 기억을 역사화하는 과정이 그렇게 전개된다.[36] 또한 문자가 만들어지면서 되풀이되는 의례 행위가 문화의 일관성을 확보하게 되는 기록물로 남고 그것은 마침내 정경으로 올라서 권위를 얻게 되어 세대를 관통하여 보존되는 '문화기억'의 내용물이 된다.[37]

사회학자 박영신에 따르면, 기억에서 역사로 옮아가는 과정은 역설이다. 특정 기억을 일반 기억으로 단단히 지켜가고자 하는 고결한 역사의 뜻이 기억의 영역을 쇠잔시킨다. 이것은 마치 표준어를 정착시키는 과정에 빗대어 이해해 볼 수 있는 현상이다. 교양이 있는 사람들이 서울에서 쓰는 말을 표준어의 밑 가늠으로 삼게 된 나머지 여러 지방의 토박이말을 짓눌러 없애버리게 된 것처럼, 기억을 역사의 자리로 올려 표준화시키고자 하는 의도에 따라 기억의 풍요로운 곳간에서 잡을 것만을 잡고 버려야 할 것은 가볍게 버리게 되어 기억의 영역을 마름질하기에 이르고 만다. 불가피한 역사화의 과정이다. 그러한 과정이 힘을 얻게 되면서, '역사의 가속화'는 기억의 약화와 소멸과 함께 역사가 기억을 대체케 한다.[38] 역사는 기억 가운데서 가장 중요하고 절실하다면 거기에 의미를 주는 것만을 역사의 자리로 올려놓기 때문에 그 역사의 담당자가 어떤 사회 세

36) 박영신(2010), 같은 글, 24쪽.
37) Assmann, Jan., *Religion and Cultural Memory*(Stanford : Stanford University Press, 2006)
38) Nora, Pierrc., "Between memory and History", *Theories of Memory : A Reader*(Baltimore : Johns Hopkins University Press, 2007. 145-149쪽.

력에 의해 빚어졌는지 그 배경과 이력에 따라 역사의 알맹이와 색깔은 달라질 수밖에 없다.

그런 의미에서 역사란 바로 권력의 자리에 올라선 사람들이 그들의 눈에 비친 것을 담아내 만든 문건이고 그들의 잣대로 재어 마음에 드는 것을 뽑아 엮어낸 문서이다. 이 역사화의 과정에서 역사 이전의 기억은 지배 권력의 심판대에 올라서 있어야 한다. 거기서 선별되어 들림을 받는 기억과 탈락하여 버림받는 기억으로 갈라진다. 기억이 기억의 자리를 벗어나 역사의 자리로 옮아가든가 아니면 역사의 자리를 얻지 못하고 역사 이전의 기억 그대로 남아 있든가 하는 판가름을 거쳐 기억의 신분이 결정된다. 기억은 언제나 역사 앞에 다가설 수밖에 없고 그 역사의 평가를 받아야 하는 역사권력의 손아귀에서 벗어날 수 없다. 그것은 기억이 견뎌내야 할 숙명이다.[39)]

이처럼 기억은 진공 상태에서 생존하거나 무풍지대에서 뻗어가지 않는다. 기억을 둘러싼 여러 조건에 영향 받으면서 기억은 존속하고 변형된다. 이 점에서 삶 속에 스며있는 무한한 생각붙이들 가운데 기억이 되는 것은 기억의 총체가 아니라 부분이다. 때문에 기억 그 자체는 선택되어질 수밖에 없다. 당연히 그 선택은 복잡한 '누름'과 '바람'의 힘을 받는다. 역사관의 차이도 이에서 비롯된다. 갖가지 조건의 힘을 받아 '어제'가 '이제'가 되어 특정 기억이 기억의 대상으로 떠오르게 되고, 그 기억이 역사의 마당으로 들어서게 된다. 이것은 멈춤이 없이 이어지고 되풀이되는 기억과 역사의 관계맺음이며 그 과정이다.[40)]

---

39) 박영신(2010), 같은 글, 26쪽.

40) 박정신, "백낙준과 김양선의 한국 기독교사 인식-이른바 '선교사관'과

04

기억의 풍요로운 정원에서 딱딱한 역사의 자리로, 이리저리 움직이는 불확정 상태에 놓인 기억을 움직이지 않는 인식의 틀에 넣어 고정시켜 확정 상태로 끌어들이는 기억의 역사화 과정은 역사의 붓을 잡은 지식 세력의 전유물이다. 이를 베버(Max Weber)는 기억의 주술 세계에서 역사의 탈주술화된 세계로 옮겨지는 것으로 파악하였다.[41] 이 과정에서 논쟁이 이는 것은 어찌할 수 없는 당연한 현상이다. 지식 세력은 주장과 반(反)주장의 발언자 역할을 맡고 나온다. 이들 모두는 과학의 이름으로 객관성의 가치를 높이 외친다. 그 가치의 담지자이자 실행자라며 스스로 근엄한 치장을 하고는 무리 앞에 나타난다. 하지만 그들이라고 해서 자신들이 터하고 있는 이념과 가치에서 해방되어 있는 것은 아니다. 짐짓 전문가라며 끼어드는 논쟁들의 뒤에는 그들이 믿고 있는 이념과 집착하는 가치가 도사리고 있다. 전문가의 논쟁은 결국 객관성으로 치장한 이념과 가치의 이해관계에서 빚어지고 거기에 이어진 지식인 자신의 이익 추구에서 비롯되는 대결일 뿐이다.[42]

그러한 관심에서 만들어진 잣대에 따라 역사의 붓을 든 자들은 기억의 세계 안에 넘쳐나는 기억을 선별하고 나아가 기억을 '역사'로 만든다. 달리 표현해서, 무질서하게 흩어져 있는 불안

'수용사관'의 꼴과 결" 『한국 기독교사 인식』, 도서출판 혜안, 2004. 51-73쪽.

41) Weber, Max., *From Max Weber : Essays in Sociology*(Edited by Hans Gerth/C.W. Mills)(New York : Oxford University Press, 1958) 129-156쪽.

42) 테다 스가치폴(박영신 역), 『역사 사회학의 방법과 전망』(서울 : 사회학 연구소, 민영사, 1986), 423-430쪽.

정한 비공식 상태의 기억 자원들이 취사선택되어 질서정연하게 다듬어진 안정된 공식 상태의 역사로 변환되는 과정에, 지식 세력이 들어서 있고 그들이 지닌 이념과 가치의 이해관계가 개입하여 작동하는 것이다. 이러한 과정을 밟아 기억 행위가 일어나고, '어제'에 대한 기억이 '이제'의 역사가 되고, '이제'의 역사가 '올제'의 기억이 되어 또 다시 역사의 자료로 취사선택된다.[43)]

04

2) '기억'과 '기억 책임'의 상관성

이러한 과정에서 기억의 책임(責任) 문제가 대두된다. 기억의 책임은 무엇에 지향되어 있어야 하며, 그것은 누구를 향한 것이어야 하는지가 핵심 사안이다. 인간이 기억의 행위를 떠날 수 없는 만큼 기억의 폭 또한 아주 넓기 마련이다. 그러나 사회 구성원에게 주는 기억의 의미는 같지 않다. 좁은 이익과 자기 편리를 위한 도구 수준의 기억과 그것을 넘어서서 자기가 속한 공동체 일반에 헌신하는 책임 수준의 기억에 같은 무게가 주어질 수 없다. 아무런 대가와 희생을 치르지 않는 자기이익 중심의 기억 행위와 엄청난 대가와 희생을 치르면서까지 감행하는 공공에 지향되어 있는 기억 행위는 그 의미에서 서로 다르다. 따라서 기억이라고 해서 그 값이 모두 같을 수는 없다. 사사로운 것과 공공의 것, 그 축에 따라서 시민의 책임에 주어지는 의미와 값은 다를 수밖에 없다.

---

43) 박영신(2010), 같은 글, 27쪽.

베버는 정치공동체의 성격을 논하면서, '기억의 공동체'라고 이름 붙여 그것이 궁극의 국민 의식을 결정하는 요소가 된다는 점을 밝힌 바 있다.44) 공동체의 구성원은 공동체에 속한 소속감을 공유한다. 이것은 구성원의 성취와 업적 이전의 결속 관계를 가리킨다. 국가는 단순히 경제의 이익을 위한 집단이 아니라 공동체를 위하여 삶을 바칠 수 있는 정서와 감정과 의식의 결속을 다져놓을 수 있는 기억의 유산에 터하고 있어야 한다. 이 점에서만 보면 정치공동체란 종교공동체와 다를 바 없다. 무릇 모든 공동체는 그 나름의 순교자를 기념한다. 여기서 순교자란 공동체의 도덕 이상을 지키고 증거하기 위하여 위험과 파국 상태를 피하지 않고 그것에 맞서 몸소 수난을 겪고 생명까지도 바친 인물을 뜻한다. 이러한 순교자를 공동체는 기억하고 기념하는 것이다. 2차 대전 당시 나치 정권에 저항하다 처형된 본회퍼 목사의 순교 사건을 기념하기 위하여 독일 정부가 우표를 만들었고 그 우표가 삽시간에 다 팔림으로써 독일 시민들이 지닌 기억의 능력을 보여준 것은 하나의 일례에 지나지 않는다.45)

일제 강점기에 사사로운 이익을 챙기기 위하여 나라를 일본에 판 매국노와 그 매국노의 친일 행각을 기억하고,46) 사사로운 편익을 거절하고 빼앗긴 나라를 다시 찾겠다며 광복 혁명의 길로 들어선 독립 운동가의 삶을 기억하는 것은 우리나라를 하

---

44) Weber, Max., *Economy and Society : An Outline of Interpretive Sociology*(New York : Bedminster Press, 1968)

45) 박영신, "역사의 기억과 진실의 인식" 『현상과 인식』, 19권 3호(1995녀 봄), 141-145쪽.

46) 임종국, 『해방전후사의 인식』(서울 : 한길사, 1979), 172-247쪽.

나의 정치공동체로 지켜가는 데 더없이 중요하다. 자기가 속한 공동체의 구성원들에 대한 동감과 거기서 우러나는 돌봄의 마음이 자기 민족중심주의로까지 변질 될 수 있지만 그 돌봄의 동감은 건강한 인간의 마음가짐 속에 들어있는 바이다. 그리하여 개인은 돌봄의 마음으로 가족의 이야기를 나누며 기억하고, 국가의 운명을 새기며 기억하고, 그 기억에 힘입어 자신이 신앙하는 공동체의 이상을 형상화한다. 이 점에서 개인은 기억 의무의 주체가 되며, 그 기억 행위를 통하여 자기 자신의 참 모습이 일궈진다. 일본인들이 강탈한 그 시대의 우리 삶을 기억하고 그것을 평가하고 판단하는 과정에서 정치 공동체에 속한 구성원 개개인의 인격과 품격이 여물어 나오는 것이다.

기억의 도덕성(道德性) 문제가 들어서게 되는 대목이 바로 이 지점이다. 도덕성은 단순히 기억을 기억하도록 부추기는 데서 머무는 것이 아니라 그 기억을 공동체의 이상에 겨냥하도록 한다. 중부 유럽의 약소국 체코가 험난한 고난과 쟁투의 길을 걸어가야 했음에도 불구하고 진리를 지키고자 한 그 나라의 지성인들은 종교개혁의 선구자 훗스를 기억하고 코메니우스를 생각하고 그들이 지킨 진리의 뜻을 따라 나라를 만든 마사릭을 언제나 마음에 새겼다. 그것은 불의한 세력에 의해 수난을 당하고 있는 진리를 포기하지 않으려는 공동체의 도덕 이상을 확인하고 재확인하고자 함에서였다.[47] 인간이 참된 인간으로 살아간다는 것은 인간다움의 공평한 잣대를 저버리고 강자라는 이유만으로 약자를 강탈하는 반인간성을 청산하고 인간다운

47) 박영신, 『실천 도덕으로서의 정치』(서울 : 연세대학교 출판부, 2000), 153-185쪽.

04

가치를 지향하여 거기에 헌신하는 삶을 말한다. 기억 행위가 이러한 가치로 지향되어 인간다움의 원기를 되찾아 돋을 수 있을 때 그 기억은 도덕의 값을 얻을 수 있다. 따라서 일제 강점기에 대한 우리의 기억 행위는 이러한 도덕적 관심과 이상에 그 뜻이 놓여 있어야 한다.

하지만 그 기억은 나라를 빼앗긴 사람들에게 요구되는 것인 동시에 강탈을 감행한 사람들에게도 도덕의 짐으로 지워져야 한다. 나치의 유대인 학살 사건에 대한 기억은 유대인의 영혼 속에 남아 있어야 할 뿐만 아니라 나치에 연루되었던 독일인의 의식세계에도 꽂혀 있어야 한다. 마찬가지로 정신대에 끌려가 형언할 수 없는 고초를 당한 여인의 슬픈 이야기는 그들과 함께 같은 정치공동체에 속한 나라 사람들 모두에게 잊지 못할 기억으로 남아 있어야 하지만, 그것은 또한 그 일을 저지른 나라 사람들 모두의 삶 속에 새겨져 있어야 한다. 무엇 때문인가? 무엇 때문에 그러한 기억을 후대의 사람들이 기억해야 하는가? 그것은 강자에 의하여 약자의 인간다움이 참혹하게 짓밟힌 것을 살아남은 사람들이 기억하여 그것을 내일의 사람들에게 증언해 주기 위한 굽힐 수 없는 간절한 뜻 때문이다. 자신이 속한 공동체 안에서 인간다움을 잃게 된 이야기를 기억하여 그 기억의 유산을 넘겨주는 것은 책임 도덕의 항목이다.[48] 점차 범세계화 하는 오늘날 동감의 대상은 좁은 영토의 벽을 넘어서서 세계의 온 시민에게 뻗쳐가고 있다. 그러므로 앞날에 세워질 범세계 공동체는 어떤 이유로든 그 안에서 인간다움이 짓밟히지 않는 넓은 공동체의 높은 이상

48) 박영신(2010), 같은 글, 32쪽.

위에 터하고 있어야 한다. 이 시대를 사는 사람들이 인간성을 유린하는 참혹한 사건들을 기억하는 까닭은 바로 이 약자들이 인간다움을 잃지 않도록 하기 위함이다.[49] 그러므로 우리가 기억해야 할 책임은 이들 약자들이 있다는 바로 그 사실에서 비롯된다.

4. 문화적 기억과 공공성? '기억 윤리'가 살아있는 '기억 공동체'에서

기억은 자기에 대한 이해와 분석이라는 도덕적 관심에서 떨어질 수 없다. 그런 점에서 기억은 곧 성찰이다. 역사 이전의 기억이나 기억 이후의 역사 모두 성찰이다. 만약 자료에 둘러싸여 성찰의 수준으로 넘어서지 못하는 단순한 자료 정리자로 남아 있기를 거부한다면, 그 모든 기억은 이제 박물관 같은 것이 아니라 밝고 어두운 기억들을 함께 새겨보는 '교육의 마당'이 될 수 있다.[50] 이 점에서 기억은 성찰의 행위를 떨쳐내지 못한다. 우리 공동체가 무엇을 기억하고 왜 기억하는가를 보면 우리 자신을 어떻게 이해하는지가 고스란히 드러난다. 기억은 개인과 공동체의 '가치지평'을 일러주기 때문이다.[51] 그 가치지평

49) 이런 점에서 보자면, 2013년 12월 27일자 국내 모든 조간 신문사에서 보도한 일본 아베 총리의 야스쿠니신사 참배 장면은 기억의 윤리 문제를 넘어 글로벌시대를 살아가고 있는 지구촌 구성원들에게 커다란 좌절감을 안겨주었다.

50) 박정신, "학원 친일 문제, 어떻게 이해할 것인가-고백, 기록 그리고 기억으로 '어제'를 넘어 '미래'로-" 『역사학에 기댄 우리 지성사회 인식』(서울 : 북코리아, 2008), 204쪽.

51) 박영신, "가치 지평의 사회학" 『본질과 현상』, 2008년 가을호.

에 따라 기억을 안/못 하고의 판가름이 나타난다. 기억 행위는 선별과 선택을 요청하는 행위이기에 그것은 곧 가치의 문제가 된다. 가치에 따라 그 가치지평에 들어 올 기억과 들어서지 못할 기억이 있다. 바로 이런 까닭으로 기억 행위자는 안팎의 엇갈리는 가치들과 쟁투할 수밖에 없으며, 기억 행위 그것은 곧 쟁투의 과정이 될 수밖에 없다. 기억은 가치지평 위에 머물러 그 지평을 떠나지 못하는 존재조건을 가지고 있다. 기억이 어떤 가치지평을 지니고 있는가에 따라 그 기억이 택하고 지향하는 기억 항목과 내용은 다를 수밖에 없다. 여기서 말하는 가치의 뜻은 '인식과 관심'이라는 하버마스의 낱말 뜻과 잇닿아 있다. 그러니까 하버마스가 말하는 관심이 지식 행위를 풀이코자 하는 것이라면, 여기서의 가치는 기억 행위를 풀이코자 한다. 어떤 관심을 가지고 지식을 탐구하느냐에 따라 지식의 종류가 나뉘듯이, 어떤 가치를 가지고 기억 행위를 엮어 가느냐에 따라 기억에 터한 지식이 여러 갈래로 나뉜다.[52)]

우리는 피할 수 없이 '기억의 공동체'에 속하여 그 공동체의 이야기를 듣고 함께 나누고 그 이야기를 또 이야기해주어야 하는 구성원이다. 맥킨타이어의 말로 인간은 "이야기를 이야기하는 동물"이다.[53)] 그 이야기를 이어가는 삶, 곧 기억의 행위가 우리는 과연 어떤 사람인지 그 모습을 규정해 준다. 바꾸어 말해, 그러한 기억을 얼마나 정직하게 북돋고 부추기는가하는 데서 기억의 공동체 그 됨됨이를 또한 드러내 보여준다. 힘없는

---

52) 박영신(2010), 같은 글, 36쪽.

53) MacIntyre, Alasdair., *After Virtue : A Study in Moral Theory*(London : Duckworth, 1990), 216쪽.

사람들의 억울함과 분노를 새기며 그것을 증거하고 그 증거가 사라지는 세계에 뛰어들어 그 기억을 지켜나가는 것, 그것이 '기억의 윤리'이다. 그것은 힘 있는 자들이 저지른 것을 기억에서 지워버리기 위하여 엉뚱하게도 망각의 거짓된 미덕을 들고 나오는 저 철면피한 자들의 가소로움에 도전하는 결의에 놓여 있다. 기억의 윤리는 그러므로 힘없는 사람들의 아픔에 다가서는 일이며 그러한 아픔이 없는 세상을 향한 꺾이지 않는 내면의 몸짓이다.

이 지점에서 하버마스의 논의와 연관하여, 인식과 관심의 전제에 대한 관점 또한 다시금 고려해 볼 만하다. 도구적 관심, 실천적 관심, 해방적 관심은 무엇을 근거로 작동하고 있는가? 그것은 바로 가다머(H. G. Gadamer)가 말한 역사적 지평에 근거한다. 말하자면, 인간은 누구나 기억 공동체의 원형이라 할 수 있는 전통에 터하고 있으며, 나아가 전통의 유구한 흐름 속에 그 자신 또한 던져져 있다고 할 수 있다. 때문에 가다머가 말하듯, 인간은 누구나 영향사(影響史)에 의해, 또한 그것을 통해 자신과, 사회와, 국가에 대한 성찰을 시도한다. 그렇다면 이 과정에서 이루어지는, 기억 공동체 내에서의 진리, 다시 말해 체계적으로 왜곡되지 않은 의사소통이란 온전히 가능한가? 더 나아가 그렇게 도출된 진리는 어떻게 정당성을 확보할 수 있을까?라는 문제가 다시 생겨날 수 있다.

그렇다면 결론적으로 문화적 기억은 어떻게 공공성을 확보할 수 있을까?

먼저, 카시러를 좇아 역사적 기억이든 문화적 기억이든, 모든 기억들 속에 내포되어 있는 관념적 재구성의 과정과 생산적 상상의 행위를 인정하고, 그리고 검사나 변호사가 아닌 예심판사로서의 역사가의 역할을 명심해보자. 그리고 박영신을 좇아 기억의 역사화 과정에서 기억 윤리를 뼛속까지 체득하여 약자들의 아픔과 눈물까지도 보듬을 수 있는 기억 책임이 살아있는 그런 기억 공동체를 더불어 만들어보자. 그러면 그 속에서 말하는 기억은 고통의 유물에서 비로소 기쁨의 유물로 탈바꿈할 수 있을 것이다.

기억은 우리의 삶의 한 복판에 자리하고 있으며, 우리는 기억 행위를 통해 나 아닌 타자와, 타문화와, 이질적인 세계를 마주하게 된다. 그 속에서 우리는 자신을 인식하게 되고 자신의 참 모습을 찾게 된다. 그런 점에서 기억, 혹은 기억현상은 인간의 자기인식의 문제를 해결해줄 수 있고, 삶을 되새김할 수 있는 중요한 단초를 제공하고 있다.

Chapter 05

우리는 이념논쟁에서 자유로운가?*

가다머
(H. G. Gadamer, 1900–2002)

하버마스
(Jürgen Habermas, 1929.6.18–현재)

* 이 글은 「'보수'와 '진보', 그 경계를 넘어-Gadamer, Habermas, Ricoeur의 해석학 논의를 중심으로-」, 『철학연구』 117집(대한철학회, 2011.02)에 수록되어 있음을 밝혀둔다.

1. 시작하는 말

최근 한국사회의 중심 담론 중의 하나는 이념 논쟁이다. 정치현상을 진단하거나, 문화현상을 설명하거나, 환경문제를 논의하거나, 아니면 남북문제를 언급할 때 반드시 이념이 등장하고, 그 중에서도 보수냐 진보냐에 따라 입장이 나눠지게 된다. 이러한 보수와 진보라고 하는 각각의 이념은 새로운 합의와 타협을 이루는 전제조건이다. 그런데 우리 사회의 형편을 곰곰이 살펴보면 이러한 이념 및 이념 논쟁으로 인해 각 분야에서 갈등과 긴장, 불안과 위기의 국면을 초래하고 있는 실정이다. 이러한 상황에서 우리 모두에게 요구되는 자세는 어떤 것일까? 개별 가치관에 기인하여 만들어지는 이념들은 기본적으로 상이할 수밖에 없다. 다수의 이념들이 공존할 수밖에 없는 이유가 거기에 있다. 그렇다하더라도 '우리'라고 하는 공동체를 보존하고 공동체 구성원들의 공생의 삶을 위해서는 불가피하게 타협과 합의가 필요한 것이다.

사실, 서양철학사 전통에서도 보면 이러한 이념 논쟁은 다양한 방식으로 나타나고 있다. 여기서 우리가 주목하고자 하는 부분은 특히 현대 해석학에서 전개된 보수(保守)와 진보(進步) 논쟁이다. 논쟁의 핵심은 물론 해석학적 태도와 관계있다. 그러니까 전통(傳統)을 바라보는 해석학적 입장, 예컨대 전통에 대한 해석학적 위상 문제, 전통이 담당하고 있는 순기능과 역기능, 전통과 진리의 문제, 나아가 전통과 이데올로기 문제, 궁극적으로 해석학과 비판이론의 관계 등등이 있다.

필자는 이 글에서 '전통'과 '이데올로기'를 바라보는 해석학적 논의를 통해서, 보수와 진보의 의미를 다시 한 번 되새겨보고, 이를 통해 우리사회에서 전개되고 있는 이념 논쟁에서 타협의 방식을 간접적으로나마 찾아보고자 한다. 이를 위해서 먼저 가다머(H. G. Gadamer. 1900-2002)와 하버마스(J. Habermas. 1929-) 그리고 리쾨르(P. Ricoeur. 1913-2005)를 중심으로 해석학이라는 분과학문이 전통과 어떤 식으로 관련되는지를 살펴보도록 한다. 이 과정에서 우리는 가다머 해석학의 보수적 측면과 하버마스 해석학의 진보적 측면을 확인할 수 있을 것이다. 그리고 보수적 입장과 진보적 입장에 대한 해석학적 의미를 살펴볼 것이다. 그리고 리쾨르의 시선을 좇아 가다머와 하버마스 해석학의 차이점과 공통점, 한계점과 보완점을 찾아낼 것이다. 그러니까 우리는 해석학적 종합을 통해서 보수 對 진보라는 이념 문제의 해결 방식을 살펴보고자 한다.

2. 가다머의 철학적 해석학의 핵심 개념들

먼저, 가다머의 해석학은 그의 주저 『진리와 방법』*Wahrheit und Methode*(1960)의 부제-철학적 해석학의 기본 특징들-에서도 알 수 있듯이, '철학적 해석학'으로 특징지을 수 있다. 그의 철학적 해석학은 주로 '언어'와 '이해' 문제를 '존재론적'으로 규명하고 있다. 이 때문에 하버마스는 가다머의 해석학이 사회 현실과는 동떨어지게 되고, 그 결과 해석학의 영역을 축소시켜 놓았다고 비판한다. 하버마스의 이런 비판은 일면 타당하게 보일 수도 있지만, 가다머의 논의를 세심하게 좇아 보면 그렇지 않다는 사실이 드러나게 된다. 이 사실을 확인하기 위해서 우리는 가다머의 철학적 해석학의 여러 개념들 가운데 가장 핵심적인 것으로 '이해(理解)', '언어(言語)', '전통(傳統)', '권위(權威)' 개념을 살펴보아야 한다.

가다머에게서 '이해' 작용은 그 자체로 이루어지는 게 아니라 항상 앞선 이해를 근거로 해서 형성된다. 여기서 앞선 이해란 바로 '선판단'(Vorurteil)[1]을 말한다. 그럼 왜 가다머는 선판단에 주목하는 것일까? 그것은 바로 인간에게 '무전제적인' 이해란 결코 있을 수 없다는 것을 말하기 위해서이다. 가다머가 볼 때, 선판단이란 결국 우리가 배제해야 하거나 배제할 수 있는 그런 성질의 것이 아니라 우리가 역사를 이해할 수 있는 기반이다.[2] 그렇다면 이제 선판단의 정당성에 대한 인식론적인 근거가 문제일 수 있다. 가다머는 역사적인 해석학에 있어서 권위의 신봉과 전통의 인정에서 연유하는 선판단은 정당성을 가질 수 있다는 이유에서 선판단의 정당성의 근거를 '권위'와 '전통'에서 찾고자 하였다. 그런데 권위 문제는 먼저 계몽주의의 입장에서 살펴볼 필요가 있다. 왜냐하면 계몽주의자들에게

05

---

1) 가다머는 "인간의 유한하고 역사적인 존재방식에 알맞은 합법적인 선판단이 있다"고 말한다. H. G. Gadamer, *Wahrheit und Methode*, Tübingen, 1986, 261쪽(이후 *WuM*으로 표기함). 이것을 그는 아주 철저한 판단으로, 그리고 습관과 권위에 따르는 계몽주의의 정신에 따른 '긍정적 선판단'이라 하고, 이에 덧붙여 잘못된 판단이나 억압과 동의어인 '부정적 선판단' 도 있음을 말한다. 그런데 여기서 가다머는 하이데거의 현존재 분석에서 이끌어 낸 이해의 선구조에 따라 긍정적 선판단을 말하고 있다. 이 점은 이후에 하버마스의 비판의 대상이 되는데, 말하자면 가다머가 무비판적으로 선판단을 수용하고 있다는 점에서 그러하다.

2) "전통은 현재 우리를 둘러싸고 있는 제반 생각들의 흐름을 제공해 주며……" Gadamer, *WuM*, 263쪽.

서 권위에 대한 신봉은 이성의 신봉과는 대립적인 것으로서 '부정적 선입견'의 근원으로 인식되어 왔기 때문이다. 그래서 계몽주의자들에게서 권위란 이성과 자유와는 반대되는 '맹목적 복종'을 의미하는 것이었다.

그런데 가다머의 입장은 계몽주의자들의 그것과는 확연히 다르다. 다시 말해 권위의 본질은 이성의 포기와 맹목적 복종에 있는 것이 아니라 궁극적으로 '인식'과 '인정'(Anerkennung)에 근거한다.[3] 그러니까 타인 또는 전승된 텍스트의 우월성을 인식하고 그것을 인정하는 데에 권위의 근거가 있다는 것이다. 그렇기에 권위란 인간이 자신의 한계를 자각하고 타자에게 좀 더 나은 통찰을 신뢰하는 이성 자체의 행동에 근거하고 있다. 따라서 그것은 이성과 자유에 대한 대립적인 개념이 결코 아니다.

가다머는 이와 같은 권위의 대표적인 형식으로 '전통'을 예로 든다. 역사적으로 전래하는 것(Überkommen), 즉 전통은 그 고유한 권리와 권위를 보유하고 우리의 행위와 태도를 지배하며 그럼으로써 역사적으로 유한한 인간존재와 제도를 규정한다. 전통과 그것에 근거하는 선판단에 대한 가다머의 이러한 인식에서 본다면, 이해는 근원적으로 선이해의 역사적인 폐쇄성을 벗어날 수가 없다. 그래서 계몽주의자들은 전통을 단적으로 이성적인 자유와 자유로운 자기규정에 모순·대립되는 것으로 파악하였던 것이다.

그렇다면 여기서 무조건적인 권위를 갖고 있는 전통을 우리는 전적으로 수용해야 하는가 하는 물음을 가질 수 있다. 이

---

3) Gadamer, *WuM*, 246쪽. 263쪽.

물음에 대해, 가다머는 전통이라고 해서 전래된 것이 어떠한 단절도 경험하지 않은 채 그대로 보존됨으로써 자명하게 지배하는 것은 아니라고 말한다. 우리는 오히려 우리자신의 '비판적인 각성'에 의해서 전통을 갱신하기도 하고, 그것을 시인하고 취하여 손질하기도 한다. 물론 전통이라는 개념에는 본질상 옛 것을 '보존함'이라는 의미가 들어있다. 하지만 이 전통은 그 자체로 '이성의 행위'이며, 전복과 갱신 못지않게 '자유로부터 나온 태도'라고 가다머는 파악한다.

그런데 가다머의 논의를 좇아가다 보면 또 다른 문제에 직면하게 된다. 그 문제는 바로 참된 선판단과 그릇된 선판단을 구별할 수 있는 기준은 무엇인가? 하는 점이다. 이 문제에 대해 가다머는 객관성 확보에 확고한 기준이 있는 것은 아니지만 이를 위한 하나의 지침으로서 '시간간격'을 제시한다. 그러니까 우리의 선판단이 참된 것인지 아니면 거짓된 것인지는 지금 당장 확인하기보다는 시간간격이라는 매개를 통해서 확인가능하다는 말이다. 그렇지만 가다머의 '시간간격'이라는 표현에는 명확하지 않은 점도 들어 있다. 말하자면, 옳고 그름의 차원이 시간이 흐르고 나면 저절로 판명된다는 의미로 해석될 수도 있고, 만약 그렇다면 현재의 삶의 모습에서 옳음의 기준이 모호해져서 행위 양식이 왜곡된 채 행사될 수도 있게 된다는 점이다. 이러한 지적에 대해서 가다머는 다음과 같이 시간간격의 의미를 설명하고 있다.

> "시간간격을 이해의 긍정적이고 생산적인 가능성으로서 인식하는 것이 중요하다. 그것은 심연에 의하여 갈라져 있는 것이 아니고

인습과 전통의 연속성에 의하여 채워져 있는 바, 이러한 연속성의 빛 속에서 모든 전승은 우리에게 나타난다."[4]

지금까지의 가다머의 논의를 종합해 보면, '이해'란 결국 인식주체의 태도라기보다는 과거와 현재가 항상 매개되는 '전승 사건 속으로 들어감'[5]이다. 이해는 주관적 과정이 아니라 스스로를 전통 속에 위치시킴으로써 전통을 우리에게 전달해 주는 사건에 참여하는 것이다.[6] 그래서 이해는 전통의 흐름, 즉 과거와 현재가 뒤섞이는 순간에의 참여이다. 그런데 이러한 전승 사건 속으로 들어가는 것은 무엇을 매개로 해서 가능한가? 언어를 통해서이다. 이때의 언어는 전통적으로 인식되어 온 언어관념, 즉 언어는 인식의 도구, 혹은 인식을 위한 기호의 의미가 전혀 아니다. 개별적인 인식주관과의 대화 혹은 텍스트와 인식주관의 대화는 사실상 언어를 매개로 해서 이루어진다. 그런데 가다머는 하이데거(M. Heidegger. 1889-1976)의 "언어는 존재의 집이다"라는 그의 언어관을 받아들여 언어의 존재론적인 성격을 강조한다. 이해는 항상 대화의 형식으로 존재한다. 이해는 의사소통이 이루어지는 하나의 언어적 사건이다. 해석학적 이해는 문화적 전통이 그 자체로 넓은 의미에서 '언어'로 존재하며 글로 쓰인 텍스트로서 존재한다는 의미에서 언어현상이다. 이들 텍스트를 해석한다는 것은 텍스트와 대화함을 말한다. 그렇다면 이해는 언어라는 매개체 안에서 일어난다. 이해의 특

4) Gadamer, *WuM*, 281쪽.
5) Gadamer, *WuM*, 275쪽.
6) Gadamer, *WuM*, 275쪽.

징은 가다머가 말하는 언어성에 있다. "이해는 주어진 그 무엇에 대한 반영이 아니라 의미총체성의 언어 안으로 들어가는 것이다. ……이해될 수 있는 존재는 언어이다."[7] 모든 이해는 언어적인 것이고, "이해의 언어성은 영향사 의식의 응결이다."[8] 가다머는 이러한 이해 개념이 해석학이론에서 수용되어야 한다고 주장한다.

이상과 같은 대략적인 가다머의 철학적 해석학의 몇몇 주제는 그의 해석학의 성격을 존재론적으로 규정짓게 만들었다. 이러한 가다머의 존재론적 해석학은 이후 낭만주의적 해석학으로 간주되었다. 이러한 가다머의 논의를 만약 비판적으로 접근해 본다면 가다머가 말하는 전통과 권위 개념은 이데올로기 문제와 직결될 수 있다. 이 측면을 면밀히 고찰하고 있는 이가 바로 하버마스이다.

05

3. 하버마스의 비판적 해석학의 핵심 개념들

한편 하버마스는 『인식과 관심』*Erkenntnis und Interesse*(1968)에서 은폐된 '사회과학의 논리'를 탐구하는 동시에 그것이 빈번하게 지배 전략에 호소하는 것을 폭로하였다. 같은 해에 출판된 『이데올로기로서 기술과 과학』*Technik und Wissenschaft als Ideologie*(1969)에서 그는 '비판이론'의 당면한 과제는 '이데올로기 비판'이라고 선언하였다. 하버마스는 이데올로기를

7) Gadamer, *WuM*, 450쪽. 431-432쪽.

8) Gadamer, *WuM*, 367쪽. 351쪽.

철저하게 비판하기 위해서는 가다머의 낭만주의적인 해석학을 뛰어 넘어야 한다고 말한다. 하버마스는 낭만주의적 해석학이 궁극적으로 선판단, 전통 그리고 권위와 같은 반동적인 개념을 부활시키는 데 봉사한다고 보았다. 가다머와 하이데거가 의식의 '해석학적 순환'이 지니는 '선판단적 구조'를 말하는 반면, 하버마스는 프랑크푸르트학파에 의해 옹호된 변증법적 의식의 계열을 따르면서 '관심(關心)' 모델을 들고 나온다.

하버마스에 따르면 사물과 인식하는 주체의 사이에는 상호 관계가 있는데 이 관계를 그는 '관심'으로 규정한다. 그래서 관심은 우리와 사물, 주체와 객체 사이를 연결해 주는 매개기능을 한다. 하버마스의 관심 모델은 모든 본래적인 인간 담론은 규제적 이념인 억압되지 않는 보편적 의사소통을 목표로 한다는 신념에 기반하고 있다. 그리고 은폐된 힘의 작용에 의해 체계적으로 왜곡된 의사소통으로 이해된 이데올로기는 이러한 규제적 이념의 실종을 의미한다.

하버마스는 '관심'을 세 가지 주요 범주로 구분하여 설명하였다.[9)]

관심의 첫 번째 범주는 '기술적, 혹은 도구적 관심'이다. 이 관심은 '경험적 분석과학'을 지배하고 있다. 여기에서는 '의미(意味)'를 경험적 사실에 한정함으로써 그 타당성은 공리적인 행위체계 안에서 기술적인 이용 가능성에 의존한다. 여기서 제안된 기준은 '합목적적 행위'에 의한 수단-목적 실용주의이다.

---

9) Paul Ricoeur, *Hermeneutics & the Human Sciences, Essays on Language, action, and interpretation*, ed by John B.Thompson, Cambridge University Press, 1981, 78-83쪽(이후 *HHS*로 표기함).

이는 바로 현대 과학기술의 이데올로기에서 추출된다. 하버마스는 이것을 "객관화된 과정을 기술적으로 지배하기 위한 인식적 관심"이라고 정의하는데, 통상 '실증주의'로 알려져 있다.

관심의 두 번째 범주는 '실천적 관심'이다. 이 실천적 관심은 의사소통 행위의 모델에 적합하다. 실천적 관심은 상호주관적 행위의 영역을 지칭한다. 하버마스에게서 이것은 '역사-해석학적 학문'의 영역을 지칭한다. 이는 일상적인 언어에서 교환된 메시지의 해석을 통해 성취된 의미의 '인간적인 차원'을 이해하려고 한다. 이 영역에서 의미 이해는 일상 언어 속에서 변경된 메시지에 관한 해석을 통해서, 문화전통의 텍스트에 의해 전달된 텍스트들의 해석에 의해서, 그리고 사회 역할을 규정하고 있는 규범의 내면화에 의해서 획득된다.

관심의 세 번째 범주는 '해방적 관심'인데, 하버마스는 이를 '자기반성'10)이라 부르기도 한다. 그는 이것을 비판적 사회과학과 연결시키고 있다. 비판적인 사회과학에서 주된 범주 중의 하나는 '자기반성'이다. 자기반성은 허위의식을 분석적으로, 실천적으로 조명해 주며 오류의 근원을 분석적으로 파악하여 의식을 그 오류의 사슬로부터 실천적으로 해방시켜 준다. 하버마스의 해방적 관심은 가다머가 절대화시키는 언어성을 비판하면서 언어의 이데올로기성을 폭로한다. 그는 '언어에 있어서 기만이 아니라 언어를 매개로 한 기만이 문제11)라고 지적하면

10) J. Habermas, *Erkenntnis und Interesse*, Frankfurt/M. 1968. 244쪽(이후 EI로 표기함).

11) J. Habermas, *Zur Gadamers 'Wahrheit und Methode', in: Hermeneutik und Ideologiekritik*, Frankfurt/M, 1971. 52쪽.

05

서 가다머의 '해석학적 경험'이 이제 이데올로기 비판으로 전환되어야 한다고 주장한다.

그러면 자기반성을 내포하고 있는 과학은 어떤 것인가? 하버마스는 프로이트의 '정신분석학'이 그 좋은 예라고 말한다. 왜냐하면 정신분석학은 기억된 삶의 역사를 재구성할 뿐만 아니라 기억의 배후를 찾아들어가 주체의 왜곡된 의식과 자기 환상을 파악하려고 하기 때문이다. 하버마스가 정신분석학을 해방적 성찰의 원형으로 제시한 것은 환자의 혼란된 자아형성 과정을 밝혀내듯이 정신분석학이 인간 역사의 형성 과정에 내재되어 있는 억압관계를 설명할 수 있다고 믿었기 때문이다. 그리고 프로이트적인 방법은 마르크스적인 것보다 광범위하여 '노동'의 조직뿐만 아니라 '욕구과잉'과 '현실억압'과의 갈등관계를 영구화시키는 '제도자체'의 발전에도 주목하고 있기 때문이다. 이로써 하버마스는 자기반성의 주제를 프로이트적인 계몽주의와 연관시켜 인간의 문화적 예속을 합리적 토대 위에서 재구성하려고 하였다. 이러한 문제를 위해서 하버마스는 '의사소통능력 이론'을 제시한다. 그는 모든 사실적인 말의 필연적인 규제 작용으로서 합의적인 말의 원리를 일상언어의 논리로부터 도출해 낼 수 있다[12]고 주장한다. 하버마스는 참된 합의와 거짓 합의를 구별해주는 원리를 '담론'(Diskurs)[13] 개념에서 발견한다. 하버마스에게서 진리란 담론을 통해서 이루어진다. 담론을 통해서 이루어진 합의는 담론에 참여한 사람들 사이에서 참된 합의로 간주된다. 어떻게 그럴 수 있을까? 그 이

12) J. Habermas, *EI*, 155쪽.
13) J. Habermas, *EI*, 115쪽.

유는 이러하다. 담론의 참여자들이 발화를 하면서 암묵적으로 말해진 것은 이해될 수 있고(verständlich), 명제적 내용이 참되며(whar), 수행적 요소가 정확하며(recht), 의도가 성실하게(wahrhaftig) 표현되었다고 전제하기 때문에 참된 합의가 가능하게 된다. 이러한 의사소통능력에 의해 우리는 지배로부터 벗어나 자유로운 토론으로 특징되는 '이상적 언어상황'을 기대할 수 있다고 하버마스는 주장한다.[14] 이런 의미에서 '참된 합의'란 모든 논의에 있어서 이상적인 언어상황 속에 섬으로써만 가능하다.

이상과 같은 하버마스의 비판적 해석학에는 가다머의 해석학적 경험의 이데올로기성을 드러내기 위한 전략이 들어있다고 볼 수 있다. 그리하여 가다머의 존재론적 해석학, 혹은 철학적 해석학이 사회현실과 동떨어질 수 있는 측면을 하버마스는 보완하고 있는 셈이다.

05

4. 가다머와 하버마스 해석학의 방향성의 차이

이제 가다머의 철학적 해석학과 하버마스의 비판적 해석학의 근본적인 차이점을 생각해 보도록 하자. 이 부분과 관련하여 그 동안 한국해석학회를 중심으로 발표된 몇몇 연구들[15]은

14) 최종욱, "가다머와 하버마스의 해석학 논쟁에 대한 비판적 소론", 『해석학과 사회철학의 제 문제』, 일월서각, 1990. 141쪽.

15) 이와 관련된 연구 성과물로는 최종욱, "가다머-하버마스 해석학 논쟁에 대한 비판적 소론", 『해석학과 사회철학의 제 문제』, 일월서각, 1990. 이구슬, "가다머와 하버마스의 해석학 논쟁", 한국해석학회, 제3차 발표

큰 기여를 하였다. 여기에서는 아직까지 우리 학계에 비교적 덜 알려진 리쾨르의 입장을 좇아 언급하도록 하겠다. 리쾨르의 관점을 견지하다 보면, 우리가 가다머와 하버마스의 해석학적 입장을 왜 보수와 진보로 구분하게 되었는지를 확인할 수 있는 좋은 논거를 발견할 수 있게 될 것이다. 리쾨르는 *Hermeneutics & the Human Sciences*(1981)에서 가다머와 하버마스의 해석학 논쟁을 크게 네 가지 측면에서 설명하고 있다.[16)]

첫째, 가다머가 하이데거적인 '선이해(先理解)' 개념을 가지고 그것을 재해석 하면서 '철학적 낭만주의'로부터 '선입견(先入見)' 개념을 가지고 오는 반면, 하버마스는 루카치와 프랑크푸르트학파가 재해석한 마르크시즘의 전통에서 '관심(關心)' 개념을 가지고 온다.

둘째, 가다머가 문화적 전통의 재해석과 관련 맺고 있는 '인문과학(人文科學)'에 호소하는 반면, 하버마스는 제도적 구상화를 반대하는 것을 직접적인 목표로 삼는 '비판적 사회과학(批判的 社會科學)'에 대한 의지를 나타내고 있다.

셋째, 가다머가 이해의 내적인 장애물로서 '오해(誤解)'를 소개하는 반면, 하버마스는 '이데올로기론'을 발전시키는데, 이데올로기는 폭력이 은폐된 채 행해짐으로써 '체계적으로 왜곡된 의사소통'(systematisch verzerrte Kommunikation)으로 파악된다.

넷째, 가다머가 '우리인 대화'의 존재론을 해석학적 작업의

회, 1994.10. 신응철, "가다머의 존재론적 해석학 연구", 숭실대 석사학위논문, 1994. 등이 있다.

16) Paul Ricoeur, *HHS*, 78쪽.

기초로 하는 반면, 하버마스는 미래의 관점으로부터 우리를 선행하는 것이 아니라 우리를 이끌어 주는 '제한 없고 구속받지 않은 의사소통의 규제적 이념'에 호소한다.

먼저, 첫 번째 부분과 관련하여 가다머는 하이데거의 존재론적인 이해의 先構造(Vorstruktur)를 받아들여 이해의 선입견 구조에 대한 통찰을 선입견 자체의 복권으로 전환시킨다. 그러나 하버마스는 이해에 있어서 전이해나 선입견의 역할을 결코 부정하지는 않는다.[17] 다만 하버마스는 이해의 역사성, 선입견에 대한 강조와 긍정적인 평가가 전통과 권위에 대한 비판과 반성, 이것을 통한 잘못된 과거와 전통의 지배로부터 해방이 아니라 오히려 맹목적인 복종으로 귀결될 '선입견의 복권자체'를 비판하고 있다. 그래서 그는 세 가지 종류의 관심을 통해서 왜곡의 소지가 있는 부분을 해명해 내려고 한다.

둘째 부분과 관련하여, 하버마스와 가다머의 근본적인 차이점을 여기에서 발견할 수 있는데 이 부분을 리쾨르는 명확하게 밝혀낸다.[18] 가다머가 최초의 평가기준으로 '인문과학'을 든 반면, 하버마스는 '비판적 사회과학'을 예로 든다. 이러한 시작의 선택은 중차대한 결과를 낳는다. 왜냐하면 인문과학은 가다머가 말한 古典(문학)(Humaniora) 쪽으로 접근해 가고 있기 때문이다. 그것은 본질적으로 문화과학(文化科學)이며, 역사적인 현실 속에 '문화적(文化的)인 傳統을 부활시키는 것'과 관계가

17) J. Habermas, *Der Universalitätsanspruch der Hermeneutik, in : Hermeneutik und Ideologiekritik*, Frankfurt/M, 1971. 122쪽(이후 UH로 표기함).

18) Paul Ricoeur, *HHS*, 82쪽.

05

있다. 그렇기 때문에 본래 그것은 전통에 대한 학문, 즉 지금 여기에 그것이 내포하고 있는 것들에 의해 재해석되고 재발견된 전통에 관한 학문이다. 처음부터 가다머의 해석학은 운명적으로 이런 학문들에 매어져 있었다.[19] 따라서 그것들은 권위에 대한 인정 위에서 그리고 재해석된 바로 그 전통 위에서 비판적인 실례를 드는 것을 금하고 있다. 하지만 비판적 사회과학에서는 상황이 완전히 다르다. 그것들은 성격상 비판적(批判的)이다.[20] 예컨대 가다머의 권위 개념도 여기서는 '일종의 합법화된 폭력'[21](eine derart legitimierte Gewalt)이라고 규정한다. 비판적 사회과학의 과제는 오직 비판을 통해서만 변화될 수 있는 이데올로기적으로 고정된 그런 종속관계들을 경험사회과학에 의해 관찰된 규제성(regularity) 하에서 구별해 내는 것이다. 그리하여 비판적 접근은 해방적인 관심에 의해서만 통제될 수 있다.

세 번째 항목과 관련하여, 사실상 이 부분이 가다머와 하버마스 논쟁의 핵심이다. 전통적 해석학에서 '오해'(misunderstanding) 개념이 하는 역할을 사회과학에서는 '이데올로기' 개념이 동일한 역할을 한다. 사실 오해 개념을 해석학에 제일 먼저 도입한 이는 슐라이어마허(F.E.D. Schleiermacher. 1768-1834)인데 그는 '오해가 있는 곳에 해석학이 있다'라고 말한다. 가다머는 이러한 오해가 이해의 내적인 장애물로 작용한다고 밝히고 있다. 가다머가 볼 때, 오해가 근원적으로 없어진다는 것은 사실상

19) Paul Ricoeur, *HHS*, 82쪽.
20) Paul Ricoeur, *HHS*, 82쪽
21) J. Habermas, *UH*, 157쪽.

불가능하다. 오해는 결국 대화자들 간의 '지평융합(地平融合)'을 통해서 해결될 뿐이다. 그런데 하버마스는 프로이트의 '정신분석학'과의 대비를 통해서 이데올로기를 설명하고 있다. 정신분석학과 이데올로기 분석과의 관련성은 크게 다음의 세 가지 특징적인 사실에 관련 맺고 있다.

첫 번째 특징[22]은 프랑크푸르트학파에서 그리고 매우 일반적인 의미에서 마르크스주의자들이라 불릴 수 있는 그런 전통에서 '왜곡'(distortion)은 항상 권위의 억압적인 행위, 즉 폭력과 관련되어 있다.[23] 여기서 핵심개념은 잠재의식에 대한 '억압'(sensorship)인데, 이것은 정신분석학을 통해 이후에 비판적 사회과학에로 되돌려진 근본적으로 정치적인 개념이다. 이데올로기와 폭력과의 관련성은 중요한데, 그 관련성이 노동과 권력의 차원에 의해 강조되지 않는 반성적 차원의 장으로 전해지기 때문이다. 하버마스의 말에 따르면, 지배현상은 의사소통적 행위의 영역에서 일어난다. 그 영역에서 언어는 의사소통적 능력의 단계에서 그것의 적용조건으로 간주됨으로써 왜곡되어 버린다. 그러므로 '언어성'(Sprachlichkeit)에 집중하는 해석학은 '언어'·'노동'·'지배' 이 세 차원간의 관계가 변할 때에만 그와 같은 언어에 영향을 미치는 어떤 현상 속에서 자신의 한계를 발견하게 된다.

두 번째 특징[24]은 언어의 왜곡이 언어자체의 사용에서 기인하는 것이 아니라 노동과 지배와의 관련성에서 비롯되기에 공

---

22) Paul Ricoeur, *HHS*, 84쪽.
23) Paul Ricoeur, *HHS*, 82쪽.
24) Paul Ricoeur, *HHS*, 82쪽.

05

동체의 구성원들은 이런 왜곡을 인식할 수가 없다. 이러한 '인식불가능'(misrecognition)이 이데올로기 현상의 특징을 이룬다. 하버마스는 의사소통의 왜곡으로서 이데올로기에 대한 마르크스주의적 비판이 정신분석학적 비판에 의해 보충될 필요가 있다는 마르쿠제(H. Marcuse. 1898-1979)의 관점을 지지하고 있다. 비판이론에서 정신분석학은 행위와 권위, 실천과 권력, 생산력과 생산관계 간의 변증법적인 관계를 반영하고 종종 조건 짓는 왜곡된 언어사용을 폭로할 방법을 제공한다. 정신분석학적 주체는 자신의 몽상에 의한 왜곡을 합리화함으로써 자신의 무의식적 욕망을 직시하는 데 저항하는 것과 마찬가지로, 이데올로기 역시 광역의 사회적 상호작용의 차원에서 그 동기를 회상적으로 재배열하고 정당화함으로써 권력의 지배계획을 '합리화'하는데 봉사한다. 두 경우 모두에서 우리는 판독되어야 하는 '의사소통의 체계적인 왜곡'과 대면한다.

세 번째 특징[25]은 만일 이데올로기의 인식불가능성이 직접적인 논리적인 방식으로 극복될 수 없다면, 이데올로기의 해소는 설명과 관련되는 우회적인 절차를 통해야만 한다. 이런 절차는 어떤 이론적인 장치가 필요한데, 정신분석학이 좋은 모델로 제공된다. 그래서 그는 로렌쩌(Alfred Lorenzer)의 발화분석(Sprachanalyse)으로서의 정신분석학의 해석을 받아들인다. 로렌쩌의 견해에 따르면, 의미의 '이해'는 '징후적 장면'과 인공적인 '전이장면' 간에 놓여 있는 '원초적인 장면'을 재구성함으로써 이루어진다고 한다. 확실히 정신분석학은 주체의 인식 안

25) Paul Ricoeur, *HHS*, 82쪽.

에서 절정에 달하는 이해영역에 남아있다. 로렌쩌의 모델은 주체가 탈상징화와 재상징화의 과정[26]을 통해서 자기이해를 추구하고 있다. 그렇기 때문에 하버마스는 정신분석학을 '심층해석학'(Tiefenhermeneutik)이라고 부른다. 메타해석학적인 '발화분석' 모델은 이데올로기적인 증상의 원인을 설명함으로써 탈상징화된 원초적 장면을 '재구성'하는 것을 목표로 한다. 이러한 방법에 의해서만 그 왜곡된 발화의 기원을 이데올로기적인 탈상징화에서 그리고 그것을 통해서 드러냄으로써 진정한 비판적 자립성이 확보된다. 결국 하버마스는 '비의미'(非意味)의 발생적 기원을 지배전략으로 폭로함으로써 '자유'와 '합의'에 기초한 진정한 발화인 '재상징화의 가능성'을 기획하고 있는 것이다.

마지막으로 네 번째 부분과 관련하여, 하버마스는 가다머의 해석학을 '존재론화된 해석학'[27]이라고 비판한다. 그 근거로 '이해는 의식(Bewußtsein)이라기보다는 존재(Sein)이다'라는 가다머의 말을 인용한다.[28] 어쨌든 가다머에게서 해석학은 항상 '오해'에서 출발한다. 그것은 만약 이데올로기가 이해의 내적인 장애요소이고 오해가 질문과 대답 과정을 통해 해소될 수 있다면, '오해가 있는 곳에 선천적으로 이해가 있다[29]'라고 말해질 수 있게 된다는 이유에서이다. 그런데 하버마스는 전통적인 해석학이 오해의 사회정치적인 차원을 무시하고 있다고 비

---

26) J. Habermas, *UH,* 154쪽.
27) J. Habermas, *UH,* 78쪽.
28) J. Habermas, *UH,* 86쪽.
29) Paul Ricoeur, *HHS,* "where there is misunderstanding, there is a prior understanding." 86쪽.

05

판한다. 그는 마치 대화론적인 의사소통의 합의가 소박하게 존재에 대한 우리의 전통적인 귀속성을 회복함으로써 도달할 수 있기나 한 듯이, 배타적으로 시적·존재론적 측면에서 언어에 접근하려고 하는 가다머의 경향을 인정하지 않는다. 그래서 하버마스는 먼저 이러한 오해의 원천에 자리하고 있는 이데올로기적 왜곡에 대한 비판에 착수한다면, 그리고 단지 그럴 때만 오해가 있는 거기에 후험적인 이해가 있다고 주장한다. 주어져 있는 것은 항상 이미 왜곡된 의사소통이다. 그렇기 때문에 하버마스에게서 이데올로기비판은 제약이 없고 구속되지 않은 의사소통의 규제적인 이념 아래에서 시작한다.[30] 하버마스의 의사소통 능력의 이념에 근거한 이데올로기 비판은, 포이에르바하의 테제, 즉 철학자는 단지 세계를 '해석'했으나 문제는 세계를 '변혁'시키는 것이다에 부합되게 된다.[31]

5. 가다머와 하버마스 해석학의 방향성의 공통점

해석학적 태도와 관련하여 가다머와 하버마스 사이에 논쟁으로 비춰진 차이점만이 존재하는 것은 결코 아니다. 두 사람은 뉴턴과 갈릴레오로 대변되는 근대 자연과학적 방법론과 개념이 인문·사회과학 분야에 적용되고 검증되는 위험성을 밝혀내고 있는 점에서는 사실상 연대를 이루고 있다.

사회과학에 있어서 계몽주의적 사고는 매우 단도직입적인

30) Paul Ricoeur, *HHS*, 87쪽.
31) Paul Ricoeur, *HHS*, 87쪽.

연구 프로그램을 제시한다. 역사적·문화적 편견을 배제하고, 인간의 본성에 대한 영원불변하는 진리에 기초하는 사회과학적 방법론을 개발하고, 인간에 대한 과학적인 법칙을 형성하기 위하여 자연과학의 법칙적 연역적인 방법을 따르도록 하고 있다. 그런데 하버마스는 『인식과 관심』에서 실재를 이해하기 위한 모든 관점들을 자연과학적인 입장에서가 아닌 '인류의 자연사'에서 찾고 있다. 그러한 관점을 설명하기 위하여 세 가지 인식적 관심, 즉 '기술적'·'실천적'·'해방적' 관심을 제시한다. 이 중에서 하버마스가 자연과학적인 기술적 관심보다는 마지막의 해방적 관심에 중점을 두는 이유는 그것이 좀 더 포괄적이기 때문이다. 기술적 관심에는 주어져 있는 전통이나 문화적 맥락이 개입될 여지가 차단되어 버리는 한계가 있지만, 해방적 관심에서는 이들 분야에 대한 자기반성이 이루어질 수 있다.

하버마스가 계몽주의적 전통을 계승하고 있는 것은 사실이다. 그렇다고 해서 계몽주의적인 '객관성'이나 '실증성'을 강조하는 것은 결코 아니다. 실증주의자들은 사회적 실재를 형성하는데 있어서 역사적·문화적 세력의 중요성을 간과하고 있기 때문에 하버마스는 그들과 입장을 달리한다. 하버마스가 말하려는 객관성은 사회적 행위가 객관적 체제 안에서 이루어진다는 의미이다. 그러한 사회적 행동들은 언어·노동·지배에 의하여 하나의 객관적 체제 안에서 비로소 파악될 수 있다는 것이다.

한편 가다머에게서도 '반실증주의적인 태도'는 잘 드러난다. 『진리와 방법』에서 가다머는 계몽주의의 자연과학적 방법에 대한 숭상과, 진리와 방법 간의 배타적인 연결 지음이 잘못되었음을 드러내면서 자신의 탐구를 시작한다.[32] 그는 자연과학에서의 '방법' 개념이 모든 진리의 기원 및 진리가 획득될 수 있는 유일한 방법을 제공해 주는 것으로 보지 않고, 그것이 인간의 삶에 독특한 이해양식에 대한 하나의 변형에 불과하다고 파악한다. 가다머는 자연과학적 이해는 심각한 결점을 갖는다고 주장한다. '경험'의 반복가능성을 고집하는 자연과학적 방법은 경험으로부터 모든 역사적 요소를 제거하고, 그럼으로써 경험을 지나치게 단순화하여, '하나의 과정으로서의 경험의 진짜 특성'을 간과하게 된다. 진정한 경험이란 개인 자신의 역사성의 경험으로 그것은 일반화라는 것이 그릇된 것임을 계속적으로 보여 주는 그러한 과정이라고 가다머는 파악한다.[33] 그렇기 때문에 자연과학의 방법은 모든 진리의 모델을 제공하는 것이 아니라, 객관성이라는 개념의 한 '특수한 예'에 해당한다는 것이다.

계몽주의에 있어서 자연과학은 진리에 도달할 수 있는 방법 그 자체를 제공하는 것으로 여겨진다. 그런데 가다머는 오히려 역으로 '인문과학'의 독특한 모델이야말로 그것을 통해 우리 인간들이 지식을 획득할 수 있는 보편적인 과정이고, 자연과학의 특성은 이러한 과정을 심각하게 왜곡하고 있다고 본다. 그래서 그는 만일 이해가 인간의 세계내 존재에서 기본적인 것이라면, 인문과학은 자연과학보다 인간의 '자기이해'에 더 가깝다. 후자에 있어서의 객관성은 더 이상 지식에 대한 확실하고도 의미론적인 이상이 될 수 없다. 인문과학은 정밀성과 객관

---

32) Susan. J. Hekman, *Hermeneutics and the Sociology of Knowledge*, 『해서학과 지식사회학』, 윤병희(譯), 교육과학사, 1993. 134쪽.

33) Susan. J. Hekman, Ibid., 135쪽.

성에 있어서 자연과학에 미치지 못하지만, 인간의 자기이해에 기초하고 있기 때문에 인간 이해에 기여하는 것이라고 말한다.[34)]

가다머는 인문과학의 자기이해에 커다란 영향을 준 19세기와 20세기의 몇몇 사상가들(예컨대 딜타이(W. Dilthey. 1833-1911))을 연구 검토한다. 그렇게 하는 이유는 그 사상가들이 실증주의적인 객관주의에 지나치게 의존하고 있음을 밝혀내기 위해서였다. 가다머는 딜타이의 영향력으로부터 인문과학을 자유롭게 만드는 것이 자신의 학문의 목적이라고 주장하기도 한다.[35)] 딜타이는 역사적 앎의 양식과 과학적 앎의 양식 사이의 차이점을 인정하지만, 그럼에도 불구하고 자연과학과 인문과학에는 동일한 종류의 객관성이 있다고 주장하였다. 그렇지만 가다머는 딜타이와는 달리 모든 객관주의를 청산하고 절대적인 정초에 의존하는 어떠한 일도 거부하는 인문과학의 윤곽을 그려내고 있다.

05

6. 가다머와 하버마스 입장에 대한 리쾨르의 해석학적 종합

가다머와 하버마스의 해석학 논쟁을 주목해 보면, 그들은 어쩌면 해석학의 범위·타학문 분과에 미치는 해석학의 영향 그리고 해석학의 한계와 관련된 부분에서 의견 차이를 드러내고

34) Susan. J. Hekman, Ibid., 136쪽.
35) Susan. J. Hekman, Ibid., 126쪽.

있다. 이러한 과정에서 가다머의 해석학을 보수적 입장으로, 하버마스의 해석학을 진보적 입장으로 분류하였다고 할 수 있다. 이제 필자는 가다머와 하버마스의 해석학의 상호 한계를 비판적 관점에서 드러내고자 한다. 이 관점이 중요한 이유는 보수와 진보에 대한 논의도 사실상 그 이론적 근거에 있어서는 상호 한계를 지닐 수밖에 없다는 사실을 해석학적 논의를 통해 확인해 볼 수 있기 때문이다. 이런 문제의식은 리쾨르 해석학의 기본방향과도 일치한다. 필자는 리쾨르의 이런 입장을 '해석학적 종합'의 관점이라고 부르고자 한다.

1) 가다머 '해석학'에 대한 리쾨르의 '비판적' 반성

가다머와 하버마스의 해석학 논의를 주의 깊게 살펴보면, 거기에는 근본적인 철학적 입장 차이가 있음을 알 수 있다. 먼저 가다머의 철학적 해석학은 인간의 모든 이해는 '유한성'의 영역에서 이루어진다는 역사적 조건을 인정하는 입장이다. 그에 반해서 하버마스의 비판적 해석학은 인간의 의사소통의 왜곡을 반대하는 하나의 도전적 입장이라 할 수 있다. 상이한 입장에도 불구하고 서로의 정당한 주장은 양자 모두가 인정하고 수용해야 된다고 본다. 리쾨르의 경우 양자의 입장 차이에도 불구하고 두 가지 측면에서 상호연관성을 더욱 부각시키고 있다. 첫째, 가다머의 해석학적 철학은 하버마스의 이데올로기 비판의 요구를 설명할 수 있는가? 그리고 만약 설명할 수 있다면 어떤 대가로서 그렇게 할 수 있는가? 둘째, 하버마스의 이데올로기 비판은 도대체 어떤 조건에서 가능한가? 결국 이데올로기 비판은 해석학적인 전제조건으로부터 분리될 수 있는가?

일반적으로 첫 번째 문제는 비판적 입장을 설명할 '해석학의 역량'에 도전하는 질문이다. 리쾨르는 해석학이 제대로 그 역할을 수행하지 못했다고 지적한다. 하이데거에서부터 해석학은 전적으로 '정초(토대)로 되돌아가는 것',[36] 즉 인문과학의 가능조건과 관계있는 '인식론적인 물음'으로부터 '이해의 존재론적 구조'에로 이끄는 운동에 관여하였다. 그렇다면 이제 역으로 '존재론'으로부터 '인식론'에로의 복귀 방식이 가능한지의 여부가 문제될 만하다. 왜냐하면 존재론으로부터 인식론에로의 복귀 방식을 따라서만 주석적-역사적 비판의 문제는 '파생적'(derivative)이라는 진술을 확신시켜 줄 수 있기 때문이다. 그리고 주석의 의미에서 해석학적 순환은 이해의 근본적인 예기적 구조 위에 정초된다는 진술이 확고하게 설명된다. 그런데 존재론적 해석학은 이러한 복귀의 문제를 해결해 주지 못한다고 리쾨르는 지적한다. 가다머는 하이데거가 현존재의 시간성에서부터 이해의 순환구조를 유도해 내는 그 사실로부터 인문과학의 해석학이 추구하고 있는 결과를 탐구해야 한다고 제안한다. 가다머의 경우 우리 문화의 텍스트를 말하면서 이 텍스트들은 스스로 의미가 있으며, 우리에게 말을 걸어오는 '텍스트 사실'이 있다는 점을 반복해서 주장한다. 그렇다하더라도 가다머의 해석학은 해석학적 경험자체가 모든 비판적인 실례의 인식을 방해하기 때문에 걸림돌에 부딪히게 된다고 리쾨르는 파악한다.[37]

36) Paul Ricoeur, *HHS,* 88쪽.
37) Paul Ricoeur, *HHS,* 90쪽.

리쾨르는 가다머의 해석학에 대해 일종의 비판적인 보완을 시도하고 있다.

첫째, 사실상 가다머의 해석학에서 시간간격은 왜곡의 소지가 발생할 수 있다고 하여 비판의 대상이 되기도 했었다. 그러나 리쾨르는 해석학에서 '소격화'(distanciation)를 해석학의 모순이 아니라 해석학의 조건으로 파악한다. 이를 위해 그는 세 가지 측면의 '텍스트의 자율성' 개념[38]을 설명한다. 텍스트의 자율성이란, 텍스트는 원저자의 의도로부터, 텍스트를 산출한 문화적 상황과 모든 사회적 조건들로부터, 그리고 원수신인으로부터 자율적이라는 것이다. 텍스트가 의미하는 것은 더 이상 저자가 의미하는 것과 일치하지 않는다. 문화적인 의미와 정신적인 의미는 다른 운명을 지니고 있다. 이러한 첫 번째 자율형태는 이미 다음과 같은 가능성을 암시하고 있다. 즉 '텍스트의 사실'은 저자에 의해 제한된 지향적 지평을 벗어날 수도 있고, 텍스트의 세계가 텍스트 저자의 세계를 펼칠 수도 있다. 이와 같은 '텍스트의 자율성' 개념은 하버마스의 이데올로기 비판에 대해 충분한 대응이 될 수 있다고 보인다. 왜냐하면 하버마스가 원저자의 의도자체, 텍스트를 산출한 사회적 조건자체의 왜곡상태, 즉 이데올로기를 규제적인 이념에 근거하여 비판하려고 했다면, 리쾨르에게서는 텍스트의 자율성으로 인해 텍스트는 이전의 이데올로기적 요소에서 이미 벗어나 '새로운 텍스트의 세계'를 우리에게 말해주고 있기 때문이다.

둘째, 만약 가다머의 해석학이 자신의 전제에 의해 비판적

---

38) Paul Ricoeur, *HHS,* 91쪽.

실례를 설명하고자 한다면, 딜타이로부터 물려받은 '설명과 이해'라는 이분법을 극복해야 한다. 이런 이분법은 모든 설명의 태도가 자연과학의 방법으로부터 차용될 수 있다는 확신으로부터 일어난다. 이런 이분법이 불합리하게도 인문과학에까지 확대된 것이다. 그러나 텍스트의 場에 있는 기호학적 모델의 현상은 우리에게 모든 설명은 자연주의적이거나 인과적이지만은 않다는 사실을 확신시켜 준다. 결국 여기서 리쾨르는 '이해'는 '설명'을 통해 재구성되어야 함을 말하고 있다.

셋째, 텍스트 해석은 이데올로기 비판에로 향한다. 해석학적 운동은, 폐쇄된 텍스트에 대한 물음이나 이탈이 가다머 자신이 '텍스트의 사실'이라고 부른 것, 즉 텍스트에 의해 밝혀진 세계를 향해 수행될 때 일어난다고 리쾨르는 본다. 여기서 프레게적인 방식으로 보면, 작품의 '의미'는 작품의 내적 조직이고, '지시체'는 텍스트 앞에 펼쳐진 양식[39](the mode of being unfolded in front of the text)이다. 여기서 낭만주의 해석학과 가장 결정적으로 차이가 나는 부분은 더 이상 텍스트의 이면에 숨겨진 의도에 집중하는 것이 아니라 텍스트 앞에 펼쳐진 세계에 집중한다는 점이다. 실재의 차원을 열어 보이는 텍스트의 힘은 원칙상 모든 주어진 실재에 반대하는 의지를 함축하고 있고, 그럼으로써 실재에 대한 비판가능성을 함축하게 된다. 이러한 파괴적인 힘이 가장 생생한 것은 바로 '시적 담론'[40]에서이다.

39) Paul Ricoeur, *HHS,* 93쪽.
40) Paul Ricoeur, *HHS,* 93쪽.

2) 하버마스 '비판이론'에 대한 리쾨르의 '해석학적' 반성

다음으로 리쾨르의 관심은 하버마스의 해석학에서 이데올로기 비판은 어떤 조건 하에서 메타해석학으로 형성될 수 있는가 하는 점에 있다.

첫째, 하버마스가 행하는 '關心의 분석'은 메타해석학적41)이라 불려 질 수 있다. 가다머의 해석학이 '선이해'에 근거하고 있다면, 하버마스의 이데올로기 비판은 '노동', '언어', '지배'의 장소에 근거한다. 리쾨르는 결국 양자는 선입견과 이데올로기 간의 선천적인 상관관계를 담보해 주는 '유한성의 해석학'에 공통적으로 근거하고 있다고 파악한다.

둘째, 가다머의 인문과학은 전통이 갖는 '권위의 재인식'에 집중하는데 비해, 하버마스의 비판적 사회과학은 억압에 반대하는 '혁신적인 행동'에 관심을 둔다. 여기서 리쾨르가 주목하는 부분은 가다머의 해석학 역시 하버마스의 이데올로기 비판을 상기시켜 준다고 말한다. 그러니까 이데올로기 비판은 해석학을 근거로 해야만 한다는 이유에서다. 즉, 인간은 오직 문화적 유산의 창조적인 재해석에 기초해서만 자신의 해방을 기획할 수 있고, 제약이 없고 구속이 없는 의사소통을 기대할 수 있기 때문이다.

셋째, 이해의 내적인 장애물로 가다머가 '오해'를 하버마스는 '이데올로기'를 제시했는데, 사실상 오늘날 지배적인 이데올로기는 과학과 기술의 이데올로기이다. 오해는 질문과 대답의 대

41) Paul Ricoeur, *HHS,* 96쪽.

화과정을 통해서 해결되며, 체계적으로 왜곡된 의사소통으로서 이데올로기는 이상적인 담화상황 속에서 담론으로 해소된다. 양자는 결국 '대화'를 통해서 접근해 가고 있는 것이다.

넷째, 가다머의 해석학적 의식과 하버마스의 비판적 의식은 공통적으로 '합의'와 '규제적 이념'을 강조한다. 그런데 하버마스가 말하는 규제적 이념은 자기반성에서 나오게 되는데, 자기반성을 행하는 주체는 결국 전통에 기초할 수밖에 없지 않느냐는 것이 리쾨르의 생각이다. 또한 해방적 관심에서 진정한 '해방'(解放)'의 의미를 하버마스는 제약이 없고 구속이 없는 의사소통의 상태라고 보지만, 리쾨르는 인류의 해방의 참된 의미를 하버마스적인 '계몽의 차원'에서보다는 오히려 거기서 더 나아가 '출애굽'(Exodus)과 '부활'(Resurrection)의 차원에서 파악하고 있다.

7. 맺는 말 : 보수와 진보를 넘어서

지금까지 우리는 가다머와 하버마스 해석학의 기본입장, 공통점과 차이점, 이에 대한 리쾨르의 입장을 살펴보았다. 리쾨르의 분석을 빌려보면 두 사람의 상이한 입장 차이를 네 가지로 정리할 수 있는데, 첫째는 '선입견'과 '관심' 개념 간의 대립, 둘째는 '인문과학'과 '사회과학'간의 대립, 셋째는 '오해'와 '이데올로기' 간의 대립, 마지막으로 '우리인 대화'와 '규제적 이념' 간의 대립이었다. 또한 우리는 가다머와 하버마스의 해석학 논쟁을 통해서 '실증주의', 혹은 '과학주의'라는 거대한 적에 대해 그들이 공동 전선을 펼치고 있는 것을 확인할 수 있었다. 이 부분에서 우리는 가다머의 보수적 경향의 해석학은 비판적 사회과학의 '비판적인 측면'을 수용할 필요성이 있음을 발견했고, 하버마스의 진보적 경향의 해석학은 전통적 인문과학의 통찰인 '전통의 권위'를 비판적으로 수용할 필요가 있음을 알 수 있었다.

이 작업을 수행하는데 있어서 양 진영은 그 동안 각자의 목소리만 내는 것으로, 그리하여 독백의 차원에만 머무르는 것으로 비쳐져 왔다. 그런데 우리는 해석학과 비판적 사회과학이 이데올로기 비판을 매개로 하여 대화를 시도하고자 할 때, 리쾨르가 보여 준 해석학적 종합과 반성의 태도는 우리에게 시사하는 바가 크다고 여겨진다. 해석학에서의 반성적 요소와 이데올로기 비판에서의 해석학적 방법 등에 대한 리쾨르의 분석과 견해는 해석학과 비판적 사회과학의 연대 가능성을 제시해 주었다고 평가할 만하다.

우리가 관심 갖고 있는 보수와 진보에 대한 논의도 사실상 이러한 리쾨르의 관점에서 접근해 본다면 각 입장을 넘어설 수 있는 혜안을 얻어낼 수도 있을 것이다. 또한 가다머와 하버마스가 실증주의와 과학주의에 맞서 연대했듯이, 오늘 우리 사회도 보수와 진보로 분열하여 갈등하기보다는 이러한 기본 이념을 토대로 새로운 연대의 틀을 구상하고, 실질적으로 실행에 옮겨야 할 것으로 보인다. 무엇을 연대의 고리로 삼을 것인지는 우리 스스로가 합의해야 할 사안이다. 세계 각국과의 FTA 협정이 발효되어 무한 경쟁체제에 들어가고, 북한의 천안함 폭침과 연평도 폭격으로 인한 사회적 불안을 경험하면서, 대졸 청년 실업자의 양산 사태를 목격하면서 우리는 더욱 절실하게 '어떤' 연대의 축을 이끌어내야만 한다.

마지막으로 해석학이 사회현실에 대해 어떤 과정을 통해서 나름의 목소리를 낼 수 있었는지를 살펴보면서 이제 우리 스스로에게 요청되는 삶의 자세를 되새겨보고자 한다. 비판이론은 해석학에서 논의된 '전통'을 어떤 형식으로든 인정하는 토대 위에서 이데올로기 비판을 수행할 수 있다. 전통을 강조하는 해석학이나 전통의 이데올로기적인 요소를 밝혀내는 비판이론은 이미 사회현실에 대해 나름의 태도, 즉 보수 아니면 진보적 태도를 취하고 있는 것이다. 해석학이 비판이론과 대화가능하다는 측면은 사실상 해석학이 '역사성'과 '자기반성'을 기반으로 하고 있고, 비판이론도 마찬가지로 계몽주의라는 '역사적 전통'과 해방적 관심에서의 '자기반성'을 강조하고 있다. 해석학은 결국 비판이론의 방법을 통해서 전통을 강조할 때 더욱 설득력을 갖게 될 것이다. 그리고 가다머는 영향사 의식을 설명하는 가운데 '對話'를 매우 강조하였다. 지평과 지평 사이의 끊임없는 대화는 새로운 '합의'를 이끌어내고, 이 합의는 고정되어 버리는 것이 아니라 항상 '개방'되어 있다. 왜냐하면 대화 참여자들은 타자가 올바른 이성을 사용함으로 나보다 더 정확하게 사태를 인식할 수 있다는 점을 인정해 줄 수 있는 이성적인 태도를 지니고 있기 때문이다. 결국 대화는 우리의 이해의 사건을 형성해 준다. 이와 유사하게, 하버마스에게서도 '의사소통 능력이론'에서 대화 참여자들의 조건, 즉 이해될 수 있고, 명제적 내용이 참되며, 수행적 요소가 정확하며, 의도가 성실하게 표현되어야 함을 제시한다. 양자는 공통적으로 이성에 대한 나름의 신뢰를 보내고 있는 것이다. 필자가 볼 때, 가다머와 하버마스의 대립은 비판적 이성이라는 것이 과연 존재하느냐의 여부에 있는 것이 아니라, 그 개념 규정과 정도의 문제에 있는 것으로 보인다. 가다머와 하버마스의 이견에 대한 리쾨르의 입장을 수잔 헤크만(Susan J. Hekman)은 '수렴적'(convergence) 입장이라고 평가한 적이 있다.[42] 필자는 그러한 평가 자체보다도 더 중요한 것은, 보수와 진보에 대한 갈등의 해소 방식으로서 여태까지 진정어린 대화의 장을 가져보지 못한 우리 사회에서는 리쾨르의 입장이 아직도 여전히 유효할 수 있다고 판단한다.

42) Susan J. Hekman, 앞의 책, 174쪽.

Chapter
06

우리는 진정 지식인인가?*

안토니오 그람시
(1891–1937)

수잔 손탁
(1933–2004)

발터 벤야민
(1892–1940)

* 이 글은 「대중문화비평과 비평가로서 지식인-대중문화의 이해방식과 지식인의 역할을 중심으로」, 『해석학연구』 15집(한국해석학회, 2005. 03)에 수록되어 있음을 밝혀둔다.

1. 들어가는 말

이 글은 이미 많은 영역에서 논의되어 확인된 바처럼, 국내의 인문학 분야의 연구와 교육이 심각한 위기 상황에 직면해 있다는 사실[1])을 전제로 하고 있다. 이러한 상황에서 여기에서는 최근 인문학 연구의 새로운 연구 분야로 각광받고 있는 문화, 특히 대중문화와 인문학과의 관계, 그리고 이 과정에서의 지식인의 역할에 대해 비판적으로 논의하고자 한다. 우리는 이러한 논의를 통해서 일차적으로는 침체된 인문학 분야에서 새로운 연구 대상을 모색할 수 있는 계기를 얻게 될 것이다. 또한 우리는 대중문화의 연구와 이해 그리고 교육에 있어서 지식인들의 역할을 몇 가지 유형으로 나누어 고찰할 것이다. 이를 바탕으로 국내의 '우리' 지식인들이 그간 보여주었던 역할에 대해 반성하고, 인문학적 관점에서 '우리' 지식인이 지향해야 할 바람직한 모형을 제시하고자 한다.

이상과 같은 논의의 목적을 위해서 먼저 제2절에서는 인문학 연구의 주요 대상으로 부상한 대중문화에 대해 본격적으로 다루고자 한다. 여기에서는 전통 인문학과 매체시대의 인문학이 지니고 있는 그 위상과 특성에 대해 분석하고, 대중문화 연구의 목적을 인문학적 맥락에서 고찰하도록 한다. 다음으로 제3절에서는 대중문화의 이해 방식과 지식인의 역할에 대해 논의하도록 한다. 특히 이 부분에서는 대중문화 연구와 지식인의

---

1) 국내 인문학의 연구와 교육의 위기 상황에 대한 구체적인 논의와 그 근거 자료는 신응철, 「해석학적 문화비평」, 『대동철학』 제23집, 대동철학회, 2003. 293-313쪽 참조 바람.

관계를 '유기적 지식인', '체험적 지식인', '비판적 지식인'의 세 가지 유형으로 각각 구별하고, 이러한 유형의 대표적인 이론가로 그람시(A. Gramsci. 1891-1937), 손탁(S. Sontag. 1933-2004), 벤야민(W. Benjamin. 1892-1940)의 입장을 분석하도록 한다. 제4절에서는 시선을 안으로 돌려 '우리'의 대중문화 연구와 '우리'의 지식인의 관계에 대해 반성해 보고, 이에 근거하여 지식인이 나아가야할 바람직한 방향을 모색하고자 한다. 이 부분에서 우리는 우리 지식인들의 주류 콤플렉스, 학자 이데올로기의 경향에 대해 철저하게 반성하게 될 것이다. 그리고 필자는 이러한 경향을 극복하기 위한 하나의 방안으로서, 특히 지식인의 이념적 역할과 관련해서는 이 시대에도 여전히 통용될 수 있는 '선비정신'을 재음미하고, 실천적 역할과 관련해서는 최근에 결성된 '철학 앙가주망 네트워크'(Philosophical Engagement Network)를 제시하도록 한다.

2. 인문학 연구의 주요 대상으로서 대중문화[2)]

1) 전통 인문학과 매체시대 인문학, 그 위상과 특성

오늘날 우리가 체감하고 있는 인문학의 위기 상황은 인문학 영역의 내부뿐만 아니라 외부 환경의 변화를 고려할 때 비로소 그 실마리를 찾을 수 있다. 인문학 진영 내부의 원인 규명은 이미 많은 지면을 통해서 논의되었기에[3)] 여기에서는 그 바깥의 변화에 대해 잠시 짚어 보고자 한다.

이와 관련하여 우리에게 매체이론가 문명비판가로 널리 알려진 맥루한(H. M. Mcluhan. 1911-1980)의 설명은 설득력 있게 다가온다. 그는 인류의 역사를 매체(medium)의 역사로 간주한다. 그의 설명에 의하면 인간의 역사는 구어시대(Oral age), 문자시대(Literate age), 인쇄시대(Gutenberg age), 전기시대(Electric age) 이상과 같은 네 시기로 구별된다.[4)] 첫 단계인

06

---

2) 이 글에서 필자는 '문화' 개념과 '대중문화' 개념을 엄밀하게 구분하지 않은 채 거의 같은 의미맥락으로 사용하였다. 그 이유는 우리의 인문학의 영역 내에서 다루어지는 대중문화 개념은 문화 일반의 논의에 속할 수 있다는 인식 때문이다. 그리고 우리가 일상적 용례로 사용하는 문화라는 표현 가운데 이미 가장 대표적인 형태로 대중문화를 떠올린다는 사실에서 필자는 양 개념을 더러 혼용하고 있음을 미리 밝혀 둔다.

3) 전국대학인문학연구소협의회, 『인문비평』, 월인, 창간호 : "우리나라 인문학 연구의 현황과 문제점",(2000), 제2호 : "국내외 인문학 동향"(2001), 제3호 : "인문학의 경제적 가치와 생산성"(2002)에서 이미 심층적으로 논의되었다. 또한 국내 인문학 연구자 내부 진영의 움직임에 대해서는 신응철(2003), 앞의 글, 115-119쪽.

4) 맥루한, 『미디어의 이해-인간의 확장』(박정규 역), 커뮤니케이션북스, 1997. 518쪽 참조. 맥루한, 『구텐베르크 은하계-활자인간의 형성』(임상원 역), 커뮤니케이션북스, 2001. 44-71쪽.

구어시대의 사람들은 대체로 공동생활을 하며, 구두(口頭)로써 의사소통을 하기 때문에 시각, 청각, 후각, 촉각, 미각의 오감각을 동시에 사용하는 복수 감각형이었다. 두 번째 단계는 약 2천 년 전의 한자(漢字)나 알파벳의 발생이후부터 시작된 문자시대(필사시대)이다. 이때부터 차츰 사람들은 시각형 인간으로 변형되었지만 문자를 사용하는 사람이 극히 적었기 때문에 여전히 이전 시대와 마찬가지로 복수 감각형의 인간이 지배적이었다. 세 번째 단계는 15세기 구텐베르크의 활판 인쇄술의 발명이후부터 전기 매체가 등장하기까지의 약 4세기 동안의 시대로서 일명 구텐베르크 시대다. 이 단계의 사람들은 인쇄술에 의한 의사소통에 크게 의존하였으며, 사람들은 주로 시각에 의존하는 부분 감각형 인간이 되었다. 그래서 인간의 사고는 선형(線形), 혹은 연속적 패턴을 띠게 되었으며, 인쇄 매체의 발달은 개인주의와 민족주의의 경향을 촉진하게 되었다. 마지막 단계는 20세기의 전기 매체 시대다. 전기 매체의 발달로 세계는 점차 하나의 지구촌(global village)으로 발전하게 되어 인류를 과거의 구술문화가 우세한 시대로 복귀하게끔 만들었다. 말하자면, 전기 매체는 이성적이기보다는 감성적인, 시각적이기보다는 촉각적인, 파편적이기보다는 통합적인 성격을 지닌 문자이전의 인간형을 부활시켜 놓았다. 그리하여 일종의 재부족화 현상이 일어나 사람들은 시각형 인간에서 복수 감각형으로 되돌아가게 되었다.

이상과 같은 맥루한의 설명에 따르면, 텔레비전, 라디오, 전화, 컴퓨터와 같은 새로운 전기 시대의 매체는 '새로운 환경'을 형성하여 인간의 감각지각의 방식과 삶의 방식을 근본적으로 변화시켜 놓았다. 이는 또한 인간의 전체 삶의 조건까지도 변화시켜 놓았다. 그런 측면에서 이제 매체는 단순히 인식의 수단이 아니라 '인간 감각의 확장'(extensions of the senses)이다.[5] 여기서 '확장'이라는 표현은 특정 감각 기관의 고유한 기능을 수행하는 데 도움이 되는 모든 수단과 기제를 일컫는다. 그 같은 맥락에서 옷은 피부의 확장이며, 인쇄 매체는 눈의 확장이며, 라디오는 귀의 확장이다. 그리고 텔레비전은 눈과 귀의 확장이다.

이와 같은 논의의 연장선에서 보면 '매체는 메시지이다'(The medium is the message). 맥루한에 의하면, 새로운 매체의 등장은 기존의 감각 균형에 영향을 주고, 이는 다시 인간의 의식을 변화시키게 된다.[6] 특정 매체(전기 매체) 때문에 일어나는 인간의 감각 균형의 재조정 현상, 그로 인한 인간 의식의 변화를 맥루한은 그 같은 말로 표현하였다. 그러니까 인간과의 만남을 통해서 비로소 매체의 의미는 생겨난다. 인간은 매체로 인하여 완전한 변화를 경험하게 되고, 이러한 변화 자체를 맥루한은 메시지로 보고 있다.

오늘 우리가 살아가고 있는 현대는 멀티미디어로 대변되는 통신 매체 기술의 발달로 인해 문자의 위상이 급격히 추락하

---

5) Marshall McLuhan, *Understanding Media : The Extensions of Man*, New York : McGraw-Hill, 1964. 8-9쪽. 번역본으로는 맥루한, 『미디어의 이해-인간의 확장』(박정규 역), 커뮤니케이션북스, 1997. 18쪽.

6) Marshall McLuhan, *The Gutenberg Galaxy : The Making of Typographic Man*, New York : Mentor, 1964. 281-282쪽. 번역본으로는 『구텐베르크 은하계-활자인간의 형성』(임상원 역), 커뮤니케이션북스, 2001. 308-309쪽.

고, 그에 반해 시각적 이미지가 강조되고 있다. 이러한 사회적 환경은 결국 인문학의 고전적 매체였던 글(문자)의 위상을 축소시켜 놓았다.

이제 맥루한의 설명에 의존하여 우리의 관심사인 인문학과 대중문화의 관계를 유심히 들여다보자. 우선 우리는 대중문화의 변화는 결국 매체의 변화에 영향 받는다는 사실을 발견할 수 있다. 그 점에서 매체와 문화, 특히 매체의 발달과 대중문화는 밀접한 관련성을 지니고 있다. 그렇다면 인문학과 매체는 어떤 관계에 있는가? 인문학 분야의 연구 주제와 특성이 그동안 많이 변화했다는 사실은 무엇을 말해주는가? 매체의 발달은 인문학의 연구와 교육에 직접적인 영향을 미쳤다고 해야 할 것이다. 최근 우리 학계에 일어나고 있는 '매체 해석학'[7]의 연구 경향은 이를 잘 입증하고 있다.

먼저 매체의 발달과 인문학의 관계에 대해 살펴보도록 하자. 이러한 논의를 효과적으로 진행하기 위해서 우리는 현재 우리의 시대를 맥루한의 견해처럼 매체시대로 간주하도록 한다. 그렇게 되면 자연스럽게 인문학을 편의상 과거의 '전통 인문학'과 현재의 '매체시대 인문학'으로 구분할 수 있고, 그 개략적인 특성을 분석할 수 있다. 이를 토대로 인문학 연구의 주요 대상으로 왜 대중문화가 부상하게 되었는지를 밝혀낼 수 있을 것이다.

7) 매체 해석학이란 해석학이 자신의 주된 논의 영역을 기존의 텍스트 해석에서 탈피하여 매체의 발달과 그로 인한 인간의 의사소통 방식의 변화에 주목하고, 이러한 변화의 양상을 해석학의 논의 영역으로 수용하는 것을 말한다. 최근 한국해식학회에서노 매체 해석학을 특집으로 다룬 적이 있다. 한국해석학회, 『매체와 정보 해석학』, 해석학연구 13집, 2004.

〈표 1〉 : 전통 인문학과 매체시대 인문학의 비교

구 분	전통 인문학	매체시대 인문학
① 연구의 기반	공동체 문화 (보편성, 절대성, 보편문화)	탈(脫)공동체 문화 (특수성, 상대성, 특수문화)
② 연구 영역	인쇄(활자) 문화 (고전문헌, 텍스트 분석)	영상(시각) 문화 (영화, 애니메이션, 사진 감상)
③ 강조 분야	이성(理性), 정신(精神) (전통철학의 주제들)	감성(感性), 몸 (포스트모던 철학의 주제들)
④ 경제적 관점	경제와 문화의 '분리' (예 : 문화산업 비판)	경제와 문화의 '통합' (예 : 문화콘텐츠진흥원 설립)
⑤ 생활세계 와의 관계	생활세계와의 '연결' (토지의 경작 → Bildung (훈육, 교화, 교양, 인간성) 개념의 강조	생활세계와의 '단절' (사이버 세계 → 창조적 상상력, 가상현실, 체험 강조)
⑥ 문화 형태	고급문화, 엘리트의식 강조	대중문화, 대중성 강조

위의 표에서도 확인할 수 있는 것처럼, 전통 인문학과 매체시대 인문학 사이에는 연구 주제나 연구의 특성이 상당히 다르다는 사실을 알 수 있다. 이러한 차이들 가운데 우리의 관심을 끄는 점은 매체시대 인문학 연구에 있어서 대중문화 연구가 차지하는 위상이다. 매체시대를 살아가고 있는 인문학자들 자신이 연구와 교육에 있어서 전통 인문학의 연구 주제나 방법만을 고수한다면, 이는 시대정신과도 어긋날 뿐만 아니라, 인문학의 위기 상황을 스스로 심화시키는 결과를 가져올 것이 분명하다.

이런 이유에서 기존의 인문학 연구의 관행의 틀을 깨고 이제 문화연구, 특히 대중문화 연구를 인문학의 주요 연구 분야로 삼자고 제안하는 강내희[8]나 김용환[9]의 목소리를 우리는 귀담아 들을 필요가 있다.

2) 대중문화 연구의 목적과 특징, 그리고 인문학

그렇다면 대중문화 연구의 목적은 어디에 있는가? 그것이 인문학의 연구와 어떤 측면에서 만날 수 있는가? 우리에게 문화 연구의 권위 있는 학술지로 알려진 *Cultural Studies*의 공동 편집인 로렌스 그로스버그(Lawrence Grossberg)[10]는 1997년 광주비엔날레 국제회의에 참석하고 이때 가진 한 인터뷰에서 매우 의미 있는 메시지를 던져 주었다.

> "문화연구는 결코 문화비평이 아닙니다. 의자에 앉아서 문화현상을 관조하는 일은 더더욱 아닙니다. 문화비평을 폄하하고 싶지는 않습니다. 문화비평도 많은 역할을 수행하고 있으며 매우 중요합니다. 문화연구가 문화비평과 다르다면 그것은 문화연구가 끊임없이 일감을 찾아 나선다는 것입니다. (중략) 문화연구는 결코 문화에 대한 연구가 아닙니다. 문화는 세상에서 벌어지는 정치적 갈등을 잘 들여다 보기 위한 것에 지나지 않습니다. 그러므로 끊임없이 문화를 정치적

---

8) 강내희, 『지식 생산, 학문전략, 대학개혁』, 문화과학사, 1998.

9) 김용환, 「문화학에서의 인문학 : 문화인류학적 제언」, 『인문비평』 창간호, 월인, 2000. 116쪽.

10) 현재 미국 노스 캐롤라이나대학교 커뮤니케이션학과 교수. 문화연구 전문 학술지 *Cultural Studies*의 공동 편집인. *Cultural Studies*(Routledge, 1991), *Marxism and Interpretation of Culture*(University of Illinois Press, 1988)의 공동 편저자.

상황으로 되매김질하는 작업이 필요합니다. 지금까지 많은 학문 분야가 있었지만 문화연구만큼 문화를 그런 식으로 심각하게 다루지 못했습니다. 문화연구는 문화로부터 시작하지만 궁극적으로 문화를 정치적 맥락 안으로 되돌려놓습니다. 그 맥락 안에서 어떤 권력 투쟁이 있었는지를 파악하는 것이지요. 영화를 해석하고, 수용자가 영화나 텔레비전을 어떻게 해석하는가 하는 것을 문화연구라고 할 수는 없습니다. 그것들은 현재의 상황을 더욱 잘 이해하기 위한 과정에 불과할 따름입니다. 권력의 배분, 권력의 변화, 권력으로 인한 변화 등을 찾아내는 일이 궁극적인 연구 목적입니다."[11]

또 다른 곳에서 그로스버그는 다음과 같이 말하고 있다.

"문화연구는 문화를 단순한 텍스트나 상품이 아닌 그 이상의 무엇으로 간주한다. 더 나아가 문화연구는 문화 자체를 권력을 둘러싼 생산과 투쟁의 지점으로 이해한다. 여기서 권력은 필연적으로 지배의 형태를 취하는 것이 아니라 언제나 구성원의 특정 분파들을 위하는 불평등한 힘의 관계로 이해된다."[12]

그로스버그는 이처럼 문화연구의 목적을 분명히 제시하면서, 이와 관련하여 문화연구가 지니는 특징들을 제시하였다. 그에 의하면, 문화연구는 하나의 '분과(分科)'라는 것, 본질적으로 '맥락적'이라는 것, '이론적'이라는 것, '정치적'이라는 것, '학제적'이라는 것, 그리고 '자기반성적'이라는 특징이 그것이다.[13]

11) 현대사상 기획특집 특별대담 "문화연구와 권력", 『현대사상』 제4호, 민음사, 1997. 66쪽.
12) 로렌스 그로스버그, 「문화연구 : 그 이름이 의미하는 것」, 『현대사상』 제4호, 민음사, 1997. 175쪽.
13) 로렌스 그로스버그, 「문화연구 : 그 이름이 의미하는 것」, 『현대사상』 제4호, 민음사, 1997. 183쪽.

이 대목에서 우리는 문화연구와 인문학 연구의 밀접한 연관성을 이끌어 낼 수 있다. 인문학은 그 연구 분야를 어떻게 정의하고 접근하든 간에 공통적으로 그 속에는 '나는 누구인가?', '인간이란 무엇인가?'라는 물음에 대한 다양한 숙고와 고찰 방식이 들어있다. 그런 면에서 인간의 자기-인식, 자기-검토, 자기-반성이 인문학 연구의 궁극적인 목적이라 해도 과언은 아니다. 때문에 문화(대중문화)라는 매개를 통한 간접적 방식의 인간의 자기-이해는 어떤 면에서는 인문학 연구의 핵심적인 한 가지에 해당된다고 할 수 있다.

비슷한 관점에서 김용환[14)]은 인문학이 적어도 규범적 학문인 이상, 문화를 연구 대상으로 삼을 때 문화 기술에 충실해야 하지만 그 자체에만 그쳐서는 안 되고, 궁극적으로는 문화비평(문화비판)을 추구해야 한다고 주장하기도 한다. 덧붙여 이러한 문화비평에 있어서 객관적 잣대, 즉 인문학이 추구하는 보편적 윤리와 가치관, 그리고 현재 및 미래 사회에 부합하는 인간 상(像)을 정립할 필요가 절실하다고 그는 주장하기도 하였다.

---

14) 김용환, 「문화학에서 인문학 : 문화인류하저 제언」, 『인문비평』 창간호, 월인, 2000. 124쪽.

3. 대중문화의 이해 방식과 지식인의 역할

1) 대중문화 연구와 지식인의 역할

우리의 관심은 인문학의 연구 분야의 중심 주제로 자리 잡은 대중문화를 어떻게 연구하고 이해할 것인가라는 점에 있다. 이러한 관심은 자연스럽게 대중문화의 연구와 이해에 있어서 중심적인 한 축으로서 지식인, 특히 지식인의 역할에 모아진다.

그로스버그도 문화연구에서 나타나는 지식인 상(像)에 대해 언급한 바 있다. 그에 따르면, 문화와 관련한 지식인의 등장은 부르주아와 중간계급의 부상(浮上)과 맞물려있다. 과거의 지식인들의 역할은 부르주아와 중간계급의 문화 취향 등과 같이 '제도화된 권력'을 보호하는 데 있었다.[15] 마찬가지로 현대의 지식인들도 그와 같은 혐의에서 결코 자유롭지 못하다는 것이다. 때문에 자본주의라는 거대 권력이 대학을 넘나보고 그에 걸맞은 이론 생산을 요구하는 상황에서 이제 지식인 스스로가 그에 대응할 수 있는 지식 생산을 염두에 두어야 하고, 나아가 지식인의 참 역할을 진지하게 모색해야 할 시점이다.

15) 현대사상 기획특집 특별대담 "문화연구와 권력", 『현대사상』 제4호, 민음사, 1997. 57쪽.

06

2) 문화 연구와 지식인의 관계 유형

매우 광범위하고 다양하게 전개되는 지식인(知識人)[16]에 관한 논의를 여기에서는 대중문화의 비판과 이해 그리고 감상이라는 관점에서 크게 세 가지 유형으로 구분하여 살펴보고자 한다. 이 세 가지 유형은 마르크스 사상을 자본주의 사회에 적용하는 관점, 프라그마티즘에 근거한 해석학적 관점, 그리고 프랑크푸르트학파의 비판이론의 관점을 나타내는 것으로 이해해도 무방할 것이다. 먼저 마르크스 사상에 토대를 두고 실천철학적 관점에서 지식인의 역할을 논의하는 그람시와 만나보자.

---

16) 대중문화와 관련하여 이 글에서 말하는 '지식인' 개념은 전적으로 서양철학의 전통에서 이해된 지식인임을 전제한다. 동아시아적 전통에서 논의되는 '지식(인)' 개념은 서구적 전통과 많은 차이가 있다. 곽신환의 논의가 많은 정보를 제공하기에 잠시 그의 설명을 들어보자. 조선조(1392-1910)의 지식인은 기본적으로 儒者, 士, 선비를 일컬었다. '知識'이라는 말은 『墨子』 「天志」 上편에서 "然且親戚兄弟所知識, 共相儆戒"라 한 것과 『管子』 「立國」편에서 "屬之其鄕黨知識故人"이라 한 것이 그 전거가 될 것이다. 이때의 知識이란 말은 사물(事物)에 대해서 아는 것을 의미했다. 지식인과 대비하여 종종 사용되는 용어가 지성인(知性人)이다. 이 단어는 아무래도 『孟子』 「盡心」 上편 "盡其心者 知其性 知其性則知天矣(그 마음을 다하는 자 그 본성을 알고, 그 본성을 아는 자 하늘을 안다.)"가 그 전거가 될 터인데, 이는 人과 物의 본성을 아는 자를 말한다. 性은 성리학자들에게서 우주의 자연적이고 궁극적인 天理이자 인간의 당위의 원칙을 나타내는 말이다. 오늘날 지성인이라고 말할 때는 지식인보다 가치 정향적인 의미로 사용하고 있다. 곽신환, 「조선조 지식인의 정체성 갈등」, 『인문학연구』 제32집, 숭실대 인문과학연구소, 2002. 25-26쪽.

(1) '유기적 지식인'의 유형 : 그람시(A. Gramsci)의 입장

대중문화와 지식인의 관계를 염두에 두면서 그람시를 읽을 때 우리가 주의해야할 부분은 그가 사용하는 '문화'와 '지식인' 개념, 그리고 지식인과 문화의 상관관계이다.

일반적으로 알려진 지식인에 대한 정의는 "뛰어난 지적 능력을 지녔거나 지녔다고 생각되는 지적인 존재"(옥스퍼드 영어사전)이다. 그런데 그람시는 지식인을 규정하는 것은 그가 소유한 "뛰어난 지적 능력"이 아니라, 지식을 생산하고 그 지식을 다른 사람들에게 주입할 사회적 책무라고 보고 있다. 지식인의 기능은 무엇보다도 "지도적이고 조직적인, 곧 교육적이고 지적인" 데 있다.[17] 이런 관점에서 그람시는 지식인에 대한 관습적인 정의를 확대해, 다른 사람들에게 지식을 주입하고 세계를 바라보는 특정한 방식의 재생산을 보장할 책임을 지닌 사람들까지 포함시키고 있다. 그래서 지식인들은 그 용어가 흔히 가리키는 '계층'이 아니라, 일반적으로 넓은 의미에서(생산분야, 문화분야, 행정분야 등에서) 조직적인 기능을 수행하는 사회계층 전부라고 말한다.[18] 그런 측면에서 그람시의 지식인은 '개인'이기보다는 '집단'에 가깝다고 할 수 있다. 그리고 지식인에 대한 그람시의 정의에서 절대적인 비중을 차지하는 것은 역사에서 중요한 역할을 하는 지식인들이 근본적으로 특정 계급과 연결되어 있다는 가정이다.[19] 이와 같은 가정에 근거해 '유기

---

17) Antonio Gramsci, *Selections from the Prison Notebooks*, edited by Quintin Hoare and Geoffrey Nowell Smith, London : Lawrence & Wishart, 1971. 16쪽.

18) Antonio Gramsci, *Selections from the Prison Notebooks*(1971), 97쪽.

06

적 지식인'과 '전통적 지식인'으로 다시금 구분된다.

먼저 그람시가 말하는 전통적 지식인(traditional intellectual)이란 무엇인가? 전통적 지식인은 원래 특정 계급에 유기적으로 연결되어 있었지만, 시간이 지나자 "역사의 흐름에 방해받지 않고 면면히 이어지며 따라서 집단 투쟁과 무관하다고 자처하는…… 박제된 사회집단을 일컫는다."[20] 그람시는 이러한 전통적 지식인의 대표적인 예로 이탈리아에서의 성직자들을 꼽고 있으며, 그밖에도 문필가, 철학자, 예술가 등을 들기도 한다. 그의 표현을 빌리면, 이탈리아에서의 성직자들은 오랫동안 그 시대의 철학이자 과학인 종교적 이데올로기를 비롯해 학교, 교육, 도덕, 정의, 자선, 선행 등 여러 가지 중요한 서비스를 독점했다. 성직자들은 자신들의 시대에 토지 귀족에 유기적으로 결합된 유기적 지식인이었지만, 시간이 지나면서 이 전통적 지식인들은 자신들이 지배적인 사회집단으로부터 독립된 자율적인 집단이라고 생각하게 되었다는 것이다.[21]

다음으로 유기적 지식인(organic intellectual)에 대해 살펴보자. 유기적 지식인이란 특수한 계층에 근본적·구조적으로 연결되어 있는 사람들이다.[22] 그람시가 유기적 지식인과 전통적 지식인을 구분하는 것은 개별적 지식인 자체에 관심이 있어서가 아니다. 핵심은 권력이 생산되고 재생산 또는 변형되는 과정에

---

19) 케이트 크리언, 『그람시·문화·인류학』(김우영 역), 도서출판 길, 2004. 184쪽.

20) Antonio Gramsci, *Selections from the Prison Notebooks*,(1971), 452쪽. 그리고 케이트 크리언, 같은 책, 193쪽.

21) Antonio Gramsci, *Selections from the Prison Notebooks*,(1971), 7쪽.

22) Antonio Gramsci, *Selections from the Prison Notebooks*,(1971), 6쪽.

서 지식인들이 수행하는 역할에 있다.[23] 그런 맥락에서 그람시의 궁극적인 관심사는 정권의 창출과 그것의 재생산 또는 변혁이며, 그 정권의 결속과 기능에 결정적으로 필요한 세계관에 있다. 지식인들의 직분은 지식을 생산하는 것이지만, 사회의 혁명적 변화를 꾀하는 유기적 지식인들이 만들어내는 지식은 대중적 존재가 경험하는 삶의 조건에 대한 참된 이해에 바탕을 두는 것이어야 한다.[24] 바로 그와 같은 관점에서 그람시는 "모든 사람은 지식인이지만, 모든 사람이 사회에서 지식인의 기능을 떠맡는 것은 아니다."[25]라고 말한다.

이제 지식인과 문화의 상관관계를 살펴보자. 크리언은 그람시를 읽을 때 명심할 점은 그가 자본주의 사회의 근본적인 변혁에 몰두한 적극적인 운동가였다는 사실을 강조한다. 그람시는 그 변화의 궁극적인 주역이 '계급'이라고 보았지만, 계급이 어떻게 경험되는가를 규정하는 것이 '문화'라는 점에서 문화의 문제도 모든 혁명적 프로젝트에서 중요한 몫을 차지한다고 생각하였다.[26] 그래서 그람시는 무엇보다도 '문화적 변화'에 관심을 기울였다. 다시 말해 진보적인 문화변동을 조장하는 동시에 보수적인 문화적 힘들을 극복하는 것이 그의 관심사였다. 그런 이유에서 그는 민속을 찬양하고 그 보존을 주장하는 자들을 몹시 경멸하기도 하였다.[27] 우리는 그람시 자신의 문화관을 다음의 인용문을 통해 엿볼 수 있다.

---

23) 케이트 크리언, 같은 책, 196쪽.
24) 케이트 크리언, 같은 책, 180쪽.
25) Antonio Gramsci, *Selections from the Prison Notebooks*,(1971), 9쪽.
26) 케이트 크리언, 같은 책, 105쪽.
27) Antonio Gramsci, *Selections from the Prison Notebooks*,(1971), 197쪽.

06

"문화에 대한 나의 생각은 소크라테스적인 것으로, 문화란 사람들이 무슨 생각, 무슨 행동을 하든지 제대로 생각하고 제대로 행동함을 뜻한다. 그리고 나는 문화도 사회주의의 기본 개념임을 알기 때문에, 또 문화가 사고의 자유라는 막연한 개념을 통합시켜 구체적으로 만들어 준다고 생각하기 때문에, 조직이라는 개념을 통해 문화의 개념에 생기를 불어넣고 싶다."[28)]

"우리는 문화를 백과사전적 지식으로 보려는 관습에서 벗어날 필요가 있다. 또한 인간을 경험적 자료와 두서없는 사실들로 채워야 할 용기로 봐서도 안 된다. 이런 식의 문화는 특히나 프롤레타리아에게 백해무익하다. …… 문화는 전혀 다른 것이다. 그것은 조직이며, 내면의 단련이자 고유한 인성과의 타협이다. 그것은 수준 높은 의식의 달성을 통해 개인이 자신의 역사적 가치, 자신의 고유한 역할, 자신의 권리와 의무를 깨우치는 것이다."[29)]

위의 두 인용문을 통해서 우리는 그람시의 문화관이 갖는 두 가지 주제[30)]를 찾아낼 수 있다. 첫째, 문화는 행동을 동반하는 사고, 다시 말해서 사람들로 하여금 자신이 살아가는 현실 속에서 자신의 위치를 적극적으로 이해하도록 해주는 수단이라는 점이다. 둘째, 조직의 중요성에 대한 강조이다. 사람들(노동자들)에게 남겨진 것은 경험적, 원초적인 문화이지 결코 유기적인 문화가 아니다. 따라서 진보주의자들은 그러한 맹아적인 프롤레타리아 문화를 조직하고 발달시켜야 한다는 점이다.

---

28) Antonio Gramsci, *Selections from Cultural Writings*, edited by David Forgacs and Geofferey Nowell Smith, London, Lawrence & Wishart, 1985. 25쪽.

29) Antonio Gramsci, *Selections from Political Writings* 1910-1920, edited by Quintin Hoare, London, Lawrence & Wishart, 1977. 10-11쪽.

30) 케이트 크리언, 같은 책, 108-109쪽.

그람시의 문화론에서 발견할 수 있는 특징적인 요소는, '창조적 정신'과 '비판적인 문화의식'이 역사를 만들어낸다는 근본 신념이다. 그런 맥락에서 그람시가 주목하는 문화는 전통적으로 문화인류학에서 논의하는, 말하자면 한 세대에서 다음 세대로 대물림되며 지속되는 것으로서의 문화가 아니다. 오히려 경제관계에 긴밀히 연결되어 있으면서 특히 헤게모니를 성취하려는 집단이나 계급이 적극적으로 창조해야 하는 문화이다. 그래서 그람시는 지식인들이 새로 부상하는 계급의 세계관을 대변하는 주류 문화가 자리 잡는 과정에서 결정적으로 중요한 역할을 한다고 보고 있다. 지식인들은 특수한 계급 입장을 경험하는 자들의 비통합적이고 단편적인 느낌들을 그들의 입장을 반영한 통합적이고 논리적인 세계관으로 변형시킨다. 그렇기에 지식인은 특히 유기적 지식인은 대중의 열정을 느끼고 이해해야만 특수한 역사적 상황 속에서 그것을 설명하고 정당화시킬 수 있으며, 그것을 역사법칙 및 과학적, 체계적으로 다듬어진 우월한 세계관과 변증법적으로 연결시킬 수 있는 것이다. 그런 열정 없이는, 지식인과 민중-민족 간의 심정적 유대감 없이는, 역사와 정치를 만들어낼 수 없다는 것이다.[31)]

(2) '체험적 지식인'의 유형 : 손탁(S. Sontag)의 입장

이어서 살펴볼 지식인의 유형은 프라그마티스트로 널리 알려진 수잔 손탁의 해석학적 논의다.[32)] 손탁은 대중문화와 지식

31) Antonio Gramsci, *Selections from the Prison Notebooks*,(1971), 418쪽.
32) 가다머와 손탁의 예술작품의 해석과 관련된 논쟁 부분은 신응철, 「해석 : 해방인가? 훼방인가?」, 『철학연구』 제61집, 2003.5. 그리고 신응철,

06

인의 역할에 대한 체계적인 논의를 하지는 않았지만, 그녀 스스로 반전, 반핵 등의 운동의 현장 속에 깊이 뛰어들었기에[33] 그 자체를 통해서도 지식인의 역할에 대한 그녀의 입장을 읽어낼 수 있을 것이다. 여기에서는 대중문화 일반에 논의를 집중하기보다는 그 범위를 좁혀 예술작품의 해석의 문제를 놓고서 해석자(다름 아닌 지식인, 철학자)의 역할에 초점을 맞춘 손탁의 논의를 통해 우리는 체험적 지식인의 유형을 만나보고자 한다.

손탁의 기본적인 문제의식은 예술의 영역에서 여전히 커다란 영향을 미치고 있는 전통적인 그리스 예술이론의 틀에서 벗어나야 한다는 데 있다. 그녀 자신이 파악하고 있는 그리스 예술이론의 특징과 문제점을 살펴보자. 예술에 관한한 그 핵심은 언제나 '모방', 혹은 '재현'이라는 의식이다. 이러한 관점에서 예술은 '형식'과 '내용'이 분리되어 있다는 생각을 갖게 해주며, 이 때문에 내용은 본질적인 요소로, 형식은 장식적 요소로 간주되어 왔다는 것이다. 내용을 지나치게 강조한다는 것은 끝나지 않을, 혹은 결코 완성되지 못할 '해석 작업'을 해야 한다는 의미가 된다고 손탁은 파악한다. 이러한 측면에서 현대 해석학에서의 예술작품에 대한 해석 방식에서 '이해가 곧 해석'이라는 도식이 성립하게 되었다고 손탁은 생각한다. 손탁은 예술작품에 대한 해석 행위가 '해방으로서의 해석'인지 아니면 '훼방으로서의 해석'인지를 진지하게 고민하고 있는 것이다.

결론부터 말하자면, 현대 해석학에서 주로 통용되는 작품의

『문화철학과 문화비평』, 철학과현실사, 2003. 202-233쪽.

33) 수잔 손탁의 현실 참여 부분에 내해 즉각적으로 파악할 수 있는 자료로는 그녀가 쓴 『타인의 고통』(이재원 역, 도서출판 이후, 2004)가 있다.

해석 방식은 손탁이 볼 때는 작품의 의미를 훼손시키는 '훼방으로서의 해석'이다. 그 이유는 어디에 있는가?

> "예전의 해석 방법은 집요했지만 그래도 예의가 있었다. 원문 그 자체의 의미 위에 또 하나의 의미를 덧붙이는 것이다. 현대의 해석 방식은 파고 들어가는 것이다. 파고 들어가면서 파괴한다. 이는 진짜 텍스트인 숨은 텍스트를 찾기 위해서 '배후'를 파헤치는 것이다."[34]

손탁은 현대 해석학에서의 해석 방식에 대해 예술작품을 가만히 내버려두지 않겠다는 잔인한 호전 행위로 간주한다. 그러니까 해석자는 예술작품을 그 내용으로 환원시키고, 그 다음에 그것을 해석함으로써 길들인다. 그렇게 해서 해석은 예술을 다루기 쉽고 안락한 것으로 만든다는 것이다. 이러한 방식에서 이해한다는 것 자체가 바로 해석하는 것이 된다. 그런데 이러한 방식에 문제가 도사리고 있다고 손탁은 파악한다. 어떤 측면 때문인가? 이해가 곧 해석이라고 주장할 때 이때의 해석이란, 다름 아닌 작품의 세계, 작품의 의미에 숨통을 조이는, 다시 말해 하나의 '훼방 행위'가 되기 때문이다.[35] 그런 점에서 현대 해석학에서 말하는 해석이란, 지식인이 예술에 가하는 복수요, 세계에 가하는 복수라고 손탁은 말한다. 그러니까 해석한다는 것은 '의미'라는 그림자를 세우기 위해 세계를 무력화시키고 고갈시키는 짓이 된다.

---

34) Susan Sontag, *Against Interpretation and Other Essays*, New York, Dell, 1966. 번역서로 『해석에 반대한다』(이민아 역), 도서출판 이후, 2002. 24쪽(이후 번역본의 쪽수를 표기함).

35) Susan Sontag, 같은 책(2002), 25쪽.

06

"도시의 공기를 더럽히는 자동차와 공장의 매연처럼, 예술을 해석하는 사람들이 뱉어 놓은 말들은 우리의 감성에 해독을 끼친다. 정력과 감성을 희생하면서까지 비대할 대로 비대해진 지식인의 존재가 이미 해묵은 딜레마가 되어 버린 문화권에서, 해석은 지식인이 예술에 대하는 복수다. 아니, 그 이상이다. 해석은 지식인이 세계에 가하는 복수다. 해석한다는 것은 '의미'라는 그림자 세계를 세우기 위해 세계를 무력화시키고 고갈시키는 짓이다. 이는 세계를 이 세계로 번역하는 것이다."[36)]

이제 손탁은 훼방적 행위로서의 해석 행위를 진정한 의미의 해방적 행위가 되기 위한 묘안을 제시한다. 그 묘안은 다름 아닌 '예술의 성애학'(erotics of Art)이다.

"예술에 대해 뭔가를 말하려 한다면, 우리는 예술작품이 우리에게 훨씬 더 실감나도록 만드는 것을 목표로 해야 한다. 비평의 기능은 '예술작품이 무엇을 의미하는 지를 보여주는 것'이 아니라, '예술작품이 어떻게 예술작품이 됐는지', 더 나아가서 '예술작품은 예술작품일 뿐이다'라는 사실을 보여주는 것이다. 해석학 대신 우리에게 필요한 것은 예술의 성애학이다."[37)]

손탁의 예술의 성애학에서 핵심적 요소는 바로 '투명성'(transparence) 개념이다. 그녀가 말하는 투명성이란, 사물의 반짝임(luminousness)을 그 자체 안에서 경험하는 것, 있는 그대로의 사물을 경험하는 것을 말한다.[38)] 이러한 투명성 개념이 예술의 영역에서 어떻게 확보될 수 있는가? 손탁은 오늘날 비평가들

36) Susan Sontag, 같은 책(2002), 25쪽.
37) Susan Sontag, 같은 책(2002), 34-35쪽.
38) Susan Sontag, 같은 책(2002), 33쪽.

(지식인들)이 초점을 맞추는 것은 '예술작품이라는 올가미에 걸려든 현실'이지, 예술작품이 사람의 마음을 끌어들여 어느 정도 변화를 일으킬 수 있느냐에 있지 않다는 점을 지적한다. 그러면서 그녀는 모든 위대한 예술은 관조, 역동적인 관조를 불러일으킨다고 주장한다.

> "예술작품을 접하는 이가 작품 안에 있는 것을 일시나마 자신의 실제 삶과 동일시하면서 자극을 받는다 하더라도, 그 반응은 예술작품을 예술작품으로 대하는 한, 궁극적으로 분개나 찬동을 넘어서는, 초연하고 평온하고, 감정의 동요 없이 관조적인 것일 수밖에 없다."[39]

예술작품에서의 투명성에 대한 경험은 해석자 자신의 '몰입'의 절차를 전제로 할 때 가능하다.[40] 몰입이 가능한 것은 모든 예술작품이 기본적으로 역동적인 관조를 불러일으키는 어떤 힘을 가지고 있기 때문이다. 이것을 손탁은 예술작품이 가지고 있는 '유혹의 힘'이라 간주한다. 예술작품이 아무리 뛰어난 표현력을 갖추었다고 할지라도, 그 성공 여부는 역시 작품을 경험하는 이의 협력 여부에 달려있다. 바로 이와 같은 측면에서 손탁은 예술은 '유혹'이지 '강간'이 아니라고 말한다.[41] 예술작품은 도저히 회피할 수 없는 유형의 경험을 우리에게 제시한다. 중요한 것은 예술은 체험 주체의 공모 없이는 그 유혹에 성공할 수가 없다. 그래서 예술작품은 에로틱한 대상이 된다는 것이다. 문제는 그 에로틱한 대상이 가해 오는 유혹을 우리 자신

39) Susan Sontag, 같은 책(2002), 53쪽.
40) Susan Sontag, 같은 책(2002), 55쪽.
41) Susan Sontag, 같은 책(2002), 46쪽.

06

이 느끼고, 체험하는 일이지, 그 대상을 강간하는 일, 말하자면 작품을 낱낱으로 뜯어내어 짜 맞추는 식의 분석 행위는 무의미하다는 것이 손탁의 입장이다. 손탁은 현대 해석학에서의 작품에 대한 해석 행위는 마치 예술작품을 강간하는 상황, 그러니까 작품의 의미를 제대로 드러내지 못하는 훼방으로서의 해석에 매달려 있었다는 점을 비판하고 있는 것이다.

결국 손탁이 볼 때, 예술작품을 예술작품으로 만난다는 것은 특정한 경험을 얻는 것이지, 어떤 문제의 해답을 듣는 것이 아니다. 예술은 세상 속에 있는 어떤 것이지, 그저 세상에 관해 말해 주는 텍스트나 논평이 아니다.[42] 손탁의 관점에서라면, 사진, 영화, 대중음악, 심지어 랩에 이르기까지 소위 대중문화 전체는 인간의 삶 속에 대단히 긍정적인 요소라 작용할 수 있다. 그렇기에 손탁은 오늘날 우리가 잘 보고, 잘 듣고, 잘 느낄 수 있는 방법을 예술 체험을 통해서 제시하고 있는 셈이다.

(3) '비판적 지식인'의 유형 : 벤야민(W. Benjamin)의 입장

우리에게 비판적 지식인의 전형으로 알려진 프랑크푸르트학파의 비판이론가들이 행한 문화비판의 내용은 크게 두 가지 방향에서 설명될 수 있다.[43] 하나는 혁명의 가능성 여부, 다른 하나는 프롤레타리아에 대한 평가라고 할 수 있다. 호르크하이머와 아도르노는 혁명에 대하여 좌절감을 느꼈고, 프롤레타리아의 상황에 대해서는 비관적이었다. 때문에 이들은 더 이상의

42) Susan Sontag, 같은 책(2002), 45쪽.
43) 문헌병, 「프랑그푸르트학파의 사회철학에서 문화비판」, 『시대와철학』 제11호, 1995. 168쪽.

인간의 불행을 막기 위해 현대의 테크놀로지(기술)가 문화에 미치는 악영향을 분석하고 비판하는 방향으로 논의를 전개한 반면, 벤야민은 전투적이었고 낙관적이었다고 할 수 있다.

여기에서는 프랑크푸르트학파의 비판이론가들의 입장[44]과 견주어 볼 때 '기술'과 '문화'의 관계를 비교적 긍정적으로 분석하는 벤야민의 입장에 대해서 살펴보고자 한다. 호르크하이머와 아도르노는 『계몽의 변증법』에서 "대중 기만으로서의 계몽"이라는 부제를 달아 문화산업을 분석하였다. 그들은 이 책에서 산업으로서의 대중문화를 일컬어 대중 기만의 도구로서, 대중에게서 비판적 정신을 빼앗고 우둔함과 어리석음만을 줄 뿐이라고 주장하였다. 이런 주장은 대중매체와 대중문화가 가지고 있는 대중 '조작적(操作的)' 측면과 '상업적(商業的)' 성격을 비판하는 입장에서 연유한다고 할 수 있다. 그렇지만 벤야민의 경우, 대중문화의 생성을 문화의 몰락으로 보기보다는 오히려 새로운 문화의 등장으로 파악하면서, 특히 예술작품의 복제 기술과 문자매체에서 시각매체로의 이행, 그리고 그것의 새로운 사회적 역할에 주목하였다.[45]

벤야민은 현대 대중문화의 특징을 「기계복제 시대의 예술작품」(1968)[46]이라는 짧은 글을 통해서 명쾌하게 제시하고 있다.

---

44) 프랑크푸르트학파의 문화분석 방법론에 대한 부분은, 신응철, 「프랑크푸르트학파와 신칸트학파의 문화분석(연구) 방법론-문화철학과 문화비평의 상관성의 관점에서」, 『대동철학』 제24집, 2004. 247-271쪽.

45) 심혜련, 「대중매체에 관한 발터 벤야민의 미학적 고찰이 지니는 현대적 의의」, 숭실대 대학원 철학과 2001 춘계 콜로키움-21세기 문화철학과 비평-, 자료집, 2001.5.21(숭실대) 3쪽.

46) W. Benjamin, "The work of art in the age of mechanical reproduction" (1968), in Culture; Critical *Concepts in Sociology*, Edited by Chris

그는 이 논문의 첫 부분에서 1900년경에 이르러 전래된 모든 예술작품들의 복제가 이루어짐으로써 대중에 대한 예술의 영향력에 가장 큰 변화가 일어났다고 말한다. 그러면서 예술작품의 복제와 영화가 전통적 형태의 예술에 어떤 영향을 미쳤으며, 나아가 그것을 가능케 한 사회적 조건에 대해 이해하고자 하였다. 벤야민의 분석에 따르면, 전통적 예술과 기계복제 시대의 예술의 가장 큰 차이점은 '아우라의 몰락'(decay of the aura)에 있다.[47] 그러니까 전통적 예술작품들은 제각기 아우라를 가지고 있었지만, 기계복제 시대의 예술작품에는 더 이상의 아우라가 존재하지 않는다는 것이다. 그렇다면 벤야민이 말하는 예술작품의 '아우라'는 무엇을 의미하는가?

벤야민은 예술작품의 일회성(unique existence), 원본성(the presence of the original), 진품성(authenticity)이 작품으로서의 객관적 특성이 된다고 말한다.[48] 그러면서 전통적 예술작품은 그것이 만들어진 장소에서 시간·공간의 형식으로 일회적 존재로서 나타나고, 이러한 성질이 자신의 진품성을 형성하게 되었다는 것이다. 그러니까 예술작품이 가지고 있는 대상으로서의 객관적 특성을 일컫는 말이 아우라이다. 또 다른 측면에서 벤야민은 그런 방식으로 존재하는 예술작품을 우리 스스로 수용하여 경험하는 과정에서 일어나는 하나의 '주관적 경험과정으

Jenks, Vol 2. Routledge London and New York, 2003. 3-27쪽. 발터 벤야민, 『문예비평과 이론』(이태동역), 문예출판사, 1997. 257-292쪽.

47) W. Benjamin, "The work of art in the age of mechanical reproduction" (1968), 7쪽.

48) W. Benjamin, "The work of art in the age of mechanical reproduction" (1968), 5-6쪽.

로서의 지각 가능성'을 아우라라고 말하기도 한다.[49] 아우라는 자연의 대상을 바라볼 때 주체가 대상과의 교감 속에서 그 대상이 주는 '미묘한 분위기'의 경험이라든가, 혹은 타인과의 관계 속에서 자기가 느낀 시선을 되돌려 줄 수 있는 능력으로의 상호 작용적인 지각형식을 뜻한다. 따라서 대상에 대한 경험으로서의 아우라의 몰락은 새로운 어떤 지각의 신호를 의미하게 된다.

예술의 영역에서 일어나는 아우라의 몰락 현상에 벤야민이 주목하는 이유는 예술의 새로운 수용과 기능 때문이다. 기계복제 시대 이전의 초기의 예술작품들은 종교적 의식(ritual)을 위하여 나타났다.[50] 진품으로서의 예술작품의 유일 가치는 본래 그것의 사용가치가 있었던 곳, 그러니까 종교적 의식에 근거를 두고 있다. 그런 측면에서 기계복제 시대 이전의 예술작품은 종교적 숭배의 대상으로서, 주술의 도구로서 종교적 기능을 수행하였다. 그러나 예술의 종교적 기능은 복제 기술의 발전에 의해서 점차 그 힘을 상실하게 되었다. 이는 달리 생각해 보면, 복제 기술이 종교적 의식에 의존하였던 예술작품을 해방시켜 주었다고 할 수 있다.[51] 그 점에서 종교로부터 예술의 해방이 이루어진 셈이다. 예술작품이 종교에서 해방됨으로써 예술은 종교적 의식 및 숭배적 가치(the cult value)를 상실한 반면, 오늘날은 새롭게 전시적 가치(the exhibition value)를 갖게 되었

49) 심혜련(2001), 같은 글, 4쪽.

50) W. Benjamin, "The work of art in the age of mechanical reproduction" (1968), 8쪽.

51) W. Benjamin, "The work of art in the age of mechanical reproduction" (1968), 8쪽.

다.[52] 기계복제 시대에는 전시적 가치에 절대적인 역점을 두게 됨으로써 예술의 기능 또한 많은 변화를 겪게 되고, 사진과 영화가 이런 현상에 가장 잘 부합하게 된다고 벤야민은 분석하였다.

벤야민은 기계복제 시대의 예술작품 속에서뿐만 아니라 대중문화 속에서 나타나는 '대중성'(大衆性)을 인정하면서 그 대중성이 갖는 '정치적 힘'을 간파하고 있다.[53] 벤야민은 그것을 기계복제 시대의 예술작품에 대한 대중의 반응 변화에서 읽어낼 수 있었다. 가까이 할 수 없다는 이유에서 종교적 기능을 수행했던 전통적 예술작품과는 달리, 기계복제 시대의 예술작품은 가까이 할 수 있다는 특성 때문에 그만큼 '정치적 활용성'이 크다고 할 수 있다. 그런 의미에서 벤야민은 영화를 새로운 예술의 형태임과 동시에 정치적으로 혁명적 내용을 담고 있는 사회적 실천의 범주로 파악하였던 것이다.[54]

결론적으로 벤야민의 관점을 정리해 보자. 지식인들이 대중문화 밖에서 대중문화를 우려의 눈길로 보기보다는 그것이 갖는 사회적 힘을 인정하고, 나아가 그것을 사회비판의 도구로 적극 사용해야 하는 것이야말로 대중문화의 올바른 이해이고 활용인 셈이다.[55]

---

52) W. Benjamin, "The work of art in the age of mechanical reproduction" (1968), 9쪽.

53) 심혜련(2001), 같은 글, 22쪽.

54) W. Benjamin, "The work of art in the age of mechanical reproduction" (1968), 20쪽.

55) 심혜련(2001), 같은 글, 23쪽.

이제 대중문화 연구와 지식인의 관계에 대한 논의를 우리 내부로 돌려보자. 우리 지식인들은 어떤 의식을 가지고 있으며, 그간 어떤 행태를 보여 왔는가?

4. '우리'의 대중문화와 '우리'의 지식인, 그 반성과 모색

1) 대중문화와 '우리' 지식인의 기형적 만남, 주류 콤플렉스

우리에게서 대중문화란 주로 미디어 매체에 의해 형성되어 불특정 다수에게로 통용되는 것을 뜻한다. 이러한 대중문화의 형성과 전달의 중심에는 신문과 방송을 포함한 대중매체가 중요한 역할을 담당하고 있고, 그 한복판에 미디어 지식인들[56]이 있다. 강준만의 논의에 의하면, 한국 사회에서의 미디어 지식인의 탄생의 가장 큰 이유는 '인정에 대한 욕망' 때문이다. 그 욕망을 충족시켜 줄 수 있는 게 바로 미디어이다.[57] 한국 사회의 미디어 지식인의 가장 큰 특징은 그들이 '주류 콤플렉스'에 빠져 있다는 점이다. 강준만에 따르면, 두려움 때문이든, 습관 때문이든, 어떻게 해서든 '주류'에 편입되어야 한다는 강박관

---

56) 여기서 말하는 미디어 지식인이란, 미디어를 가장 중요한 사회 참여적 활동무대로 이용하기 위해 미디어의 요구와 필요에 최소한의 타협을 하는 동시에 미디어를 비교적 성역과 금기로 간주하고 그 원칙에 따라 사회이론을 개발하고 사회비평을 하는 지식인이다. 강준만, 『대중매체 이론과 사상』, 개마고원, 2001. 485쪽.

57) 강준만, 같은 책(2001), 485쪽.

념이 다름 아닌 주류 콤플렉스를 형성한다. 이러한 콤플렉스로부터 벗어나기 위해서 한국의 지식인들은 신문과 방송에 유착되게 된다. 그들은 자신들이 사용하는 매체에 대해 비판적 시각을 가질 겨를도 없이 신문과 방송에 통합되어 그것을 자신의 주장과 사상을 전파하는 도구로 간주하게 된다.

사실, 지식인으로서의 능력과 자질에 대한 평가는 자신의 전공 영역과 관련된 전문적인 연구 논문이나 학술서적의 출판을 통해, 그리고 이와 관련하여 학회 구성원이나 전문 연구자 그리고 강좌 수강생들의 판단을 통해 이루어져야 하는 것이 순리이다. 그렇지만 우리의 대학 사회의 현실은 많은 부분에서 왜곡되어 있다. 메이저급 신문의 출판담당 기자와의 친분 여부에 따라, 대중매체를 홍보의 수단으로 삼는 데 성공했느냐의 여부에 따라 지식인 본인의 유명세가 결정되어 버린다. 이 과정에서도 역시 주류에 편입된 지식인들은 수혜자의 처지에 있게 된다. 뿐만 아니라 이러한 과정을 통해 주례사처럼 기사화된 학술서적들과 소개된 지식인들(문인들) 그리고 써진 칼럼들 등은 우리의 대중문화를 이끌어가는 보이지 않는 핵으로 작용한다.

심지어 한국 사회에서 좌파적·진보적 지식인들조차도(역설적으로 들릴지 모르지만) 자신들의 글을 메이저급 극우 신문에 기고하고, 자신들의 행태를 아무런 문제의식 없이 당당하게 생각하고 있다. 강준만은 한국 사회의 지식인들의 주류 콤플렉스에서 가장 문제가 되는 부분은 바로 다음과 같은 점이라고 지적한다. 그러니까 한편으로 그들은 문화적으로는 '좌파'로 행사하면서 대중들로부터 명분과 존경을 얻고, 다른 한편으로 정치, 경제적으로는 '주류'에 편입되거나 '주류'와 유착해 실리와 권력을 얻겠다는 자세를 취하고 있다는 것이다.[58] 아마도 강준만의 판단이 다소 과격한 점은 있다 하더라도, 이러한 지식인 상(像)이 지금 한국 사회 전체에 통용되고 있다고 해도 과언은 아닐 것이다.

2) '우리' 지식인의 학자 이데올로기

메리 프렛(Mary Pratt)은 일반적으로 행해지는 '평론'은 저널리즘이나 소비주의에 의해 형성되지만 '학문적 비평'은 대학 및 대학의 엘리트 예술과의 결합에 의해 형성된다고 말한 바 있다. 그러면서 프랫은 대학에서 이루어지는 학문적 비평에 대해 "눈가리개를 하고 공중에 주먹을 휘두르는 강편치를 소유한 프로권투 선수들의 난투극"이 될 가능성이 있음을 염려했다.[59] 프랫의 염려는 한국의 지식인 사회에 그대로 적용되어 현실화되고 있다고 말해야할 것이다. 무슨 말인가? 프랫이 대학에서의 학문적 비평에 관해 말할 때 그것은 바로 지식인의 상황을 단적으로 묘사한 것이라 할 수 있다. 강준만은 이러한 상황에 처해 있는 지식인을 '학자 이데올로기'[60]에 사로잡혀 있다고 표현한다. 한국의 지식인 문화를 병들게 하는 주범 중의 하나로 지목된 학자 이데올로기란 무엇인가? 한 마디로, 배타적 특권을 강조하는 집단이기주의가 강한 사람들의 사고체계라 할 수 있다.

---

58) 강준만, 같은 책(2001), 489쪽.
59) 신응철, 『해석학과 문예비평』, 예림기획, 2001. 14쪽.
60) 강준만, 같은 책(2001), 477쪽.

따라서 학자 이데올로기에 사로잡힌 한국의 지식인들은 절대로 대중들이 알아들을 수 있는 수준으로 글을 쓰지 않는다. 학자들끼리만 알아들을 수 있는 언어로 글을 쓴다. 심지어는 학자 자신들조차도 재미없어서 가능한 한 잘 읽지 않는 글을 쓴다. 그들은 가급적 외국어로 된 원어를 구사하면서, 우리말의 체계에 들어맞지도 않는 용어나 표현을 자연스럽게 내뱉는다. 그런 글을 무게 있는 글이라고 서로 치켜세운다. 그들의 의식 속엔 학문은 사회와 분리되어 있고, 사회보다 훨씬 높은 곳에 존재하는 매우 신성한 것이다. 그래서 대체로 그들은 외국의 유명 지식인들(나아가 자신의 지도교수)의 이론을 연구하고 소개하는 것이 학술적으로 가치 있는 일이며, 그런 행태야말로 지식인의 참 역할인 양 간주한다. 지금 여기 한국 사회에서 쟁점으로 등장하는 사건들(예컨대, 국가보안법 폐지, 고구려사 왜곡, 성매매방지법, 친일 청산 등등)에 대해 발언하거나 글을 쓰는 일에 대해서는 대체로 침묵한다.

뿐만 아니라, 지식인의 전형인 대학의 전임교수들은 자신들의 글에서 국내 학자들(특히 시간강사)의 글은 가급적 인용하지 않는다. 심지어 국내 학자들의 글은 아예 읽지도 않는 경향이 있다. 이유는 간단하다. 구별의식, 나아가 차별의식 때문이다. 전임과 비전임간의 구별의식이 강할수록 자신들의 권위가 더욱 공고해 진다고 그들은 믿고 있다. 다소 과장일 수 있다. 그렇지만 한국의 지식인 사회는 자신들이 쌓아 올린 학자 이데올로기라는 강력한 구조물 앞에서 결국은 자신들 스스로도 갇혀버리는 운명에 처하고 말았다. 그 결과 학문의 동종교배 현상이 자연스럽게 일어나고 있다. 자기 스승의 이론이나 학문적 태도에 대해서, 나아가 특정 인맥의 권위자의 이론이나 학문적 경향에 대해는 절대로 비판해서는 안 된다는 터부가 지식인 사회에 통용되거나 강요되고 있다. 누군가가 그 터부에 반기를 들면 그는 한국의 지식인 사회에서 철저히 외면당하고 만다. 우리는 몇 해 전 김윤식의 표절 의혹을 공개적으로 제기했던 이명원의 사건에서, 또한 서울대 미대 김민수의 재임용 탈락 사건에서 그 생생한 기억을 아직도 지울 수 없다.

3) '우리' 지식인의 이념적 역할의 한 모범으로서 선비정신

이제 우리에게 남겨진 문제는, 한국의 지식인 사회가 추구해야 할 바람직한 지식인의 상은 무엇인가? 라는 물음에 대해 우리 스스로 답하는 일이다. 곽신환은 오늘의 지식인은 하청업자, 청부업자와 같다고 진단한 바 있다.[61] 그러니까 프로젝트 참여라는 형태의 교수들의 연구가 사회적 요구를 충족시켜 준다는 긍정적 기능을 하기도 하지만, 어떤 면에서 그것은 국가나 정파 또는 특정 집단의 이해관계를 지켜주는 고용인의 기능을 하고 있는 것이다. 따라서 곽신환은 지식인의 이러한 모습에서 탈피하여 이 시대의 '보편윤리의 가치를 창출'하여 지켜내고, '도덕적 선봉의 위치'에 서야 하며, '새로운 가치 창출'을 도모해야 하는 것이 지식인의 책무라고 지적하였다.[62]

그렇다면 이러한 지식인의 전형을 우리는 가지고 있지 않았

61) 곽신환, 「조선조 지식인의 정체성 갈등」, 『인문학연구』 제32집, 숭실대 인문과학연구소, 2002. 44쪽.
62) 곽신환, 같은 글(2002), 45-46쪽.

는가? 아직도 우리는 밖으로 눈을 돌려 그람시나 손탁, 벤야민이 말하는 지식인상을 지금도 여전히 그대로 수입해야 하는가?

필자는 우리 지식인의 이념적 모델을 선비 정신에서 찾을 수 있다고 생각한다. '선비'는 학식과 인품을 갖춘 사람에 대한 호칭으로서, 특히 유교(儒敎) 이념을 구현하는 인격체 또는 신분계층을 가리키는 말이다. 어원적으로 볼 때, 우리말의 선비는 '어질고 지식이 있는 사람'을 뜻하는 '선비'에서 왔다. '선비'의 '선'은 몽고어의 '어질다'라는 말의 'sait'의 변형인 'sain'과 연관되고, '비'는 몽고어 및 만주어에서 '지식 있는 사람'을 뜻하는 '박시'의 변형인 '비이'에서 온 말이다. 한자어의 士는 '벼슬한다'의 뜻인 仕와 관련된 말로서 일정한 지식과 기능을 갖고서 어떤 직분을 맡고 있다는 의미이다. 士는 '十'(수의 끝)과 '一'(수의 시작)의 결합으로 된 회의문자(會意文字)로 보기도 한다. 말하자면, 十을 미루어 一에 합한다고 풀이하면 넓은 데서 간략한 데로 돌아오는 박문약례(博文約禮)의 교육방법과 통하고, 一을 미루어 十에 합한다고 풀이하면 하나의 도리를 꿰뚫는다는 뜻과 통하는 것으로 해석된다. 이런 의미에서 '士'는 지식과 인격을 갖춘 인간으로 이해될 수 있고, 그만큼 우리말의 선비와 뜻이 통한다고 할 수 있다.[63)]

선비는 예법(禮法)과 의리(義理)의 주체요, 사회적 생명력의 원천이다. '인'(仁)의 포용력과 조화정신은 선비의 화평하고 인자함에서 나타나며, 예의는 선비의 염치의식과 사양심으로 표

63) 금장태, 『한국민족문화대백과사전』 12, 한국정신문화연구원, 1991. 228쪽. 한승옥, 「亂世의 知識人과 신비정신」, 『인문학연구』 제32집, 숭실대 인문과학연구소, 2002. 12쪽.

현되고, 믿음은 선비의 넓은 교우를 통해서 드러난다. 선비는 평상시에 화평하고 유순한 마음으로 지공무사한 중용을 지킨다. 그러나 의리(義理)의 정당성이 은폐될 때는 가장 예민한 감각으로 엄격하게 비판하고 배척하는 정신을 결코 잃지 않는다.[64] 선비정신의 요체는 절의(節義), 염치(廉恥), 숭검(崇儉)에 있으며, 이러한 정신을 바탕으로 선비는 어떤 상황에서도 의(義)로써 지조를 지켜나갔으며, 도(道)에 어긋나지 않는 삶을 살았다.[65]

이처럼 우리 조상들이 소중하게 간직했던 선비정신이 시대환경과 시대정신이 변화된 우리 사회에도 여전히 통용될 수 있을 것이라고 필자는 판단한다. 특히, 지성인으로서의 지식인의 바람직한 역할을 염두에 둔다면 말이다.

06

4) '우리' 지식인의 실천적 역할의 한 모범으로서 '철학 앙가주망 네트워크'(PEN)

마지막으로 필자는 우리 지식인의 실천적 역할과 관련해서 하나의 모범 사례를 제시하고자 한다. 굳이 모범 사례라는 표현을 쓰는 이유가 있다. 한국의 지식인 사회는 실천의 측면에서 딜레마에 빠져 있다고 필자는 생각한다. 우리 지식인 집단이 가장 활발하게 참여하는 곳은 경실련, 참여연대, 환경운동

---

64) 금장태, 같은 곳(1991), 233쪽. 한승옥, 같은 글(2002), 14쪽.
65) 송인창, 「동춘당 송준길의 선비정신」, 『철학논총』 제37집, 새한철학회, 2004. 288쪽.

연합 등등의 소위 시민사회단체다. 지식인의 사회 참여가 활발할수록 정부의 정책에 많은 영향을 미치고 있다. 바야흐로 2004년 한국에서는 시민사회단체가 정치의 핵심으로 부상했다고 해도 과언이 아니다. 문제는 시민사회단체의 본연의 정체성이 위협받고 있는 현실이다.

정부는 각종 시민사회단체에 막대한 재정 지원을 하고 있다. 정부로부터 재정 지원을 받은 단체들이 과연 정부를 대상으로 건전한 정책 비판을 원활하게 수행할 수 있을 것인가? 이러한 문제 앞에서 자유로울 수 있는 시민사회단체들이 과연 얼마나 될 것인가? 결국 시민사회단체들은 자신들의 생명이라 할 수 있는 '정체성', '순수성', '정당성', '도덕성'을 그들 스스로 훼손하고 있는 셈이다.

이런 상황을 감안하면서, 여기에서 필자는 2004년 5월에 결성되어 조직적인 활동을 벌이고 있는 '철학 앙가주망 네트워크'(Philosophical Engagement Network. 이하 PEN으로 표기함)를 소개하고자 한다. 물론 PEN의 구성원은 철학 전공자들로 한정되어 있으며, 철저하게 인터넷상의 온라인으로 활동하는 철학자들의 단체다. PEN은 철학자로서 한국 사회 전반에 대한 철저한 현실인식을 바탕으로, 우리 사회에서 세대 간, 지역 간, 나아가 정당 간 핵심 쟁점으로 부상하고 있는 문제들에 대해서 적극적으로 개입하여 합일된 목소리를 내고 있다. 그 좋은 예가 바로 '국가보안법폐지案'이다. 국보법 혐의로 수감중이던 송두율에 대한 무죄 주장과 그 근거를 제시하였으며, 이 사건을 통해서 전국의 철학자의 이름으로 국가보안법 폐지안을 주장하였다. PEN은 자발적 참여 형태로 이루어지며, 자신의 의견을 분명하게 개진할 수 있게끔 되어있다. 온라인상의 채널을 통하기 때문에 자유로운 의사소통이 신속하게 이루어진다. 여기에서는 회원 모두가 주류요, 그들 모두가 주체다. 상명하달식의 소통방식은 더 이상 찾아볼 수 없다. PEN의 운용에 막대한 자금이 소요되지도 않는다. 사안별로 성금을 모금하는 식으로 재정을 확보한다. PEN은 정책당국과도 일정한 거리를 유지하기에 그간 시민사회단체들의 보여 온 자기 모순적 행태에 더 이상 빠질 필요가 없다. 토론과 반론, 비판과 대안이 분명하게 나타나는 PEN에서 지식인의 실천적 역할은 더욱 커질 것으로 전망된다.

5. 나오는 말

06

지금까지 우리는 인문학과 대중문화의 관계 그리고 지식인의 역할에 대해서 살펴보았다. 문화연구가 하나의 '분과(分科)' 학문이며, '맥락적(脈絡的)', '이론적(理論的)', '정치적(政治的)', '학제적(學制的)'이며, 특히 '자기-반성적(自己-反省的)' 성격이 강하다는 사실을 확인하였다. 이러한 특징들을 염두에 두면서, 아울러 인간의 자기-인식, 자기-검토, 자기-반성이 인문학 연구의 궁극적인 목적임을 감안할 때, 문화연구와 인문학 연구 간에는 밀접한 상관성이 있음을 재차 확인할 수 있었다. 그런 측면에서 문화(대중문화)라는 매개를 통한 간접적 방식의 인간의 자기-이해는 어떤 면에서는 인문학 연구의 핵심적인 사항에 해당된다고 할 수 있다.

이어서 우리는 대중문화 연구에서 주도적인 역할을 담당하고 있는 지식인의 유형을 특히 서양철학의 전통에서 그람시의 유기적 지식인, 손탁의 체험적 지식인, 벤야민의 비판적 지식인으로 나누어 각각의 특징에 대해 살펴보았다. 그람시의 유기적 지식인 상(像)은 사회의 혁명적 변화를 꾀하면서 이 과정에서 문화적 변혁에 관심을 쏟는 지식인이다. 그가 만들어내는 지식은 대중적 존재가 경험하는 삶의 조건에 대한 참된 이해에 근거할 때 비로소 문화적 힘을 발휘할 수 있다. 손탁이 말하는 체험적 지식인은 예술작품에 대한 분석적 해석보다는 예술작품의 투명성을 그대로 경험할 줄 아는 자다. 손탁이 볼 때, 우리가 잘 보고, 잘 듣고, 잘 느낄 수 있는 길은 예술 체험을 통해서만 전적으로 가능하다. 이러한 손탁의 논의를 따라가면, 사진이나 영화 등의 대중문화는 우리의 삶에 대단히 긍정적인 요소로 작용하게 된다. 벤야민의 비판적 지식인은 대중문화 밖에서 그것을 우려의 눈길로 보기보다는 대중문화가 갖는 사회적 힘을 인정하고, 그것을 사회비판의 도구로 적극 활용하는 자를 말한다.

다음으로 이러한 서양철학의 전통에 있는 지식인의 유형을 염두에 두면서, 우리 한국 사회의 지식인의 상에 대해 비판적으로 분석해 보았다. 그 결과 우리 지식인 사회는 주류 콤플렉스, 학자 이데올로기에 사로잡혀 한국 사회에서 그들에게 부여된 올바른 구실을 제대로 수행하지 못하고 있다는 현실을 확인하였다. 이에 이러한 한국 지식인 사회에 새롭게 그 역할과 책무를 모색하기에 이르렀다. 그 결과 우리 지식인 사회가 이념적 차원에서는 선비정신의 계승을, 실천적 차원에서는 철학 앙가주망 네트워크를 모델로 삼아 지식인 본연의 임무를 수행해야 한다는 점을 논의하였다.

Chapter
07

예술작품에 대한 올바른 감상법은 있는가?*

손탁
(Susan Sontag, 1933–2004)

가다머
(H. G. Gadamer, 1900–2002)

* 이 글은 한국박물관 100년 기념 2008 한국박물관대회·한국문화교육학회 학술대회(주제 : 도슨트#해설사 2008년 5월 17일 국립중앙박물관 교육관 제2강의실)에서 「박물관·미술관 도슨트(Docent)와 해설 문화-해석학적 관점에서 본 도슨트의 역할을 중심으로」가 발표되었고, 이후 「도슨트, 해석자인가? 안내자인가?」 『철학탐구』 24집(중앙대철학연구소, 2008. 11)에 수록된 것임을 밝혀둔다.

1. 시작하면서

현대 해석학의 논의에서 여전히 쟁점으로 남아 있는 부분을 꼽아보라면, 나는 '해석(자)의 위상'(status of interpretation) 문제를 들고 싶다. 해석의 위상 문제가 쟁점인 이유는 작품이나 텍스트의 해석 행위가 우리의 이해 행위에 도움이 되면서도 더러는 우리의 이해 행위를 방해하는 역할도 하고 있기 때문이다. 그러니까 해석자는 감상자들을 작품의 세계로 온전히 이끌어주는 '길라잡이' 역할을 하든가, 아니면 작품 세계의 일부분으로만 안내하는 '훼방꾼'의 역할을 감당하고 있는 셈이다.

그런데 이러한 논의가 해석학이라는 특수한 학문 분과 안에서만 벌어지는 학문적 논쟁에만 그치는 것이 아니라, 우리의 직접적인 삶의 현장에서도 그대로 맞부딪힐 때, 우리는 과연 어떤 입장을 취할 수 있을까? 만일 우리가 그 상황에서 취하게 되는 그 선택은 얼마나 정당성을 확보할 수 있을까? 필자는 해석(자)의 위상 문제를 최근 우리 사회에서 등장하고 있는 문화 영역의 관심사 중의 하나인 도슨트(Docent)에 적용하여 논의해 보고자 한다.

이 글은 박물관·미술관에서 도슨트의 지위를 '해석자'의 위치에서 읽어내고, 도슨트들이 수행하는 역할 가운데 특히 작품에 대한 해석/해설이 관람자인 관객들에게 어떤 영향을 주게 되는지에 관해 해석학의 지평에서 살펴보는 데 초점을 맞추고 있다. 필자가 박물관·미술관에서 차지하는 도슨트들의 다양한 역할 가운데 특별히 '해석자로서 도슨트'(Docent as interpreter)에 초점을 두는 이유는 이들의 행위가 거슬러 올라가면, 해석학의 주된 관심사 중의 하나인 해석 행위의 의미부여 방식과 관련된 상이한 입장을 접할 수 있는 구체적인 사례가 되기 때문이다.

그래서 이 글에서는 먼저 박물관·미술관 도슨트의 운영 실태와 직무 유형에 대해 살펴보고, 박물관·미술관에 소장된 예술품과 예술의 성격에 관해 논의하도록 한다. 이어서 도슨트와 예술작품 그리고 관객의 상관관계를 살펴본 다음, 해석자로서 도슨트와 해석의 대상으로서 예술작품에 대해 다루어 보고, 계속해서 안내자로서 도슨트와 체험의 대상으로서 예술작품에 대해 살펴보도록 한다. 마지막으로 예술과 비예술의 경계에 대해 생각해 보면서 논의를 맺고자 한다. 이러한 논의를 통해서 우리가 던질 수 있는 물음을 한마디로 표현해 본다면, "예술작품은 해석의 대상인가? 체험의 대상인가?", "작품에 대한 해석은 작품의 세계를 잘 드러내주는 해방의 차원인가? 훼방의 차원인가?" 이러한 물음을 통해서 필자는 해석학의 논의를 빌어 박물관·미술관의 도슨트의 바람직한 역할을 간접적으로 조명해 보고자 한다.

2. 국내 박물관·미술관의 도슨트의 운영과 직무 유형

박물관·미술관에서의 도슨트의 행위는 넓은 의미에서 볼 때 교육적 범주에 속한다. 이들 기관의 생명은 관람객과의 소통(疏通)에 있으며, 이의 최접점에 서 있는 사람이 바로 도슨트이다. 도슨트는 박물관·미술관의 전시물을 관람객에게 언어적으로 전달(傳達)하는 최후의 전달자이자 해석자이다. 박물관·

미술관에서 도슨트는 해설(解說)과 해석(解釋), 체험(體驗)과 인식(認識) 등 다양한 교수법을 동원하고 있다. 그렇다면 다소 생소하게 들릴 수 있는 도슨트란 무엇이며, 그들에게는 어떤 역할이 주어져 있는 것일까?

도슨트(Docent)[1]라는 말은 라틴어 '*docere*'에서 파생된 것으로 '가르치다'라는 뜻을 지니고 있다. 그래서 1987년 랜덤 영어사전에는 도슨트를 가리켜 "전시회의 설명을 하며, 박물관·미술관을 안내하면서 특별히 관람객을 인도할 수 있는 지식을 갖고 있는 사람"[2]으로 정의하고 있다. 도슨트는 1845년 영국에서 처음 생긴 뒤, 1907년 미국의 보스턴 미술관에 이어 세계 각국으로 확산된 제도이다. 보스턴 미술관에서는 교육하는 사람들과 삶의 질을 높이는 사람들을 위한 교사강연을 지도프로그램으로 사용했는데, 그 프로그램은 훈련받은 도슨트들에 의해 제공되었다. 도슨트의 박물관내 제도화는 일정한 교육을 받고 박물관·미술관에서 관람객을 안내하며 전시물에 대한 설명을 제공함으로서 이해를 돕도록 하는 데 목적이 있다.

'도슨트'라는 명칭(名稱)의 사용과 관련하여 국내의 상황을 잠시 살펴보면, 현재 국립중앙박물관에서는 도슨트를 '전시 해설자'로 부르고 있고, 국립현대미술관에서는 '전문 작품해설사', 혹은 '메디에이터'(mediator)로 부르고 있으며, 삼성어린이박물관에서는 '박물관 교사'(museum educator)로 부르고 있다. 해외

---

1) 이영주, 「삼성어린이박물관의 museum Educator 운영 사례」, 2008 한국박물관대회·한국문화교육학회 학술대회 논문집, 『도슨트#해설사』, 2008. 127쪽.

2) 류재만, 「어린이를 위한 전문 도슨트에 대한 연구」, 『미술교육논총』 제18권, 2005. 49-68쪽 참조.

의 여러 어린이박물관에서는 도슨트라는 말보다는 facilitator, educator, animator, museum teacher라는 명칭이 사용되고 있다. 국내에서는 삼성미술관 리움과 이화여대 자연사박물관에서 공식적으로 '도슨트'라는 명칭을 사용하고 있다.

그렇다면 도슨트에게는 어떤 자질과 역할이 요구되는 것일까? 어떤 학자는 도슨트의 역할은 박물관·미술관의 수집(收集), 연구(研究), 보존(保存), 전시(展示), 전달(傳達)의 기능들 가운데, '전달' 부분에 있다고 말한다.[3] 도슨트는 박물관·미술관 관람객들에게 문화적 기억(記憶)과 유산(遺産)을 경험하고 배우며, 문화적이고 역사적인 해석 능력을 습득할 수 있도록 교육적 전문성을 보여줄 수 있어야 한다.[4] 왜냐하면 도슨트는 박물관·미술관 전시에서 관람객과 가장 가까운 거리에서 관람객을 만나고 소통하는 중요한 역할을 수행하고 있기 때문이다. 따라서 이들은 박물관·미술관의 미션 및 전시와 소장품에 대한 이해는 물론이고 관람객의 특성을 파악하고 그들과 커뮤니케이션할 수 있는 기술까지 보유해야 한다. 그러니까 도슨트는 전시물에 대한 지식을 바탕으로 자신이 익힌 지식을 다른 사람들에게 알리는 것을 기쁨과 보람으로 여기고, 또한 자원 봉사하며 교사이자 해설자 역할을 수행하므로 일반적인 자원봉사자보다 높은 교육적·사회적 능력이 요구되고, 학습능력을 필요로 한다.[5]

---

3) Vieregg, H., *Museumswissenschaften*, Paderborn : W. Fink Verlag. 2006.

4) 박지연, 「박물관·미술관 도슨트의 직무분석」, 2008 한국박물관대회·한국문화교육학회 학술대회 논문집, 『노슨트#해설사』, 2008. 38쪽.

5) 한국문화예술교육진흥원, 『박물관·미술관·미술관 교육 전문인력 양성 및

국내에서는 최근에 도슨트가 문화 분야의 하나의 일자리로 떠오르고 있는 추세이다. 현재 문화부와 노동부의 협력 속에 국가적으로 박물관·미술관에 도슨트를 대규모로 파견하는 제도를 시행하고 있다. 예컨대 국립중앙박물관만 보더라도 2008년 4월 현재 284명의 도슨트들이 활동하고 있는 것으로 파악되었다.[6] 그렇다면 도슨트들은 현장에서 어떤 직무를 가장 많이 수행하고 있을까? 국립경주박물관, 국립중앙박물관, 국립현대미술관, 서울시립미술관, 서울역사박물관, 숙명여대박물관, 이화여자대학교 자연사박물관, 부산시립미술관, 삼성미술관 리움에서 활동 중인 도슨트들을 대상으로 한 설문조사[7] 결과, 국내의 도슨트들의 직무 유형은, ① 해설, ② 자료개발, ③ 안내, ④ 체험학습지도, ⑤ 일정관리, ⑥ 훈련 이상의 여섯 가지 영역으로 밝혀졌다. 이러한 여러 직무들 가운데 우리의 관심을 끄는 가장 중요한 것은 바로 '해설'의 영역이다. 해설의 영역은 도슨트의 직무 가운데 단연 1위를 차지하고 있을 만큼 대단히 중요한 부분이라 할 수 있다.

그런데 현재 국내의 관련 기관들 사이에서도 도슨트의 역할 및 자질과 관련하여 논란이 되고 있는 부분이 있다. 말하자면, 도슨트가 '해설'의 역할만 담당해야 하는지, 아니면 체험학습 강사의 역할까지도 담당해야 하는지의 문제가 그것이다.[8] 이

지원방안 연구』, 2006. 65쪽.

6) 나유미, 「국립중앙박물관 자원봉사 현황」, 2008 한국박물관대회·한국문화교육학회 학술대회 논문집, 『도슨트#해설사』, 2008. 85쪽.

7) 이병준 외, 『고령자 적합직종 발굴 및 훈련프로그램 개발(문화영역을 중심으로)』, 노동부·부산대 교육연구소, 2007. 100쪽. 박지연(2008), 같은 글, 43쪽.

8) 박지연, 「박물관·미술관 도슨트의 직무분석」, 2008 한국박물관대회·한국

07

러한 상황에서 필자는 도슨트의 다양한 직무들 가운데, 해석학적 논의와 깊은 연관이 있는 '해설'의 측면, 다시 말해 작품의 해석 문제에 국한하여 여기에서 논의하고자 한다. 해석학의 전통에서 볼 때, 예술작품을 해석(解釋)의 대상으로 볼 것인지, 체험(體驗)의 대상으로 볼 것인지의 문제는 여전히 뜨거운 감자임에 틀림없다. 이제 박물관·미술관에 소장된 예술품으로 눈을 돌려보자.

3. 박물관·미술관의 예술품과 '발견(發見)'으로서의 예술

박물관·미술관에 소장된 것들을 편의상 자연물, 인공물, 예술품 등으로 세분화해서 말할 수도 있겠지만, 여기에서는 통상 예술품으로 간주하고자 한다. 그러면 이런 예술품을 통해서 우리는 무엇을 얻으려는 것일까? 그리고 무엇을 보고자 하는 것일까? 이 물음은 예술의 정의와도 깊은 관련이 있다.

미학사를 살펴보면, 아리스토텔레스(Aristoteles. BC 384-322)의 '모방(模倣)으로서의 예술'이라는 정의[9] 이래, 예술을 어떻

문화교육학회 학술대회 논문집, 『도슨트#해설사』, 2008. 38쪽.

9) 아리스토텔레스는 예술을 '자연의 모방'(*Ars simia naturae*)으로 보고, 예술의 기능은 모방(模倣)에 있다고 말한다. 아리스토텔레스에 따르면, 특히 예술은 외부 사물의 모방이다. '모방'(μίμησις)은 근본적인 본능이며, 다른 것에 환원시킬 수 없는 인간성의 한 사실이다. 모방은 인간에게 있어 어린 시절부터 선천적인 것이다. 인간이 하등 동물보다 나은 성질들 가운데 하나는 세상에서 모방을 가장 잘 하는 동물이라는 점이며, 처음에는 인간이 모방에 의하여 배우게 된다고 그는 말한다. 그래서 모방은 그칠 줄 모르는 즐거움의 원천이 된다. Aristotle, *Poetics*, 4. 1448b 5-17.

게 정의해야 하는지에 대한 논의는 시대와 미학자들에 따라 계속되어 왔다. 미학사 전체를 보면, 자연의 대상물을 잘 모방해 놓았거나, 아니면 아름다운 자연 대상물을 잘 모방해 놓은 것을 예술작품으로 인정하려는 경향이 있었다. 이를 우리는 예술사조에서 '모방예술'(imitative Art) 이론이라 부른다. 예술을 이와 같이 이해하려는 입장에서는 예술가 자신의 자발성(自發性), 창의성(創意性), 상상력(想像力) 등의 요소가 잘 드러나지 않게 된다. 그래서 이에 대한 반발로서 예술가 자신의 정서적(情緖的) 요소를 강조한 '성격예술'(characteristic Art) 이론[10]이 등장한다. 이 입장은 대상의 측면보다는 창작자의 측면, 즉 예술가 자신의 감성적 요소를 지나치게 강조하게 되었고, 그 결과 우리들의 발성이나 손짓, 몸짓까지도 모두 예술작품이 될 수 있다는 극단적인 경향을 보이기까지 하였다. 그런데 이 입장은 예술가의 정서적 요소를 강조한다고 해서 그것이 곧장 예술로 성립할 수는 없다는 사실을 우리에게 반증하기도 하였다. 예컨대 의미 있는 발성이 있는가 하면, 무의미한 발성도 있고, 특별한 목적을 지닌 제스처도 있지만 습관적인 언어행위에 기인한 제스처도 분명 있기 때문이다. 그래서 이 입장은 우리로 하여금 무엇이 예술이고, 무엇이 예술이 아닌지 그 경계지점을 혼란하게 만들어 버렸다.

In *Aristotle on the Art of Poetry*, ed. I. Bywater(Oxford, 109), 8-11쪽.

10) 성격예술이론의 대표자로 루소를 꼽을 수 있으며, 그는 예술이론의 고전적 및 신고전적 전통을 모두 배척하였다. 루소에게서 예술이란 경험적 세계의 묘사나 재현이 아니라, 인간의 정서(情緖)와 정열(情熱)의 분출이다. Verene, Donald Phillip.(ed), *Symbol, Myth, and Culture : Essays and Lectures of Ernst Cassirer*, 1935-1945, New Haven : Yale University Press, 1979. 206쪽.

07

어쨌거나, 모방이론이나 성격이론은 예술의 성격을 '재현(re-presentation)'에 두고 있다는 점에서는 공통적이다. 모방이론이 아름다운 자연 대상을 재현해 놓은 것이라면, 성격이론은 창작자의 정서적 상태를 재현해 놓은 것이라 볼 수 있기 때문이다. 이렇듯, 예술의 성격을 '재현'으로 보는 입장들은 미학사 전체에서 상당히 오랫동안 그 영향력을 행사해 왔다. 그렇지만 현대에 들어와서는 예술의 성격을 더 이상 '재현(再現)'으로 보지 않고, '발견(發見)'으로 보려는 경향이 압도적인 추세다.

우리에게 대표적인 문화철학자로 잘 알려진 에른스트 카시러(E. Cassirer. 1874-1945)에 따르면, 예술은 이미 주어져 있는 현실을 한갓 재생하거나 재현한 것이 아니다. 예술은 인간생활에 있어서 사물에 대한 객관적인 견해에 이르게 하는 여러 방법들 가운데 하나이다. 그렇기 때문에 예술은 더 이상 모방이 아니라, '현실의 발견'이다.[11] 다시 말해서 인간은 예술을 통해서 자연을 발견하는 것이다. 예술가는 자신의 감정을 외부화하여 그것에 형체를 부여한다. 여기서 외부화란 진흙이나 청동, 혹은 대리석과 같은 단순히 특수한 물질적 매체로써 볼 수 있게 하고 만질 수 있게 할 뿐만 아니라, 감각적 형상, 리듬, 색채, 선과 디자인 등으로써 볼 수 있게 하고, 만져볼 수 있게 함을 말한다. 그렇기 때문에 우리에게 감동을 주는 것은 예술작품 속의 형식들의 구조, 균형, 질서와 같은 것들이다. 바로 이런 요소들을 가리켜 카시러는 예술작품이 갖추어야 할 목적성

11) Ernst Cassirer, *An Essay on Man : An Introduction to a Philosophy of Human Culture*, New Haven : Yale University Press. 1944. 143쪽. 신응철, 『카시러의 문화철학』, 한울출판사, 2003. 171쪽.

(目的性)의 계기라고 말한다.[12] 이런 요소들을 통해서 우리는 새롭게 자연을 발견하게 되는 것이다. 카시러의 이런 견해는 예술과 비예술의 모호했던 경계를 다시금 명확하게 확인해 주는 역할을 하고 있다.

이제 우리들에게 남아 있는 것은 예술작품이다. 이것을 어떻게 해석하고 감상해야할 것인가는 전적으로 우리의 몫이다. 한국의 대표적인 1세대 예술철학자로 손꼽히는 조요한(1926-2002)은 『예술을 사랑하는 마음』(1996)에서 다음과 같이 말하고 있다. "예술의 아름다움은 예술작품의 대상적인 구조나 기교에 있지 않으며, 작품을 사이에 둔 두 사람의 마음, 즉 작가와 감상자의 미의식(美意識) 없이는 성립되지 않는다. 그렇기 때문에 대상으로서의 아름다움도 중요하지만, 작가와 감상자의 아름다움의 의식(意識)도 그에 못지않게 중요하다. 예술의 아름다움이 작품 향수를 통하여 퍼져나가 사람의 마음에 메아리칠 때 예술은 그 몫을 다한다. 이것이 미학에 있어서 작품해석이다."[13]

우리가 예술작품을 통해서 새로운 세계를 발견한다고 할 때, 거기에는 간단치 않은 계기와 과정이 들어있다. 예술의 세 가지 중요한 요소인 예술가, 예술작품, 감상자의 관계를 고려할 때, 과연 예술작품의 무엇을 통해서 그와 같은 발견이 이루어지는가? 다시 말해 예술작품의 해석의 문제가 중심 주제로 떠오른다. 현대 해석학의 논의에서도 이 부분은 중심 주제 가운데 하나다. 작품의 해석에 있어서 그 기준이 무엇인가 하는 점이 핵심이다.

---

12) Ernst Cassirer(1944), 같은 책, 154쪽.

13) 조요한, 『예술을 사랑하는 마음』, 한길사, 1996. 128쪽.

4. 박물관·미술관의 예술품과 그 해석

예술작품의 해석과 감상에 있어서 해석학의 논의는 결정적인 기여를 하였다. 해석학에서의 주된 관심사는 예술작품의 해석에 있어서 올바른 해석과 그릇된 해석을 가려줄 기준을 설정하는 데 있다. 다시 말해 타당한(valid) 해석과 부당한(invalid) 해석을 가려주는 지침을 어디에서 찾느냐에 따라 입장들이 서로 나뉘게 된다.

해석학 이론의 전체 맥락에서 제일 먼저 등장한 입장은 저자(著者) 중심, 특히 저자의 의도(意圖)를 작품해석의 기준으로 보아야 한다는 입장[14]이다. 이 입장은 지금까지도 한국사회의 제도권 공교육(公教育)의 현장에서 제일 각광 받고 있다. 예컨대 한 편의 시(詩)를 감상할 때, 시 해석의 정확한 기준은 감상자에게 있는 것이 아니라 시인의 의도에 달려있다. 그러니까 창작자가 어떤 의도에서 그 시를 창작하였는지를 제대로 파악하면 작품에 대한 정확한 이해가 가능하다는 논리이다. 그러나 작품이 작가의 손을 떠나는 순간부터 작품은 독자에 의해 얼마든지 새롭게 해석될 여지를 갖게 된다. 이런 측면을 여기에서는 설명해 줄 수가 없다.

그래서 새로운 입장이 등장하게 되었는데, 말하자면 작품 해석의 기준은 더 이상 작가의 의도에 있는 것이 아니라 예술작품(藝術作品) 자체에 있다고 보는 견해[15]이다. 이 입장은 작품

14) 슐라이어마허(Schleiermacher 1768-1834)와 딜타이(Dilthey. 1833-1911)의 관심이 여기에 해당된다.

15) 하이데거(Heidegger. 1889-1976)와 가다머(Gadamer. 1900-2002)의 관

이 다양하게 해석되고 이해될 수 있는 이유는 작품 자체가 하나의 세계, 즉 작품 자체의 존재세계(存在世界)를 가지고 있기 때문에 가능하다는 것이다. 이러한 작품의 세계는 늘 감상자들에게 말을 걸어온다는 것이다. 중요한 것은 감상자들이 작품의 세계 가운데로 들어가 작품의 존재와 만나기만 하면 된다. 따라서 이 입장에서는 더 이상 올바른 해석과 그릇된 해석이라는 관점을 중요하게 간주하기보다는 의미 있는(meaningful) 해석과 의미 없는(meaningless) 해석을 중요시한다. 그런데 이 입장에서는 의미 있는 해석과 그렇지 않은 해석을 구별해 주는 기준이 작품 자체에 있는지, 감상자에게 있는지가 명확하게 해명되지 않는다.

이상과 같은 이유에서 또 다른 입장이 등장하였는데, 여기에서는 작품해석의 기준은 이제 전적으로 감상자(鑑賞者)에게 달려있다고 주장[16]한다. 이를 해석학 전통에서는 '수용이론', 혹은 '수용미학이론'으로 부르고 있다. 올바른 해석과 그릇된 해석이든, 의미있는 해석과 의미없는 해석이든 작품의 해석에 있어서 궁극적 기준(基準)은 감상자에게 달려있다는 주장이다. 이 입장은 작품해석의 다양성(多樣性)을 인정할 수 있고, 작품의 의미를 고정되어 있는 것으로 간주하기보다는 상황과 조건에 따라 항상 열려있는 것으로 간주하게 된다. 이런 해석의 입장이 극단화되면, 결국 예술과 비예술의 경계, 작가와 일반인의 구분, 진품과 위작의 구별이 모호해지고, 종국에는 예술이란 무엇인가? 라는 근원적인 물음을 되묻게 되는 상황이 발생하게 된다.

점이 여기에 해당된다.

16) 야우스(Jauß. 1921-1997)와 이저(Iser. 1926-2007)의 관점이 여기에 해당된다.

5. '해석자'로서 도슨트, 해석(解釋)의 대상이 된 예술품

예술가, 예술작품, 감상자의 상관관계를 논의하면서도 우리의 관심은 해석, 특히 예술작품의 해석에 모아진다. 예술작품을 해석의 대상이라고 간주하는 입장은 해석학적 보편주의의 견해이다.

해석학적 보편주의[17]의 기본 입장은 예술작품의 해석(解釋)을 통해서 이해(理解)가 가능하며, 이때의 이해는 감상자 모두가 공유할 수 있는 보편성을 확보할 수 있다는 주장이다.[18] 따라서 이들은 해석은 곧 이해라고 주장한다. 말하자면 작품에 대한 이해는 해석을 기반으로 하며, 해석 행위는 해석자(도슨트)의 선이해(先理解)를 바탕으로 이루어지기에, 이해와 해석은 떼려야 뗄 수 없는 관계에 있다고 파악한다. 그렇다면 예술

17) 해석학적 보편주의, 특히 가다머의 해석학적 보편주의에 관한 연구 자료는 다음의 것들이 있다. ① 김창래, 「가다머의 철학적 해석학에서의 존재와 언어의 관계 : "이해될 수 있는 존재는 언어다"라는 문장에 관하여」, 『문화와 해석학』, 한국해석학회, 철학과현실사, 2000. 153-188쪽. ② 조지아 윈키, 『가다머 : 해석학, 전통 그리고 이성』(이한우 역), 민음사, 1999. ③ 라차드. E. 팔머, 『해석학이란 무엇인가』(이한우 역), 문예출판사, 1991. 238-282쪽. ④ 한스 인아이헨, 『철학적 해석학』(문성화 역), 문예출판사, 1998. 190-212쪽. ⑤ O. F. 볼노오, 『인식의 해석학 : 인식의 철학1』(백승균 역), 서광사, 1993. 165-169쪽. ⑥ 고위공, 『해석학과 문예학』, 나남출판사, 1989. 82-91쪽. ⑦ 신응철, 『해석학과 문예비평』, 예림기획, 2001. 85-112쪽.

18) 해석학적 보편주의의 주장을 명료화 하면, "모든 이해는 해석이다"(*Alles Verstehen ist Auslegen*)라는 명제로 표현할 수 있다. Gadamer, H.G., *Wahrheit und Methode; Grundzüge einer philosophischen Hermeneutik*, J.C.B. Mohr(Paul Siebeck) Tübingen, 1986. 392쪽. 영역본은 *Truth and Method*, Translated William Glen-Doepel, Sheed and Ward London, 1975. 350쪽.

작품의 해석은 누구에 의해 가능한가? 모든 이들이 예술작품의 해석자가 될 수 있는가? 이 문제와 관련하여 해석학적 보편주의자들은 볼 줄 아는 안목을 지닌 자들(도슨트)만이 작품을 해석할 수 있다고 말한다. 볼 줄 아는 안목은 어려서부터 특정 분야에서 전문적인 교육을 쌓은 이들, 소위 전문가들에 의해서만 이루어질 수 있다. 이들 전문가가 해석해 놓은 방식 그대로 따라 하게 되면 감상자들도 작품에 대한 올바른 이해에 도달할 수 있다는 논리이다. 이와 같은 해석을 바탕으로 얻어지는 작품에 대한 이해 작용은 모든 이들에게 적용될 수 있는 공통 현상이라고 주장한다.

해석학적 보편주의의 관점에서 예술작품을 해석의 대상으로 간주하게 되면, 작품에 대한 해석과 이해 행위가 고정(固定)되어 있는 것이 아니라 항상 유동적(流動的)이게 된다. 왜냐하면 해석자(도슨트)의 선이해나, 상황, 조건, 관점에 따라 작품에 대한 해석이 달라 질 수 있기 때문이다. 이렇듯, 예술작품의 해석의 다양성과 이해의 변화 가능성을 이 입장에서는 인정하고 있으며, 바로 이 점이 해석학적 보편주의의 특징[19] 이라고 말할 수 있다.

---

19) 필자는 이미 다른 지면을 통해서 해석학적 보편주의의 특징을 아래와 같이 여섯 가지로 요약하여 제시한 바 있다. 첫째, 해석학적 보편주의에는 이해의 교정 가능성(*corrigibility*)이 있다. 말하자면 우리가 이해하는 것, 진실, 혹은 사실이라 파악하는 것이 종종 틀렸다는 것을 알 수 있고, 그리하여 다른 이해에 의해서 그것을 수정하고 대체할 수 있다는 것이다. 또한 새롭게 등장한 이해는 이전의 이해를 재해석함으로써 얻어지는 것이고, 따라서 그것 자체도 또한 뒤따를 해석에 의해 대체될 수 있다는 측면이다. 둘째, 해석학적 보편주의에서는 이해에 있어서 관점적인 다양성(*perspectival plurality*)과 선판단(*Vorurteil*)을 인정하고 있다. 말하자면, 이해라는 것이 언제나 관점적이기에 결국 관점적 다양성을 가지고 있다는 것이다. 모든 생각과 지각이 지향성을 드러내고 있다는 점에서,

한편, 우리가 예술작품을 해석의 대상으로 간주할 때 생길 수 있는 가장 큰 문제점은, 과연 누가 해석할 것인가?라는 물음에 명쾌한 해답을 제시하기 어렵다는 점이다. 그러니까 특정 분야의 전문적 지식을 지닌 소위 전문가들(도슨트)로만 한정한다면, 이것은 또 다른 문제를 야기할 수가 있다. 즉 극소수의

그리고 지향성은 대상을 특정한 방식으로 포착하는 것이므로 관점적일 수밖에 없고, 그래서 모든 이해는 반드시 관점적이라고 볼 수 있다. 여기서 관점이란 가다머가 말하는 '지평'(*Horizont*) 개념에서 파생한 것이다. 셋째, 해석학적 보편주의에서는 이해에 있어서 마음의 활동(*mental activity*)과 과정(*process*)을 받아들이고 있다. 말하자면, 이해는 언제나 선판단에 의해서 매개되며, 따라서 결코 중립적일 수 없다는 점에서 언제나 해석일 수밖에 없다. 넷째, 해석학적 보편주의에는 이해의 관점적 편파성(*perspectival partiality*)과 그것의 활동적인 과정(*active process*)이 겹치고 있다. 모든 이해가 선택적이고, 모든 이해는 그러기에 해석적이지 않으면 안 된다. 이해가 관점적 편파성을 갖는다는 것은 불완전하고 의도적 편견이라는 두 가지 의미에서 언제나 선택적이라는 점을 함축한다. 다섯째, '이해'를 하나의 어떤 상태(*state*)로서 파악하게 되면 이해는 중립적(*neutral*)이며 정적(*static*)인 성격을 갖게 된다. 이에 반해 '해석'을 가리켜 뭔가를 행하는 것으로서(*doing something*) 파악하게 되면, 해석은 능동적이고 선택적(*selective*)이며 구조화하는(*structuring*) 성격을 갖게 된다. 그렇게 되면 이해와 해석은 별개의 것이 되고 만다. 그런데 해석학적 보편주의자들은 이와 같은 구별, 그러니까 이해는 수동적이고 중립적이지만, 해석은 능동적이고 구조화하는 능력을 지닌다는 구별을 단호하게 거부한다. 여섯째, 해석학적 보편주의의 논의에는 모든 이해는 언어적(*linguistic*)이라는 사실이 전제되어 있다. 그 이유는 모든 이해는 언어를 필요로 하는 개념들과 관련되어 있기 때문이다. 그런데 언어적 이해는 자연적이라기보다는 자의적이라고 할 수 있는 기호를 탈부호화 하고 해석하는 작업이다. 때문에 의미 있는 명제로의 변환 작업은 언제나 해석을 필요로 할 수밖에 없다는 것이다. 신응철, 『문화철학과 문화비평』, 철학과현실사, 2003. 209-212쪽. Richard Shusterman, *Pragmatist Aesthetics : Living Beauty, Rethinking Art*, Rowman & Littlefield, 2000. 121-125쪽(번역서 『프라그마티스트 미학; 살아있는 아름다움, 다시 생각해 보는 예술』(김광명·김진엽 역), 예전사, 2002. 162-167쪽).

전문가들만이 예술의 영역을 독점해 버리는 현상이 초래될 수 있는 것이다. 이것은 바로 예술의 권력화, 예술의 이데올로기화 현상과 연결된다.

예컨대 새롭게 개봉된 영화를 접하는 관객들은 소위 영화평론가라 일컬어지는 이들의 평가를 좇아 자신들이 관람할 영화를 선택하게 되고, 또한 영화 감상의 틀조차도 그들이 제안한 방식 그대로를 따르고자 한다. 언론은 그런 현상들을 통해서 빚어진 관객 동원률을 근거로 성공한 영화와 실패한 영화를 구분하기에 이른다. 문제는 이런 상황에서 영화평론가들은 영화라는 예술 장르에서 중심 권력으로 부상하고 있다는 점이다.

이런 문제점에도 불구하고, 예술작품을 해석의 대상으로 간주하는 해석학적 보편주의가 설득력을 얻고 있는 이유는 호소력 때문이다. 이들은 예술작품 자체에 의미를 부여하기보다는 예술작품을 통해서 무엇인가를 얻어내고자 한다. 시대와 사회와 개인이 직면하고 있는 다양한 문제점들을 예술작품을 매개로 해결하고자 하는 것이다. 이들은 예술작품을 통해서 그 사회와 시대와 개인에게 필요한 해답(解答)을, 교훈(敎訓)을 찾아내고자 한다. 때문에 이런 입장은 긴박한 사회 변동기에 보다 큰 반향을 불러일으킬 수 있었다. 우리에게는 1980년대 민중예술 운동이 좋은 예가 된다.

6. '안내자'로서 도슨트, 체험(體驗)의 대상이 된 예술품

한편 예술에 대한 논의, 보다 정확히 말해 예술의 영역을 특정인들(도슨트)에게서 해방시키려는 노력들이 이어졌다. 이들은 예술작품을 해석의 대상으로 간주하지 않고, 체험의 대상으로 간주하였다.[20] 미국의 유명한 여류 예술철학자 손탁(S. Sontag)이 대표적이다. 그녀는 『해석에 반대한다』(1966)에서 예술작품을 해석하려는 이들을 향하여 거침없이 비난을 퍼부었다. 예술작품에 대한 해석 행위는 지식인이 예술에 가하는 복수이고, 예술작품에 가하는 강간행위라는 것이다. 그렇다면 손탁은 왜 예술작품의 해석 행위에 대해 극구 반대하는 것일까?

먼저 손탁은 예술이론에서 예술작품에 대한 해석 행위가 자연스러워진 배경을 밝혀낸다. 예술에 관한 서구의 모든 의식과 반성이 예술을 '모방'이나 '재현'으로 간주했던 그리스 예술이론의 테두리 안에 있었는데, 특히 '형식(形式)'과 '내용(內容)'이 분리되어 있다는 묘한 환상과, 내용은 본질적(本質的)이고 형식은 장식적(裝飾的)이라는 의식이 문제였다는 것이다. 그러니까 '내용'을 지나치게 강조한다는 것은 끝나지 않을, 결코 완성되지 못할 '해석' 작업을 해야 한다는 의미가 되기 때문이다. 이 말을 역으로 생각해 본다면, 예술작품의 내용이 따로 있다

20) 필자는 예술작품의 해석(解釋)의 문제를 '해방'의 측면과 '훼방'의 측면으로 구분하여, 특히 가다머(H. G. Gadamer)와 프라그마티스트(Pragmatist) 간의 해석 논쟁을 발표한 바 있는데, 신응철, 『문화철학과 문화비평』, 철학과현실사, 2003. 제8장 참조 바람. 여기서의 논의도 이 글의 전반적인 토대 위에서 진행되고 있음을 밝혀 둔다.

는 환상을 갖도록 만들어주며, 그로 인해 늘 습관처럼 예술작품을 그러한 방식으로 대하게 되는 결과를 초래하게 된다는 것이다. 손탁의 관점에서 볼 때, 예술작품을 겨냥한 해석이란 작품 전체에서 일련의 요소, 즉 X, Y, Z 따위의 요소를 뽑아내는 것을 뜻한다.

현대 해석학의 논의에서도 여전히 해석자(도슨트)는 예술작품을 그 내용으로 환원시키고, 그 다음에 그것을 해석함으로써 길들인다. 그렇게 해서 해석은 예술을 다루기 쉽고 안락한 것으로 만든다. 이렇게 된다면, 이해한다는 것 자체가 바로 해석하는 것이 된다. 그렇게 하여 해석학적 보편주의자들의 주장이 등장하게 되었다는 것이다. 손탁은 해석학적 보편주의에서 이해가 곧 해석이라고 주장할 때, 그들이 말하는 '해석'은 다름 아닌 작품의 세계, 작품의 의미에 숨통을 조이는 하나의 훼방 행위에 불과하다고 지적한다. 그런 점에서 해석학적 보편주의자들이 말하는 해석이란 지식인이 예술에 가하는 복수이며, 세계에 가하는 복수가 된다. 말하자면, 해석한다는 것은, '의미(意味)'라는 그림자 세계를 세우기 위해 세계를 무력화시키고 고갈시키는 짓이다. 이는 세계를 이 세계로 번역하는 것에 다름 아니기 때문이다.

이런 문제의식을 가지고 손탁은 이제 예술작품은 체험(體驗)의 대상이어야 한다고 주장한다. 체험을 통해서 예술작품의 의미를 해방시켜줄 수 있다는 것이다. 여기서 예술작품의 의미는 그녀가 말하는 예술작품의 투명성(*transparence*) 개념과 밀접한 관련이 있다. 손탁에 의하면 '투명성' 개념은 오늘날 예술비평에서 가장 고상하고 의미심장한 가치이다. 투명성이란, 사물

07

의 반짝임을 그 자체 안에서 경험하는 것, 있는 그대로의 사물을 경험하는 것을 의미한다.[21] 그렇다면 이 일은 어떻게 가능한가? 손탁에 따르면, 오늘날 해석자들(도슨트들)이 초점을 맞추는 것은 예술작품이라는 올가미에 걸려든 '현실'이지, 예술작품이 사람의 마음을 끌어들여 어느 정도 변화를 일으킬 수 있느냐에 있지 않다. 그녀에 따르면 모든 위대한 예술작품은 관조(觀照), 역동적인 관조를 불러일으킨다. 그렇기 때문에 예술작품은 '몰입(沒入)'하는 이에게 총체적이거나 절대적인 권리를 행사한다. 예술작품이 지닌 예술작품으로서의 기능을 인정하고 나면 미적인 것과 윤리적인 것을 분리한다는 것 자체가 무의미하게 된다.

손탁은 예술작품을 우리에게 자양분을 공급하는 양식에 비유한다. 예술작품에 열중하게 되면 틀림없이 세계와 분리되는 경험을 하게 된다. 그러나 예술작품은 그 자체가 마술처럼 우리의 가슴을 설레게 하며, 우리 삶의 본보기로 삼고 싶은 대상, 즉 우리가 더 열린 마음, 더 풍요로워진 정신으로 이 세계에 되돌아 올 수 있게 해주는 대상이 되기도 한다. 중요한 것은 예술작품이 제 아무리 뛰어난 표현력을 갖췄다고 할지라도, 그 성공 여부는 역시 그 작품을 경험하는 이, 즉 감상자의 협력 여부에 달려있을 수밖에 없다. 왜냐하면 '말로 표현된 것' 자체를 이해할 수는 있지만, 지루해지거나 자칫 한 눈을 팔다가 감동 없이 이를 넘겨 버릴 수도 있기 때문이다. 그런 측면에서 손탁은 예술은 '유혹(誘惑)'이지 '강간(强姦)'이 아니라고 말한

21) S. 손탁, 『해석에 반대한다』(이민아 역), 도서출판 이후, 2002. 33쪽. 신응철, 『문화철학과 문화비평』, 철학과현실사, 2003. 213쪽.

다. 예술작품은 도저히 회피할 수 없는 유형의 경험을 제시한다. 그러나 예술은 체험 주체의 공모 없이는 유혹에 성공할 수가 없다. 그 점에서 예술작품은 에로틱한 대상이 된다는 것이다. 중요한 것은 그 에로틱한 대상이 가해 오는 유혹을 우리 자신이 느끼고, 체험하는 일이지, 그 대상을 강간하는 일, 말하자면 작품을 낱낱으로 뜯어내어 짜 맞추는 식의 분석 행위는 무의미하다는 것이다. 그런 의미에서 그녀는 예술에 있어서 필요한 것은 해석학(hermeneutics)이 아니라 성애학(erotics)[22]이라고 말한다.

손탁의 입장을 정리하면, 예술에서의 투명성을 확보하기 위해서는 해석자(도슨트) 자신의 몰입의 과정이 필요하다. 몰입의 과정이 가능한 것은 모든 예술작품이 기본적으로 역동적인 관조를 불러일으키는 어떤 힘을 가지고 있기 때문이다. 이것을 손탁은 예술작품이 가지고 있는 일종의 유혹의 힘이라 말한다. 문제는 기존의 해석학적 보편주의자들의 입장은 이러한 예술작품을 감상하고 이해하는데 있어서 예술작품 속에 드러난 현실, 혹은 어떤 이념 등의 것을 추구하고 그것을 발견하려고 했다는 것이다. 그러다 보니 예술작품에서의 미적인 것/비(非)미적인 것, 윤리적 차원/비윤리적 차원, 예술적인 것/비(非)예술적인 것 등으로 구분하기에 이른다. 그러한 과정이 세분화되고 강조되다 보면, 결국 해석자 자신이 예술작품을 '강간'하는 상황, 그러니까 해석 행위가 해방의 행위가 아닌 훼방의 행위로 귀결되고 만다는 사실을 손탁은 비판하고 있는 것이다. 결국

22) 수잔 손탁(2002), 같은 책, 34-35쪽.

07

손탁이 볼 때 예술작품을 예술작품으로 만난다는 것은 특정한 경험을 얻는 것이지, 어떤 문제의 해답을 듣는 것이 아니다.

7. 예술 對 비예술의 경계

예술작품을 '해석'의 대상으로 보든, '체험'의 대상으로 보든, 어쨌든 양 입장은 예술작품이 지닌 미적 진리의 다양성(多樣性)과 개방성(開放性)을 인정하고 있다는 점에서는 공통적이다. 다만 예술작품을 통해서 우리가 무엇을 볼 것인가? 하는 부분에서는 첨예한 입장 차이가 드러나고 있다. 그러니까 예술작품의 해석이나 체험의 문제를 우리 사회의 문화현실 안으로 확대 적용했을 때에는 두 입장 사이에 심각한 간격이 생겨나게 된다.

예술작품을 통해서 그 의미(意味)를 추구하거나 예술작품이라는 매개(媒介)를 통해서 사회현실을 고발하려는 입장에서 본다면, 예술작품은 항상 분석의 대상, 해석의 대상이 된다. 그 점에서 예술작품은 언제나 어떤 목적(目的)을 가지게 된다. 때문에 작품은 때로는 사회변혁의 촉매제가 되기도 하고, 주체가 되기도 한다. 결국 예술작품은 인간을, 사회를, 환경을 계몽하거나 선도하는 역할을 담당하게 된다.

반면에, 예술작품을 작품(作品)으로서만 보자는 입장이 있다. 더 이상 작품을 해석자, 혹은 감상자의 의도에 따라 갈기갈기 찢어서 마침내 그 작품을 강간해 버리는 것은 예술작품의 의미를 들추어내기보다는 그 의미를 철저하게 왜곡하고 훼방하는 행위라고 강하게 주장한다. 이 입장에서는 다만 몰입의 과정을 통해서 작품을 작품으로서 느끼는 것 자체를 강조한다. 그 대상이 건축이건, 미술이건, 사진이건, 랩 음악이건, 행위예술이건 관계없이 말이다. 이러한 입장에서라면 예술의 모든 장르가 허용될 수가 있다.

종합적으로 살펴보면, 해석학적 보편주의를 비판하는 관점은 기존의 예술제도 자체를 폐기하려는 데 목적이 있기보다 그것을 변형(變形)시키는 데 목적이 있다. 말하자면 예술이라는 박물관을 폐쇄하거나 부수는 것이 아니라, 박물관을 개방시키고 확대하는 데 있다. 이러한 측면에서 볼 때, 손탁이 사용하고 있는 예술 개념에는 전통적인 의미의 고급예술을 넘어서 대중예술을 포함할 수 있는 계기가 있다. 손탁의 예술에 대한 해석은 결국 고급예술이 지닌 고립된 난해성과 절대화된 주장들에 대한 비판일 뿐만 아니라, 고급예술의 산물들과 대중문화의 산물들 사이에 놓인 본질적인 구분 자체를 무력하게 만들어 놓았다. 이것은 또한 대중예술, 혹은 대중문화에 대한 긍정적인 평가를 할 수 있는 계기를 만들어 주었다.

그렇지만 다른 한편에서 우리는 난감한 문제에 직면하게 된다. 바로 예술작품의 역할에 관한 부분에서다. 특별히 예술, 혹은 예술 활동을 청소년들의 교육(教育)과 연계시켜 본다면, 다양한 예술의 장르에서 나타나는 부정적인 현상들(예컨대 선정성, 폭력성, 황금만능주의, 도덕불감증, 생명경시 등)을 어떻게 해결할 것인가의 문제가 바로 그것이다. 나아가 예술의 미래, 문화의 미래에 대해 침묵으로 일관해야 하는가의 문제가 남게 된다.

8. 마무리하며

지금까지의 논의를 정리하면, 해석자로서 도슨트를 바라볼 때, 그는 두 역할을 동시에 가지고 있는 존재이다. 한편으로는 광활한 박물관의 세계에서 관람객에게 길을 터주는 길라잡이 구실을 하기도 하고, 다른 한편으로는 광활한 세계 한 가운데서 길을 잃게 만드는 훼방꾼의 구실을 담당하기도 한다. 그런데 곰곰이 생각해 보면, 이 두 역할이 명확하게 구분되지 않을 수가 있다. 시대적 상황과 문화적 조건에 따라 해석자로서 도슨트에게 요청되는 길은 서로 다를 수 있기 때문이다.

예컨대 계몽(啓蒙)을 강조하는 시대라면 '해석'의 측면을 강조할 것이고, 자유(自由)를 강조하는 시대라면 '체험'의 측면을 강조할 것이다. 문제는 오늘 우리시대의 도슨트에게는 어떤 역할이 요구되는가? 하는 점이다. 일제 강점기를 지나, 조국 분단의 아픔을 겪고, 산업화와 민주화의 시기를 지나온 우리시대, 그리고 지구촌의 다문화 시대를 살아가고 있는 우리시대가 도슨트들에게 요구하는 역할은 어떤 것일까? 아니면, 이러한 역사의식과는 달리, 우리사회 내부에서 벌어지는 갈등들, 예컨대, 보수와 진보의 갈등, 지역과 세대 간의 갈등, 학벌의 갈등을 겪고 있는 우리시대가 도슨트들에게 요구하는 역할은 어떤 것일까? 그 물음에 대한 궁극적인 판단은 결국 도슨트 스스로 내릴 수밖에 없다. 도슨트 자신의 역사의식과 시대의식, 나아가 전문가적 자질과 역할이 중요시되는 이유가 바로 거기에 있다.

해석(자)의 위상 문제는, 박물관·미술관의 도슨트에 국한된 논의처럼 보이지만, 따지고 보면, 해석학의 영역에 한정된 것이 아니라 정치의 영역과 교육의 영역을 넘나드는 주제라 할 수 있다. 그러기에 우리는 도슨트, 해석자, 정치지도자, 교육자에게서 그들의 공통된 역할을 어렵지 않게 발견할 수가 있는 것이다.

07

Chapter

08

사랑만 있으면 되는가?*

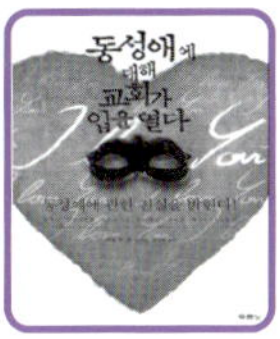

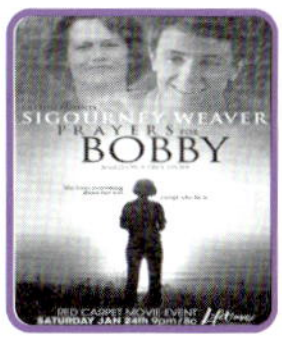

* 이 논문의 초고는 한국사회역사학회 2007 추계 학술대회(주제 : 한국사회와 문화적 세계화/2007.11.16. 이화여대 다락방)에서 발표되었으며, 이후 「다문화 현상 : 바라보기, 해석하기, 수용하기-동성애 찬반 논쟁을 중심으로」『철학탐구』 23집(중앙대철학연구소, 2008.5)에 수록된 것임을 밝혀둔다.

1. 들어가는 말 : 생활세계로서 多文化

2000년 이후 최근까지 우리 농촌지역에서 벌어지고 있는 여러 현상들 가운데 우리의 관심을 끌고 있는 것은 多文化 문제이다. 농촌지역의 남성들과 중국이나 베트남을 비롯한 동남아시아 지역의 여성들 간의 국제결혼이 거의 일상적인 일이 되고 있다. 농촌지역에서 시작된 이런 일들은 그들의 2세가 출생하면서 자녀교육의 문제, 언어생활과 생활방식의 문제 등 그들의 한국사회 적응의 문제가 서서히 고민거리로 등장하게 되었다. 이런 여러 문제들의 원인은 한마디로 다문화 현상에서 비롯된 것이라 말할 수 있다. 비단 농촌지역이 아니더라도, 우리 사회는 통신매체나 교통수단의 급속한 발달로 세계 각국의 문화를 실시간으로 공유하는 이른바 다문화 시대를 맞이하게 되었다.

이 글은 다문화 시대를 살아가고 있는 오늘 우리가 다문화 현상을 어떻게 바라보아야 할 것인지에 대해 논의하고자 한다. 특히 다문화 현상을 그저 '바라보는' 차원, 혹은 '해석하는' 차원에만 머무르는 것이 아니라, 우리의 생활세계의 일부분, 혹은 우리 사회 공동체의 한 구성원이 되도록 하기 위해 그것 혹은 그들을 '수용하는' 차원에 대해 논의하고자 한다. 이를 위해서 필자는 다문화 현상의 한 예로서 '동성애' 문제에 주목하였고, 우리 사회, 특히 기독교에서 벌어지고 있는 동성애 관련 찬·반 논쟁을 살펴보고자 한다. 동성애 문제를 바라보는 상반된 입장을 통해서, 궁극적으로는 다문화를 이해하고 수용하는 일이 얼마나 어려운 과정인지를 다시 한 번 확인하고, 나아가 그럼에도 불구하고, 다문화를 수용하고 보듬을 수 있는 길을 모색해 보려는 것이다.

이런 관점에서 이 글은 우선 '동성애' 논의의 찬·반 논쟁의 근거가 되고 있는 성서에 주목할 것이다. 성서에서의 동성애 장면을 확인해 보고, 동성애에 대한 해석상의 관점에 따라 비판론자와 옹호론자의 입장을 살펴보고자 한다. 그리고 이와 연관하여 동성애에 대한 한국 기독교계의 일반적인 입장도 확인하도록 한다. 그런 다음, 다문화 현상을 바라보는 오늘 우리 사회의 모습을 '우리' 對 '그들'의 입장에서 살펴보고, 다문화 시대에 요청되는 지혜로운 삶의 방식에 대해 생각해 보고자 한다.

이제 이러한 논의를 시작하기에 앞서서 필자는 다음의 두 가지를 미리 밝혀두고자 한다. 첫째, 다문화 시대에 우리들에게 요청되는 자세는 문화갈등의 관점이 아니라 문화공존의 관점이어야 한다는 점이다. 둘째, 동성애 찬반 논쟁의 준거로 사용된 성서의 해당 부분에 대한 해석과 관련하여, 이들 해석의 신학적 타당성의 문제는 교단과 교파에 따라 다르기 때문에 필자의 연구 영역이 아님을 밝혀둔다. 이 부분은 관련 학회에서 신학적으로 해명할 문제라고 여겨진다. 그렇기에 이 글은 다문화 현상을 문화공존이라는 관점에서 접근하고 있으며, 특히 동성애 문제를 다문화 현상의 한 예로 간주하고, 이에 대한 문화비평의 관점에서 다루고 있음을 말해두고자 한다.

2006년에 발간된 잡지 『문화매거진 오늘』에 다원주의 사회와 기독교와의 관련성에 대한 흥미로운 기사가 게재된 적이 있었다.

다원주의 사회에서 기독교는 절대적 가치를 외친다. 기독교는 '무엇이든 네가 원하고 바라는 것이면 옳다'라고 말하지 않는다. 모든 판단의 마지막 권위가 인간 자신에게 있다고 여기지 않는다. 기독교의 판단 근거는 하나님의 말씀이다. 포스트모더니즘 덕분에 복음도 하나의 견해로 존중받는다. 하지만 복음은 하나의 견해 이상이며, 이 세상에 대해 유일한 진리를 말하고 있다. 우리 사회에서 논란이 되는 동성애 문제에 대해서도 기독교의 복음은 절대적 판단 기준을 지니고 있다. 기독교는 죄는 미워하되 죄인은 미워하지 않는다.[1)]

이경직의 윗글에서도 확인할 수 있듯이, 기독교적 신앙이 확고하면 할수록, 다원화된 사회에서 다원적 가치를 인정하기란 대단히 어려운 일이 된다. 그것은 기독교의 유일적 신앙관과 절대적 가치관의 영향 때문이다. 그렇지만 우리의 궁극적 관심은 그럼에도 불구하고 더불어 살아가는 공동체를 꿈꾸고, 그것을 위해서는 서로가 양보(讓步)와 협력(協力)을 아끼지 말아야 한다는 사실에 있다. 그렇다면 다문화 시대를 살아가는 오늘 우리들은 어디까지, 어떤 방식으로 대화할 수 있을까? 이제 이런 의문들을 구체적으로 동성애 문제에 적용하여 논의해 보도록 하자.

2. 多文化 현상의 한 예로서 동성애, 그 찬반 논쟁

한국의 개신교 목회자들은 교단과 교파를 막론하고 자신들의 목회 현장에서 동성애 문제에 대해 하나의 공통된 입장을

1) 이경직, 『문화매거진 오늘』, 2006년 5,6월호.

취하고 있다. 이런 경향은 각 교단 소속의 여러 신학대학 교수들의 저술에서도 공통적으로 나타나고 있다. 그것을 한마디로 표현하면, 동성애를 반대한다는 입장이다. 이런 점에서 한국 사회의 기독교계(적어도 개신교계)는 대단히 보수적 성향을 가지고 있다. 여기서 굳이 '보수적(保守的)'이라는 표현을 쓰는 이유는, 동성애에 대해 긍정적으로 바라본다거나, 아니면 적극적으로 동성애자들에게도 목회자로서의 자격을 부여하고,[2] 나아가 동성애자들만을 위한 교회를 운영하고 있는 미국과 서구의 몇몇 국가에 비추어볼 때,[3] 한국 교회가 상대적으로 보수적인 성향을 가지고 있기 때문이다. 그렇다면 다양한 교단과 교파로 구성된 한국 기독교계가 어떤 이유에서 이와 같이 한 목소리를 낼 수 있었던 것일까?

그 좋은 예 하나가 있다. 2006년 한국 영화 시장에서는 보기

---

2) 최근 미국루터교회(ELCA)가 동성애 성직자를 징계하지 않기로 했다. ELCA는 지난 11일 시카고에서 열린 연례총회에서 동성애 목회자의 성직박탈 금지를 잠정 결정했다고 AP통신 등이 8월 15일 보도했다. ELCA는 교단차원에서 동성애 목회자의 징계여부에 대해 찬반을 물었고 총회 참가 목회자들은 538표 대 431표로 무징계를 지지했다. 이에 따라 ELCA 소속 동성애 목회자는 앞으로 목사 자격을 유지하고 개별교회가 청빙할 경우 설교를 할 수 있다. 필 소시 ELCA 대변인은 "총회는 동성애 목회자를 처벌하지 않기로 했다. 매우 중대한 결의다."라고 말했다(국민일보, 2007.8.15일자 기사).

3) 1999년 프랑스 의회가 동성애 부부를 공인하는 시민연대 협약을 통과시켰고, 2000년 7월에는 미국의 버몬트 주에서 미국 최초의 동성애 부부가 결혼하였으며, 2001년 네덜란드에서는 동성 간의 결혼을 합법화하였다. 그해 캐나다에서는 인구 통계에 동성애 부부 항목을 포함시켰고, 드디어 2004년 미국의 샌프란시스코 시 당국이 동성부부에게 결혼증명서를 발급해 줌으로써 동성 간의 결혼을 인정하는 미국의 첫 사례로 기록되었다(이국헌, 『기독교 윤리학의 이해』, 삼영출판사, 2004. 245쪽).

드문 현상이 일어났다. 이준익 감독의 영화 <왕의 남자>가 관객 천만 명 이상을 동원한 것이다. 수많은 관객들이 관람한 <왕의 남자>는 동성애를 그려내고 있었다. 그 점에서 동성애라는 말은 2006년 한 해 동안 한국 사회의 중요한 문화적 코드가 되기도 했다. 그래서인지 대중매체에서도 동성애자 연예인에 대한 기사가 시청자들의 이목을 사로잡았고, 이와 관련하여 트랜스젠더 연예인에 대한 관심도 고조를 이루었다. 그러자 기독교 관련 문화 단체와 연구자들이 그 영화에 대한 일종의 문화비평을 쏟아 놓았다. 그들의 한결 같은 반응은 영화가 동성애를 미화할 수 있다는 점, 이것이 청소년들의 性 의식에 악영향을 줄 수 있다는 점, 동성애는 궁극적으로 하나님의 창조질서에 역행한다는 논지의 비평이 지면을 온통 장식했다. 이 영화만 놓고 본다면, 외관상 일반 대중들과 기독교인들의 반응은 엇박자의 모습 자체였다.

그렇다면 한국의 기독교인들은 왜 이토록 동성애에 대해 부정적인 입장을 취하는 것일까? 그들의 그런 입장을 가능하게 한 성서적 근거는 무엇일까? 아니 그들이 주장하는 성서적 토대를 반드시 그들처럼 읽어야만 하는 것일까? 이제 성경 본문에 대한 해석학적 논의 속에서 이 문제를 살펴보자.

성경에서 동성애에 관한 언급은 다음과 같은 곳에서 나타난다. ① 구약성서의 소돔 이야기(「창세기」19:1-11)와 기브아 이야기(「사사기」19장), ② 「레위기」의 본문들(18:22, 20:13), ③ 신약성서 「로마서」의 본문(1:26-27), 마지막으로 ④ 바울의 두 서신인 「고린도전서」(6:9-10)와 「디모데전서」(1:8-11)에서 언급되고 있다. 여기 네 곳에서 언급되고 있는 동성애 장면은, 대부분의 복음주의 신학자들 사이에서 통용되는 것처럼, '부정적으로' 해석되고 있다. 한국의 기독교계의 상황도 이런 전통을 뒤따르고 있다고 보면 정확한 표현일 것이다.

그런데 성서에 나타난 동성애 장면에 대해 위와 다른 해석을 하는 이들이 있는데 대체로 동성애를 옹호하는 이들이 거기에 속한다. 교육심리학 및 조직신학 두 분야에서 박사학위를 취득하고 현재 미국 웨스트조지아주립대학교 심리학과 교수인 다니엘 헬미니악(Daniel A. Helminiak)[4]과 정통 신학자 출신의 데릭 셔윈 베일리(Derrick Sherwin Bailey)[5]가 대표적인 이들이다.

이제부터는 성서의 네 부분에 나타난 동성애 관련 장면들을 양 진영에서 어떻게 해석하는지 쟁점을 중심으로 살펴보도록 하자.

1) 구약 「창세기」의 소돔과 고모라 사건과 해석의 문제

성서에서 동성애 장면이 나타나는 첫 번째 경우는 「창세기」 19장 1절에서 11절이다.

---

4) Daniel A. Helminiak, *What the Bible Really Says About Homosexuality*, Millennium Edition, 2000.(『성서가 말하는 동성애-신이 허락하고 인간이 금지한 사랑』(김강일 역), 해울, 2003)에서 동성애에 대해 긍정적이면서 옹호하는 논지의 주장을 펼쳐내고 있다(이후 본문에서는 번역본의 쪽 수를 인용함).

5) Derrick Sherwin Bailey, *Homosexuality and the Western Christian Tradition*(Longmans, Green, 1955).

"날이 저물 때에 그 두 천사가 소돔에 이르니 마침 롯이 소돔 성문에 앉았다가 그들을 보고 일어나 영접하고 땅에 엎드리어 절하여 가로되 내 주여 돌이켜 종의 집으로 들어와 발을 씻고 주무시고 일찍이 일어나 갈 길을 가소서. 그들이 가로되 아니라 우리가 거리에서 경야하리라. 롯이 간청하매 그제야 돌이켜서 그 집으로 들어오는지라. 롯이 그들을 위하여 식탁을 베풀고 무교병을 구우니 그들이 먹으니라. 그들의 눕기 전에 그 성 사람 곧 소돔 백성들이 무론 노소하고 사방에서 다 모여 그 집을 에워싸고 롯을 부르고 그에게 이르되. 이 저녁에 네게 온 사람이 어디 있느냐. 이끌어 내라. 우리가 그들을 상관하리라. 롯이 문 밖의 무리에게로 나가서 뒤로 문을 닫고 이르되, 청하노니 내 형제들아 이런 악을 행치 말라. 내게 남자를 가까이 아니한 두 딸이 있노라. 청컨대 내가 그들을 너희에게로 이끌어 내리니 너희 눈에 좋은 대로 그들에게 행하고 이 사람들은 내 집에 들어왔은즉 이 사람들에게는 아무 짓도 하지 말라. 그들이 가로되, 너는 물러나라. 또 가로되, 이 놈이 들어와서 우거하면서 우리의 법관이 되려 하는도다. 이제 우리가 그들보다 너를 더 해하리라 하고 롯을 밀치며 가까이 나아와서 그 문을 깨치려 하는지라 그 사람들이 손을 내밀어 롯을 집으로 끌어들이고 문을 닫으며 문 밖의 무리로 무론 대소하고 그 눈을 어둡게 하니 그들이 문을 찾느라고 곤비하였더라."(창 19:1-11)

소돔 이야기로 잘 알려진 이 본문에 대해 기독교계에서는 대체로 어떤 해석을 하고 있으며, 통용되고 있을까? 이에 대한 일반적인 입장은 이러하다. 소돔 사람들은 동성애 행위를 하는 죄를 지었고, 비록 그 시도가 실패하기는 했어도 그들은 롯이 자기 집에서 대접하던 두 천사에게까지 그 행위를 하려고 했다는 것이다. 여기에서 영어 단어 sodomy라는 말이 유래하게 되었다.[6] 그리고 Sodomite(소돔 사람)는 항문 성교를 하는 사람

6) John R. W. Stott, *Same-Sex Partnership?*, Zondervan, 1998(『존 스토트

들을 가리키고 있으며, 소돔의 죄는 남성 간의 동성 성교 행위였다고 받아들여지게 되었다. 그리하여 하나님께서 동성 성교 행위 때문에 소돔의 시민들, 곧 소돔 사람들을 단죄하고 벌하셨다고 추측하게 되었던 것이다.7)

이와 같은 일반적인 해석 전통에 대해서 베일리는 『동성애와 서구 기독교 전통』*Homosexuality and the Western Christian Tradition* (1955)에서 다른 입장을 제시한다.

우선 베일리는 위의 인용문에서 소돔 남자들이 "이끌어내라 우리가 그들을 상관하리라(know)"고 한 요구의 의미를 "우리가 그들과 성 관계를 가지리라(have sex with)"라는 뜻으로 이해하는 것은 근거 없는 가정일 뿐이라고 주장한다.8) 왜냐하면 여기서 "알다"라는 의미의 히브리어 yâdá(야다)는 구약성경에 943회 나오는데, 그중에서 육체적인 관계를 의미하는 경우는 10회에 불과하며 그 마저도 이성애자간의 성 관계를 의미할 때에만 사용되었다는 것이다. 따라서 그 구절은 "우리가 그들과 알고 지내려고 한다"로 해석하는 쪽이 더 낫다고 그는 주장한다. 그렇게 되면 그 소돔 사람들의 폭력은, 롯이 이방인의 신분으로 소돔 성에 머무는 주제에 자기 권한을 넘어서는 행동을 한 데 화가 나서 저지른 일이라고 이해할 수 있게 된다. 롯은 "적대적인 의도를 가졌을 수도 있고, 얼마나 신뢰할 수 있는 사람들인지 검증도 되지 않은"9) 두 명의 이방인을 자기 집으로 맞아들

의 동성애 논쟁-동성 간 결혼도 가능한가?』(양혜원 역), 홍성사, 2006. 이후 번역본 쪽 수를 기입), 19쪽.

7) Daniel A. Helminiak, 같은 책, 40쪽.

8) 참고로, The New King James Version의 『한·영 성경전서』(1982)에는 '상관하리라'를 'we may know them *carnally*'로 옮겨놓고 있다.

였던 것이다. 그럴 경우, 소돔의 죄는 사적인 영역인 롯이 가정을 침해하고 손대접이라고 하는 고대의 규칙을 무시한 것이 된다. 롯은 그 남자들에게 "이 사람들은 내 집에 들어왔은즉" 그런 요구를 그만두라고 간청했다.

또한 베일리는 구약성서 어디에서도 소돔이 벌을 받아야했던 죄의 성질이 동성애와 관련된 것이라는 암시는 없다고 주장한다. 그 대신 이사야는 소돔의 죄가 '위선'과 '사회적 불의'였다고 간접적으로 말하고 있으며(이사야 1:10 이하), 예레미야는 '간음'과 '사기'와 사회에 만연한 '사악함'을(예레미야 23:14), 에스겔은 '교만'과 '욕심'과 '가난한 자에 대한 무관심'을(에스겔 16:49 이하) 꼽고 있다고 지적한다. 그래서 베일리는 역사적 사실의 차원에서건, 계시된 진리의 차원에서건, 소돔 성과 그 이웃 주민들이 동성애 행위로 인해 멸망당했다고 믿을 이유는 하나도 없다고 주장한다.[10)]

베일리와 비슷한 맥락에서 헬미니악도 '소돔의 죄'의 핵심에 대해 말하고 있다. 롯이 살았던 사회의 기본 규칙은 나그네들을 친절히 대접하는 것이다. 전통적인 셈 문화와 아라비아 문화에도 똑같은 규칙이 있었다고 한다. 이 규칙은 매우 엄격해서 심지어 하룻밤을 묵는 사람이 적(敵)이라 할지라도 해치지 않았다. 따라서 롯은 그가 이해했던 대로 하나님의 법을 따르며 옳은 일을 하려고 했기 때문에 손님들이 소돔 사람들에게 학대당하도록 내어주지 않았다. 이렇게 본다면, 결국 소돔의 죄란 이방인들을 '학대'하고 '모욕'한 죄다. 나그네들을 욕보인

9) Derrick Sherwin Bailey, 같은 책, 4쪽.
10) Derrick Sherwin Bailey, 같은 책, 27쪽.

죄이며, 궁핍한 사람들을 '냉대'한 죄이다. 이것이 본래의 역사적 맥락을 따라 이해한 소돔 이야기의 요점이라고 헬미니악은 주장한다.[11]

헬미니악의 관점에서 보면, 소돔 이야기의 핵심은 '성(性)윤리'에 있지 않다. 소돔 이야기가 남의 집 대문을 두드리는 이야기가 아니듯이 성 행위에 관한 이야기도 아니다. 소돔 이야기에서 '섹스'와 '문 두드리기'는 둘 다 이야기의 주된 요점에 부수적인 내용일 뿐이다. 어떤 형태를 취하든 간에 '학대'와 '폭행'이 요점이다. 그러므로 이 본문을 가지고 동성애를 단죄하는 것은 본문을 오용하는 것이라고 헬미니악은 강하게 반발한다.[12] 그러면서 헬미니악은 예수께서도 「마태복음」 10장 5절부터 15절에서 소돔을 인용한 적이 있음을 지적한다. 이 부분에서는 하나님의 사자들을 거부하는 것이 쟁점이었는데, 위의 「마태복음」의 구절과 소돔 이야기 사이의 유사점이 있다면, 그것은 바로 나그네를 거부하는 '닫힘 마음', 즉 하나님의 사자들을 환영하지 않는 '사악함'이었다고 헬미니악은 주장하고 있다.[13]

2) 구약 「레위기」의 본문 두 곳과 해석의 문제

구약성서에서 동성애 부분이 언급된 두 번째 부분은 「레위기」 18장 22절과 20장 13절이다.

---

11) Daniel A. Helminiak, 같은 책, 42쪽.
12) Daniel A. Helminiak, 같은 책, 44쪽.
13) Daniel A. Helminiak, 같은 책, 48쪽.

"너는 여자와 동침함 같이 남자와 동침하지 말라 이는 가증한 일이니라."(레 18:22)

"누구든지 여인과 동침하듯 남자와 동침하면 둘 다 가증한 일을 행함인즉 반드시 죽일지니 자기의 피가 자기에게로 돌아가리라."(레 20:13)

방금 인용한 「레위기」의 두 본문은 '거룩'에 관한 규례에 나오는 부분이며, 이 규례는 「레위기」의 핵심으로서 하나님의 백성에게 하나님의 법을 따르고 그들이 살던 애굽이나 하나님이 그들을 데려다 놓으신 가나안 지방의 관습을 따르지 말 것을 요구하고 있다. 여기서 그들의 관습이란 금지된 성 관계의 종류, 여러 가지의 성적 일탈, 유아를 제물로 바치는 행위, 우상 숭배 그리고 갖가지 사회적 불의 등을 말한다.[14]

이제 두 본문에서 동성애와 관련해 쟁점이 되는 부분을 살펴보자. 먼저 피터 콜먼(Peter Coleman)은 『동성애에 대한 기독교인의 태도』*Christian Attitudes to Homosexuality*(1980)에서 "가증스러운", 혹은 "혐오스러운"으로 번역되어 있는 단어[15]는 원래 '우상 숭배'와 연관되어 있다고 주장한다. 영어에서 그 단어는 혐오감 혹은 비난을 의미하지만, 성서에서는 주로 그 의미가 도덕이나 미학보다는 종교적 진리와 연관되어 있다는 것이다.[16]

---

14) John R. W. Stott, 같은 책, 22쪽.
15) 참고로, The New King James Version의 『한·영 성경전서』(1982)에는 '가증한 일'을 'abomination'으로 옮겨놓고 있다.
16) Peter Coleman, *Christian Attitudes to Homosexuality*, SPCK, 1980. 49쪽.

08

그렇기 때문에 「레위기」의 본문들은 이미 사라진지 오래된 종교적 관습을 금지하고 있는 것이며, 오늘날의 동성애 관계와는 아무런 관련성이 없다는 것이다.[17] 여기에서 한 가지 흥미로운 점은 동성애 옹호론자인 베일리는 "「레위기」의 두 율법 모두는 의식(儀式)이나 종교의 이름으로 행해지는 행위가 아니라, 두 남자간의 일반적인 동성애 행위를 말하는 것임에는 의문의 여지가 거의 없다"고 말함으로써, 다른 동성애 옹호론자들과는 이견을 보인다는 점이다.

한편 헬미니악은 「레위기」에 사용된 '망측한 짓'(가증스러운 일)에 해당되는 말은 히브리어의 toevah를 번역해 놓은 것이다. toevah는 '부정함', '불결함', '더러움'으로 번역될 수 있다고 한다. 문화적으로나 종교 의식적으로 금지된 것을 나타내는 '금기(禁忌)'로 번역이 된다. 헬미니악에 따르면, 성서의 저자들이 다른 의도가 있었다면 보다 분명한 의미를 지닌 히브리어 단어인 zímah를 쓸 수 있었을 텐데, 이것 대신 toevah를 사용한 것에 주목한다. zímah는 종교적 이유나 문화적 이유로 반대할 만한 것이 아니라 그 자체로 잘못된 것을 뜻한다. 그것은 불의 곧 죄라는 뜻이다.

그러나 분명히 「레위기」에서 남자가 다른 남자와 동침하는 것을 죄라고 말하지 않았다. 「레위기」에서는 그것이 종교 의식적인 위반, 곧 '부정함'이라고 말한다. 그것은 '더러운' 짓이다. 이 사실은 우연한 것이 아니다. 구약성서를 고대 그리스어로 번역한 『70인역 성서』에 보면 이 사실이 더욱 확실해진다.[18]

---

17) John R. W. Stott, 같은 책, 24쪽.
18) Daniel A. Helminiak, 같은 책, 74쪽.

『70인역 성서』에는 「레위기」18장 22절의 히브리어 단어 toevah가 bdelygma로 번역되어 있다. 이 그리스어는 종교 의식의 위반을 뜻한다. 결국 「레위기」에서의 단어는 윤리적 함축이 들어있는 용어가 아닌, 문화적이고 종교적인 함축이 든 용어일 뿐이다. 그렇기 때문에 동성 성교 행위나 일반적인 동성 성교 행위의 도덕성에 관해서는 아무런 진술을 하지 않고 있다. 이것들은 분명 구약성서의 관심사가 아니었다는 것이다. 동성애자의 섹스가 옳은지 그른지의 오늘날의 윤리적 질문에 대한 대답으로 「레위기」를 인용하는 것은 성서를 오용하는 것이라고 헬미니악은 주장한다.[19] 그리고 헬미니악은 동성애를 바라보는 현재의 관습에는 분명히 광범위한 무지와 방임적 편견, 노골적인 불의가 포함되어 있다고 파악한다. 그래서 이것을 반드시 뒤집어서 그 영향력을 극복하고자 하는 것이다.

> 그것들은 단순히 해롭지 않는 관습의 문제이거나 사람들이 선호하는 에티켓 규칙과 훌륭한 취향의 문제가 아니다. 그것들은 개인적으로나 사회적으로나 파괴적인 인습이다. 오늘날 우리가 「레위기」에서 얻을 수 있는 교훈은 진정한 그릇됨과 단순한 금기의 차이를 인식하고 적절한 방식으로 각자를 존중하라는 것이다.[20]

19) Daniel A. Helminiak, 같은 책, 77쪽.
20) Daniel A. Helminiak, 같은 책, 78-79쪽.

3) 신약 「고린도전서」와 「디모데전서」에서의 바울의 관점과 그 해석의 문제

신약성서에서는 사도 바울에 의해 동성애 부분이 언급되고 있는데, 먼저 「고린도전서」 6장 9절~10절과 「디모데전서」 1장 10절에 나타난다.

> "불의한 자가 하나님의 나라를 유업으로 받지 못할 줄을 알지 못하느냐. 미혹을 받지 말라. 음란 하는 자나 우상숭배 하는 자나 간음하는 자나 탐색하는 자나 남색 하는 자나 도적이나 탐람하는 자나 술 취하는 자나 후욕하는 자나 토색하는 자들은 하나님의 나라를 유업으로 받지 못하리라."(고전 6:9–10)

> "음행하는 자며 남색 하는 자며 사람을 탈취하는 자며 거짓말하는 자며 거짓 맹세하는 자."(딤전 1:10)

이 두 부분은 사도 바울에 의해 제시된 목록, 즉 하나님 나라와 양립할 수 없고, 율법이나 복음과도 양립할 수 없다고 주장하는 추한 죄의 목록들이다. 이런 죄를 범하는 사람 중 한 무리는 malakoi(말라코이)라고 부르고, 또 다른 무리는 두 본문 모두에서 arsenokoitai(아르세노코이타이)라 불리고 있다. 여기서 논의의 핵심은 malakoi와 arsenokoitai라는 용어의 해석에 달려있다. 동성애 옹호론자들은 malakoi는 분명히 동성 성교를 가리키지 않는다고 주장한다. 그리고 arsenokoitai는 어떤 식으로든 남성 간 성행위를 가리키는 언급일지 모르지만, 설사 그렇다하더라도 그것은 자유분방하고 음란하며, 무책임한 남성

간의 성 행위를 단죄하는 것이지, 전반적인 동성 성교를 단죄하는 것은 아니라는 것이다.[21]

다시 되돌아와서 malakoi와 arsenokoitai의 해석과 관련하여 이 단어의 번역의 과정을 살펴볼 필요가 있다. 1952년 『개정판 표준 영역 성서』Revised Standard Version은 「고린도전서」 6장 9절에 나오는 위의 두 단어가 결합하여 '동성애자'(homosexuals)로 번역되어 있다. 이 두 단어가 homosexuals로 사용됨으로써 생겨나는 문제는 아주 심각하다고 베일리는 지적한다. 즉 '동성애 성향'을 가지고 태어난 사람의 경우, 그가 도덕적으로 흠잡을 데 없는 사람이라 할지라도 자동적으로 불의한 사람으로 분류되어 하나님의 나라에서 제외된다고 주장하는 근거가 되어버렸다.[22] 한편 1977년 『개정판 표준 영역 성서』는 그 두 단어를 'sexual perverts'(변태 성욕자, 혹은 성도착자)로 번역하였다. 그리고 1989년 『새 개정판 영역 성서』New Revised Standard Version에서는 'male prostitute'(남창들)와 'sodomites'(남색 하는 자들)로 나누어 번역하였다. 그 이후의 다양한 현대의 번역본들에서는 그 단어들이 각기 다르게 번역되고 있는데, 먼저 arsenokoitai는 '동성연애자', '남색 하는 자', '아동 성 범죄자', '변태', '변태 동성애자', '변태 성욕자', '파렴치한 습관을 가진 자'로 번역되고 있다. 그리고 malakoi는 '미동(美童)', '계집애처럼 유약한 자', '소년 남창', '여성스러운 남자'로 번역되고 있다. 그러다가 1985년 『새 예루살렘 영역 성서』New jerusalem Bible에서는 '방종한 자'로 번역되어 있다. 그런데 16세기 종교

21) Daniel A. Helminiak, 같은 책, 149쪽.
22) Derrick Sherwin Bailey, 같은 책, 39쪽.

개혁 때까지, 그리고 로마 가톨릭에서는 20세기까지 malakoi는 '수음하는 자'를 뜻한다고 여겨졌다. 이렇듯, 성서에 사용된 이들 단어의 의미는 늘 변화되어 왔다는 사실을 확인할 수가 있다.[23]

이런 사실을 통해서 동성애 옹호론자들은 malakos(malakoi의 단수형)는 결코 동성 섹스 행위를 가리키지 않는다고 간주한다. 「고린도전서」 6장 9절은 malakos라는 말로 도덕적 해이와 절제되지 않은 일반적인 행동들을 단죄할 뿐이다. 그런 면에서 malakos를 '방종한 자'로 번역하고 있는 『새 예루살렘 영역 성서』가 정확한 의미를 제시한다고 그들은 판단한다.[24] 다음으로 동성애 옹호론자들은 arsenokoitai라는 이 말은 기원후 1세기에 그리스어를 쓰는 유대-그리스도교에서 남자들 사이의 착취적이고 음탕하며 방자한 섹스를 가리키는 용어로 사용되었다고 파악한다. 그러므로 성서의 구절들이 반대하는 내용 역시 남성 사이에서 일어나는 성 행위 전체가 아니라 바로 그러한 동성애의 '남용(濫用)'에 대한 반대라는 것이다. 성 문제 전반에 걸쳐서 성서가 요구하는 것은 상호 존중과 보살핌, 책임 있는 나눔이다. 이 점이 「고린도전서」와 「디모데전서」에서 얻을 수 있는 진정한 교훈들이라고 이들은 생각한다.[25]

---

23) Daniel A. Helminiak, 같은 책, 152쪽.
24) Daniel A. Helminiak, 같은 책, 156쪽.
25) Daniel A. Helminiak, 같은 책, 167쪽.

4) 신약 「로마서」에서의 바울의 관점과 그 해석의 문제

마지막으로 동성애 부분은 신약성서 로마서 1장 26절~27절에 나타난다.

> "이를 인하여 하나님께서 저희를 부끄러운 욕심에 내어버려 두셨으니 곧 저희 여인들도 순리대로 쓸 것을 바꾸어 역리(逆理)로 쓰며 이와 같이 남자들도 순리대로 여인 쓰기를 버리고 서로 향하여 음욕이 불 일 듯하매 남자가 남자로 더불어 부끄러운 일을 행하여 저희의 그릇됨에 상당한 보응을 그 자신에 받았느니라."(롬 1:26-27)

이 부분은 사도 바울이 당시 그리스 로마 사회에서 우상을 숭배하는 이교도들을 묘사한 대목이다. 그들은 창조된 세계를 통해서 하나님에 대한 지식이 어느 정도 있었고, 나름의 도덕적 감각도 있었지만 그들은 사악한 일들을 행하기 위해 자신이 알고 있는 진리를 억압했다. 하나님께 합당한 영광을 돌리는 대신, 우상을 숭배했고, 하나님과 피조물을 혼동했다. 그들에 대한 심판으로서 하나님은 그들의 타락한 생각과 퇴폐적인 관습을 내버려 두셨고, 그러한 관습에는 '부자연스러운' 성 관계도 포함되어 있었다. 이와 같은 해석이 기독교계의 일반적인 경향이다.

그런데 이런 해석에 대해서 동성애 옹호론자들은 견해를 달리한다. 먼저 사도 바울이 오늘날 '역리적 성향'(동성애 성향을 지닌 사람)[26]과 '역리적 행위'(이성애 성향을 가지고 있으면서

---

26) 참고로, The New King James Version의 『한·영 성경전서』(1982)에는 '역리로'를 'against nature'로 옮겨놓고 있다.

동성애 행위에 탐닉하는 사람)가 별개라는 사실을 전혀 모르긴 했지만, 여기서 그가 정죄하고 있는 것은 후자이지 전자가 아니라는 점을 이들은 강조한다.[27]

그 점에서 사도 바울은 하나님의 심판으로 '내버려두신' 사람들의 무모하고 뻔뻔하고, 방탕하고, 난잡한 태도를 묘사한 것이다. 그렇다면 이 부분은 서로 헌신하고 사랑하는 동성애 관계와는 아무런 관련이 없게 되는 셈이다.[28]

이런 관점에서 헬미니악은 신약성서가 성결(聖潔)에 관한 관심사나 그 밖의 관심사들을 이유로 동성 간 성행위 자체를 단죄하지는 않았으며, 단지 동성 간 성행위에 수반될 수도 있는 학대와 착취를 금지하는 데 오히려 관심이 있었다고 결론짓는다.[29]

3. 다문화 수용하기, 멀고도 힘든 길

우리는 지금까지 다문화시대의 한 현상으로서 동성애에 대한 찬·반 논쟁을 살펴보았다. 확실한 사실은 한국의 개신교 교회 및 신학교에서는 동성애 문제를 부정적으로 바라보고 있으며, 그런 관점에서 그것을 여전히 죄(罪)의 범주에까지 포함시키고 있다는 사실이다. 일례로서, 개신교 합동 측의 대표적인 교회중의 하나인 사랑의 교회 원로목사 옥한흠,[30] 장신대 기독

27) John R. W. Stott, 같은 책, 25쪽.
28) John R. W. Stott, 같은 책, 26쪽.
29) Daniel A. Helminiak, 같은 책, 91쪽.
30) 옥한흠은 이렇게 쓰고 있다. "내가 귀국하던 1978년 미국의 모 장로 교

교윤리학 전공의 임성빈,[31] 감신대 기독교윤리학 전공의 박충구,[32] 그리고 삼육대 교회사 전공의 이국헌,[33] 백석대 기독교 철학 전공의 이경직[34]이 대표적인 경우다. 학계와 교계에 두텁

단에서는 동성연애를 합법화시키자는 안건을 총회에 내놓아서 매스컴을 흥분시킨 적이 있었다. 나도 그때 라디오 실황을 들으면서 **통탄해 하던 기억이 난다**." 옥한흠, 「크리스천의 성 윤리」, 『현대와 크리스천의 윤리』(홍정길 편집), 도서출판 엠마오, 1987. 17쪽.

31) 임성빈에 따르면, 성서에서는 결혼과 이혼, 매매춘과 동성애가 등장하지만, 다양한 주제들 속에서도 분명한 사실은 성은 남성과 여성으로 구성된 인간의 삶의 형태에 초점을 맞추고 있다는 것이다. 그러므로 **동성애에 대한 성서의 입장은 부정적이라고 말할 수 있다**는 것이다. 임성빈, 『21세기 문화와 기독교』, 장로회신학대 출판부, 2004. 152쪽. 임성빈, 「성경으로 본 동성애」, 『빛과 소금』, 1996년 6월호 참조.

32) 박충구는 이렇게 적고 있다. "근래에 들어서면서 의학적 규명을 통하여 동성애를 개인의 윤리적인 선택이라고 보았던 과거의 이해가 수정되어 일종의 자연적인 성향으로 규명되면서 이성애적 규범만으로 인간의 성윤리를 규명할 수 없다고 보고 있다. **이러한 이해들은 전통적인 성윤리에 신뢰를 두고 있는 기독교인들에게는 충격**이 되고 있다. 이러한 성향은 제도적 성윤리를 넘어서는 윤리적 성윤리를 요청하는 것으로 보여진다." 박충구, 『21세기 문명과 기독교윤리』, 대한기독교서회, 1999. 215쪽. 하지만 박충구는 다른 기독교윤리학자들에 비해 동성애 문제를 이성애 중심의 성윤리가 낳은 폐단의 하나로 본다는 점에서는 상대적으로 차이를 드러내고 있다.

33) 이국헌은 이렇게 말한다. "동성애는 기본적으로 남자와 여자로 창조하신 하나님의 창조의 계획과 그 둘이 한 몸이 되도록 하신 제도가 가지는 **본질적인 목적에 부합되지 않는 것이므로 잘못된 것**이다.", 이국헌, 『기독교 윤리학의 이해』, 삼영출판사, 2004. 253쪽.

34) 이경직은 이렇게 말한다. "동성애가 이성애와 똑같이 사랑의 한 유형이라는 주장이 나오게 된 이유는 무엇일까? 무엇보다도 우리 시대가 포스트모던 시대이기 때문이다. ……이에 제3세계를 중심으로 독립운동이 활발하게 일어나, 나름대로의 고유한 질서와 가치를 인정해주는 다원화 사회로 들어가게 되었다. 이전에는 비정상적이라고 여겨졌던 가치도 하나의 가치로서 인정받는다…… 우리 사회에서 논란이 되는 동성애 문제에 대해서도 기독교의 복음은 절대적 판단 기준을 지니고 있다. 기독교는 죄는 미워하되 죄인은 미워하지 않는다." 이경직, 『문화매거진 오늘』, 2006년 5·6월호.

08

게 퍼져 있는 이러한 견해는 과연 어떤 결과를 초래하였을까? 한마디로 표현하면, 동성애와 동성애자들을 기독교인들과는 구분되는 영원한 '그들', 즉 우리와는 다른 '타자'(他者)로 인정하고 배제하도록 하는 태도를 만들어 놓았다는 사실이다.

사실 동성애 문제의 찬반 논쟁은 성서적 근거에 관한 논쟁 자체도 의미 있는 일이지만, 그보다 앞서서 동성애와 동성애자가 어떤 이유에서 생겨나게 되는지 그 원인에 대한 논의가 이루어져야만 한다. '동성애'(Homosexuality)라는 단어[35)]는 인간

---

35) 동성애를 가리키는 영어 표현은 homosexuality이다. 이 말은 그리스어의 homo(동일)라는 단어에서 기원된 것으로서, 동일한 성에게서 육체적, 감정적 사랑을 느끼는 것을 말한다. 먼저 여성과 여성 사이에 이루어지는 동성애자를 가리키는 말로는 레즈비언(lesbian)이 있다. 이 말은 레스보스(Lesbos)라는 그리스 섬에서 비롯되었는데, 그 곳은 기원전 6세기경 여성간의 사랑을 예찬한 시인으로 유명한 사포(Sappho)라는 한 선생이 젊은 여성들을 위해 학교를 세운 곳이었다. 시간이 흐름에 따라 처음에는 단지 레스보스에 사는 사람들을 의미하던 레즈비언이란 용어가 점차 사포와 그녀의 제자들처럼 다른 여성을 사랑하는 여성을 의미하게 되었다. 레즈비언의 경우 성적 행위에서 남성의 역할을 하는 여성을 '트리베이드'(Tribade), 혹은 '부치'(Butch)라 부르고, 여성 역할을 하는 여성을 '팜므'(Femme)라고 부른다.
그리고 남성 동성애자를 가리키는 말로는 게이(gay)가 있다. 1960년대 후반부터 게이라는 이 말은 동성애자 사회 내에서 공공연하게 호모섹슈얼을 대신하는 용어로 사용되었다. 게이의 경우, 성적 행위에서 여성의 역할을 '페어리'(Fairy), 혹은 '바텀'(Bottom)이라 부르고, 남성의 역할을 '탑'(Top)이라 부른다. 게이라는 말이 미국 사회에서 호모섹슈얼이라는 말을 대신하여 동성애자들 사이에서 쓰이기 시작하여 그 긍정적인 의미를 공유한 것처럼, 한국에서는 '이반'이라는 말이 동성애자를 지칭하는 용어로 정착되어 있다. 이반이라는 말은 1960~1970년대 서울의 낙원동의 동성애자 공동체에서, 일반(一般)이라는 말에 반하여 자신들을 이반(二般, 異般)이라 불렀던 것에서 유래하였다. 그리고 이 말은 점차 1990년대 중반에 이르러 동성애지 인권 운동이 시작될 무렵, 비하적인 의미를 담고 있는 '동성연애자'를 '동성애자'로 바꾸는 언어 교정 작업

이 가지고 있는 성의 여러 차원을 인지할 때 비로소 이해될 수가 있다. 인간의 성은 네 가지의 복합적 차원으로 이루어져 있다. 첫째로 '출생 시의 성'(natal sex), 즉 태어날 때 남자인지 여자인지를 정해 주는 신체적·생물학적 특징, 둘째로 '성 정체성'(sexual identity), 즉 한 사람이 자신을 성적 존재로서 어떻게 보는가 하는 성적 자아 개념, 셋째로 '성 역할'(gender role), 즉 특정한 문화에서 규정하는 사회적 차원의 성적 정체성, 마지막으로 '성적 지향'(sexual orientation), 즉 한 개인이 누구에게 성적 매력을 느끼는가 하는 방향성을 지칭하는 말[36] 등으로 이루어져 있다. 이런 점에서 볼 때, '동성애'는 하나의 '성적 지향'이다. 성적 지향은 크게 '동성애', '양성애', '이성애'의 형태로 나타난다. 개인의 성적 지향이 어떻게 결정되는지에 관해서는 여러 의견들이 있으나, 아주 어릴 적 스스로 인식하기 이전에 확립된다는 데에는 대체로 의견이 일치하고 있는 것으로 보인다.[37]

이와 연관하여 잭 볼스윅과 쥬디스 볼스윅[38]은 『진정한 성-생물

과 함께 폭넓게 알려지게 되었다(에릭 마커스, 『커밍아웃-동성애자에게 누구나 묻게 되는 300가지 질문과 대답-』, 박영률출판사, 2000. 21쪽).

36) Judith K. Bailiwick & Jack O. Balswick, *Authentic Human Sexuality*, Inter Varsity Press, 1999. 잭 볼스윅·쥬디스 볼스윅, 『진정한 성-생물학적, 심리학적, 사회문화적 관점과 성경적 원리의 통합-』(홍병룡 역), IVP, 2002. 21쪽(이후 번역본의 쪽 수를 표기함).

37) Daniel A. Helminiak, *What the Bible Really Says About Homosexuality*, Millennium Edition, 2000. 다니엘 헬미니악, 『성서가 말하는 동성애-신이 허락하고 인간이 금지한 사랑-』(김강일 역), 해울, 2003. 9쪽.

38) Judith K. Bailiwick & Jack O. Balswick, *Authentic Human Sexuality*, Inter Varsity Press, 1999. 잭 볼스윅·쥬디스 볼스윅, 『진정한 성-생물학적, 심리학적, 사회문화적 관점과 성경적 원리의 통합-』(홍병룡 역),

학적·심리학적·사회문화적 관점과 성경적 원리의 통합』*Authentic Human Sexuality : An Integrated Christian Approach*(1999)에서 동성애 현상의 원인을 설명하는 여섯 가지의 모델을 제시한 바가 있다. 사회학습이론의 입장,[39] 신(新)정신분석학의 입장,[40] 생물학적 입장(유전적·체질적·내분비학적·동물 행동학적 입장),[41] 통합모델의 입장,[42] 상호작용적 발달의 입장,[43] 인간 행위자의 입장[44]이 그것인데, 이 중에서 그 어떤 설명 모델도 아직까지 완전하지는 못하며, 따라서 충분한 설득력을 얻고 있지 않다는 것이다.

이상과 같은 여섯 가지 설명 모델들은 크게 보면 사회학습적

IVP, 2002. 21쪽(이후 번역본의 쪽 수를 표기함).

39) Bandura, A., The self system in reciprocal determinism. *American Psychologist* 33(4). 1978. 345쪽. 그리고 Bandura, A., Behavior theory and the models of man. 1974. *American Psychologist* (December). 1974. 865쪽.

40) Bieber, I., *Homosexuality*, New York : Basic Books, 1962. 그리고 Bieber, I., *Psychodynamics and sexual object choices : A reply to Dr. Richard C. Friedman's paper. Contemporary Psychoanalysis* 12 : 1976. 366-369쪽. 그리고 Wolff, C., *Love between women*, New York : St. Martin's Press, 1971.

41) Herrn, R., On the history of biological theories of homosexuality used to justify homosexuality. Special issue : Sex, cells, and same-sex desire : The biology of sexual preference. *Journal of Homosexuality* 28(1-2). 1995. 31-56쪽. 그리고 Dorner, G., Stressful events in prenatal life of biand homosexual men. *Experimental and Clinical Endocrinology* 81. 1983. 83-87쪽.

42) Byne, W., and B. Parsons., Human sexual orientation : The biological theories reappraised. *Archives of General Psychiatry* 50. 1993. 228- 239쪽.

43) Judith K. Bailiwick & Jack O. Balswick,, 같은 책, 104-105쪽.

44) Judith K. Bailiwick & Jack O. Balswick,, 같은 책, 91-107쪽.

관점과 생물학적 관점으로 나눌 수 있다. 동성애를 반대하는 기독교계에서는 대체로 사회학습적 관점을 지지하고, 동성애 옹호론자들은 생물학적 관점을 지지하고 있는 추세다. 그러니까 한 개인의 성적 지향이 하나님의 창조 사건 속에서 생물학적(유전적, 체질적, 내분비학적, 동물 행동학적 입장)으로 이미 결정되어 있다면, 그 개인은 그러한 삶의 방식(동성애 성향)을 좇아가는 것이 스스로에게 자연스러운 일이다. 이와 달리, 한 개인의 성적 지향이 사회학습적 관점에 따라 결정된다면, 성적 지향 자체보다는 성적 지향을 발휘했을 때 부딪히는 결과들에 대해서는 본인 스스로가 책임을 져야 한다는 말이 된다.

이런 차원에서라면 동성애 문제에 접근하는 방식은 그야말로 '관점의 차이', '세계관의 차이', '인생관의 차이'에 따라 달라진다. 따라서 필자가 볼 때, 기독교계에서 동성애 문제를 해결할 수 있는 아주 확실한 길은 과학기술이 고도로 발달하여 인간의 유전자 지도가 완성되고, 적어도 성적 지향에 대한 유전자 지도까지도 확인될 수 있는 그 시대에나 가능하게 될 것이다. 그때까지는 서로의 입장 차이만이 강조될 뿐이다. 결국 각자 "우리의 입장", 혹은 "그들의 입장"만을 주장할 뿐, 타협이나 합의는 어디에서도 찾아보기 힘든 상황이 펼쳐질 것이다. 포스트모던으로 대변되는 오늘날에조차도 기독교계에서는 여전히 '절대적' 가치만을 강조하고 있고, 다른 한쪽에서는 '다원적' 가치만을 강조하는 현상이 재연되고 있을 뿐이다.

4. 나가는 말 : 다문화, 바라봄에서 포용함으로

이런 현실 앞에서 기독인들에게 요청되는 자세는 어떤 것이 있을까? 나아가 다문화 현상을 접하는 일반 대중들에게는 어떤 자세가 요청되는 것일까? 나는 이 물음에 대한 좋은 안내를 2007년 한 일간지에 게재된 김용석의 칼럼에서 찾아보았다.

> 차별을 고발함과 동시에 그것을 해결할 실마리를 잡기 위해서는, 타인을 인간적으로 대하는 것을 넘어서 '한 사람'으로 대해야 한다. '한 사람'이라는 친밀한 인식과 구체성을 가져야만, 타인의 문제, 곧 너의 문제를 나의 문제로 삼을 수 있다. 이것은 인권의 문제를 사랑의 차원으로 이끄는 일이다. 사랑하는 사람은 항상 상대를 '한 사람'으로 본다.(중략) 그래야만 그에게 '사회가 지어준 이름'인 장애우, 트랜스젠더, 빈자, 수입 노동자, 흑인, 백인 등의 껍질을 벗겨 버리고 만날 수 있다. 장애우의 문제를 해결하기 위해서라든가 트랜스젠더의 문제를 해결하기 위해서라고 인식하기 이전에, '한 사람'의 문제를 바로 해결하기 위해서라는 마음이 필요한 것이다.[45)]

위에서 인용한 이러한 마음의 자세를 가리켜 김용석은 진정한 '인권 감수성'이라 말하고, 이것이 우리들 자신에게도 엄청난 윤리적 가치를 지닌다고 밝히고 있다. 그렇다면 그가 말하는 인권 감수성이란 무엇일까? 그에 따르면, 윤리란 사회적 불순물을 정화하는 가운데서 드러나는 인간의 의미이다. 고인 물이 되어버린 관습, 편견, 선입견, 고정관념들을 떨쳐 버리고 '의식의 알몸되기'를 시도하는 과정에서 비로소 우리는 도덕적

45) 김용석, 「김용석의 대중문화로 철학하기」 중, "차별 해소? 의식의 껍네기를 벗어던지라". 한겨레신문, 2007년 8월 4일(토). 15면.

으로 된다는 것이다. 이것은 모든 틀과 모든 색깔과 모든 덧붙임과 모든 사회적 이름과 훈장을 떨쳐 버리고 나의 알몸을 발견하는 일이기도 하다. 그렇게 하면 나는 네게 덧씌워진 것이나 네게 색칠된 것이 아닌, 너의 황홀 그 자체를 볼 수 있다. 그런 점에서 윤리란 자기 주체화 작업이자, 동시에 타자의 주체화 작업인 것이다. 바로 여기에 차별을 넘어서는 윤리적 가치가 있다고 김용석은 강조하고 있다.46)

김용석의 이러한 표현을 굳이 빌리지 않더라도, 다문화시대를 살아가는 오늘 우리는 늘 '정상(正常)'과 '비정상(非正常)'의 사이에서, 다수(多數)와 소수(少數) 사이에서, 보편(普遍)과 특수(特殊) 사이에서 고민하고 선택을 강요받는다. 언제나 고민의 해결책은 기준과 잣대를 무엇에 두느냐 하는 점에 있다. 한 때 우리 대중가요 가운데 "내 님의 사랑은"이 1970년대 후반에 크게 인기를 얻은 적이 있었다. 그 노래를 부른 여러 가수들 가운데 "따로또같이"라는 팀이 있다. 나는 여기서 "따로또같이"라고 하는 표현과 그 의미하는 바가 다문화시대를 살아가는 오늘 우리들에게 긴요하게 요청되는 자세가 아닐까 생각한다. 피부색에 대해, 문화에 대해, 가치에 대해, 종교에 대해, 서로의 다름을 인정하는 태도, 그러한 인정(認定)이야말로 문화공존의 첫 디딤돌이 된다고 판단한다. 서로의 다름을 인정한다는 것은 차이를 받아들인다는 뜻이다. 차이를 수용한다는 것은 타자에 대해 배제(排除)와 차별(差別)을 가하지 않는 것이며, 그리하여 그것은 타자와의 연대(連帶)와 상생(相生)을 앞

46) 김용석, 같은 글.

당길 수 있는 지름길이 된다. 이것이 우리가 "따로또같이"의 방식에 주목하는 진정한 이유이다.

Chapter
09

종교의 기능과 역할은 무엇일까?*

법정스님
(1932–2010)

포이에르바하
(1840–1872)

* 이 글은 「신화·종교·정치, 그 뒤얽힘에 대하여-카시러의 종교·정치비판을 중심으로」, 『철학논총』 63집(새한철학회, 2011.1)에 수록된 것임을 밝혀둔다.

1. 시작하는 말

우리가 서양의 사상사를 배우다 보면 흥미로운 사실 하나를 알 수 있다. 인간의 정신은 뮈토스(Mytos)에서 로고스(Logos)로 이행하였고, 뮈토스적 사유를 벗어나 로고스적 사유를 함으로써 비로소 인류는 합리화의 세계, 과학의 세계에 발을 내딛게 되고 이것이 궁극에는 인간의 문화 발전의 초석이 되었다는 것이다. 이때 뮈토스는 로고스에 비해 열등한 요소며, 부정적인 요소로 그려지고 있다. 인류 역사의 기나긴 여정을 회고적으로 설명한다면 그러한 설명 방식이 일견 타당해 보일 수도 있다. 그런데 우리가 약간의 의문을 가지고 인류의 역사를 들여다본다면, 다시 말해 인간의 삶, 혹은 문화가 과연 뮈토스적 사유에서 로고스적 사유로 이행한 결과의 측면에서 바라보아야 하는지 의문을 갖게 되면, 우리는 의외의 사실을 발견할 수도 있게 된다. 그러니까 여기서 필자는 인간의 문화적 삶에서 뮈토스와 로고스의 관계가 '선후의 관계'라기보다는 '뒤얽힘의 관계'라는 사실에 주목하고자 한다. 원시인의 삶에서나 현대인의 삶에서도 이러한 뒤얽힘의 관계는 공통적으로 나타나고 있다고 필자는 파악한다. 그렇기에 우리는 현대인의 삶 속에서도 여전히 뮈토스적 사유, 즉 신화적 사유를 들추어낼 수가 있다.

흄(D. Hume. 1711-1776)의 관점에서 볼 때 인간은 본래 추상적인 이성에 복종하는 것이 아니라 욕망과 정열에 복종한다. 욕망과 열정이야말로 최초의 종교적 관념들의 원천이기도 하다. 종교적 관념들은 '이성적 사유'나 '도덕적 의지'의 자식들이 아니요, 따라서 이것들로부터 그들이 존속하는 데 필요한 영양분을 공급받지도 않는다. 인간을 맨 먼저 신앙에로 이끌어 가고 또 꾸준하게 이 신앙에 붙들어 매어두는 것은 '희망'(希望)과 '공포'(恐怖)의 정서이다.[1] 여기서 우리는 종교의 진정한 원천을 본다. 종교는 논리적이거나 윤리적인 근거에 뿌리를 박은 것이 아니다. 그것은 단지 인간학적(anthropologic) 원인만을 갖는다.[2] 그것은 초자연적 힘에 대한 공포로부터, 그리고 이 힘을 잘 달래어 인간의 뜻에 복속시키려는 인간의 희망으로부터 생긴다. 따라서 여기서도 우리의 종교 생활을 지배하고 제어하는 것은 열정의 유희요, 상상력의 유희이다. 말하자면 미신과 악마에 대한 공포가 신(神) 관념의 진정한 원천이다.

그런 맥락에서 '불합리하므로 믿는다.'(*Credo quia absurdum*)라는 표어는 언제 어디서나 오랫동안 그 힘을 발휘할 수 있었다. 한편 고급종교와 저급종교의 차이는 공포와 희망 이외에 제 삼의 계기가 첨가되느냐 아니냐의 차이이다. 이 새로운 계기는 지적인 세련화에서 나오나, 윤리적 의미에서 볼 때, 그것은 발전이라기보다는 오히려 퇴보이다. 이것은 아첨의 동기요, 이로 인해 인간은 자신의 신을 고양시켜 지상적인 완전성의 모든 척도를 넘어서게 하고, 더욱 더 고귀한 옷을 신에게 입힌다. 그러나 우리가 인간들이 실제로 하는 짓들을 보다 세밀히 관찰하

1) D. Hume, *The Natural History of Religion*(1757) 『종교의 자연사』(이태하 역), 아카넷, 2004. 26-27쪽.

2) Ernst Cassirer, *Die Philosophie der Aufklärung*, Verlag Von J.C.B. Mohr(Paul Siebeck), Tübingen, 1932.(1998) 240쪽. *The Philosophy of the Enlightenment*, Translated by Fritz C.A. Koelln and James P. Pettegrove, Princeton University Press, 1951. 180쪽. 『계몽주의 철학』(박완규 역), 민음사, 1995. 183쪽(이후 독일어본은 PA로, 영어본은 PE로 표기하고, 번역본은 ( )속에 쪽수를 표기하도록 함).

고 조사해 본다면, 정신적이고 도덕적인 이 모든 고양에도 불구하고 모든 것은 옛날 모습 그대로 남아 있음을 안다. 전지(全知), 전능(全能), 선자체(善自體)이신 기독교의 신은 칼빈주의의 신상(神像)에서 볼 때, 원시 종교가 두려워해서 섬겼던 폭군처럼 그렇게 무시무시하고 음험하고 심술궂고 제멋대로인 폭군이 되어 버린다. 악마에 대한 공포는 이렇게 해서 모든 고급종교의 관념들의 근거가 된다. 그리고 이 공포심은 이것이 더 이상 밖으로 분명하게 노출되지 않게 되었다고 해서, 그리고 원시 종교가 소박하게 드러냈던 결함들이 모든 위선에 의해 감추어졌다고 해서 조금도 개선되는 것이 아니다. 이것이 흄이 말하는 '종교의 자연사'에 관한 내용들이다.

흄은 『종교의 자연사』(1757)를 통해서 자연종교를 일거에 격퇴시키고 자연종교란 철학적 꿈에 지나지 않음을 보여주고 있다. 계시종교의 체계를 가장 위험한 적(敵)(자연종교)으로부터 구해 준 것은 다름 아닌 철학 자체이다. 그러나 흄의 분석의 날카로운 칼날은 정통교리 체계에 대해서도 똑같은 치명상을 입혔다고 카시러는 지적한다.[3] 흄의 회의론은 '자연종교' 뿐만 아니라 '계시종교'에 대해서도 최후의 판결을 내려버렸다. 흄은 『종교의 자연사』의 맺음말 부분에서 다음과 같이 말하고 있다.

> 눈에 보이는 자연으로부터 지고(至高)한 창조주 같은 고귀한 원리를 이끌어낼 수 있다니, 인간 이성은 참으로 고귀한 특권을 누리는구나! 그러나 문제의 이면을 살펴보라. 모든 시대의 모든 민족들에

3) PA, 242쪽, PE, 181쪽(242쪽).

게서 실지로 일어나는 종교의 진행 과정을 살펴보라. 이 세계에 실제로 있는 종교적 원리들을 조사해 보라. 그러면 그것들은 어이없게도 인간의 꿈을 병들게 할 뿐이다. …… 신학적 모순처럼 그렇게 큰 모순이 또 있을까? 날카로운 오성(悟性)과 최고의 문화(文化)를 지닌 사람이 어찌 그러한 모순을 옹호할까? 종교적 율법처럼 그렇게 엄한 짓이 또 있을까? …… 모든 것이 수수께끼이고 난제이며, 설명될 수 없는 신비(神秘)이다. 이 문제와 관련해 가장 정확한 검토를 통해 도달한 유일한 결론은 의심, 불확실, 판단중지뿐이다. 그러나 인간은 이성의 나약함과 불가항력적으로 이루어지는 생각으로 인해 이 같이 사려 깊은 의문을 갖는 것이 가능하지가 않다. 우리는 시야를 넓힐 수 없으며, 미신 간의 분쟁에 빠져들게 된다. 그러나 우리는 다행히도 그러한 분쟁 가운데서 다소 모호하기는 하지만 철학의 고요한 영역으로 벗어나 있다.[4]

카시러에 의하면 흄의 이 같은 논리적 귀결들은 18세기 계몽기의 전형은 되지 못한다. 아무리 흄과 같은 관점이 있었다 하더라도, 18세기는 인간의 이성을 전적으로 신뢰하였으며, 종교 문제와 관련해서도 이성은 옹호되는 경향이 훨씬 더 컸다는 것이다. 그런 측면에서 흄의 『종교의 자연사』는 계몽기 지성사에서 하나의 외딴 현상에 불과했다고 할 수 있다.

희망과 공포의 정서가 종교의 진정한 원천이라고 말한 흄의 생각을 좇아가 본다면, 우리는 종교와 신화의 밀접한 관계를 어렵지 않게 찾아낼 수 있게 된다. 이제 우리의 관심은 신화적 사고와 종교적 사고는 어떤 측면에서 유사한가? 오늘날에는 과연 신화와 신화적 사고가 사라졌는가? 종교, 혹은 종교인들은 왜 정치와 결탁할 수밖에 없는가? 이러한 문제의식을 가지고

---

4) 데이비드 흄, 『종교의 자연사』, 154-156쪽. PA, 243쪽, PE, 181쪽(243쪽).

이 글에서는 신화적 사고의 독특한 특징, 신화적 사고의 유형, 종교의 정치화, 정치의 종교화 현상의 근본 원인 등을 집중적으로 밝혀 보도록 한다. 우리는 이런 일련의 과정을 통해서 우리 사회가 보다 합리적이고 예측 가능한 사회, 그리하여 건강한 사회로 나아갈 수 있는 방안을 모색해 보고자 한다.

2. 신화와 신화적 사고의 특징[5)]

카시러는 우리가 사물들을 바라보는 데에는 세 가지 태도가 있다고 말한다. 첫째, 신화에서처럼 상모적으로, 즉 사물들이 감정을 지닌 것으로 보는 태도, 둘째, 감관지각을 통하여 이차적 성질들의 세계를 보는 태도, 셋째, 과학적으로 일반화하여 보는 태도다. 카시러는 세 가지 태도는 각기 일정한 '기능적 가치'를 지니고 있어서, 그 어느 것도 한갓 망상이 아니며, 각기 그 나름대로 우리가 실재에로 나아가는 하나의 단계라고 주장한다.[6)] 따라서 우리는 원시인들이 신화적으로 경험하는 질들을 그들이 경험하는 방식대로 보도록 노력해야 한다는 것이다. 카시러는 이러한 문제를 명쾌하게 언급한 인물로 듀이(J. Dewey.

09

5) 신화와 신화적 사고의 특징에 대한 부분적인 연구는 신응철, 『카시러의 문화철학』(2000), 『카시러 사회철학과 역사철학』(2004), 『문화, 철학으로 읽다』(2009)를 참조 바람. 여기에서는 기존의 연구들에서 핵심적인 부분만을 발췌하여 재구성하였음을 밝혀둔다.

6) Ernst Cassirer, *An Essay on Man : An Introduction to a Philosophy of Human Culture*, New Haven Yale University Press, 1944. 78쪽(이후 *EoM*으로 표기함).

1859-1952)를 들고 있다. 듀이는 신화적 지각에서 그 힘을 입증 받은 감정의 질에 상당한 권리를 처음으로 인정하고 강조한 사람이다.

> "경험적으로 볼 때, 사물들은 매섭고, 혹은 비극적이고, 혹은 아름답고, 혹은 우스꽝스럽고, 혹은 안정되어 있고, 혹은 혼란되어 있고, 혹은 안쓰러워 보이며, 혹은 지루하고, 혹은 메마르고, 혹은 거칠고, 혹은 위안을 주며, 혹은 광휘에 차 있으며, 혹은 두렵다."7)

카시러는 우리가 '신화적 지각'과 '신화적 상상의 세계'를 설명하고자 할 경우, 인식과 진리에 대한 우리들의 이론적 이상들의 견지에서 이 두 가지를 비판해서는 안 된다고 말한다. 말하자면, 신화적 경험의 질들을 그 '직접적 성질'에서 보아야 한다는 것이다. 그 이유는 우리에게 필요한 것은 단순히 사상이나 신화적 생활을 '설명'(說明)하는 일이 아니라, 신화적 생활을 '해석'(解釋)하는 일이기 때문이다. 신화는 독단적 신조의 체계가 결코 아니다. 신화는 오로지 이미지나 표상보다 오히려 행동으로 이루어져 있다. 이러한 견해는 근대 인간학과 근대 종교사의 입장을 살펴보면 금방 알 수가 있다. 신화의 이러한 측면은 그 속에 들어 있는 '동적 원리' 때문에 생겨난다고 카시러는 파악한다. 신화는 오직 행동에 의해서만 기술될 수가 있다. 원시인은 그 감정과 정서를 한갓 추상적인 상징들로 표현하지 않고, 구체적이고 직접적인 방식으로 표현했다. 그렇기 때문에 신화와 원시 종교의 구조를 알기 위해서는 이러한 표현

7) J. Dewey, *Experience and Nature*(Chicago : Open Court Publishing Co., 1925), 96쪽. 264쪽.

들 전체를 연구하지 않으면 안 된다고 카시러는 말한다.

프랑스의 사회학파는 신화와 원시 종교의 구조를 나름대로 밝혀낸 적이 있다. 뒤르켐(Durkheim, Emile. 1858-1917)은 우리가 신화의 원천들을 물리적 세계 혹은 자연 현상의 직관에서 찾는 한 우리는 신화를 적절하게 설명할 수 없다는 원리에서 출발한다. 말하자면, 그는 '자연'이 아니라 '사회'가 신화의 참된 모형이라고 주장한다. 뒤르켐의 설명은 레비-브륄(Lévy-Bruhl)에게서 진척된 것이다. 레비-브륄은 신화 사상은 "선논리적 사고"로 되어 있다고 주장한다. 설령, 신화적 사고가 여러 가지 원인을 요구한다 할지라도, 이 원인들은 논리적인 것도, 경험적인 것도 아닌, 바로 "신비적 원인들"이라고 그는 주장한다.[8)]

기본적으로 카시러는 신화가 사회적 성격을 지니고 있다는 뒤르켐의 주장에는 동조하지만, 원시인의 정신이 선논리적이며 신비적이라는 레비-브륄의 주장에 대해서는 반대한다. 왜냐하면 원시인의 사고방식이 선논리적, 혹은 신비적이라는 주장은 인간학적 민족학적 사실에 맞지 않기 때문이다. 원시인의 생활과 문화 속에는 우리들 자신의 문화적 생활의 모습을 보여주는 영역들이 많이 들어있다. 원시인이라고 해서 덮어놓고 모든 것을 신화적으로 생각한 것은 아니다. 그들의 생활에도 신성한 영역과 세속적인 영역이 있기 때문이다.

카시러는 자신의 『상징형식의 철학』 제2권 『신화적 사고』에서 현대의 과학적이고 논리적인 사유방식의 한계를 신화 연구

---

8) Cassirer, *EoM*, 79쪽.

를 통해서 날카롭게 지적해 낸다. 카시러가 인식이론과 문화철학의 논의에서 신화를 언급할 때는 신화의 순기능, 즉 신화적 사고 방식에 들어있는 '상모적 세계관', '생명의식', '생명의 연대성', '공감적 사고', '탈바꿈의 법칙' 등의 신화적 세계 경험의 특징을 강조한다.[9)]

먼저 카시러는 신화에서 나타나는 지각의 구조를 과학적 사고에서의 지각의 구조와 대립시켜 설명한다. 과학적 사고의 특징인 분석적 과정에 의해서 우리는 실체적인 것과 우연적인 것, 필연적인 것과 우발적인 것, 변하는 것과 불변하는 것을 구별한다. 이러한 구별에 의하여 우리는 고정되고 한정된 성질을 갖춘 물리적 대상의 세계에 대한 개념을 갖게 된다. 이에 반해 신화적 세계는 우리의 이론적 세계보다 훨씬 더 유동적이고 변동성 있는 단계에 있다고 카시러는 파악한다. 카시러는 과학적 사고와 신화적 사고의 차이를 특별히 부각시키기 위해서 신화가 주로 지각하는 것은 객관적 성격들이 아니라, '상모적'(相貌的 physiognomic) 성격들[10)]이라고 말한다. 그렇다면 상모적 성격이란 도대체 무엇을 의미하는가? 경험·과학적 의미에서 말할 때, 자연(自然)이란 일반법칙에 의하여 결정되는 한에서의 사물의 존재라고 정의될 수 있다. 그런데 이러한 의미의 자연은 신화에서는 존재하지 않는다. 신화의 세계는 극(劇)적 세

---

9) 신화 및 신화적 사고의 특징과 관련한 논의는 신응철, "카시러 문화철학에 나타난 신화관", <대동철학> 제7집, 대동철학회, 2000.3, 그리고 "카시러의 인식이론 고찰" <칸트연구> 제7집, 한국칸트학회, 2001.6, 『카시러의 문화철학』(한울아카데미, 2000) 제4장 참조 바람.

10) 상모적 성질, 상모적 세계관에 대한 상세한 설명은, 신응철, 『문화, 철학으로 읽다』, 북코리아, 2009. 제1장 참조 바람.

계(dramatic world), 그러니까 행동, 힘, 충돌하는 세력들 간의 세계다.[11)]

카시러는 이와 같이 신화적 지각에서 나타나는 상모적 경험의 자료들이 객관적 가치는 잃었지만, 인간학적(人間學的) 가치는 여전히 가지고 있다는 사실을 주장한다. 그렇기에 인간 세계에서 우리는 이것들을 부정할 수도, 제거할 수도 없다는 것이다. 그리고 카시러는 신화의 진정한 하층 구조는 '사고'(thought)로 되어 있지 않고, '감정(感情)'(feeling)으로 되어 있다고 주장한다.[12)] 이런 이유 때문에 신화는 비합리적인 것으로 비춰질 수 있다는 것이다. 그렇지만 카시러는 신화 속에도 논리적 일관성이 들어있으며, 이 일관성은 논리적 규칙이 아닌 '감정의 통일'에 근거한다고 말한다. 예를 들어 과학적 사고가 현실을 기술하고 설명한다면, 대개는 분류와 체계화의 방법을 사용한다. 이런 방식을 따르다 보면, 생명은 서로 확연히 구별되어 개개의 부분으로 나뉘게 된다. 말하자면 생명의 세계를 종(種), 속(屬), 과(科) 등으로 쪼개는 일을 하게 된다. 하지만 원시인의 신화적 사고방식은 이 모든 것을 무시하고 거부한다. 말하자면, 신화에서는 그와 같은 일이 일어나지 않는다. 신화에 나타난 생명관(生命觀)은 종합적이지 분석적이지 않다. 신화에서의 생명은 끊긴 데 없는 하나의 연속적(連續的) 전체로서 느껴진다. 그리하여 서로 다른 영역들 간의 경계는 유동하며 변동한다.

---

11) Donald Phillip Verene(ed), *Symbol, Myth, and Culture : Essays and Lectures of Ernst Cassirer 1935-1945*, New Haven and London Yale University Press, 1979. 172쪽 참조.

12) Cassirer, *EoM,* 81쪽.

09

때문에 신화적 사고에서는 생명 세계에서의 종의 차이가 생겨나지 않는다. 다만 탈바꿈(metamorphosis)의 법칙만이 있을 뿐이다.[13)]

한편 카시러는 신화적 사고를 행했던 원시인들의 심성의 특징을 '논리'가 아닌 '일반적 생활 감정'에서 찾고 있다. 카시러는 이 점을 원시인의 자연관을 통해 설명한다. 원시인의 자연관은 한마디로 '공감적'(共感的 sympathetic)이라 할 수 있다.[14)] 신화는 감정과 정서의 소산이요, 그 정서적 배경은 그 모든 창작물을 그 자신의 특수한 빛깔로 물들인다. 원시인은 사물들 간의 여러 가지 차이를 모르는 바 아니지만, '생명의 연대성'(solidarity of life)에 대한 깊은 감정 내지 확신으로 말미암아 이 차이들은 망각된다. 이 생명의 연대성 속에서 인간은 특별한 위치를 차지하지 않는다. 온갖 형태의 생명 자체가 같은 혈연이라고 하는 것은 신화적 사고의 일반적 전제가 된다.[15)] 그렇기 때문에 신화적 세계에서는 동물들 혹은 식물들의 생명과 인간의 생명이 구별되지 않고 넘나드는 것으로 생각되고 있다. 거기서는 자연이 하나의 큰 사회, 그러니까 '생명의 사회'(the society of life)를 이루고 있다.[16)] 생명들 간의 차이가 없지는 않으나, 종교적으로 대수롭지 않게 여겨지게 된다. 그리고 이러한 생명의 세계에서는 가장 낮은 형태의 생명도 가장 높은 형태의 생명과 똑같은 종교적 존엄성을 가지고 있다. 인

---

13) Ernst Cassirer, *The Myth of the State*, New Haven and London : Yale University Press, 1946(이후 *MS*로 표기함). 1-15쪽 참조.
14) Cassirer, *EoM*, 82쪽.
15) Cassirer, *EoM*, 82쪽.
16) Cassirer, *EoM*, 83쪽.

간과 동물, 동물과 식물은 모두 동일한 수준에 있다. 생명의 연대성에 대한 감정은 이와 같이 토템인 동물들 및 식물들에 있어서의 생명의 통일에 대한 느낌일뿐더러, 또한 그것은 인간의 세대들 간의 단절 없는 연속에 대한 느낌이기도 하다.

한편 카시러는 신화, 혹은 신화적 사고의 역기능, 즉 신화적 사고가 낳는 폐단에 대해서도 지적하고 있다. 신화는 기본적으로 세상에 대한 인식적 사변적 해석이 아니다. 그것은 실제의 생활 형식에 뿌리를 두고 있다. 신화는 우리가 그것을 의식상 이루어진 행위 내에서 이해할 때에 비로소 이해하기 쉬워진다. 원시인들에게서는 일상생활에서의 실용적 지식에 대한 합리적이며 경험적인 법칙이 존재한다. 신화와 그것에 맞는 의식적 실행들은 특히 '위기상황'에서, 그리고 '결과가 불확실한 상황'에서, 말하자면 생명 순환적 과도기에 중요한 역할을 수행한다.[17]

카시러에 따르면, 신화는 공동체에 '형식'을 제공하며, 이러한 사회적 형식은 위기가 발생할 때 파괴되지 않는다는 점을 보증한다. 만일 엄청난 위기 상황이 벌어졌을 때, 그것이 사회경제적 성격을 지닌다면, 이 때 신화는 '정치적 기능'을 수행하게 된다. 그래서 신화는 각 개인에게 무조건적으로 집단과의 일체감(一體感)을 심어준다. 카시러는 이것을 신화의 '정치철학으로의 침투(浸透)'라고 말한다. 카시러가 볼 때, 현대 정치사상의 발전에 있어서 가장 중요하면서 가장 두려운 양상은 하나의 새로운 세력의 출현, 그러니까 신화적 사고를 바탕으로 하는 세력의 출현에 있다.[18] 그런 점에서 정치 제도들 가운데

17) Cassirer, MS, 279쪽.
18) Cassirer, MS, 3쪽.

몇몇의 경우에는 신화적 사고가 이성적 사고보다 우세하였다고 카시러는 확신하고 있다.[19]

3. 종교와 종교적 사고의 특징

카시러는 신화적 사고의 특징인 생명의 연대성에 대한 깊은 감정에서 '조상숭배'의 사상과 '제례'가 우러나온다고 파악한다. 그 점에서 스펜서(H. Spencer. 1820-1903)도 '조상숭배'가 종교의 최초의 원천이라고 주장하기도 하였다. 조상숭배는 가장 보편적인 종교적 동기들 가운데 하나이다. 카시러는 바로 이러한 측면에서 신화사상과 종교사상 사에는 근본적 차이가 없다고 말하기도 한다.[20] 그래서 인간 문화의 발전에 있어서 신화가 끝나고 종교가 시작되었다고 하는 견해에 대해서 카시러는 반대하면서, 종교에는 언제나 신화적 요소가 침투해 있고, 또 가장 엉뚱한 신화 속에도 나중의 종교적 이상을 예상할 수 있는 동기가 들어있다고 말한다.

한편 종교학자 머레이(G. Murray)에 의하면, 그리스 종교의 진보에는 세 단계가 있다. 첫 단계는 제우스가 인간의 마음을

---

19) 카시러는 19세기와 20세기에 걸쳐 신화적인 것이 정치적 사고로 회귀되는 현상들을 철학 및 정치사상에서의 신화 반대 투쟁사를 통해 밝혀낸 바 있고, 특히 칼라일(Carlyle, Thomas. 1795-1881)의 '영웅숭배론'과 고비노(Gobineau, Joseph-Arthur. 1816-1882)의 '인종불평등론', 슈펭글러(Oswald Spengler. 1880-1936)의 '운명론적 역사관'을 그 대표적인 것으로 간주한다.

20) Cassirer, *EoM*, 87쪽.

괴롭히게 되기 전의 원시적 에우에테이아(Euetheia), 즉 '무지몽매'의 시대다. 이 단계는 세계 도처에서 볼 수 있는 것이므로 종교의 시초라 할 수 있다. 두 번째 단계는 '올림퍼스의 정복'이다. 이 정복이 있은 후 인간은 자연과 또 자연에서의 자기 자신의 위치를 다른 의미로 생각하게 되었다. 생명의 연대성에 대한 일반적 감정은 하나의 새롭고 보다 강한 동기, 즉 '인간의 개성'에 대한 특별한 '의식'에 자리를 넘겨주었다. 이제 다시는 자연의 친척관계, 즉 인간을 식물이나 동물과 결부시키는 혈연관계가 없게 되었다. 인간은 그의 인격신들 속에서 그 자신의 인격을 새로운 빛으로 보기 시작하였다. 이 진보는 최고신, 즉 올림퍼스의 제우스신의 발전에서 분명히 감지할 수 있다. 그래서 세 번째 단계인 새로운 종교적 이념이 나타나게 된다. 기본적으로 제우스는 자연의 신으로서 비나 우뢰와 같은 자연현상에 대하여 지배력을 가지고 있지만, 또한 인간세계를 이지적(理智的)으로 다스리기도 한다. 그러나 제우스는 차츰 새로운 모양을 가지게 된다. 아이스퀼로스(Aischylos)는 제우스를 가장 높은 '윤리적(倫理的) 이상(理想)'이요, '정의(正義)의 수호자(守護者)'로까지 보았다.[21] 이와 같이 호메로스의 신들의 '의인관적'(擬人觀的) 성격은 B.C. 6~5세기의 위대한 시인들과 사상가들의 맹렬한 비판을 받았지만, 신들을 인간화 하는 것은 그리스 종교의 진보에 있어서 없어서는 안 될 하나의 단계였다. 그리스의 대중 종교의 '神人同形同性' 사상(anthropomorphism)은 인간의 개인성에 대한 의식을 일깨워 주었다. 이것은 인간

21) Gilbert Murray, *Five Stages of Greek Religion*, Columbia University Lectures, New York : Columbia Univ. press, 1930, 16쪽.

의 정신에다가 새로운 힘을 주는 것이었다.[22)]

종교사상의 이러한 진보에서 우리는 하나의 새로운 힘과 인간 정신의 새로운 활동이 깨어나고 있는 것을 인지하게 된다. 철학자들과 인류학자들은 때때로 우리에게 종교의 참되고 궁극적인 원천은 '의지하려는 인간의 감정'이라고 말한다. 19세기 종교철학자 슐라이어마허(Schleiermacher. 1768-1834)는 종교는 "신(神)에게 절대적으로 의지하는 감정"(the feeling of absolute dependence on the Divine)이라고 규정하였다. 프레이저(James George Frazer. 1854-1941)도 『황금가지』*The Golden Bough*에서 종교란 보이지 않는 것의 신비로운 권세 앞에 "가장 겸손히 엎드려 경배하는 태도"(attitude of lowliest prostration)라고 기술하였다.[23)]

여기서 카시러는 슐라이어마허나 프레이저의 견해와 입장을 달리한다. 말하자면, 종교를 포함한 인간 문화의 생산적인 힘이 이 처럼 인간의 '수동적인 태도'에서는 결코 나올 수 없었다는 입장이다.[24)] 심지어 마법도 그저 수동적이기만 하지는 않았다는 것이다. 마법도 인간의 '자신감'의 표현이었다. 마법에서 인간은 자기가 자연적 혹은 초자연적 힘에 의하여 마음대로 농락당한다고 생각하지 않는다. 오히려 자연에서 일어나는 모든 일이 마법의 행사에 의하여 좌우될 수 있다고 믿는다. 마법에서의 인간은 자신의 정신력을 최고도로 집중시킨다. 주의력을 최고로 발휘하여 마법의 규칙들을 정확하게 지키면서 그 의식을 행

---

22) Cassirer, *EoM*, 91쪽.
23) Frazer, *The Golden Bough*, 제1권, 78쪽. Cassirer, *EoM*, 91쪽.
24) Cassirer, *EoM*, 92쪽.

하면 소기의 목적을 이룰 수 있다고 믿는다. 마법은 원시인이 거쳐야 할 최초의 학교였다. 마법은 인간에게 자기 자신의 힘에 대하여 확신을 가질 것을 가르쳤다. 그저 자연의 힘들에 '복종' 할 것이 아니라, 정신력으로써 이 힘들을 '조정'하고 '지배'할 것을 가르쳤다. 그러니까 마법은 그저 미신으로만 되어 있지 않다. 현대 인류학은 오히려 마법과 종교 사이에 완전한 연속성이 있음을 가르쳐준다는 것이 카시러의 생각이다.[25)]

한편 프레이저의 경우도 마법을 과학적 활동의 소산이요, 인간의 호기심의 결과라고 보았다. 마법에서 인간은 그릇된 원인들을 가지고서 만족하였는데, 이리하여 마법이 절망에 빠졌을 때 인간은 종교를 발견하였다고 하는 것이 프레이저의 견해다. 프레이저에 의하면, 종교는 이론적 목표들을 가지고 있지 않다. 종교는 다만 윤리적 이상들을 표현하고 있을 따름이다. 그러나 카시러가 볼 때 이 견해는 종교의 역사적 사실에 맞지 않는다. 종교에는 실천적 기능과 함께 이론적 기능도 들어있다. 종교는 '세계의 기원'과 '인간의 기원'을 문제 삼는데, 이 기원으로부터 종교는 인간의 여러 '의무'와 '책임'을 이끌어내었다. 종교의 이론적 면과 실천적 면은 생명의 연대성에 대한 감정 속에 결합되어 섞여 있다. "생명의 연대성에 대한 감정(the feeling of the solidarity of life) 속에 우리는 마법과 종교의 공통 원천을 본다."고 카시러는 말한다.[26)] 이런 점에서 마법은 일종의 과학이 아니다. 마법은 그저 자연을 알려고만 하는 것도 아니고, 그저 자연을 정복하려고만 하는 것도 아니다. 마법은 자연

---

25) Cassirer, *EoM*, 93쪽.

26) Cassirer, *EoM*, 94쪽.

09

과 공감한다. 마법은 만물을 결합시키는 공동 유대가 있다고 하는 확신을 가지고 자연과 더불어 접촉하려 한다. 스토아철학은 이러한 확신을 '전체의 공감'(Sympathy of the Whole)이란 말로써 표현하였다. 이 말은 마법의 모든 의식의 밑바닥에 있는 근본적 믿음을 표현하고 있다.

카시러의 생각에 모든 고등종교의 최초의 가장 중요한 기능의 하나는 '거룩한 존재' 내지 神 속에서 '인격적 요소'들을 발견하고 드러내는 것이었다. 그리고 위대한 일신론적 종교들에서는 '도덕적 성격'이 두드러지게 나타난다. 이 종교들은 도덕적 힘들의 소산으로서 善과 惡의 문제에 전념한다. 카시러는 종교의 가장 낮은 단계로부터 높은 단계로의 변천은 돌연한 비약(飛躍)에 의해 이루어질 수 없었다고 말한다. 그런데 베르그손(Bergson, Henri-Louis. 1859-1941)의 경우, 이러한 비약이 없었다면 억압과 공포에 기초하고 있던 '정적 종교'로부터 자유를 기초로 하는 '동적 종교'가 나올 수가 없었다. 베르그손도 역사적으로는 정적 종교와 동적 종교의 신비적 정신 사이에 연속하는 면이 없지 않음을 인정한다. 역사적으로는 공포나 억압에 기초를 두고 있는 '본능의 종교'와 인격의 매력에 이끌려 전진하는 '직관과 영감의 종교'가 뒤섞여 있는 시기가 적지 않았다. 베르그손은 전자가 지성 이하의 것이요, 후자는 지성 이상의 것이라고 말한다. 이러한 베르그손의 생각에 대하여 카시러는 본능, 지성, 신비적 직관을 확연하게 가르는 것은 종교사의 사실들에 에 대하여 들어맞지 않는다고 주장한다. 프레이저는 '마법의 시대' 이후에 '종교의 시대'가 왔다고 주장하는데, 카시러는 이러한 생각에도 반대한다. 역사가 많이 진전하여 문화가 상당히 세련된 단계에서도 마법에 의한 신앙은 치명적 동요를 입지 않았기 때문이다. 르네상스의 사상가들은 마법에 대한 철학적 이론을 내놓기도 하였다. 르네상스 시대의 가장 경건한 사상가 피코 델라 미란돌라(Giovanni Pico della Mirandola. 1463-1494)는 마법과 종교가 깊이 얽혀 있다고 확신하고 있었다. 이와 같이 종교사상은 신화적 사상으로부터 천천히 발전해 나올 수밖에 없었다. 이 발전 속에서 이스라엘의 예언자들은 하느님을 '정의'의 하느님으로 보고 새 하늘과 새 땅이라고 하는 '정의의 나라'를 응시하고 희구하며 실현하려는 '인류적 종교'를 세웠다. 이리하여 그들은 미신(迷信)이 뒤섞인 재료로부터 높은 '윤리성'이 있는 위대한 종교를 창시하기에 이르렀다.27)

카시러는 종교 사상의 이러한 변천과정을 '터부'(Tabu) 개념을 들어 설명하고 있다. '터부'라는 말은 본래 '다른 것과 구별된 물건'을 의미하는 말이었다. 인간 문명의 초보적 단계들에 있어서 터부란 말은 종교와 도덕의 전 분야에 걸치는 말이었다. 이러한 의미에서 많은 종교사가들은 터부 제도에 매우 높은 가치를 부여하였다. 터부는 덮어놓고 금기(禁忌)되는 것인데, 거기에는 도덕적 구별이 없다. 시체도 터부가 되고 갓난아기도 터부가 된다. 더러운 것도 터부지만, 거룩한 것을 만지거나 보는 것도 터부다. 터부는 전염을 잘 한다. 부정을 타는 일은 쉽게 번진다. 터부 제도에는 '개인적 책임'이란 전혀 없다. 터부를 어겨 죄를 범하면 그 벌은 온 가족에게 미친다. 그리고

27) Cassirer, *EoM*, 103쪽.

그 죄로부터 깨끗하게 되는 데에는 물질적 수단이 사용된다. 가끔 죄는 속죄양, 혹은 새에게 옮겨지기도 한다.[28]

모든 고등 종교에 있어서 맹목적인 터부 제도를 극복하는 것은 쉽지 않은 일이다. 이러한 일은 '거룩한 장소'와 '부정한 장소'를 가름으로써 가능하게 되었다. 종교사가인 로버트슨-스미스(Robertson-Smith)의 연구에 따르면, 셈족의 종교에서도 처음에 거룩함과 부정함에 관한 규칙들이 미개인의 터부와 다를 바 없는 것이었다. 즉, 그것들은 물리적인 것으로 이해되고 있었다. 조로아스터교에서도 터부를 물리적으로 이해하는 경우가 많았다. 말하자면, 사람이 죽었을 때 겨울이면 아홉 밤 안으로, 그리고 여름이면 한 달 안으로 그 집에 불을 들여보내는 것은 죄가 된다.[29]

종교 사상의 진보에 있어서 터부 자체는 없어질 수 없었으나 그 동기가 바뀌게 되었다. 본래의 터부는 기계적으로 작용하는 것이어서 '도덕'과는 상관없는 것이었다. 터부의 위험은 '신체적 위험'이었다. 터부를 범하는 일이 의도적이었건, 의도적이지 않았건 간에 그 전염에는 에누리가 없다. 그런데 셈족의 종교에서는 율법을 주관적으로 어기는 것과 객관적으로 어기는 것 사이에 날카로운 구별이 지어진다. 그리고 신비스럽고 적의 있는 힘에 대하여 조심하는 일과 호의적인 신의 특권에 대한 존경에 기초하여 조심하는 일이 구별된다. 이와 같이 무서워서 금기 사항을 지키는 일과 거룩한 도덕적 힘에 대한 경외에서 금기사항을 지키는 것 사이에는 커다란 차이가 있다. 그리하여

28) Cassirer, *EoM*, 105쪽.
29) Cassirer, *EoM*, 106쪽.

이제 터부는 그 의미가 달라진다. 그저 물질적인 것이 문제가 아니라, '정신'이, '마음'이 문제가 된다.[30)]

그리하여 이제 터부 제도는 인간에게 무수한 '의무'(義務)와 '책임'(責任)을 부과한다. 이 모든 의무는 하나의 공통적인 특성을 가지고 있다. 그 의무들은 소극적인 것이어서 적극적 이상과는 거리가 멀다. 터부 제도를 지배하고 있는 것은 '공포(恐怖)'인데, 공포는 오직 금할 줄만 알고 이끌어 갈 줄은 모른다. 그것은 위험에 대하여 경계하게 하지만, 인간 속에 새로운 도덕적 에너지를 불러일으키지는 못한다. 터부 제도가 발전할수록 인간의 생활은 얼어붙고 완전히 수동적으로 된다. 하지만 터부 제도는 그 모든 결함에도 불구하고 인간에 의하여 발견되었던 '사회적 억제'와 '의무'의 유일한 제도였다. 그것은 사회질서 전체의 모퉁잇돌이었다. 사회 조직의 모든 영역이 터부에 의하여 통제되었다. 재산의 소유도 결혼도 터부에 의하여 이루어졌다. 어떤 토지를 점유하거나 어떤 여자와 약혼하는 최초의 방식은 터부의 기호로 그것들에다가 표시를 하는 것이었다. 이 복잡한 터부 제도를 없애버리는 것은 종교가 할 수 없는 일이었다.[31)]

위대한 종교적 교사들은 인간의 마음을 새로운 방향에로 인도하였다. 그들은 인간의 마음속에 하나의 새로운 적극적인 힘, 즉 금기가 아니라 영감(靈感)과 갈망(渴望)의 힘(power of inspiration and aspiration)을 발견하였다. 그들은 수동적 복종을 '적극적 종교 감정'에로 전환시켰다. 터부 제도는 결국 인간의

30) Cassirer, *EoM*, 107쪽.
31) Cassirer, *EoM*, 107쪽.

생활을 견딜 수 없는 무거운 짐이 되게 할 우려가 있다. 인간의 생존 전체, 육체적 생존이나 도덕적 생존을 막론하고 그 생존 전체가 이 제도의 계속적 압력 밑에 질식하고 있다. 종교가 개입하는 것은 바로 여기에서이다. 높은 수준에 도달한 윤리적 고등 종교들-이스라엘 예언자들의 종교, 조로아스터교, 그리스도교-은 하나의 공통된 과제를 스스로 정하고 있었다. 이것들은 터부 제도의 참을 수 없는 무거운 짐을 가볍게 해준다. 그것들은 종교적 의무에서 '억압'(restriction)이나 '강제'(compulsion)만을 보지 않고, 인간의 '자유'(freedom)라고 하는 이상을 실현시키는 수단을 보았다.[32] 그런 의미에서 종교는 인간의 정신을 억누르는 것이 아니고 깊은 '자유의 감정'을 주는 것이어야 한다. 진리가 우리를 자유롭게 한다. 종교는 죽음의 마당에서도 마음의 깊은 기쁨과 완전한 자유를 주었다. 여기에 인간에게 있어서의 종교의 의의가 있다.

4. 종교의 정치화, 정치의 종교화

우리는 이상의 논의를 통해서 신화적 사고와 종교적 사고의 공통점을 찾아낼 수가 있다. 말하자면 논리적 사유보다는 '감정'에 근거하고 있다는 점, '생명의 연대의식'에 기초하고 있다는 점, '죽음'의 사실을 부정한다는 점, '조상숭배'를 중요시한다는 점 등이 그것이다. 이제 우리의 관심은 그렇다면 종교는 왜 정

32) Cassirer, *EoM*, 108쪽.

치화되는가? 그리고 정치는 왜 종교화 되는가? 하는 점이다. 종교와 정치의 밀접한 상관성을 어떻게 설명해 낼 수 있을까?

카시러는 앞에서 논의했던 신화, 혹은 신화적 사고에 부정적 기능이 들어있음을 밝혀내고 있다. 그러니까 원시인의 신화적 사고는 순기능뿐만 아니라 역기능도 있음을 카시러는 강조한다. 신화는 기본적으로 세상에 대한 인식적 사변적 해석이 아니다. 그것은 실제의 생활 형식에 뿌리를 두고 있다. 신화는 우리가 그것을 의식상 이루어진 행위 내에서 이해할 때에 비로소 이해하기 쉬워진다. 원시인들에게서는 일상생활에서의 실용적 지식에 대한 합리적이며 경험적인 법칙이 존재한다. 신화와 그것에 맞는 의식적 실행들은 특히 '위기상황'에서, 그리고 '결과가 불확실한 상황'에서, 말하자면 생명 순환적 과도기에 중요한 역할을 수행한다.[33] 카시러에 따르면, 신화는 공동체에 '형식'을 제공하며, 이러한 사회적 형식은 위기가 발생할 때 파괴되지 않는다는 점을 보증한다. 만일 엄청난 위기 상황이 벌어졌을 때, 그것이 사회 경제적 성격을 지닌다면, 이 때 신화는 '정치적 기능'을 수행하게 된다. 그래서 신화는 각 개인에게 무조건적으로 집단과의 일체감(一體感)을 심어준다. 카시러는 이것을 신화의 '정치철학으로의 침투(浸透)'라고 말한다. 카시러가 볼 때, 현대 정치사상의 발전에 있어서 가장 중요하면서 가장 두려운 양상은 하나의 새로운 세력의 출현, 그러니까 신화적 사고를 바탕으로 하는 세력의 출현에 있다.[34] 그런 점에서 정치 제도들 가운데 몇몇의 경우에는 신화적 사고가 이성적 사

33) Cassirer, MS, 279쪽.
34) Cassirer, MS, 3쪽.

고보다 우세하였다고 카시러는 확신하고 있다.[35)]

필자가 볼 때, 이러한 신화적 사고는 종교적 사고와 결합하고, 또한 그것이 정치세력과 결탁하게 된다. 이렇게 하여 종교는 서서히 정치화의 길을 걷게 되고, 정치(세력)는 종교화의 길을 걸음으로써 공동체 속에서 더욱 공고해진다고 여겨진다. 카시러는 신화, 혹은 종교의 정치화 현상을 이미 『국가의 신화』 *The Myth of State*(1945)에서 날카롭게 분석한 바 있다. 카시러는 그것을 20세기의 대표적인 정치적 신화라는 이름으로 세상에 고발하였다. 여기에서는 그 가운데 칼라일(Carlyle, Thomas. 1795-1881)의 '영웅숭배론'에 대한 카시러의 분석을 재검토하면서, 우리사회에서도 종교가 왜 정치화되고, 또는 정치가 종교화되는지 그 원인을 찾아보도록 한다.

칼라일이 1840년 5월에 행한 강연 "영웅, 영웅숭배 및 역사에 있어서의 영웅적인 일에 관하여"[36)]는 자신의 의도와는 관계없이 이후 국가사회주의, 즉 독일 나치즘의 이데올로기에 결정적으로 기여하게 되었다고 카시러는 판단한다.[37)] 그렇다면 도대체 칼라일의 기본 입장은 무엇인가? 칼라일은 인간의 사회

---

35) 카시러는 19세기와 20세기에 걸쳐 신화적인 것이 정치적 사고로 회귀되는 현상들을 철학 및 정치사상에서의 신화 반대 투쟁사를 통해 밝혀낸 바 있고, 특히 칼라일(Carlyle, Thomas. 1795-1881)의 '영웅숭배론'과 고비노(Gobineau, Joseph-Arthur. 1816-1882)의 '인종불평등론', 슈펭글러(Oswald Spengler. 1880-1936)의 '운명론적 역사관'을 그 대표적인 것으로 간주한다.

36) Thomas Carlyle, *On Heroes, Hero Worship and the Heroic in History*, Oxford University Press, London : Humphrey Milford, 1841, Reprinted, 1904, 1906, 1909, 1920, 1924, 1925, 1928(번역서 : 『영웅숭배론』 박시인 역, 을유문화사, 1963).

37) Cassirer, MS, 190쪽.

적 문화적 생활에 있어서 가장 오래된 공고한 요소는 다름 아닌 영웅숭배라고 보았다. "영웅숭배는 가장 고결하고 신에 가까운 형태의 사람에 대한 충성심으로부터 무한한 경배(敬拜)요 복종(服從)이며 열광(熱狂)이다. 그것은 바로 그리스도교 자체의 맹아가 아닌가?"[38] 칼라일은 이와 같은 생각에서 더 나아가 역사적 생활 전체를 위인들(영웅들)의 생활과 동일시하였다. 따라서 그의 관점에서는 위인들이 없으면 역사도 존재하지 않게 된다. 여기서 카시러는 칼라일의 영웅을 '변형된 성자', 다시 말하면 '세속화된 성자'로 파악한다. 그런 측면에서 칼라일에게서의 영웅은 '시인(詩人)'일 수도 있고, '왕(王)'일 수도 있으며, '문인(文人)'일 수도 있다. 어쨌든 이러한 현세적인 성자들이 없다면, 우리는 살 수가 없다고 한다. 여기서 문제가 되는 것은 과연 영웅은 누구인가? 하는 점이다. 이 문제에 대해서 칼라일은 즉답은 피하고 있으며, 다만 누가 위대한 영웅적인 사람들이었는가를 밝히고 있다고 카시러는 말한다. 말하자면, 카시러가 볼 때 칼라일의 영웅론에 대한 주장은 그 근거와 기준이 모호한 점이 들어있다.

카시러에 따르면 칼라일의 영웅숭배론의 형이상학적 전제를 제공해 준 이는 피히테(Fichte, Johann Gottieb. 1762-1814)이다. 18세기 철학자들은 철저한 개인주의자들이었고, 그들은 '이성의 평등(平等)'에 대한 그들의 맹신에서 인간의 '평등한 권리(權利)'라는 주장을 이끌어 내었다. 그런데 피히테는 이성의 평등에 대한 주장을 한갓 주지주의적 편견(intellectualistic

---

38) Cassirer, MS, 192쪽.

09

prejudice)으로 파악하였다.[39] 피히테는 이성이 실천이성, 즉 도덕적 의지를 의미한다면, 그것은 결코 평등하게 분배되어 있지 않다고 말한다. 그것은 어디서나 발견될 수 있는 것이 아니라, 실제에 있어 소수의 위대한 인격 속에 집중되어 있다는 것이다. 이들이 다름 아닌 영웅들이며, 인류 문화의 최초의 개척자들이라고 한다.[40] 피히테의 이러한 생각을 이어받고 있는 칼라일에 따르면, 영웅숭배가 인간 본성 속에 있는 '근본적 본성'이며, 만일 이것이 전적으로 말살되면 인류를 절망에 빠뜨릴 것이라고 주장한다.[41] 그래서 현대의 파시즘 옹호론자들은 칼라일의 영웅숭배론과 관련하여 칼라일의 말들을 쉽게 정치적 무기로 전환시킬 수 있었다. 그래서 칼라일의 정치이론은 근저에 있어서 변장되고 변형된 칼빈주의라고 할 수 있다고 카시러는 지적한다.[42] 참된 자발성은 선택된 소수의 사람을 위해서만 있다. 다른 사람들, 그러니까 버림받은 대중은 이렇게 선택된 자, 말하자면 통치자로 태어난 자들의 뜻에 복종하지 않을 수 없게 된 것이다.

그런데 여기서 카시러는 칼라일이 말하는 '영웅주의'와 '리더십'의 개념이 현대 파시즘 이론에서 말하는 것과는 분명한 차이가 있다는 사실을 지적한다. 다시 말하면, 칼라일에게서는 참 영웅과 가짜 영웅을 쉽게 분간할 수 있는 두 가지 기준이 있는데, 그것은 바로 '통찰력'(insight)과 '성실성'(sincerity)이다.[43] 칼라일은 큰 정치투쟁에 있어서 거짓말이 절대로 필요하

39) Cassirer, MS, 215쪽
40) Cassirer, MS, 216쪽.
41) Cassirer, MS, 216쪽.
42) Cassirer, MS, 193쪽.

지 않으며, 또한 이것이 정당한 무기가 될 수 없다는 사실을 말하고 있는데, 카시러는 이 점을 매우 긍정적으로 평가하고 있다. 또 다른 측면에서 카시러는 칼라일의 이론과 다른 유형의 영웅숭배론을 구별하고 있다. 칼라일이 영웅들에게서 가장 찬탄한 부분은 '감정의 성실성'(誠實性)뿐만 아니라 '사상의 명석성'(明晳性)'이다. 이 두 요소의 균형이 참 영웅의 두드러진 특징이 된다고 칼라일은 파악하였다.[44] 그리고 칼라일의 이론에 있어서 영웅들의 성격을 이루는 것은 인간 속에 있는 모든 '생산적'이고 '건설적인' 힘의 매우 다행스러운 결합에 있다. 그리고 이 모든 힘들 가운데 '도덕적(道德的) 힘'(moral force)이 최고의 지위를 차지하며, 또 압도적인 역할을 맡는다. 칼라일의 철학에서 '도덕성'(morality)은 부인과 부정의 세력에 대한 긍정의 세력을 의미한다. 여기서 중요한 것은 긍정된 것보다도 오히려 긍정의 행위 자체, 그리고 이러한 긍정의 행위의 강도이다.[45]

바로 이러한 부분에서 카시러는 칼라일의 이론이 파시즘 옹호자들에 의해 그 원래의 중심적 주장과는 상당히 왜곡된 채 이해되어졌음을 지적하고 있다. 그렇기에 칼라일을 영국 제국주의의 아버지로 평가해 버리는 일군의 견해들도 있지만, 카시러가 볼 때 중요한 사실은 바로 다음과 같은 점에 있다. 말하자면, 한 민족의 진정한 위대성은 '도덕적 생활'과 '지적 성취들의 강도 및 깊이'에 있지, '정치적 열망' 속에 있는 것이 아

43) Cassirer, MS, 216쪽.
44) Cassirer, MS, 217쪽.
45) Cassirer, MS, 218쪽.

니라는 점이다.[46] 이러한 관점에서 카시러는 20세기 제국주의 및 국가주의와 칼라일의 영웅숭배론은 근본적인 차이가 있다는 사실을 밝혀내었다. 칼라일이 '힘은 정의다'(Might makes right)라고 말한 사실이 있다고 하더라도, 이때 '힘'은, 물리적인 의미보다는 오히려 '도덕적' 의미로 이해되고 있다는 사실에 카시러는 주목한다. 그 점에서 영웅숭배는 언제나 '도덕적 힘에 대한 숭배'(the worship of a moral force)를 의미하는 것이다. 칼라일이 가끔 인간의 본성에 대해 깊은 불신을 가지고 있는 듯이 보이지만, 사실은 "인간은 결코 자기 자신을 야수적인 힘에 전적으로 내어 맡기지 않고, 오히려 항상 도덕적 위대성에 내어 맡긴다."라고 말할 정도로, 그는 인간성에 대해 신뢰하고 있었고 낙관적이었다고 카시러는 평가한다.[47] 비록 칼라일의 영웅숭배론이 왜곡되어 적용되었지만, 중요한 것은 칼라일 사상의 본래적 취지와 뜻을 제대로 확인하자는 것이 카시러의 주된 입장이다.

우리는 칼라일의 영웅숭배론이 나치 정권의 통치이데올로기로 사용되고, 대중을 억압하고 통제할 수 있는 정치 이념으로 사용된 현상을 주목할 필요가 있다. 위기 발생 시에 집단과의 무조건적인 일체감을 심어주고, 공동체의식을 더욱 강화시켜주는 이런 현상은 그 이면에 신화적 사고와 종교적 사고가 정치세력과 교묘하게 결탁한 결과임을 우리는 결코 잊어서는 안 될 것이다. 우리가 칼라일의 영웅숭배론을 재검토하는 이유도 바로 거기에 있다.

---

46) Cassirer, MS, 222쪽.
47) Cassirer, MS, 223쪽.

5. 맺는 말 : 합리적인 사회를 기대하며

지금까지 우리는 카시러의 시선을 좇아 서구 사회에서 진행된, 특히 20세기 독일사회를 중심으로 유럽전역에 퍼져나갔던 나치즘의 속성을 신화와 종교, 종교와 정치의 맞물림과 엇물림의 시각으로 살펴보았다. 이제 이러한 카시러의 관점을 우리사회 내부를 들여다보는 거울로 삼아보고자 한다. 우리사회에서 종교와 정치는 어떤 관계에 있을까? 사실, 종교와 정치는 성(聖)과 속(俗)의 관계이기도 하다. 물론 그 영역의 주체는 인간이다. 그렇기에 그 관계가 더러는 밀착되기도 하고 더러는 소원하기도 하다. 우리사회에서 일어나고 있는 聖과 俗의 관계는 전자에 가깝다. 그래서 종교(종교인들)가 제 역할을 하지 못하고 있다는 비판을 받고 있다. 필자가 생각하기에 우리사회에서 종교와 정치는 '비판적 긴장관계'가 가장 바람직하다고 본다. 그 이유는 무엇인가?

먼저 聖俗의 밀착관계의 대표적 사례인 종교의 정치화 현상이 초래하게 되는 여러 문제들 때문이다. 현재 우리사회에서는 특정 종교(기독교)가 집권세력과 유착관계에 있다. 이는 문화·예술·종교정책의 수립과 집행에 있어서 종교편향, 특히 기독교 편향을 가져오는 결정적 계기가 된다. 우리의 경우, 2010년 G20 정상회의 개최를 계기로 대대적인 도로정비 작업을 한 적이 있다. 이때 서울 강남지역의 경우 각 도로변의 기독교 교회들은 모두 세밀하게 표시하였으나, 불교 사찰들은 모두 누락시킨 사건을 목격하였다. 또한 2011년 국가 예산안 책정에서도 불교 사찰에서 시행하는 템플스테이 예산안이 기독교단체의 반대로 대폭 삭감 내지 폐지된 사건을 접할 수 있었다. 그렇다면 이러한 사건들은 어떤 결과를 초래하였는가? 당장 불교계에서는 집권당과의 관계를 청산하기로 하고, 모든 대화 채널을 중단해 버렸다. 적어도 현재 한국사회에서는 최대 규모의 종교인 불교의 소외 현상이 극에 다다르고 있다. 대화와 소통이 자취를 감춰버렸다.

다음으로 종교와 정치가 소원해질 경우 어떤 현상이 벌어질까? 종교가 정치현실을 철저히 외면하고, 오직 내세와 개인의 구원과 해탈에만 관심을 보인다면, 종교는 사회적 기능을 상실하게 된다. 그런 현상이 더욱 강해지면, 종교는 이제 스스로 종교로서의 자정(自淨) 기능을 상실하게 된다. 그렇게 되면 종교는 타락하게 되고, 종교권력은 성(聖)을 빙자한 속(俗)의 세계와 결탁하게 된다. 우리는 최근 기독교 일각에서 벌어지고 있는 일련의 사건들을 통해서 그런 현상을 목격하게 된다. 먼저 전국의 대형교회들을 중심으로 담임목회자의 세습이 대표적인 예다. 교회를 사유화한 결과다. 이런 현상에 대해 교회내부의 비판의 목소리는 작기만 하다. 사회와 다른 잣대를 교회에 적용하고 있기 때문이다. 또 2010년 후반기에 서울의 불교 사찰인 봉은사에 개신교 단체 회원들이 들어가 소위 '땅밟기'를 하여 불교계와 충돌을 일으킨 사건이 있었다. 이 또한 기독교 교리에만 집착한 나머지 타 종교를 배척한 데서 비롯된 사건이다. 이는 기독교의 사회적 역할과 책임보다는 기독교 중심주의의 배타적 가치관 때문에 벌어진 것으로, 종교(기독교)의 사회적 기능을 망각한 대표적인 경우들이라 할 수 있다. 그 결과 한국사회에서 개신교는 2010년 신뢰도 조사에서 20% 안팎의 지지만을 받고 있을 뿐이다.48) 개신교는 한마디로 우리 사회의 신뢰상실의 주범이 되었다.

되돌아보면, 우리 민족은 생생하고 독특한 역사적 체험을 가지고 있다. 멀게는 중국과 러시아의 위협에 맞섰고, 가깝게는 일본의 강압과 북한의 도발에 맞서 함께 일체감을 느끼며 공동체를 지켜왔다. 여기에는 종교의 벽, 신분의 벽, 문화의 벽이 없었다. 모두가 하나라는 혈연공동체의 의식만이 작용했기 때문이다. 긍정적으로 말해 신화적이고 종교적인 감정공동체가 가능했기 때문이다. 그런데 오늘의 한국사회는 뒤틀린 감정공동체, 즉 나만의 종교공동체, 나만의 정치공동체만 있을 뿐이다. 신화·종교·정치가 비정상적으로 상호침투한 결과이다. 이것을 정치권력은 교묘하게 작동시키고 있고 활용하고 있다. 대중에게는 오로지 맹목(盲目)만이 남게 되고, 우리는 비극(悲劇)의 현장 속으로 더욱 깊이 빠져들고 있다. 아리아드네의 실은 어디서 찾아야 하는가? 종교와 정치가 '비판적 긴장관계'에 놓여 있어야 하는 이유가 바로 여기에 있다.

09

48) <국민일보> 2010년 12월 14일자 [미션라이프]면 기사 참조. 이 조사에 따르면, 한국에서 종교 신뢰도는 가톨릭 41.4%, 불교 33.5% 기독교 20%로 나타났다. 이 조사에서 흥미로운 부분은, 교회 신뢰도를 높이기 위해 바꿔야 할 대상으로는 28.3%가 '교회지도자들'을 지적했고, 20.7%가 '교회운영', 18.8%가 '교인들의 삶', 15.9%가 '교회의 전도활동'을 꼽았다. 그리고 어떤 부분이 개선되어야 하는가? 라는 질문에 응답자의 38.8%가 '교인과 교회지도자들의 언행일치', 29.7%가 '타종교에 대한 관용', 13%가 '재정사용의 투명화', 12.3%가 '사회봉사'를 들었다.

Chapter 10

앎의 과정과 방식은 모두 동일할까?*

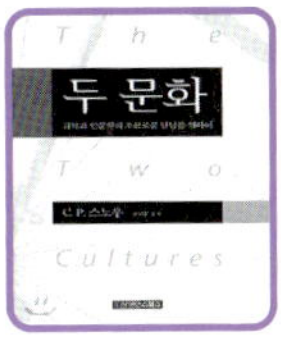

* 이 글은 「인식(認識)의 현상학-카시러(E. Cassirer)에게서 인식론과 문화과학의 관계를 중심으로-」, 『철학사상』 37호(서울대 철학사상연구소, 2010. 8)에 수록된 것임을 밝혀둔다.

1. 들어가는 말

이 글은 우리에게 마르부르크 신칸트학파의 대표적인 인물이자 문화철학자로 알려진 에른스트 카시러(Ernst Cassirer. 1874-1945)의 인식론의 얼개와 그 특징을 밝혀내고, 그의 문화철학의 핵심 주제인 상징(象徵) 개념 및 문화과학과의 관련성을 드러내는 데 목표가 있다. 그러니까 우리의 관심은 카시러의 표현대로 '인식의 현상학(現象學)'[1)]과 '상징'과의 관계에 있다. 필자는 이 문제를 지각(知覺) 현상, 공간(空間) 인식, 진리(眞理) 개념의 성격에 국한하여 논의하고자 한다.

1899년 마르부르크대학에서 헤르만 코헨(Hermann Cohen)의 지도하에 『수학적·자연과학적 인식에 대한 데카르트적 비판』으로 박사학위를 취득한 카시러는 1920년대까지 신칸트학파의 영향 아래 근대철학과 과학에서의 인식론의 전개과정을 집중적으로 연구하였다. 이러한 인식론의 전개과정에 대한 그의 연구는 『상징형식의 철학』 제3권 『인식의 현상학』(1929)에서 절정을 이루고, 『문화과학의 논리』(1942)에서 한 번 더 재론되

1) 카시러가 『상징형식의 철학』 제3권 『인식의 현상학』에서 이름붙인 '현상학(現象學)'이라는 표현은 현대철학의 분과학문으로서의 현상학을 의미하는 것이 아니라 헤겔적인 의미에서 사용하고 있는 것이다. 헤겔에게서 진리는 전체였으며, 이 전체는 단숨에 주어지는 것이 아니고, 사유의 자기발전과 리듬 있는 전개에 있어서 주어지는 것이었다. 이러한 사유의 발전 전체를 다룬 것이 헤겔의 『정신의 현상학』이었다. 이와 같은 헤겔의 의미에서 카시러가 『인식의 현상학』을 전개했을 때, 그것은 인간의 정신이 인식에 있어서 활동하는 모습 전체를 통관하고 이해하려는 말하자면, <인식에 관한 정신의 현상학>이라 할 수 있다. 최명관, 『카시러의 철학』, 법문사, 1985. 412쪽 인용.

고 있다.[2)] 인간의 인식(認識)의 문제는 고대로부터 현대에 이르기까지 철학의 많은 주제들 가운데 핵심이라 해도 과언이 아니다. 자기-인식이든, 세계-인식이든 간에, 앎의 물음은 삶의 태도와 직결되기에 그만큼 중요하게 생각되었다. 카시러 역시 일생에 걸쳐 다양한 영역에서 인식(認識)의 문제를 천착했던 문화철학자로 평가받고 있다.

이와 연관된 그의 대표적인 연구 성과로는 다음의 것들을 언급할 수 있다. 르네상스 이래의 인식론의 역사를 다루고 있는 『근대 시기 철학과 과학에 있어서 인식문제』*Das Erkenntnisproblem in der Philosophie und Wissenschaft der neueren Zeit*(1906), 수학적 자연과학적 개념 형성의 문제를 다루고 있는 『실체개념과 기능개념』*Substanzbegriff und Funktionsbegriff*(1910), 고전 물리학적 세계상의 인식론으로부터 상대론적 인식론의 과정을 규명하고 있는 『아인슈타인의 상대성이론에 대하여-인식론적 고찰』*Zur Einstein'schen Relativitätstheorie. Erkenntnistheoretische Betrachtungen*(1921), 인간의 정신이 어떻게 세계를 파악하는지 신화, 언어, 과학적 인식의 전개과정을 폭넓게 설명하고 있는 『상징형식의 철학』 제3권 『인식의 현상학』*Phänomenologie der Erkenntnis*(1929), 그리고 미학이나 역사 등의 정신과학에서의 인간의 인식의 문제를 해명하고 있는 『문화과학의 논리』*Zur Logik der Kulturwissenschaften*(1942)를 들 수 있다.

카시러의 인식론의 방향은 칸트(Immanuel Kant. 1724-1804)의 인식론의 그것과 긴밀한 연관성을 갖고 있다. 그 이유는 카

2) 가시러의 인식의 현상학에 대한 필자의 논의는 『인식의 현상학』과 『문화과학의 논리』를 중심으로 집중적으로 이루어지고 있음을 밝혀둔다.

시러의 철학, 특히 그의 인식론은 칸트의 비판철학을 수정 보완하여 확대 발전시키고 있기 때문이다. 카시러는 자신의 철학을 '비판적 관념론'(kritische Idealismus), 혹은 '방법적 관념론'(metodische Idealismus)이라 일컬었다.[3] 여기서 비판적 관념론은 칸트의 선험적 관념론을 말하는 것인데, 말하자면 칸트철학 사상이 카시러 본인의 철학의 출발점이자 하나의 큰 방향이라는 의미이다. 그리고 방법적 관념론이라는 표현은 형이상학적 관념론을 배제한다는 의미이다.

카시러는 『인식의 현상학』에서 칸트와는 다른 자신의 인식론의 기본방향을 밝혀주고 있다.

> 한 의식에 있어서의 감성적 지각들, 혹은 표상들의 결합이나, 또 하나의 대상에 대한 이것들의 관계는 결코 한갓 감성적 수용성의 문제가 아니라, 거기에는 언제나 '자발성의 행위'가 깔려 있다. 그리고 이제 순수 오성의 자발성, 논리적 과학적 사고와 구성의 자발성이 있는 것처럼 또한 순수 상상력의 자발성이 있다는 것이 분명하게 된다. 구상력도 결코 그저 재생적이기만 한 것이 아니고, 근원적-생산적이다.[4]

그 밖에도 카시러는 인간의 정신이 인식에 있어서 자발적으로 또는 구성적으로 활동함을 그의 다른 저서에서도 언급하고 있다. 그렇다면 인식의 문제를 다룸에 있어서 카시러의 비판적

10

3) Cassirer, *Substanzbegriff und Funktionsbegriff. Untersuchungen über die grundfragen der Erkenntniskritik*, Berlin, 1910(이후 *SuF*로 표기함). 392쪽.

4) Cassirer, *Philosophie der symbolischen Formen*. Dritter Teil : *Phänomenologie der Erkenntnis*, Darmstadt, 1929(이후 *PdE*로 표기함). 12쪽.

관념론의 입장에는 어떤 특성이 있는 것일까? 간단히 말해서, 대상은 감각이나 인상을 통하여 주어지는 대로 인식되는 것이 아니고, '정신의 자발적 활동'에 의한 형식부여에 의하여 인식된다는 점이다. 이와 관련하여 카시러는 『실체개념과 기능개념』에서 "사유는 그 창조에 있어서 그저 수용적 및 모사적 태도를 취하지 않고, 특유하고 근원적인 자발성(自發性)을 전개한다." 고 말한다.[5]

카시러는 『인식의 현상학』 제1부 <표정기능과 표정세계>(Ausdrucksfunktion und Ausdruckswelt)에서 고립된 "한갓 감성적인" 의식이란 없다고 말한다. 우리의 모든 의식에는 '의미기능(意味機能)'이 따른다. 통각의 선험적 통일은 결코 과학적 사고의 논리에만 관계하는 것이 아니다. 그것은 모든 가능한 지각의 조건이다.[6] 이미 감각 속에도 정신의 관심이라든가 방향이라든가 목적이라든가의 계기가 들어 있고 의미부여가 동시적으로 결부되어 있어서 순수한 감각이란 없다는 것이다. 단순한 감각도 그저 주어지는 것이 아니고 조정되어 있다. 말하자면 정신의 일정한 방향과 목적에 의하여 지배되고 있는 것이다.

그렇다면 이제부터 대상과 감각, 정신의 자발적 활동과 상징, 매개적 인식 등의 상호 연관성을 카시러의 인식의 현상학이라는 얼개를 가지고 하나씩 풀어보도록 하자. 우리는 카시러의 인식의 현상학을 통해서 그가 추구하는 문화과학의 논리를 나름대로 읽어낼 수 있을 것이다.

---

5) Cassirer, *SuF*, 248쪽.
6) Cassirer, *PdE*, 12쪽.

2. 인식(認識)의 현상학

1) 지각의 두 지향 : '그것' 지향과 '너' 지향

먼저 카시러는 자연과학과 문화과학의 종차(種差)를 밝혀내기 위해서 '지각(知覺)'의 현상에 주목한다. 우리가 지각을 그 단순한 현상적 지반에서 기술한다면, 지각은 이중적인 모습을 우리에게 보여준다. 지각은 내적 깊이에서는 서로 융해되어 있는, 그러나 어떤 것도 다른 하나로 환원될 수 없는 두 가지 요소를 지니고 있다. 이 두 요소를 사실적으로 분리하는 것이 불가능할지라도, 두 요소의 의미는 서로 구별될 수 있다. 일정한 '대상(對象)'을 지향하지 않는 지각은 없다. 지각에 필수적인 이 객관적 대상연관은 두 가지 지향으로 우리에게 나타나거니와, 우리는 이를 간단히 도식화해서 '그것'(Es) 지향과 '너'(Du) 지향으로 특성화할 수 있다.[7)]

그 결과 우리의 지각은 두 가지 종류의 형태로 나타나게 되는데, 말하자면 "사물-지각"(Perception of Thing)과 "표정-지각"(Perception of Expression)이 그것이다. 사물-지각은 사물들을 죽은 것으로, 활력이 없는 것으로 파악하는 세계 지각을 말한다. 반면에 표정-지각은 표정적인 특성의 관점, 예컨대, 신뢰

10

---

7) Cassirer, *Zur Logik der Kulturwissenschaften, Darmstadt*(1942)(번역서로는 『문화과학의 논리』(박완규 역) 도서출판 길, 2007. 이후 『문화과학』으로 표기하고 쪽수를 기입함). 영어본으로는 *The Logic of the Humanities*, Translated by Clarence Howe, New Haven : Yale University Press, 1961. 97-101쪽(이후 *LH*로 표기함).

할 만한, 풍성한, 친밀한, 무서운 등의 표정적 특성에서 파악하는 세계 지각을 말한다. 카시러에 따르면 자연과학적 사고의 기본적인 특징은 전자에 속하며, '세계' 개념에서 '인격적인 요소'를 제거하려고 부단히 애쓰고 있다는 점이다.8)

카시러는 '사물-지각'과 '표정-지각'의 설명에 덧붙여, 우리의 지각 속에서는 항상 '대상'을 중심으로 하는 축(Object-Pole)과 '자아'를 중심으로 하는 축(Ego-Pole)이 있다고 말한다.9) 그래서 자아가 만나게 되는 세계는 사물-세계(Thing-World)와 인격-세계(Person-World)로 나누어진다. 사물-세계와의 만남은 "그것"(It)으로써 특징지을 수 있고, 인격-세계와의 만남은 "너"(Du)로써 특징지을 수 있다. 전자의 경우에, 우리는 세계를 완전한 '공간적 대상'으로서, 그리고 '시간적 변형의 총체'로서 인식한다. 반면, 후자의 경우에 우리는 세계를 마치 "우리 자신들과 같은" 어떤 것으로서 인식하게 된다. 세계를 '그것'으로서 지각할 경우, '세계'는 전적 타자(Absolute Other)가 된다. 반면에 세계를 '너'로서 지각할 경우, 세계는 타아(Alter-Ego)가 된다.10) 이것이 카시러가 말하는 두 가지 종류의 지각의 구조이다.

여기에서 카시러는 인간의 두 종류의 지각에서 '표정-지각'이 '사물-지각'보다 우선한다는 점을 강조한다.11) 그러니까 우리

---

8) Cassirer, *PdE*, 505쪽. *LH*, 104쪽. 『문화과학』, 147쪽.
9) Cassirer, *LH*, 93쪽. 『문화과학』, 146쪽.
10) Cassirer, *LH*, 93쪽. 『문화과학』, 146쪽. 한편 랄프 콘너스만은 카시러 문화철학에서 주-객 이분법이 극복되고 있는데, 그 지점이 바로 너(Du)에 대한 강조 부분이라고 설명한다. 그리고 나와 너의 상관적 관계에서 '의미'와 '공동의 의미세계'가 나타난다고 설명하기도 한다. 콘너스만, 랄프., 『문화철학이란 무엇인가』(이상엽 역), 북코리아, 2006.
11) Cassirer, *PdE*, 73쪽. *LH*, 94쪽. 『문화과학』, 147쪽.

의 지각의 원초적 형태는 의인관적(anthropomorphen) 요소[12]로 되어 있다는 것이다. 이러한 지각의 원시적 모습은 신화(神話)에서 쉽게 발견할 수가 있다. 그의 말에 주목해 보자.

> "우리가 지각의 근원을 추구해 나가면 나갈수록, 지각 속에서 '너'(Du)라고 하는 형태는 '그것'(Es)이라고 하는 형태에 대하여 더욱 우위를 두게 된다. 즉 더욱 더 명백하게 그의 순수한 표정성격이 사실성격과 사물성격을 능가하게 된다. '표정의 이해'는 본질적으로 '사물의 지식'에 선행한다."[13]

이 주장은 대단히 중요하다고 할 수 있다. 그 이유는 표정-지각은 신화적 세계관을 특징적으로 설명해 주고 있기 때문이다. "우리가 파악하는 모든 현실은 그 근원적 형식에 있어서 우리들에게 향하여 있고 대립하여 있는 '사물-세계'가 아니라, 오히려 살아 있는 활동의 확실한 사실이다. 현실에 대한 이와 같은 접근은 감성적 소여로서의 감각에 의해서가 아니라, 표정의 원현상(Urphänomen des Ausdrucks)에서 우리에게 주어진다. 일정한 지각 체험에서 '표정-의미'가 드러나지 않으면, 현존재는 우리에게 아무 말도 하지 않는다."[14]

이상과 같은 카시러의 말은 사물-지각에 국한되어 있는 자연과학적 인식의 한계를 지적하는 것이면서, 동시에 신화적 인식

10

12) 의인관적 요소라 함은 사물을 죽은 대상으로 바라보는 태도가 아니라, 위협하거나 슬프거나 기쁘거나 흥분하거나 매섭거나 반기는 등등의 표정을 가진 것으로서, 즉 얼굴을 가진 것으로서 대하는 태도를 일컫는데, 카시러의 용법으로 말하면 상모적 태도와 같은 의미이다.

13) Cassirer, *PsF* Ⅲ, 74쪽.

14) Cassirer, *PsF* Ⅲ, 86쪽.

보다 과학적 인식의 우월성을 일방적으로 주장하는 입장에 대한 비판이라고 필자는 생각한다. 왜냐하면 카시러는 인간의 현실파악 내지 현실인식은 대상, 혹은 현존재의 표정적 성격에 의하여 지배되고 있음을 강조하고 있기 때문이다. 이런 측면에서 우리는 어린아이들의 인지발달 과정에서 그들이 단순히 '색깔'보다는 사람의 '얼굴'에 미리 관심을 갖고 반응한다는 사실, 즉 상모적(physiognomic 相貌的)[15]으로 반응한다는 사실을 언급한 카시러의 지적에 다시 한 번 주목할 필요가 있다. 여기서 상모적 반응은 원시인들의 신화적 사유, 상징적 사유의 가장 큰 특징들이며, 상징적 존재로서의 인간에게서 나타나는 전형적인 측면임을 확인할 수가 있다.

여기서 카시러는 철학과 과학 (좁게는 문화과학과 자연과학)이 점점 더 신화에 대립된 극단으로 치닫고 있음을 언급한다. 과학은 표정-지각의 온갖 고유한 권리를 반박함으로써 신화의 젖줄이 되는 원천을 없애고자 노력한다. 자연과학은 믿음직함, 두려움, 너그러움, 친절함, 무서움 등의 '성격', 즉 '표정성질'(表情性質)을 먼저 없애고, 이 대신에 색깔, 소리 등과 같은 '감각성질'(感覺性質)로 된 세계를 구성한다. 그리고 더 나아가 자연과학은 이러한 감각성질들을 '제이차적'이고 부차적인 성질로 보기 때문에, 이들을 기본 성질들, 즉 순전히 양적 규정들로 다시 더 환원시킨다. 따라서 자연과학에서는 이 양적 규

15) 여기서 상모적 태도란, 내가 얼굴을 가지고 있듯이, 타인도 얼굴을 가지고 있다고 간주하는 태도를 말한다. 내가 얼굴을 가지고 있다는 말 속에는 내 자신이 생명(生命)을 지닌 존재라는 의미가 들어 있다. 이러한 상모적 태도는 원시인의 자연관을 통해 잘 나타난다. 이에 대한 상세한 설명은 신응철, 『문화, 철학으로 읽다』, 북코리아, 2009. 제3장 참조 바람.

정들이야말로 인식을 위한 객관적 실재의 전부가 된다.[16] 이것이 물리학이 이끌어낸 결론이라고 카시러는 주장한다. 이렇게 하여 엄격한 '물리주의'가 나타나게 되고, 이러한 입장에서는 타아의 존재를 위한 모든 증거는 확보할 수 없을 뿐만 아니라 또한 쓸모도 없게 된다. 더 나아가 물리주의는 '그것'-세계 이외의 다른 세계, 즉 '너'-세계에 관한 물음이 무의미하다고까지 주장한다. 이렇게 해서 '너'-세계에 대한 대답뿐만 아니라 물음조차도 철학적인 것이 아니라 신화적(神話的)인 것으로 치부되고, 물리주의는 이런 물음을 어떠한 타협의 여지도 남기지 않고 없애버려야 할 것으로 간주하고 있다.

이러한 상황에서 카시러는 자연과학이 그토록 강조하는 '이론'의 측면, 즉 신화적 표정성질들을 감각성질로 환원하고, 감각성질들을 다시금 양적 규정으로 환원해 버리는 현실을 바라보면서, 자연과학의 물리주의가 인간의 행동을 서술(敍述)하기는 하지만, 그 행동의 의미(意味)를 상실하고 있는 현상을 날카롭게 비판하고 있다. 그러니까 일정한 지각 체험에서 표정적 의미가 드러나지 않으면, 현존재는 우리에게 아무것도 말하지 않는다는 것이다.[17] 그러니까 카시러는 인간의 현실(세계) 파악이 근본적으로 현실이나 대상이나 현존재의 표정적 성격에 의해서 지배됨을 강조하고 있는 것이다. 이러한 측면이 바로 문화과학과 자연과학의 근본적인 차이라고 말할 수 있을 것이다.

그렇다면 의미(意味)란 어떻게 해서 나타나는 것일까? 카시러에 의하면, 물질적인 것은 '존재하고' '생성할' 뿐만 아니라,

---

16) Cassirer, *PdE*, 85쪽. *LH*, 95쪽. 『문화과학』, 148쪽.
17) Cassirer, *PdE*, 86쪽. *LH*, 96쪽. 『문화과학』, 149쪽.

이러한 존재와 생성에서 또한 다른 것이 나타난다는 것이다. 이것이 다름 아닌 '의미(Sinn)의 나타남'이다.[18] 그러니까 의미는 물질적인 것에서 독립해 있을 수 있는 것이 아니라, 물질적인 것 안에서, 그리고 물질적인 것을 바탕으로 해서만 구현될 수 있다. 이러한 '의미의 나타남'이 우리가 '문화'(文化)라고 부르는 모든 내용의 공통 요소이다. 카시러의 다른 저술들에 가면, '의미의 나타남', 혹은 '의미'는 다름 아닌 '상징'(象徵) 개념이라는 사실을 알 수 있다.

2) 공간에 대한 인식 : 유기적 공간과 지각적 공간

다음으로 인식의 현상학에서 역시 중요한 주제 중의 하나인 '공간(空間)' 인식의 문제로 넘어가 보자. 우리가 공간 개념을 주시하다 보면, 칸트와 카시러의 입장 차이를 확인할 수가 있게 될 것이다. 쉴 새 없이 유동하는 감각적 현상들이 구분되고 대상들에 있어서 그 성질들이 가려지게 되어 직관적 현실이 성립하게 되는 것은 공간 개념의 개입을 통해서 가능하다. 모든 직관에는 이론적 사고가 결부되고 이 사고에는 다시 논리적 판단과 추리가 결부되어, 마침내 우리에게 현실이 열리는데, 이때 이 현실은 사물 세계와 직관적 공간 세계의 형태를 취한다.[19] 그런데 공간은 어떤 대상이 아니다. 그것은 표상의 특별한 도식이다. "이 도식을 통해서 의식은 하나의 새로운 방향정위의 가능성을 얻는다. 즉, 정신적 조망의 특정한 방향을 얻는

18) Cassirer, *PdE*, 87쪽. *LH*, 98쪽. 『문화과학』, 152쪽.
19) Cassirer, *PdE*, 169쪽.

다."[20] 또 이 방향을 통해서 객관적 현실의 모든 형태가 변형된다. 정신의 활동이나 창조치고 공간 세계와 관계없는 것은 없다. 이것은 공간 세계로 눈을 돌린다는 것이 존재파악과 존재규정 일반을 의미하는 것이기 때문이다. 그런 의미에서 "공간은 정신적 생산성을 비로소 확립시켜 주는 보편적 매개다."[21]

우리는 보통 자연과학이 객관적 실재, 즉 공간 안에 존재하는 사물들에 관한 인식을 제공한다고 생각한다. 사실 공간 자체는 기하학의 중심 개념이다. 그런데 비유클리드 기하학의 발전은 이러한 상식적인 견해와 모순되었다. 카시러는 이러한 새로운 기하학은 철학자들, 특히 칸트주의자들에게 '대단한 충격'을 던져 주었다고 말한다.[22] 어떤 측면에서 그러한가? 칸트는 공간을 하나의 '순수 직관의 형식', 즉 '경험의 선천적 조건'이라고 주장[23]함으로써 기존의 경험론적 견해, 즉 공간은 하나의 주어져 있는, 절대적 실재라는 견해를 뒤집어버렸다. 칸트는 직관 형식의 구조는 유클리드 기하학을 통해서 설명될 수 있다고 가정하였던 것이다. 이러한 칸트의 가정은 아무런 무리가 없어 보였다. 왜냐하면 하나의 선천적 형식으로서의 공간은 어떤 종류의 일정한 구조를 가지고 있어야만 한다는 주장은 당시에 분명한 것으로 보였기 때문이다. 『감성계와 지성계의 형식과 원리들』에 나타난 칸트의 견해는 이를 명시적으로 보여 준다.

---

20) Cassirer, *PdE*, 174쪽.

21) Cassirer, *PdE*, 174쪽.

22) Verene, Donald Phillip.,(ed), *Symbol, Myth, and Culture : Essays and Lectures of Ernst Cassirer* 1935-1945. New Haven and London, Yale University Press, 1979. 276쪽.

23) I. Kant, 『순수이성비판』 A 25 / B 40쪽.

A. 공간 개념은 외감들로부터 끌어낸 것이 아니다.

B. 공간 개념은 모든 것을 자신 속에 포괄하는 개별 표상이지, 모든 것을 자신 아래에 포섭하는 추상적이며 공통된 개념이 아니다.

C. 그러므로 공간 개념은 순수 직관이다. 왜냐하면 공간은 개별 개념이며, 감각들에 의해 마련된 것이 아니라 모든 외감의 근본 형식이기 때문이다.

D. 공간은 객관적이며 실재하는 어떤 것이 아니며, 실체도, 우연적 속성도, 관계도 아니며, 하나의 확정된 법칙에 따라 외적으로 지각된 모든 것들을 전반적으로 정돈하는 정신의 본성으로부터 생겨난 도식과 같은 것으로, 주관적이며 관념적이다.

E. 공간 개념은 객관적이며 실재하는 존재자나 속성에 관한 것으로서는 상상된 존재일 수 있다 하더라도, 감각 가능한 모든 것들과 관련하여 볼 때, 전적으로 참일 뿐만 아니라 외적 감성에서의 모든 진리의 기초이기도 하다.[24)]

그런데 여기서 카시러는 한 가지 현상, 즉 비유클리드 기하학의 출현은 두 가지 가정에 대해 의문을 제기했는데, 바로 이 점을 주목한다. 예컨대 유클리드 기하학의 평행선 공리에 따르면, 하나의 평행선은 하나의 선에 대해서 다음의 한 점을 통해서만 그려질 수 있다. 그런데 비유클리드 기하학에 따르면 이 사실은 부정된다. 왜냐하면 기하학의 기본 공리에 의존한다면, 무한대의 평행선을 그리는 것이 가능하기도 하고(Lobachevsky, Bolyai의 주장), 또는 전혀 그렇지 않을 수도 있게 된다(Riemann의 주장).[25)]

---

24) Immanuel Kant 외, 『감성계와 지성계의 형식과 원리들』(최소인 역), 이제이북스, 2007. 38-44쪽

25) J. M. Krois, *Cassirer : Symbolic Forms and History*, Yale University Press New Haven and London, 1987. 117쪽.

이런 맥락에서 비엔나 학파의 창시자인 쉴릭(M. Schlick)은 칸트가 말하는 순수 직관과 같은 어떤 것이 존재한다는 주장을 거부하기에 이르렀다. 그 이유는 기하학에서 말하는 공간은 완전히 고정되어 있거나 직관적인 것이 아니라, 하나의 '구성'(Construction)이라고 생각했기 때문이다.[26] 그래서 쉴릭은 칸트의 순수 직관으로서의 공간이론을 수학적 공리에서 사용되는 '함축적 정의' 개념에 근거해 있는 하나의 '방법론적 개념'이라고 제시하였다. 쉴릭이 칸트의 공간 이론을 비판하는 주된 이유는, 칸트가 일상에서 일어나는 '심리적인 경험으로서의 공간'과 유클리드 기하학에서 말하는 '물리학적 공간' 사이의 유추(Analogy)로부터 자신의 공간이론을 전개하는 점 때문이다. 그런 점에서 칸트가 말하는 '순수 직관'으로서의 공간은 半심리학적(Semipsychological) 성격을 가지게 된다는 것이다. 왜냐하면 기하학으로부터 완전하게 심리학적인 요소를 제거할 수 있는 '유일한 방법'이 칸트 당시에는 알려져 있지 않았기 때문이라고 쉴릭은 말한다.[27]

카시러는 쉴릭의 그 같은 주장을 수용하여 칸트의 공간이론을 나름대로 수정한다. 카시러에 따르면, 공간과 시간은 모든 현실이 관계를 가지고 있는 '틀'이다.[28] 그는 공간과 시간의

26) Moritz Schlick, *General Theory of Knowledge*, 2d ed., trans. Albert E. Blumberg(1927; reprint, New York and Vienna : Springer-Verlag, 1974), 352쪽.

27) Schlick, "Kritische oder empirische Deutung der neuen Physik?" *Kant Studien* 26(1921), 108쪽. J. M. Krois, 같은 책, 118쪽.

28) Ernst Cassirer, *An Essay on Man,* Yale University Press. 1944. (번역서, 『인간이란 무엇인가』(최명관 역), 서광사, 1988. 이후 원문은 *EoM*으로, 번역서는 '인간'으로 표기함) *EoM*, 42쪽(인간, 74쪽).

조건에서가 아니라면 그 어떤 현실적인 사물의 개념도 가질 수 없다고 말한다. 그런데 이러한 공간 경험은 여러 유형이 있고, 이런 경험의 모든 형태가 다 동일한 수준에 있지는 않다는 것이다. 그러면서 카시러는 두 가지 종류의 공간에 대해 설명한다. 하나는 동물들에게서 보여는 '유기적 공간'(Organic Space)이고, 다른 하나는 인간에게서 보이는 '지각적 공간'(Perceptual Space)이다.[29] 벌, 개미, 철새의 방위 측정 능력은 대단히 정확한데, 이는 동물들의 특별한 신체적 충동에 의해서 이루어지는 것이지, 공간에 대한 심상이나 관념이 들어가는 것은 아니다. 이에 반해, 지각적 공간은 단순한 감각의 소여가 아니다. 그것은 매우 복잡한 성질을 가지고 있는데, 말하자면 서로 다른 온갖 종류의 감각경험들 예컨대 시각, 촉각, 청각, 근육감각의 요소들을 포함하고 있다. 카시러는 여기서 공간 지각의 기원, 발생 문제에 관심을 두지 않고, 인식론적 관점과 인간학적 관점에서 공간의 성질에 주목한다. 카시러는 그와 같은 관점을 인간에게서 나타나는 공간의 특성과 연관 지어 설명한다.

카시러는 인간의 지각적 공간의 특성을 '상징적 공간'(Symbolic Space), 혹은 '추상적 공간'(Abstract Space)이라고 말한다.[30] 카시러는 이러한 이해방식을 철학사에서도 쉽게 찾아볼 수 있다고 말하면서, 몇몇의 예를 들고 있다. 데모크리토스는 공간을 '비존재'(Nonbeing)로, 플라톤은 '혼합개념'(Hybrid Concept)으로 설명하였고, 뉴턴은 수학적 공간인 '추상적 공간'과 '감각경험의 공간'을 구별할 것을 주장하였고, 버클리는 뉴턴이 말하

29) Cassirer, *EoM*, 42-43쪽(인간, 76쪽).
30) Cassirer, *EoM*, 43쪽(인간, 76쪽).

는 참된 '수학적 공간'은 하나의 '공상적 공간', 인간 정신의 허구에 불과한 것이라고 주장한 바 있다.[31] 여기에서 카시러는 추상적 공간은 물리적, 혹은 심리적 현실 속에서 그 대응물이나 근거를 가지고 있지 않다고 말한다. 그래서 그는 기하학에서 말하는 '점' 또는 '선'은 물리적인 사물도, 심리적인 사물도 아닌, 추상적 관계들에 대한 상징일 뿐이라고 말한다.

한편, 카시러는 자연과학적인 기하학의 공간 개념의 특징을 드러내기 위해서 원시인의 생활에서 보이는 공간에 대해서 설명하기도 하였다. 카시러의 견해에 따르면, 원시인의 생활에서는 '추상적 공간' 관념을 찾아볼 수가 없다. 왜냐하면 원시인의 공간은 '행동의 공간'이며, 이 행동은 여러 가지 직접적인 실제상의 요구와 관심에 집중되어 있기 때문이다. 카시러는 하인츠 베르너(Heinz Werner)의 글을 인용하면서 이런 측면을 설명하고 있다.

> (원시인에게서) 공간 관념은 진보된 문화를 가진 인간의 '추상적 공간'보다 훨씬 '감정적'이고 '구체적'인 개념이다.……그것은 성격상 그다지 객관적인 것, 측정할 수 있는 것, 또 추상적인 것이 못된다. 그것은 자기중심적인, 혹은 의인관적인 여러 가지 특징을 보여주고 있으며, 또 상모적-역동적으로서 구체적이고 실체적인 것에 뿌리박고 있다.[32]

10

카시러는 자연과학적인 공간 개념, 즉 기하학에서의 공간 개념에서는 우리의 '직접적인 감각 경험'의 모든 구체적인 차이

31) Cassirer, *EoM*, 44쪽(인간, 77쪽).
32) Cassirer, *EoM*, 45쪽(인간, 79쪽).

가 사라지게 된다는 점을 지적한다. 거기에서는 더 이상 시각적, 촉각적, 청각적, 혹은 후각적 공간을 가지지 못하게 된다. 왜냐하면, 기하학적 공간은 우리 감각들의 고르지 못한 성질에 의하여 우리에게 강요된 모든 다양성과 이질성으로부터 '추상(抽象)'하기 때문이다. 이와 거의 비슷한 맥락에서, 카시러는 '신화적 공간, 미적 공간, 이론적 공간'이라는 제목의 강연을 통해서, 어떻게 하여 공간이 철저하게, 그리고 서로 다르게 객관화의 방식을 드러내주는지를 제시한 적이 있다. 그의 견해에 따르면, 신화에서의 공간은 '분위기', 즉 '감정의 분위기'(Aura of Feeling)에 의해서 규정된다. 예컨대, 신화적 사유에서 해가 솟아오르는 '동쪽'이라는 지리적 개념은 '빛', '생명'의 방향으로 느껴지고, 반면에 해가 지는 '서쪽'은 '몰락', '죽음'의 방향이다. 그리고 미적 인식에서 보이는 공간은 예술가가 어떤 종류의 상상적 내용을 표현하는 하나의 수단이다. 마지막으로 현대 물리학에서의 공간은 비직관적인, 순전히 의미 있는 '질서체계'(System of Order)일 뿐이라고 말한다.[33)]

3) 진리에 대한 성격 : 자연과학과 문화과학

이상에서 살펴 본 바처럼, 표정-지각이 사물-지각보다 우선한다는 카시러의 주장은 자연과학적 진리에 대한 논의와 연결되어 있다고 필자는 생각한다. 어떤 측면에서 그러한가? 먼저 자연과학에서 말하는 '진리' 개념에 대해 살펴보자.

33) J. M. Krois, 같은 책, 120쪽.

카시러는 '자연과학적 진리'를 설명해 주는 세 가지 유형의 과학적 진술들을 구분하고 있다. 첫째 유형은 '측정(測定)의 결과(結果)'에 관한 진술들, 둘째 유형은 '법칙'(法則)에 관한 진술들(예컨대, "만일 x라면, y이다."라는 문장들), 셋째 유형은 '원리(原理)들'에 관한 진술들, 혹은 '법칙을 발견하기 위한 규칙들'에 관한 진술들(예컨대, 인과성의 원리)이다.[34] 카시러는 우리가 어떻게 해서 첫째 유형의 진술에서 둘째 유형의 진술로 나아가는지, 혹은 첫째에서 셋째 유형의 진술로 나아가게 되는지를 귀납논리로써 설명할 수는 없다고 말한다. 왜냐하면, 둘째 유형의 진술은 '분류(分類)'에 관한 진술로서, 이 진술은 보통 수 없이 많은 요소들로 이루어져 있고, 또한 특수한 진술을 사용하는 그 어떤 귀납적 절차도 그와 같은 보편적 진술을 확립할 수가 없기 때문이다.

카시러는 자연과학적 탐구 방식들은 특별한, 고정된 규칙 체계를 따르고 있지 않아서, 여전히 '절차적 한계'를 지니고 있다고 지적한다. 이 절차적 한계는 자연과학적 진술의 본질을 통해, 그리고 기본적으로 오류 가능한 성격을 통해 규정된다고 한다. 카시러에 의하면, 자연과학적 발견은 결과에 대한 일종의 '본능적인 비약(飛躍)'에 의존해 있다.[35] 자연과학적 발견이 본능적 비약에 의존해 있다는 사실을 카시러는 메이어(Robert Mayer)의 경우를 통해 제시한다. 메이어가 물리학에서

---

34) Cassirer, *Determinism and Indeterminism in Modern Physics*(1936), Translated by O.T. Benfey, New Haven : Yale University Press, 1956. 40쪽(이후 *DI*로 표기함).

35) J. M. Krois, 같은 책, 111쪽.

에너지 보존의 원리를 주장했을 때, 그는 단 한 가지 관찰을 토대로 하여 그런 주장을 펼쳤으며, 이 관찰이 다른 분야에서도 행해지게 되었다고 한다. 우리는 아래의 예에서 그 점을 확인할 수가 있다. 메이어는 체열(Body Heat)은 연소 과정을 통해 생겨난다는 라브와지에(Lavoisier)의 이론을 회상하면서, 남쪽 기후에서는 체열의 감소가 덜하고, 따라서 거기에서는 체열을 만들어내기 위한 강한 연소 과정이 필요 없게 된다는 사실에 주목하였다. 이와 같은 사실에서, 그는 불현듯 에너지보존의 일반원리를 찾아내었다고 한다. 카시러는 이런 종류의 개요를 모든 자연과학적 발견의 토대로 보고 있다. 말하자면, 측정에 관한 진술에서 법칙에 관한 진술로 나아갈 필요가 있고, 또한 측정에 관한 진술에서 원리에 관한 진술로 나아갈 필요가 있었던 것이다.[36] 이 예는 자연과학적 발견이 가지고 있는 본능적 '비약(飛躍)의 측면'을 잘 드러내고 있다고 말할 수 있다.

카시러는 자연과학이론의 검증은 '논리적'으로나 '실천적'으로 모두 불가능하다고 말한다.[37] 과학이론의 검증이 논리적으로 불가능한 이유는, 일반적인 '법칙' 진술들, 예컨대, '만일 x라면, y이다'라는 형태의 특징 때문이다. 이 진술들은 무수히 많은 내용들을 가진 부류들을 나타내고 있다. 말하자면, 만일 이런 형태의 어떤 진술이 참이라는 것을 알기 위해서는 그러한 형태에 속하는 모든 경우들을 검토해야하는 무한대의 노력이 필요하게 되는데, 사실상 그와 같은 일은 불가능하다는 것이다. 그리고 자연과학이론의 검증이 실천적으로도 불가능한 이유는,

36) Cassirer, *DI*, 57쪽.
37) J. M. Krois, 같은 책, 112쪽.

검증 개념의 토대가 되는 '예견'(Prediction)이 실제적인 세계 안에서 깔끔하게 이루어지지 않기 때문이다. 만일 인과성이 '확실성'으로 예견될 수 있는 것처럼 규정된다면, 심지어 고전 물리학조차도 문제점을 노출하게 된다. 그 이유는 "단 한 가지의 예에서 하나의 물리적 사건을 실제적으로 분명하게 예견하는 일은 가능하지 않기 때문이다."[38] 그렇기 때문에 카시러는 자연과학적 진보는 검증에 의존하지 않고 있다고 생각한다.[39]

그렇다면 자연과학적 진리 속에 들어 있는 본능적 비약의 요소는 왜 생겨나는 것일까? 그것은 바로 자연과학이 추구하는 목표와 관련이 있다고 카시러는 파악한다. 자연과학이 가까운 것과 먼 것에 구애됨이 없이, 보편적 법칙의 인식에 도달할 때, 자연과학은 먼 것의 지배자가 된다. 자연과학도 우리의 가장 가까운 주변에 대한 관찰에서 시작한다. 자연과학도 일상적인 낙하 물체를 보고 여기서 발견한 규칙들로부터 시작한다. 그러나 자연과학은 이러한 발견을 확대하여 만유인력이라는 '보편적 법칙'을 수립하여 우주적 전 공간으로 확대 적용한다. 말하자면, 자연과학은 법칙의 보편성을 추구한다고 할 수 있다. 그러면 이러한 현상이 문화과학에도 적용될 수 있을까?

결론부터 말하자면, 이러한 보편성의 형식으로 나아가는 길이 문화과학에는 닫혀 있다. 문화과학은 의인화와 인간중심주의의 길에서 벗어날 수가 없다. 문화과학의 대상은 세계 그 자체가 아니라 세계 속의 특수한 한 영역인 바, 이 영역은 순전히 공간적 관점에서 본다면 극히 작은 것으로 보인다. 문화과

38) Cassirer, *DI*, 65쪽.
39) J. M. Krois, 같은 책, 112쪽.

학이 인간세계에 국한하고 지구상의 인간 존재의 한계 안에 머물지만, 그것은 자신에게 할당된 영역을 끝에서 끝까지 완전히 헤아려보려고 한다. 문화과학의 목표는 자연과학처럼 '법칙의 보편성'도 아니고 사실과 현상의 '개별성'도 아니다. 이 양자에 대립하여 문화과학은 그 자신 나름으로 고유한 인식의 이상을 세운다. 문화과학이 인식하려고 하는 것은 인간의 삶이 실현되는 현장인 '형식들의 총체성'(totality of the forms)이다.[40] 이 형식들은 끊임없이 다양하나, 통일적인 구조 없이는 성립하지 않는다. 왜냐하면 우리가 문화발전에서 갖가지 모습의 인간을 만나지만, 우리가 늘 다시 만나는 것은 결국 하나의 같은 인간이기 때문이다. 관찰하고, 달아보고, 재어봄으로써는 다시 말해 자연과학적 관찰과 계량화의 방법으로써는 이러한 동일성을 의식할 수가 없다. 또한 심리학적 귀납을 통해서도 이 동일성에 이를 수 없다. 이 동일성은 오직 행위(行爲)를 통해서만 입증될 수 있을 따름이다. 결국 우리가 어떤 문화를 이해하려면, 우리는 능동적으로 그 문화 속으로 들어가야 한다.

카시러는 자연과학적 진리와 문화과학적 진리의 성격을 '역사적 지식'을 예로 들어 명쾌하게 설명해 주고 있다.[41] 역사의 임무는 단순히 과거의 존재와 삶을 우리가 알게 해주는 데에 있는 것이 아니라 그 의미를 해석할 수 있도록 해주는 데에 있다. 과거에 대한 모든 단순한 지식은, 여기에 재생적 기억 능력 이외의 다른 능력들이 포함되지 않는 한, 그저 생명 없는 '칠판 위의 죽은 그림'에 불과하다. 사실과 사건에 대해서 기억이 보

40) Cassirer, *LH*, 144쪽. 『문화과학』, 208쪽.
41) Cassirer, *LH*, 145쪽. 『문화과학』, 209쪽.

존하는 것은, 이것이 우리의 내적 체험과 관련되고 내적 체험으로 변형될 수 있을 때에만 비로소 역사적 기억이 될 수 있다. 랑케가 언급했듯이, 역사가의 진정한 임무는 '본래 있었던 대로' 기술하는 것이다. 그러나 우리가 이 말을 받아들인다고 하더라도 '있었던 것'은, 이것이 역사적 관점에 놓이면, 새로운 의미를 얻게 된다고 카시러는 말한다. 역사는 단순한 연대기가 아니요, 역사적 시간은 객관적·물리적 시간이 아니다. 역사가에게 있어서 과거는, 자연과학자에게 있어서와 같은 의미에서 그저 지나가 버린 것이 아니다. 과거는 그 나름의 고유한 현재성을 지니고 있다. 지질학자가 지구의 과거 모습을 우리에게 말해 줄 수 있고, 고생물학자가 지금은 사라져 없는 생물 형태들을 우리에게 말해 줄 수 있다. 이 모든 것은 그저 언젠가 일찍이 '있었던 것'일 뿐이요, 그 생생한 특성은 소생될 수 없다.[42)]

그러나 역사는 지나간 과거의 삶을 우리가 이해(理解)할 수 있도록 해준다. 역사는 지나가 버린 삶의 내용 자체를 소생시킬 수는 없으나, 이러한 삶의 순수한 형식을 지키려고 한다. 문화과학에서 명백하게 나타나는 형식(form)과 표현양식(style) 개념들이 아무리 다양하고 풍부하더라도, 이 개념들은 결국 이러한 하나의 임무를 위한 것이다. 다시 말해서 이 개념들을 통해서만 문화의 재생과 재(再)체험과 부활은 가능하게 된다. 과거로부터 현실적으로 우리에게 보존되어 있는 것은, 이것이 언어로 쓰인 것이건 그림으로 그려진 것이건 청동에 새겨진 것이

42) Cassirer, *LH*, 145쪽. 『문화과학』, 210쪽.

10

건 역사적 기념물이다. 이러한 기념물에서 우리가 어떤 '상징들'(Symbols)을 읽어낼 때, 기념물은 비로소 역사적인 것이 된다. 우리는 이 상징들을 통해서 일정한 삶의 형식들을 알아 볼 수 있을 뿐만 아니라 또한 이 상징들 덕분에 우리는 스스로를 위해 이 '삶의 형식들'(forms of life)을 부활시킬 수도 있다.

이상에서 우리는 지각에 대한 분석, 공간에 대한 인식, 자연과학적 진리와 문화과학적 진리에 관한 카시러의 견해를 살펴보았다. 카시러는 표정-지각이 사물-지각보다 앞선다는 사실, 그리고 과학적 진리 속에는 본능적 비약의 측면이 들어있다는 사실, 나아가 인간의 지각적 공간의 특징을 상징적 공간으로 파악함으로써, 과학적 인식 속에 들어있는 '상징적 요소들'을 부각시켰다. 그런 측면에서 카시러는 '과학적 사실'은 항상 '이론적 요소'를 포함하고 있는데, 이 이론적인 것은 다름 아닌 '상징적인 것'이라고 주장한다.[43] 과학사의 흐름 전체를 변화시킨 과학적 사실들의 대부분은 아니라 하더라도, 많은 부분은 그것들이 '관찰될 수 있는 사실'이기 이전에 '가설적인 사실'이었다는 점을 카시러는 지적한다. 그래서 그는 인간의 인식은 그 본성에 있어서 '상징적 인식'이라고 주장하고 있는 것이다.[44] 이러한 특성이 인간의 인식의 힘과 그 한계를 특징짓고 있다는 것이다. 앞서 언급했듯이, 상징은 물리적 세계의 일부로서 구체적 '실존'(實存)을 갖지는 않지만, 그것은 '의미(意味)'를 가지고 있다. 상징의 이러한 면을 카시러는 '상징적 회임(懷妊)'(Symbolischen Prägnanz)[45]이라 부른다. 이 상징적

43) Cassirer, *EoM*, 59쪽(인간, 98쪽).
44) Cassirer, *EoM*, 57쪽(인간, 95쪽).

회임은 지각 체험, 즉 감성적 체험이 동시에 일정한 비직관적 의미를 내포하게 되고, 그 체험을 직접적인 구체적 표상이 되게 하는 것이다. 이와 같은 정신의 활동에 있어서는 대상의 다양이 그저 지각적으로 주어지고 거기에 통각의 작용이 덧붙여지는 것이 아니라, 오히려 지각 자체가 그 자신의 내부적 조직에 의하여 일종의 정신적 분절화를 획득한다. 이것은 지각이 이미 의미 속에서 산다는 것을 뜻한다. 이처럼 지각 현상이 의미를 내포하는 전체에 관계하는 것을 회임이라 한다. 간단히 말해, 상징적 회임은 감성적인 것이 '의미'를 지니게 되고, 이 관계를 의식이 직접 표상하는 것을 말한다.

3. 인식(認識)의 토대로서 상징(象徵), 상징적 인식

우리는 지금까지 『인식의 현상학』과 『문화과학의 논리』를 통해서 '지각' 현상, '공간' 인식, '문화' 이해의 과정에서 상징과의 관련성을 카시러의 시선을 좇아 살펴보았다. 사실, 상징(象徵) 개념은 카시러의 철학 사상을 표현해 주는 가장 중심적인 개념이라고 해도 과언이 아니다. 그렇다면 그의 철학 사상에 상징 개념이 어떤 이유에서 등장하게 되었으며, 그는 인간 이해, 문화 이해, 세계 이해의 중심에 왜 상징 개념을 갖다 놓은 것일까? 『상징형식의 철학』이 어떻게 해서 그의 대표적인 저작으로 평가받고 있는 것일까? 이러한 궁금증을 해결할 수 있는 실마리는 바로 카시러의 인간관에 들어있다. 여기서 우리

45) Cassirer, *PsF* Ⅲ, 235쪽.

는 서양철학의 전통적 인간관과 그의 인간관의 차이에 주목할 필요가 있다.

카시러는 인간 문화에 대한 새로운 총체적 이해는 단번에 이루어지는 것이 아니라, 문화를 만들어낸 주체인 인간을 새롭게 정의함으로써 가능하다고 생각하였다. 인간에 대한 새로운 규정, 그것은 바로 인간이 더 이상 '이성적 동물'이 아니라, '상징적 동물'이라는 것이다. '상징적 동물'이라는 새로운 정의를 토대로 카시러는 인간의 자기인식, 자기이해, 나아가 인간이 만들어 놓은 정신활동의 총체인 문화이해를 시도하였다.

그렇다면 카시러가 '상징적 동물'로서의 인간을 말할 때, 그가 사용하고 있는 '상징(symbol)'이라는 개념은 어떻게 나온 것일까? 카시러는 생물학자이자 해부학자였던 윅스퀼(Johannes von Uexküll. 1864-1944)의 견해를 받아들이고 있다. 윅스퀼은 매우 독창적인 생물학적 세계의 도식을 전개시킨 인물인데, 그는 객관적이고 행동주의적인 방법에 따라 비교해부학의 사실들을 가지고 생명에 대한 견해를 펼쳤던 자연과학자이다. 윅스퀼은 해부학적 구조에 따라 모든 생명체에는 '메르크네츠'(Merknetz)와 '비르크네츠'(Wirknetz), 즉 '인지계통'과 '작용계통'이 있다는 주장을 하였고, 이 두 계통의 협동과 평형이 없으면 유기체는 살아남을 수 없게 된다고 말하였다.[46] 그러니까 이 두 계통은 사실상 동물들에게 있어서 기능 고리 역할을 하는 것이다.

---

46) J. von Uexküll, *Theoretische Biologie*, 제2판(Berlin, 1938); *Umwelt und Innenwelt der Tiere*(1909), 제2판(Berlin, 1921.) Cassirer, *EoM*, 24쪽(인간, 48쪽).

그렇다면 윅스퀼이 제안한 이 도식이 인간에게도 그대로 적용될 수 있는가? 카시러는 인간 세계도 기본적으로는 인지계통과 작용계통으로 이루어져 있지만, 인간의 세계에서만 나타나는 하나의 독특한 면이 있다고 주장한다. 그것은 바로 '상징계통'이라는 제3의 연결물이다. 상징계통을 통해서 인간은 다른 동물보다 더 넓은 세계에서 살아갈 수 있고, '새로운 차원' 속에서 살 수 있게 되었다는 것이다. 생물들에게서 나타나는 반작용(reaction)과 인간에게서 나타나는 반응(response) 사이에는 분명한 차이가 있다고 카시러는 말한다. 생물의 반작용의 경우에는 외부로부터의 자극에 대해서 직접적이고 즉각적인 응답이 주어지는 데 비해, 인간의 반응의 경우에는 느리고 복잡한 사고 과정에 의해 응답이 지체된다고 한다. 이런 현상은 무엇을 말해주는 것일까? 인간은 상징계통을 통해서 비로소 한갓 물리적인 우주에만 머물러 사는 것이 아니라, 이제 상징적인 우주에서도 살 수 있게 되었다는 뜻이다. 언어, 예술, 종교, 역사, 과학은 이러한 상징적 우주를 이루고 있는 것들로서, 이것들은 상징의 그물을 짜고 있는 가지각색의 실이자, 인간 경험의 엉클어진 거미줄이라고 카시러는 파악한다.[47)]

그런 의미에서 인간은 언어적 형식, 예술적 심상, 신화적 상징, 종교적 의식에 깊게 둘러싸여 있기 때문에 이러한 인위적인 매개물의 개입에 의하지 않고서는 아무것도 볼 수 없고 또 알 수 없다고 카시러는 말한다. 인간의 이러한 형편은 이론의 영역과 실천의 영역에서도 마찬가지라고 한다. 실천의 영역에

10

47) Cassirer, *EoM*, 24쪽(인간, 49쪽).

서도, 인간은 딱딱한 사실들의 영역에 살지 않으며, 혹은 그의 직접적인 요구와 욕망을 따라 살지도 않는다. 오히려 상상적인 감정들 한 가운데에서, 희망과 공포 속에서, 환상과 환멸 속에서, 공상과 꿈속에서 살아간다는 것이다.

그런 점에서 카시러는 인간의 지식도 본성상 '상징적 지식'이라고 말한다.[48] 이 상징적 지식이 인간의 인식의 힘과 그 한계를 특징짓고 있다. 상징적 사고에 있어서 현실적인 것과 가능적인 것, 실제로 있는 사물과 이상적인 사물 사이에 날카로운 구별을 짓는 것은 불가피한 일이다. '상징'은 물리적 세계의 일부로서의 현실적 '실존'을 갖고 있지는 않지만 '의미'를 가지고 있다. 원시인의 사고에 있어서는 아직 존재와 의미의 두 영역 사이를 구별 짓는 것이 매우 어렵다. 거기에서는 이 두 영역이 끊임없이 혼동되고 있으며, 상징은 마치 마력, 혹은 물리적인 힘이 부여되어 있는 것처럼 생각되고 있다. 그러나 인간 문화가 좀 더 진보하면 사물과 상징 사이의 차이가 분명히 느껴지는데, 이것은 현실과 가능 사이의 구별이 또한 더욱더 뚜렷하게 된다는 것을 의미한다. 카시러에 있어서 인간의 자연적 타성을 극복하고 그에게 새로운 능력, 자신의 우주를 끊임없이 재형성하는 능력을 부여하는 것은 바로 이러한 '상징적 사고'이다.

한편 카시러는 '이성적 동물'로서의 인간에 대한 정의가 아직도 그 힘을 잃지 않고 있고, '합리성' 개념이 인간 활동의 고유한 모습으로 전해오고 있다는 사실도 인정한다. 그렇지만 예

48) Cassirer, *EoM*, 57쪽(인간, 95쪽).

를 들어 언어의 경우, 그것은 가끔씩 이성이나 이성의 원천과 동일시되어 왔음을 카시러는 지적한다. 그런데 이러한 정의가 전 분야에 걸쳐서 고루 들어맞는 것은 아니라고 그는 말한다. 왜냐하면, 개념적 언어와 더불어 정서적 언어가 있고, 논리적, 혹은 과학적 언어와 더불어 시적 상상의 언어가 있기 때문이다. 이러한 사실들로부터, 카시러는 본래 언어란 사고나 사상을 표현하는 것이 아니라, 감정과 감동을 표현하는 것이라고 주장한다. 이 주장은 '이성'만으로는 인간의 문화생활의 여러 형태들을 그 모든 풍부함과 다양성에 있어서 전체적으로 이해하는 데 매우 부적당하다는 의미이기도 하다. 카시러가 볼 때 인간 문화의 여러 형태들은 '상징적 형태'로 되어 있다. 그렇기 때문에 카시러는 인간을 '이성적 동물'로 정의하는 대신, '상징적 동물'(*animal Symbolicum*)로 새롭게 정의하고, 그것에 근거해서 인간의 문화 현상들을 이해하고 있는 것이다. 이상과 같은 카시러의 인간에 대한 새로운 정의는, 자신의 문화철학의 세부 논의 주제들, 즉 신화, 예술, 언어, 역사, 과학에 대한 논의의 근간이 되고 있다.

4. 나오는 말 : 인식의 현상학을 너머 문화과학으로

카시러의 인식의 현상학은 일차적으로는 마르부르크 신칸트 학파의 학문 전통에 입각한 정통 인식론에 관한 논의이다. 그렇지만 필자는 이 인식론이 궁극적으로 지향하고 있는 지점은 '문화과학'에 맞추어져 있다고 본다. 필자는 지금까지의 논의를 자연과학과 문화과학이라는 관점에서 다음과 같이 정리해 보았다.

범례		자연과학	문화과학
지각	종류	사물-지각(Perception of Thing)	표정-지각(Perception of Expression)
	특징	'대상'(Object)을 축으로 하는 인식 사물을 죽은 것, 활력 없는 것으로 인식	'자아'(Ego)를 축으로 하는 인식 사물을 살아있는 것, 표정적으로 인식
	강조점	세계를 '사물'로 인식 → 그것(It)으로 간주, 인간 행동을 '서술' '묘사'하는 측면	세계를 인격으로 간주 → 너(Du)로 간주, 인간 행동의 '의미'를 파악하는 측면
공간	종류	유기적 공간(Organic Space)	지각적 공간 (Perceptual Space)
	특징	기하학적 공간 다양한 감각현상들이 '추상'됨	상징적 공간 직접적 감각 경험이 살아있는 공간
	강조점	물리학적 공간, 질서체계, 비직관적	미적(신화적) 공간, 감정의 분위기, 직관적
진리	종류	자연과학적 진리	문화과학적 진리
	특징	관찰, 계량화 작업 본능적 비약의 측면이 드러남	상징들의 해석을 통한 의미화 작업 의인화, 인간중심주의의 측면이 드러남
	강조점	'법칙의 보편성' 추구 있던 그대로의 모습을 '재현'	'형식의 총체성' 추구 삶의 형식들을 '부활', '재생'하는 측면

카시러는 인식론의 논의를 항상 자연과학적 입장과 문화과학적 입장의 두 축에서 전개해 가고 있음을 위의 표를 통해서도 확인할 수가 있다. 그러니까 이런 인식론의 논의를 통해서 카시러는 문화과학의 내적 논리를 제시하고자 하였던 것이다. 그렇다면 카시러는 자연과학과는 다른 문화과학만의 독특한 논리를 어디에서 찾고 있는 것일까?

우선 자연과학은 자연현상을 계산하고 설명하고 지배하기 위해서 어쩔 수 없이 '추상'(抽象)에 의존하지 않을 수 없다. 데카르트의 말처럼, 인간은 '추상'을 통해 자연의 지배자요 소유자가 된다. 사물의 물리적 성질은 법칙으로 환원될 수 있는 현상의 한 측면에 불과하고, 현상 전체로부터 추상을 통해 불변적인 것만 떼어 빼낸 것에 불과하다. 이것은 이론적 반성의 결과물이요, 이런 의미에서 처음이 아니라 끝이다. 자연과학은 이 끝에 도달하기 위해서 '인간적인 것'을 모두 억압할 뿐만 아니라 '인간적인 것'을 완전히 배제한 세계상을 추구한다. 그런 점에서 자연과학은 '너'-지향을, 표정-지각을, 신화적인 힘을 제거함으로써 이 끝에 도달한다. 하지만 카시러가 볼 때, 그것은 우리가 들어가 살고 있는 삶의 세계와는 너무나 거리가 먼 진공의 세계요, 추상의 세계일 뿐이다.[49]

여기에 비해서 문화과학의 논리는 예술, 역사 지식, 그리고 인간학의 기초에 놓여 있는 기본개념들을 분석하는 일이다. 이 기본개념들의 상호관계를 연구함으로써 우리는 예술작품이나 인간 개성과의 만남에서 보다 많은 것을 볼 수 있게 된다. 이러한 연구는 시각적이든 청각적이든 인간의 훈련된 지각에 대

49) 박완규, 「현대 문화철학의 창시자, 카시러」 in 『문화과학의 논리』, 30쪽.

10

한 연구요, 그 자체로 구체적 보편에 대한 논리이다. 이러한 구체성, 직접성, 그리고 전체성이 추상적 보편을 다루는 전통 논리학과 구별되는 문화과학 논리의 특징이다.[50)]

문화과학의 논리가 지각 경험의 친밀한 인식적 과정을 포함하는 반면에, 자연과학의 논리는 오히려 이러한 지각과의 모든 연관성을 벗어나게 한다. 이러한 차이는 사고 지향 방식의 차이요, 이에 따라 양자는 각기 알맞은 개념과 기술을 발달시킨다. 문화과학의 논리는 특수한 개성을 연구하는 것도 아니고, 이른바 역사의 흐름에 대한 연구도 아니다. 그것은 표현양식 개념(style concepts)의 논리, 즉 의식적이든 무의식적이든 우리가 특수한 사람들이나 역사적 사건들을 이해할 수 있게 해주는 표현양식 개념의 논리이다.[51)] 자연법칙을 탐구하는 정밀과학에 비해 이러한 표현양식의 논리가 믿을만한 지식이 되는 까닭은, 이 논리가 개인의 행동이나 역사적 사건을 '예측'(豫測)할 수 있게 해주는 데 있는 것이 아니라, 인간에 관해서 일상적으로나 경험과학적으로나 우리가 이미 아는 것을 보다 깊게 '이해'(理解)할 수 있게 해준다는 데에 있다.[52)] 카시러가 이러한 문화과학의 논리를 '자기인식의 논리'라고 부를 때, 그는 특수한 역사 인물들을 분석하는 것이 아니라 예술, 신화, 언어, 종교에서 인간이 이룩한 일들을 분석하는 것을 마음에 두고 있는 것이다.

---

50) 클래렌스 S. 하우는 카시러의 *Zur Logik der Kulturwissenschaften*을 영어로 번역하여 *The Logic of the Humanities*(1960)로 펴냈다. 이 영어본 서두에 번역자의 머리말을 실었는데, 여기서 카시러 문화과학의 논리를 설득력 있게 정리해 주고 있다. 『문화과학의 논리』, 301쪽.

51) 『문화과학의 논리』, 302쪽.

52) 『문화과학의 논리』, 302쪽.

Chapter

11

역사를 바라보는 눈은 왜 다른가?*

카시러

(Ernst Cassirer, 1874–1945)

카시러의 책

『상징 신화 문화』

* 이 글은 「카시러의 역사해석학」, 『철학연구』 47호(고려대 철학연구소, 2013.3)에 수록된 것임을 밝혀둔다.

1. 들어가는 말

오늘 우리는 소위 '소통', '융합', '통합'의 가치를 화두로써 정치, 사회, 문화를 비롯한 다양한 분야에서 그 가치의 중요성을 인식하고 실현방안을 찾아 나서고 있다. 이것이 하나의 사회 문화적 풍경이 되었다고 해도 지나치지 않다. 학문의 영역에서도 '학제적 연구', '융합적 연구', '통섭적 연구', '통일적 연구' 등의 이름을 따온 활발한 논의가 이어지고 있는 추세다. 인문학 자체의 영역은 말할 것도 없이, 인문학과 자연과학, 인문학과 의학을 아우르는 다양한 제 학문 영역들이 공통된 주제를 삼아 공동의 연구를 추진하고 있는 사례는 국내에서도 쉽게 목격되고 있다. 예를 들면, 상상력의 문제, 감성의 문제, 치유의 문제, 생사학의 문제, 로컬리티의 문제, 기억의 문제 등등이 그러하다.

이와 같이 사회적 요구에 부응하려는 일련의 연구들은 물론 나름의 목적과 의미를 충분히 가지고 있다고 본다. 필자가 보기에 위에서 언급한 그러한 연구 경향들은 어떤 면에서 보자면 일정한 목적 지향적 성격을 가지고 있다. 그러니까 하나의 아젠다(agenda)를 설정하고, 이것을 이질적인 제 학문 영역에서 다층적으로 접근하여 공통된 해결방안을 모색하려는 이른바 외부적 접근의 형태를 취하고 있다. 이러한 상황에서 필자는 거꾸로 제 학문 영역 내부에서는 이러한 일련의 연구가 가능하지 않을까 라는 생각을 가져보았다. 범위를 한정지어, 철학의 영역, 더 세분화하여 문화철학/문화과학의 영역에서는 이러한 문제를 어떤 식으로 논의할 수 있을까? 말하자면, 문화철학/문화과학이라는 특정 영역이 자연과학의 영역과 어떻게 소통할 수 있고, 또한 그 소통에 근거하여 자연과학과는 다른 자신만의 독특한 목소리를 어떻게 낼 수 있을까?

필자의 이런 의문에 화답이라도 하듯, 일찍이 에른스트 카시러(Ernst Cassirer. 1874-1945)는 '역사 해석학'이라는 화두를 우리에게 던지고 있다. 그가 말하는 역사 해석학은 자연과학과 인문학의 소통의 지점과 인문학 특히 철학의 독특한 목소리를 들을 수 있는 요소를 제시하고 있다. 카시러의 역사 해석학이라는 화두는 표면적으로는 역사철학에 대한 논의이나, 이는 문화 해석학에 대한 논의이기도 하며, 나아가 문화과학과 자연과학의 대화라고도 할 수 있을 것이다. 어떤 측면에서일까? 철저하게 자연과학적이며 엄밀한 수학적 논리적 인식이론에 근거했던 마르부르크 신칸트학파의 카시러의 학문 입장은 어쩌면 역사 해석학이라는 화두를 던짐으로써 인식이론에서 문화철학으로, 자연과학에서 문화과학으로의 이행의 모습을 보여주고 있기 때문이다.[1)]

이 글에서는 이와 같은 맥락에서 왜 카시러가 역사 해석학을 말하게 되는지, 그것을 통해서 무엇을 말하고자 하는지를 논의할 것이다. 이를 위해서 먼저 자연과학과 역사학의 공통점과 차이점을 '탐구 방법론'에 근거해서 살펴본다. 이어서 자연과학과는 다른 역사학의 고유한 특징을 역사 해석학이라 명명함으로써 그것의 특징적 요소들을 드러낼 것이다. 마지막으로 우리 시대에 카시러의 역사 해석학은 어떤 의미가 있는지 짚어보도록 한다.

---

1) 가시러의 학문 여정과 각 시기별 특성에 대해서는 신응철, 『카시러의 문화철학』, 한울출판사, 2009[3], 제2장을 참조 바람.

2. 학(學)으로서의 자연과학과 역사학

카시러는 1942년 3월 11일 예일대학교에서 역사철학에 관한 강연을 하였다. 이 강연에서 그는 역사철학 논의의 예비 단계로서 서양사상사의 핵심을 '학'(學)의 관점에서 정리하였다. 상이한 학문들을 분류하는 일은 두 가지 방식으로 시도될 수가 있는데, 이를테면 학문은 '존재론'과 '방법론'에 의해 결정될 수 있다는 것이다. 존재론의 경우 학문의 본성은 그 다루는 '대상'(對象)에 달려 있고, 방법론의 경우 그것은 '절차'(節次)와 '논리적 수단'에 달려 있다. 그래서 존재론적 견해는 고대철학이나 중세철학에서 우세했고, 방법론적 견해는 근대철학에서 도입되어 강조되었다. 예컨대 근대철학의 문을 연 데카르트의 경우, 『정신 지도를 위한 규칙』에서 그는 과학 내지 학문에 관해 엄격한 일원론을 주장하였다. "학문들을 모두 합쳐 생각한다면, 그것은 인간의 지혜와 동일한 것이다. 즉, 아무리 상이한 주제들에 적용되더라도 그것은 언제나 동일한 것으로 돌아가고, 상이한 주제들로부터 어떠한 차별을 받지 않는 것이다. 이는 태양의 빛이 스스로가 비추는 다양한 사물들로부터 어떠한 차이도 경험하지 않는 것과 같다."[2]

이처럼 방법론에 근거했던 데카르트의 견해가 받아들여진다면, 역사학과 자연과학 간의 넘을 수 없는 간극에 관해 말할

---

2) Donald Phillip Verene(ed), *Symbol, Myth, and Culture : Essays and Lectures of Ernst Cassirer, 1935-1945*. Yale University 1979.(번역본으로, 에른스트 카시러, 『상징 신화 문화 : 에른스트 카시러의 1935-1945년 에세이 및 강의』(심철민 역), 아카넷, 2012.) 이후 이 글에서는 『상징 신화 문화』로 표기하고 번역본의 쪽수를 달기로 함. 186쪽.

수 없게 된다고 카시러는 지적한다. 왜냐하면 여기서 문제가 되는 요소는 주제의 단일성이 아니라 논리적 단일성에 있다. 그래서 카시러는 이 논리적 단일성이 부정되어야 한다고 주장한다. 논리적 단일성은 함수적인 관계의 단일성이지 사물 내지 실체의 단일성이 아니기 때문이다. 역사학 역시 개념이나 논리적 판단을 사용한다. 이들 개념이나 판단을 통해서 역사학은 사물의 진리를 발견하려고 노력한다. 이러한 목적 일반에서는 역사학과 다른 제 과학 간에는 극히 근소한 차이도 생겨나지 않게 된다. 그렇게 되면 결국 논리적 단일성을 기반으로 한 방법론 중심의 역사학이 등장하게 된다. 이른바 역사학의 과학화 현상, 역사학과 과학의 동일화 현상, 역사학과 과학의 경계허물기가 가속화될 뿐이다.

그래서 빌헬름 빈델반트(W. Windelband 1848-1915)는 「역사와 자연과학」이라는 강연에서 두 가지 서로 다른 인식형태가 근본적으로 구별된다는 것을 우리에게 납득시키려고 노력하였다. 그러니까 한쪽의 형태는 '개별'(個別)로 향해 있지만, 다른 쪽은 '보편(普遍)으로 향해 있다. 한쪽의 형태는 '개성기술적'인 데 비해 다른 한쪽은 '법칙정립적'이다. 그래서 한쪽은 개별적 사실을 기술하지만 다른 한쪽은 일반법칙을 추구한다는 것이다.

신칸트학파의 빈델반트는 자연과학과 역사학의 차이를 세계관의 차이로 간주하지 않고 '탐구 방법의 차이'로 파악하였다. 자연과학의 지식과 역사학의 지식은 지식의 탐구에서 똑같이 필요하고 타당한 두 요소로 간주되어야 한다는 것이다. 그래서 이 두 요소는 상호의존적으로만 규정될 수 있다는 입장이다.

그렇게 해서 빈델반트는 자연과학의 '법칙정립적' 개념과 역사학의 '개성기술적' 개념을 구별하였던 것이다.[3] 그 이후 리케르트(H. Rickert. 1863-1936)는 자연과학적 '보편성'과 역사학적 '개별성'을 더욱 날카롭게 구분하게 되었다. 그래서 그는 역사적 개체의 모든 인식은 그 자체 안에 이미 보편과의 관계를 품고 있다고 보았다. 그 결과 역사적 인식에는 자연과학적 유(類) 개념과 법칙 개념이라는 보편과 개별적 특수의 구별 대신에, 가치(價値) 개념 체계가 등장하게 되었다. 말하자면, 어떤 사실을 역사적으로 해석하고 정리한다는 것은 이 사실을 보편적 가치와 관련짓는 일이 되는 셈이다. 이러한 가치 연관을 통해서만 역사적 지식은 그 자체로서 이해될 수 없는 수많은 개체들을 일정한 원칙들에 따라 내적으로 분류할 수 있다고 보았던 것이다.

자연과학과 역사학의 차이를 탐구 방법에서 찾으려 한 빈델반트와 리케르트의 입장에 대해 카시러는 비판적 견해를 제시

---

3) 빌헬름 빈델반트는 1894년 슈트라스부르그대학교 총장 취임연설에서 「역사와 자연과학」이라는 제목으로 강연했는데, 여기에서 역사학의 논리를 부각시키고 그 사유형식들을 자연과학과 대비하여 차별화하고자 했다. 그에 의하면, 역사학은 바로 언어를 매개로 되어 있지만 보편법칙을 정립시키려는 진술이기보다는 오히려 그 유효성의 문제를 제기하면서 보편타당한 규범들을 증명하는 연구이다. 다시 말해서, 자연과학자는 '법칙'에 따라 법칙 진술의 형식에서 나타나는 보편성을 연구대상에서 알아내고 법칙정립적으로 대응하는 반면, 역사학자는 일회적인 것, 독창적인 것 및 반복 불가능한 것을 밝히는 사유 형식 안에서 개성기술적(혹은 개별사례기술적)으로 처리한다는 것이다. Markus Fauser, *Einführung in die Kulturwissenschaft*, Wissenscaftliche Buchgesellschaft, Darmstady, 2003. (번역서로 마르쿠스 파우저, 『문화학의 이해』(김연순 역), 성균관대출판부, 2008), 26쪽.

한다. 역사학자가 어떻게 이러한 가치체계에 도달할 수 있는지, 그리고 이 체계의 객관적 타당성을 어떻게 증명할 수 있는지의 의문을 제기하였다. 어떤 이유에서일까? 만약 역사학자가 리케르트 자신이 그의 가치철학에서 그러했듯이, 이 체계를 선천적으로 구성하려고 한다면, 이러한 구성은 형이상학적 가정 없이는 불가능한 일이라는 것이 분명하게 된다. 그렇게 되면 결국 문제는 문제가 제기된 출발지점으로 되돌아가게 되는, 이른바 순환논증에 빠지는 결과가 된다. 결국 카시러는 빈델반트와 리케르트의 인식론의 한계, 즉 일반적 개념을 구분하는 추상적인 일, 그러니까 개념 형식 자체의 분석만으로는 자연과학과 역사학, 혹은 자연과학과 문화과학의 종차(種差)를 완벽하게 밝혀낼 수 없음을 지적하고 있는 것이다.

다시 말해서 자연과학과 역사학을 방법론에 기초하여 구분짓고자 한 빈델반트나 리케르트의 견해를 카시러가 비판하는 부분은 역사철학이 지닌 논리적 측면과 관련된다. 즉, 개념이나 판단은 모두 보편성의 계기와 개별성의 계기를 포함한다. 개념과 판단은 우리에게 일반 언명과 일반 규칙을 부여한다. 그러나 이 규칙은 개별적 내지 특수한 사례에 적용되어야 한다. 모든 경험적 인식은 양 계기의 논리적인 종합, 즉 상관관계에 기초해 있다. 물론 역사학에서의 인식의 경우와 수학, 혹은 물리학에서의 인식의 경우, 이러한 상관관계가 동일하지 않을지 모른다. 하지만 그러한 상관관계를 간과해서는 안 된다는 것이 카시러의 생각이다. 결국 단순한 개별적인 사실만으로는 '인식된' 사실이 될 수 없다는 것, 즉 인식의 대상이 될 수 없는 것이다.[4)]

결국 이 문제는 자연과학이나 역사학에서 발견되는 서로 다른 유형의 명제들을 연구해야 하는 과제를 남겨놓았다. 그런데 이 과제를 수행함에 있어서 문제점이 드러난다고 카시러는 지적한다. 말하자면 역사철학에서 매우 흔히 있는 일로서 '진리의 규격화' 문제가 그것이다. 이것은 진리의 단일 이념에서 출발하여 그것을 지식의 유일한 규준, 즉 모범으로 삼으려는 입장이다. 이 점에서 칸트도 예외는 아니었다. 칸트는 『자연과학의 형이상학적 원리』 서론에서 "본래의 의미에서 학(學)이라 불릴 수 있는 것은 필증적 확실성을 갖는 인식뿐이며, 경험적 확실성만을 포함하는 인식은 간접적이고도 부정확한 의미에서만 학이다. 그리고 나는 자연과학의 모든 특수한 분야에 있어서도 거기에 수학이 발견되는 그 만큼의 본래적인 학이 존재한다고 주장한다."[5]고 하였다. 카시러가 보기에 칸트의 이러한 판단은 문제를 해결하기보다는 오히려 문제를 회피하고 있을 뿐이다. 어떤 부분에서 그러한가? 바로 모든 인식이 왜 유일무이한 기준들에 관계되어야 하는가? 또는 여러 기준들을 도입하는 것이 가능하고 필연적인가? 하는 측면에서다.

카시러는 자연과학의 영역 가운데 생물학의 방법론에 주목하였다. 생물학의 분야에서도 수학의 개념이나 수학의 방법을

---

4) 그래서 카시러는 우리의 의식현상의 기본적이고 원천적인 층으로 되돌아가 지각의 현상학에 의해서 양자의 차이를 확인하려는 시도를 하였다. 이 부분에 대해서는 신응철, 「인식의 현상학-카시러에게서 인식론과 문화과학의 관계를 중심으로」, 『철학사상』 37호(서울대철학사상연구소), 2010. 참조 바람.

5) Immanuel Kant, *Metaphysische Anfangsgründe der Naturwissenschaft*, Werke in zehn Bänden, ed. Wilhelm Weischedel, Darmstadt : Wissenschaftliche Buchgesellschaft, 1968. 12쪽. 14쪽.

이용해도 좋으며, 또한 실제로 이용해야만 한다. 모든 유기적 현상, 모든 생명현상이 물리학이나 화학에서 발견되는 것과 동일한 법칙들에 따라 설명될지도 모른다. 하지만 이는 생물학의 논리적 구조가 무기적 물질을 다루는 과학들의 구조와 일치한다는 것을 의미하지는 않는다. 생물학은 새로운 개념, 즉 '유기적 형태'라는 개념을 도입한다. 그리고 인과법칙을 발견하기 위해서 생물학은 항상 이 개념을 사용해야만 한다. 생물학에서는 물리학의 개념이나 화학의 개념만이 아니라 '형태학적 개념'이라고 불릴 수 있는 개념을 발견한다.[6]

카시러는 19세기의 생물학에 있어서조차 이 형태학적 개념은 부단히 사용되고 있다고 파악하였다. 실제로 생물학 내의 특수 분야인 발생학에 있어서 헤켈(Ernst Heinrich Haeckel 1834-1919)은 생물 발생의 근본 법칙을 말하고 있는데, 그 핵심 내용은 다음과 같다. 유기체는 그 발생의 전개에서 그 종(種) 자체가 진화에 있어 거쳐야했던 여러 단계들을 모두 경과하지 않으면 안 된다. 개체 발생은 계통 발생의 축약된 반복이며, 개체의 발전은 종의 일반사의 발전과 동일한 규칙에 따르는 셈이다. 비록 우리가 이 법칙을 참된 것으로 받아들인다 해도, 그 법칙을 고전 물리학에서 발견되는 엄밀한 법칙들과 나란히 비교할 수는 없다. 그것은 엄밀하게 논리적 의미에서의 '법칙'은 아니다. 그것은 많은 예외들을 허용한다. 그러나 우리는 그것을 하나의 지도원리, 즉 생물학적 연구의 규제원리로서 간주해도 좋다. 그리고 이 원리가 적용 가능하게 된 것은 오로

---

6) Cassirer, 『상징 신화 문화』, 190쪽.

지 생물학적 '형태들'의 이러한 분류와 비교를 위해 고안된 새로운 형태학적 개념들이 도입되었기 때문이다. 우리는 물고기나 새, 포유동물이 무엇'이다'라는 것을 결정하지 않으면 안 된다. 이는 이들 형태가 어떠한 시간적 순서로 개체 발생이나 계통 발생의 과정에서 계속해서 생기는 것인가를 결정하기 위해 필요한 것이다. 이와 같은 방법론상의 구별을 특징짓기 위해, 물리학이나 화학은 자연현상을 '설명'(explanation)하고자 하는 경향이 있는 데 비해, 생물학은 자연현상을 '기술'(description)하는 데 목적이 있다고 카시러는 파악한다.[7] 이러한 카시러의 파악은 매우 중요한데, 말하자면 진리의 규격화 문제와 관련하여 자연과학 분야라 하더라도 일관되게 그 기준을 적용하기 어렵다는 것을 에둘러 표현하고 있는 것이다.

자연과학 분야 가운데 생물학의 탐구 방법론의 특징을 물리학이나 화학의 그것과 비교해 봄으로써 카시러는 이 문제를 인식론 일반의 논의와 연결시키고 있다. 미분 방정식의 체계에 의한 기술(記述)은 생물학에서 발견되는 기술, 즉 분류를 위한 형태학적 개념들에 의한 기술과는 논리적 관점에서 볼 때 상당히 다른 의미를 지니고 있다. 일반적으로 말하면, 물리학의 영역에서의 설명은 논리적 또는 수학적 연역의 과정을 항상 포함한다. 그것은 여러 부류의 현상들을 그것들이 도출되는 전제가 되는 보편 법칙으로 환원하는 것을 의미한다. 그러나 생물학에서는 물리학이나 화학의 이미 알려져 있는 법칙과 모순되지 않으면서도 그것들과 동일한 유형의 지식으로 환원될 수 없는,

11

7) Cassirer, 『상징 신화 문화』, 191쪽.

그리하여 그것들과는 다른 인식론적 기초를 필요로 하는 개념이나 법칙이 항상 도입되지 않으면 안 된다. 이와 동일한 일반 법칙이 역사학에도 들어맞는다고 카시러는 생각한다.[8)]

한편 19세기 콩트(August Comte. 1798-1857)는 『실증철학 강의』에서 인간 문화의 모든 현상이 일정한 질서로 정돈될 수 있는 어떤 보편적인 공식을 발견하는 데 성공했다고 확신하고 있다. 모든 방면에서의 그리고 모든 시대를 관통하는 인간 지성의 발전에 대한 연구로부터, 하나의 중대한 근본 법칙의 발견이 일어난다. 그 법칙은 인간 지성의 발전이 필연적으로 따르는 것이자, 우리의 조직에 관한 사실 및 우리의 역사에 관한 경험 둘 다에서 견고한 근거를 지니고 있다. 그 법칙이란, 우리의 지도적인 개념 작용 각각은 세 가지 서로 다른 이론적 상태, 즉 신학적 내지 허구적 상태, 형이상학적 내지 추상적 상태, 그리고 과학적 내지 실증적 상태를 필연적으로 통과한다는 것이다.[9)] 콩트는 결국 과학적(혹은 실증적) 지성의 우선성을 강조하고 있는 것이다.

이러한 맥락에서 우리는 앞서 살펴보았듯이 빈델반트나 리케르트가 자연과학에서는 법칙정립적 성격을 강조하고 역사학에서는 개성기술적 성격을 강조하는 일련의 지성사의 흐름을 읽어낼 수가 있다. 이러한 학문방법론의 쏠림 현상에 대해 카시러는 역사학에서의 진리 탐구가 일반적인 인과법칙의 탐구와 일치하는지, 혹은 동일한 것인지를 되묻고 있다. 카시러에 의하면, 역사학에서의 모든 인과관계는 물리학이나 생물학에서

---

8) Cassirer, 『상싱 신화 문화』, 192쪽.
9) Cassirer, 『상징 신화 문화』, 194쪽.

의 인과관계에서 발견되는 것 이상의 무언가가 존재한다. 거기에서는 인과관계 일반만이 아니라 '동기부여'라고 불리는 것이 있다. 물론 동기부여는 인과성에 대립하는 것은 결코 아니다. 그것은 특수한 형태의 인과성이다. '의지의 자유'라는 형이상학적 문제는 역사학의 이론적 성격이나 역사학의 인식론상의 범주들에 대한 연구에 있어 중요한 변수를 이루지 않는다. 칸트의 경우, 역사학은 인간의 경험적 성격과 관련되는 것이지 그의 예지적 성격과 관련되는 것이 아니다. 그러나 역사학은 이 '경험적 성격'이 인간 행위의 궁극적이고 환원 불가능한 원천의 하나임을 항상 발견한다.[10] 카시러는 자연과학에서는 이용되지도 않고 용인되지도 않는, 그러나 역사학에서는 매우 중요한 방법론이 되는 '개체의 인과성'이라는 범주에 주목한다. 그런 측면에서 역사학이 어떤 특정 사건을 '이해'하고자 한다면, 일반적인 인과법칙의 방법론과는 다른 방식, 즉 '해석'(解釋)이라는 방법을 사용하게 된다고 말한다. 이상의 논의를 통해서 카시러는 물리학의 본성을 '설명'(說明)의 차원으로, 생물학의 본성을 '기술'(記述)의 차원으로, 그리고 역사학의 본성을 '해석'(解釋)의 차원으로 읽어내고자 한다.[11]

3. 역사 해석학

역사학이란 인간 지식의 하나의 형태라는 것, 그것은 개념,

11

10) Cassirer, 『상징 신화 문화』, 195쪽.
11) Cassirer, 『상징 신화 문화』, 197쪽.

명제, 판단으로 이루어져 있다는 것, 그리고 이들 판단은 경험적 세계에 관한 참된 단언들이라는 점에 이견을 제시하는 이들은 없을 것이다. 그렇다면 이제 자연과학과 역사학 간의 관계는 어떻게 설정되어야 할까? 덧붙여 역사학자는 자연과학자와는 완전히 다른 학문방법론을 추구한다고 주장해야 하는 것일까?

1) 상상의 세계와 인과성, 그리고 역사학자

카시러는 역사학자는 상상(想像)의 세계에 사는 예술가와 같지 않다고 분명하게 말한다.[12] 역사학자는 경험적으로 실재하는 사물과 사건들 속에 살고 있다. 그는 이러한 실재를 기술해야 하며 개별적 현상들 건의 인과관계를 탐구해야 한다. 이 점을 고려한다면, 역사에 관한 지식과 다른 지식 형태 간에는 어떠한 종적 차이도 발견되지 않는다고 할 수 있다. 이런 측면에서 역사학의 이론과 자연과학의 이론 간에 뚜렷한 경계선을 긋는 것은 완전히 자의적인 듯이 보인다. 그와 같은 맥락에서 카시러는 오직 하나의 진리, 그리고 오직 하나의 보편적 논리가 존재할 뿐이라고 말한다.[13] 논리학에서 연구되는 사고의 제 형식은 우리의 사고가 어떠한 대상으로 향하든 간에 동일하다. 그렇기 때문에 개념이나 판단의 형식, 추리나 논법의 형식, 가설이나 검증의 방법, 이것들은 모두 다른 어떠한 과학의 경우와도 동일한 의미에서 역사에 이용되어야 한다는 것이다. 만일 현재의 문제가 이러한 형식적 관점에서 보인다면, 어떠한 종적 차

12) Cassirer, 『상징 신화 문화』, 198쪽.
13) Cassirer, 『상징 신화 문화』, 198쪽.

이도 발견될 수 없는 셈이다.

다음으로 카시러는 인과성(因果性)의 문제를 더 이상 형이상학적 관점에서 논의하는 것이 아니라 논리학과 인식론의 관점에서 논의한다. 흄과 칸트 시대 이래로 우리는 인과성을 물자체 내에 있는 일종의 추동력으로서 간주하지 않는다.[14] 그것은 우리의 경험적 인식의 범주이자 제약이요 선결요건이다. 그리고 우리는 이 범주가 우리의 경험적 인식의 영역 전체에 미치고 있음을 부정하지 않는다. 따라서 인과성의 규칙에서 면제되어 있는 영역은 하나도 없다. '의지의 자유'라는 원리조차도 이 원리가 무엇을 의미하든 간에, 인간이 자연 위에 있다거나 자연의 법칙에 지배받지 않는다는 것을 의미할 수 없다. 그 같은 의미에서 보자면, 인과성에는 서로 다른 다양한 종류가 있을 수가 없다. 말하자면 물질에는 물질의, 생명에는 생명의 인과성이 있고, 자연에는 자연의, 역사에는 역사의 인과성이 있는 것이 아니다. 우리는 결코 생기론의 테제도, 추상적이고 유심론적인 역사주의 테제도 받아들일 수 없다. 즉, 우리는 무기적인 세계로부터 유기적인 세계로, 물리학이나 화학으로부터 생물학으로 이행할 때 새로운 '힘'을 도입할 필요는 없으며, 이는 자연으로부터 역사로 이행하는 경우도 마찬가지라고 카시러는 말한다. 결국 역사가는 다른 과학들에서 연구되고 증명되고 있는 모든 기본적인 인과관계를 받아들이지 않으면 안 된다. 우리의 인간 생활, 우리의 역사나 문화에서의 삶은 국가 속

14) Ernst Cassirer, *Determinismus und indeterminismus in der modernen Physik*,(1937). in *Gesammelte Werke*, Hamburg : Felix Meiner, 1998-2009. 제2장 참조 바람.

의 국가는 아니다. 그것은 매우 복잡한 조직들의 체계, 즉 토양이나 기후와 같은 자연적 조건, 인종과 같은 인류학적 조건, 거기에다 경제적 사회적 심리적 조건에 의존하고 있다. 이들 조건 모두를 주의 깊게 연구하지 않고서는 역사는 과학이 될 수가 없다. 문제는 이들 일체의 인과관계－이것은 물리학, 생물학, 인류학, 심리학, 경제학, 사회학에 의해 발견된다－에 관한 지식이 역사학자에게 불가결한가 아닌가라는 것이 아니라 그것들이 그에게 충분한 것인가, 나아가 그것들만이 역사학의 유일한 과제를 그리고 과제 전체를 이루는가 어떤가이다.[15)]

카시러는 이 문제에 대한 대답이 독단적인 방식으로 마련되어서는 결코 안 된다는 입장이다. 그러니까 인과성만을 역사학의 유일한 과제로 삼고자 하는 태도를 분명하게 비판하고 있다. 카시러는 과거 100년간의 역사학의 과제와 방법에 관해 제기되었던 대부분의 사변적인 이론이 하나의 동일한 반론에 직면할 수밖에 없었음을 지적한다. 즉, 이들 사변적인 이론들은 역사에 대한 '논리적 이상'을 구축하고자 했으며, 역사가의 실제의 작업을 자신들의 고유한 이론이라는 프로크루스테스의 침대에 맞추려고 무리하게 억지를 쓰고 말았다는 것이다. 카시러는 역사학에서 이런 사변적인 이론의 대표적 인물로 텐느(Hippolyte A. Taine. ?-1893)와 람프레히트(Karl G. Lamprecht. 1856-1915)를 들고 있다.

텐느는 역사에서의 모든 생에 있어 근본적인 삼자 관계의 조건으로부터 출발한다. 그 삼자관계를 말함에 있어 그는 '민족'

---

15) Cassirer, 『상징 신화 문화』, 200쪽.

‘환경’ ‘시대’라는 용어를 사용한다. 이것들은 역사의 세 가지 일반적인 원인으로서, 개개의 모든 사건을 설명하는 데에도 충분한 원인이다. 일단 이들 원인을 확정하고 나면, 우리는 역사를 이해할 수 있고 그 궁극적 추동력을 알게 되어, 물리학자가 중력의 일반 이론으로부터 행성의 궤도나 낙하하는 물체의 운동을 연역하는 것과 동일한 의미에서, 위의 세 원인들로부터 결과들을 연역할 수가 있다는 것이다. 이것은 더욱 더 다음과 같은 결과를 가져온다. 즉, 역사에서도 다른 과학의 경우와 마찬가지로 우리는 어떠한 가치판단을 내리고 싶은 충동을 억누르지 않으면 안 된다는 것이다. 텐느에 따르면 ‘가치’(價値)는 과학의 범주가 아니며, 따라서 역사학의 범주도 아니다.[16] 과학적 사고는 사실을 확정하고 사실의 원인을 탐구해야 하지만 사실이 지닌 가치를 물을 필요가 없다는 것이다. 결국 텐느에

16) Cassirer, 『상징 신화 문화』, 201쪽. 한편 이 부분과 관련하여 부버(M. Buber)는 현대의 생물학적 사상과 역사철학적 사상은 인과율을 바탕으로 서로 협력하여 숙명에 대한 신앙을 견고하게 만들어 놓았다고 비판한다. 그러니까 생존법칙, 심리법칙, 사회법칙, 문화법칙 등등 이러한 무수한 법칙들에서 뜻하고 있는 것은 언제나 사람은 하나의 피할 수 없는 필연적 현상 속에 매어 있기 때문에 그것을 거스를 수 없다고 하는 것이다. 여기서는 자유를 상상하는 일 따위는 어리석은 일로 간주된다. 부버는 모든 법칙의 근저에는 필연적인 경과, 즉 ‘무제한의 인과율의 광란’이 놓여 있다고 비판한다. 인과의 점진적인 경과라고 하는 교리는 증대하여 가는 ‘그것’의 세계에 대한 인간의 권리 포기를 뜻한다. 그래서 ‘운명’이란 말은 그러한 사람들에 의해 오용되어 왔다는 것이다. 운명이란 인간 세계 위에 씌어 있는 종(鐘)이 아니다. 오직 자유에서 출발한 사람이 아니고서는 아무도 운명과 만나지 못한다(Martin Buber, *Ich und Du*, in *Die Schriften über das dialogische Prinzip*, Verlag Lambert Schneider, Heidelberg, 1954, 1974. 영어본은 *I and Thou*, ed by Walter Kaufmann, 1970. 번역서로 『나와 너』(표재명 역), 문예출판사, 1977. 75쪽).

게서 사물의 일반적 구조나 사건의 일반적인 특징이란 다름 아니라 원인들을 밝혀내는 작업이다.[17]

카시러에 따르면 역사에서의 인과성에 관한 또 하나의 체계는 독일의 역사학자 람프레히트에게서 찾아볼 수 있다. 람프레히트의 이론은 '역사의 논리'에 관한 것이다. 그는 역사에서의 모든 생을 몇 가지 심리학적 유형으로 환원하려고 시도하였다. 역사의 진로에 있어 이 유형은 항구적이고 고정된 질서를 띠면서 계속 나타난다. 모든 시대, 모든 나라, 모든 문화에서 이 질서는 동일한 채로 남아 있다. 첫 번째로 '상징적 사고' 단계에 이어, 두 번째로 '유형적 사고' 단계가 이어지고, 다음으로 근대 철학과 근대 역사학에서 발견되는 '주관주의' 시대로 이어지며, 마지막으로 이성의 숭배에 대한 감정의 반동을 뜻하는 '낭만주의' 운동에 도달한다. 그래서 람프레히트는 자신의 시대를 감수성의 시대, 즉 예민함과 신경적 긴장의 시대로 특징짓고 있다. 이들 정신적 단계들은 모든 나라에서 동일하고 균등한 리듬에 따라 일어나며, 불변의 '심리학적 법칙'에 기초해 있기 때문에 바뀔 수가 없다는 것이다.[18] 람프레히트는 자신이 모든 방면에서 수집한 방대한 양의 경험적 증거를 통해 이 테제를 증명하려 했다고 카시러는 평가한다.

카시러는 텐느와 람프레히트의 논의를 저자들의 이론적이고 철학적인 견해 일반과 비교해 볼 때, 역사철학자로서 텐느나

---

17) Ernst Cassirer, *Das Erkenntnisproblem in der Philosophie und Wissenschaft der neueren Zeit*, Erster Band(1906), in *Gesammelte Werke*, Hamburg : Felix Meiner, 1998~2009. 제14장 참조 바람.

18) Cassirer, 『상징 신화 문화』, 203쪽.

람프레히트가 '가르치고 있는 것'과 역사학자로서 그들이 '실천하고 있는 것' 간에는 현저한 모순이 있음을 지적하고 있다.[19] 말하자면, 역사학자로서 자신들의 특수한 과제를 면밀히 수행할 때, 그들은 매우 자주 몇몇 전제들을 암암리에 가정하며, 또한 자신들의 일반적 원리에 의해선 정당화될 수 없으나 어떤 유형의 지식에는 속하는 몇몇 방법들을 이용하고 있다는 것이다. 이 부분에서 카시러는 역사에 관한 다양한 사변적 이론들에 초점을 맞추기보다는, 역사가 자신의 작업방식과 이 작업의 논리적 조건들에 주목하고 있다. 카시러는 이러한 역사가의 작업을 '해석'(解釋)이라는 용어로 담아내고자 한다. 이때 중심문제는 물리학적 해석방식과 역사학자의 작업방식에 있어서 특징적이고 결정적인 해석방식 간에 도대체 어떤 차이점이 있는가 하는 점이다. 해석방식을 둘러싼 이 두 영역 간의 종적 차이를 카시러는 인식론의 가장 핵심부분으로 파악하고 있다.[20]

2) 물리적 사실과 역사적 사실, 그리고 상징, 해석, 의미

카시러는 역사가의 작업방식을 이해하는 데 도움이 될 만한 한 가지 상황을 예로 든다.

> 배가 난파되어 내가 로빈슨 크루소처럼 어느 무인도에 던져졌다고 가정하자. 나는 완전히 외톨이며 거기에서는 인간 생활이나 인간

11

19) Cassirer, 『상징 신화 문화』, 204쪽.
20) Cassirer, 『상징 신화 문화』, 204쪽.

문화를 보여 주는 일말의 자취도 발견할 수가 없다. 해변을 걷고 있을 때, 나는 우연히 돌 하나를 보게 된다. 그 돌은 크기나 형태가 유별나서 나의 주의를 끌었다. 나는 그 돌을 연구하기 시작한다. 나는 그 돌의 본성을 찾아내고자 한다. 우선 나는 그 돌의 물리적 성질이나 화학적 성질에 관심을 가질지 모른다. 나는 그 무게, 그 화학적 성분 등을 결정하고 싶어 한다. 혹은 나는 그것을 광물학자나 지질학자의 관점에서 고찰할지도 모른다. 그러나 갑자기 나의 눈을 붙잡는 다른 무언가가 있다. 나는 돌 위에 몇 개의 표시가 나있는 것을 알아차린다. 그것들은 규칙적인 질서로 반복되어 있는 듯이 보인다. 그 표시들을 좀 더 살펴본 결과 나는 그것들이 써진 문자라는 생각으로 이끌린다. 그리고 이제 내가 그 돌에 가졌던 관심은 돌연 변화한다. 물론 내가 그러한 표시를 지각하는 방식은 내가 나의 물리적인 환경 속에 있는 다른 일체의 사물을 지각하는 방식과 다른 것은 아니다. 나는 이들 표시를 지각하기 위한 특별한 기관을 가지고 있는 것도 아니다. 즉 나는 색이나 모양을 보는 것과 완전히 똑같이 나의 눈으로 그 표시들을 보는 것이다. 그러나 지금 그 표시들은 나에게 전혀 다른 것을 이야기하고 있다. 나는 그 표시들에 의해 물리적 세계만이 아니라 인간의 세계–단순한 사물들의 세계가 아니라 상징들의 세계–로 이끌려 들어간다. 이 상징들을 이해하기 위해서는 나는 이것들을 해석하지 않으면 안 된다. 나는 그 써진 문자를 해독해야만 한다. 나는 그것들을 결합하여 음절, 단어, 문장이 되게끔 해야 한다. 그리고 이들 단어나 문장은 단독적인 것 또는 고립된 것은 아니다. 그것들은 하나의 체계 속에 있다. 그것들은 전체 내의 일부, 인간 언어의 일부이다. 만일 이 언어가 나에게 낯선 것이라면 나는 도무지 처음부터 그것을 읽을 수 없다. 그러나 나의 관심은 이제 일깨워져 특별한 방향으로 향한다. 얼마간 노력한 후에 나는 그 문자의 숨은 의미를 발견해 내는 데에 어느 정도까지 성공할지도 모른다. 물리적 표시들이 의미를 갖는 기호가 된 것이다. 그것들은 나에게 '말'을 걸기 시작한다. 나는 모든 인류로부터 완전히 격리된 가운데서 갑자기 인간 세계로부터의 메시지를 듣는 셈이다.[21]

---

21) Cassirer, 『상징 신화 문화』, 206-207쪽.

카시러에 의하면 역사에 대한 경험은 물리적인 것에 대한 경험과 대상을 달리하지 않는다. 모든 역사가는 자신들이 어떤 특수한 물리적 대상들을 연구함에 의해 지식을 얻는다는 것을 알고 있다. 그는 이른바 역사상의 문서나 역사상의 기념물에 의거해 있는 것이다. 그것들이 없다면 그는 단 한 걸음도 나아갈 수 없을 것이다. 그리고 이 모든 것들, 즉 문서들이나 기념물들은 물질적 소재로서 역사가에게 부여되어 있다. 그것들은 써진 문자이거나 종이, 양피지 위에 표시된 것, 상형문자나 쐐기형 문자 문서이다. 또한 그것들은 캔버스 위에 칠해진 색이거나 대리석, 청동으로 만들어진 조상(彫像)이거나 돌이나 다른 소재로 만들어진 건조물이다. 그러나 이 모든 물질적 소재 속에서 역사가는 완전히 다른 것을 본다. 말하자면 역사가가 그 속에서 발견하는 것은 과거의 인간 생활의 증언이며, 그러한 계시이다.[22) 그런데 아무리 역사가라 하더라도 그러한 과거의 인간 생활을 즉각적으로 이해할 수가 없다. 그가 그것에 관해 알고 있는 모든 것은 제각각 여기 저기 흩어져 있는 단편들뿐이기 때문이다. 역사가는 이러한 단편들을 모아야 할 뿐만 아니라 그것들을 완전한 것으로 종합하지 않으면 안 된다. 그것은 그 단편들을 하나의 일관된 질서로 만들기 위함이며, 그것들의 통일성과 정합성을 우리에게 제시하기 위함이다. 결국 역사가의 지성과 상상에 의한 이러한 종합이 역사라고 불리는 것이다.

그러면 물리적 사실이 역사적 사실로 되기까지 어떤 과정들

22) Cassirer, 『상징 신화 문화』, 207쪽.

이 들어있는지 카시러의 시선을 좇아 다시 한 번 간략히 정리해 보도록 하자. 역사적 사실들은 과거에 속하고, 또 과거는 영원히 지나가 버렸다. 우리는 그것을 재건할 수도 없고, 물리적이고 객관적인 의미에서 그것이 생명을 갖게끔 불러일으킬 수도 없다. 기껏 그것을 '회상'(回想)하는 것, 그러니까 그것에 새로운 관념적 존재를 부여하는 것이 우리가 할 수 있는 전부이다. 그 결과 경험적 관찰이 아니라 '관념적 재구성'(ideal reconstruction)이 역사 인식의 첫 단계가 된다.[23] 역사가들도 사료(史料)를 분석 검토한다. 사료들도 어떻게 보면 일차적으로는 물리적 사실들이다. 카시러가 위의 인용문에서 말한 여러 경우들이나, 파피루스의 예[24]도 처음에는 한 조각의 물건에 지나지 않았다. 하지만 이것들이 언어학적·문헌학적·미학적 분석 등의 복잡한 과정을 거친 후에는 더 이상 단순한 물건이 아니다. 그것은 '의미'를 가진 하나의 '상징'(symbol)이 된다. 카시러가 볼 때, 역사적 사실들, 즉 사료들은 하나의 새롭고 특별한 계기를 내포하고 있는데, 말하자면 사료들은 단순한 물리적 사실이 아니라 하나의 상징들이라는 사실이다.

그래서 역사가는 비록 물리적 세계에 살고 있기는 하지만 그가 자신의 탐구의 최초의 출발점에서 발견하는 것은 물리적 사물의 세계가 아니라 하나의 '상징들의 세계'가 된다.[25] 그렇기 때문에 역사가는 이러한 상징들을 읽을 수 있는 능력을 가지고

---

23) Ernst Cassirer, *An Essay on Man : An interpretation to Philosophy of Human Culture*, New Haven and London, Yale University Press, 1944. 174쪽(이후 EoM으로 표기).
24) Cassirer, EoM, 175쪽.
25) Cassirer, EoM, 175쪽.

있어야만 한다. 때문에 역사적 사실들은 아무리 단순한 것이라 하더라도 상징들을 분석함으로써 결정될 수 있고 이해될 수 있다고 카시러는 말한다. 결국 역사적 인식의 최초의 직접적 대상은 사물들이나 사건들이 아니라 문서들과 기념물들이 된다. 그러니까 인간의 '삶'과 인간의 '문화'가 역사가의 연구 대상이 된다는 말이다.[26] 인간은 각기 격리된 개별적 존재로 살지 않는다. 그는 사회생활이라는 커다란 형태 안에, 다시 말해 언어, 종교, 예술, 정치 제도의 세계 안에 살고 있다. 인간은 언어나 종교적 상징, 신화나 예술의 이미지를 창조한다. 그가 자신의 사회생활을 유지할 수 있는 것은, 즉 그가 다른 인간과 의사소통하고 자신을 다른 인간에게 이해시킬 수 있는 것은 이러한 상징이나 이미지의 총체, 체계에 의해서만 가능하다. 따라서 이러한 상징적 자료들의 매개와 개입을 통해서만 진정한 역사적 자료를 파악할 수 있게 되는 것이다.

3) 해석자로서 역사가

카시러는 인간에게서 역사적 인식이든 과학적 인식이든 간에 인식의 형식은 언제나 내적 통일성과 논리적 동질성을 보여주고 있다고 말한다. 그러면서도 역사적 사고와 과학적 사고는 '논리적 형식'에서 구별되는 것이 아니라, 그 '목표'와 '주제'에

26) 이 점에서 리쾨르(Paul Ricoeur 1913-2005)도 카시러의 생각과 동일하게 역사가 설명하고 이해하고자 하는 마지막 영역은 바로 '인간'이라고 말한다. 『역사와 진리』(박건택 역), 솔로몬출판사, 2002. 35쪽. 또한 카시러의 역사철학의 특징에 대한 보다 상세한 논의는 신응철, 『카시러 사회철학과 역사철학』, 철학과현실사, 2004. 제2장 참조 바람.

의해 구별된다는 것이다.[27] 진리 탐구에 있어서 역사가도 과학자와 마찬가지로 똑같은 형식적 규칙에 매여 있다. 추리와 논증의 양식에서, 귀납추리에서, 그리고 원인에 대한 탐구에서 역사가는 물리학자나 생물학자와 마찬가지로 일반적인 사유법칙을 따르게 된다. 하지만 역사가가 밝혀내고자 하는 것, 이른바 역사 탐구의 목표는 물리적 세계의 예전 단계에 있는 것이 아니라 인간 생활과 인간 문화의 예전 단계에 있다.[28] 이러한 목표를 위해서 역사가는 과학적 방법을 이용할 수는 있으나 이 방법에 의하여 얻을 수 있는 자료에만 스스로를 국한시킬 수 없게 된다. 역사적 대상들도 어떤 면에서는 물리적 대상에 속한다. 하지만 역사적 대상들은 물리적 대상들에 비하면 좀 더 높은 차원에 속한다고 카시러는 주장한다. 예컨대 우리가 어떤 돌에 대해서 말할 때, 돌의 형태나 색깔을 보듯이 역사적 대상들을 바라보자고 카시러는 제안한다. 그렇게 되면, 우리는 그 돌에 의해서 어떤 물리적 세계뿐만 아니라 인간의 세계 속으로 인도된다는 것이다. 이 말은 우리가 단순히 '사물들의 세계'로 인도되는 것이 아니라 '상징들의 세계'로 인도됨을 의미한다.

인간이 자신의 생각이나 감정, 정서나 바람, 사상이나 신조를 표현하는 데 사용하는 상징들은 얼마 지나지 않아 이해할 수 없는 것이 된다. 그렇기 때문에 바로 이 지점에서 역사학의 참된 과제, 즉 본연의 임무가 시작되는 셈이다. 앞에서도 언급했듯이, 역사가들은 소위 문서들, 기념물들에 의존한다. 그런데 여기서 중요한 사실은 역사가들이 문서와 기념물을 단지 과거

27) Cassirer, EoM, 176쪽.
28) Cassirer, EoM, 176쪽.

의 죽은 유물로서 대하기보다는 '과거로부터 살아있는 메시지'로서, 그러니까 우리에게 그들 자신의 언어로 호소하는 메시지로 읽고 해석한다는 것이다. 역사가에게서 이런 사료들은 '굳어져 있는 사실'이 아니라 '살아있는 형식', 즉 상징이 된다.[29] 이 말은 역사가들이 자신들의 역사 탐구 방법에서 항상 현실적이고 경험적인 재구성 위에 '상징적 재구성'을 하나 더 보태고 있다는 의미이다.[30] 이러한 관점에서 카시러는 역사란 과거의 모든 흩어진 흔적들과 상징들을 한 곳에 종합하여 소생시키고, 생명을 되찾게 하고, 다시금 판독하고 이해할 수 있게끔 하는 것이라고 말한다.[31]

이제 역사가의 역할에 대한 논의로 넘어가 보자. 카시러는 역사가란 과거의 사건들을 우리에게 말해주는 한갓 '해설자'(narrator)가 아니라 과거 우리들의 삶에 대한 '발견자'(discoverer)요 '해석자'(interpreter)라고 말한다.[32] 이 말은 어떤 특정한 시기동안 발생했던 사건들을 연결시키려고만 하는 사람은 연대기의 편집자이지 결코 역사가가 될 수 없다는 뜻이다. 카시러가 볼 때, 진정한 역사가라면 과거를 이야기할 뿐만 아니라 과거를 재구성할 수 있어야만 한다. 그러니까 역사가는 과거에다 새로운 생명을 불어넣고 있는 존재이다.[33] 그 점에서 역사란 삶의 재탄생이다. 따라서 역사에 대한 해석이 없다면 인간의 삶은 매우 빈약하게 된다. 그런데 발견자로서 해석자로서의 역사가의

---

29) Cassirer, EoM, 177쪽.
30) Cassirer, EoM, 177쪽.
31) Cassirer, EoM, 177쪽. 『상징 신화 문화』, 209쪽.
32) Cassirer, 『상징 신화 문화』, 209쪽.
33) Cassirer, 『상징 신화 문화』, 209쪽.

11

위치를 설정할 때, 뒤따라 나올 수 문제가 있는데, 그것은 바로 '역사가의 주관성'과 '역사적 진리의 객관성' 사이의 대립이다. 이 문제는 역사가의 역할은 어디까지인가 하는 문제와 직결된다.[34)]

카시러는 역사가의 역할과 관련하여 랑케(Leopold von Ranke. 1795-1886)와 텐느의 입장을 비교 검토한다. 랑케는 과거 역사의 진실을 밝히기 위해 역사가는 어떤 태도를 취해야 하는가에 관심이 있었다. 그는 역사가의 역사 연구에서 자신의 현재적 관심이나 정치적 견해가 역사 연구에 작용하는 것에 대해서 강하게 반대했다. 왜냐하면 역사가 자신의 현재적 관심이나 정치적 견해가 과거를 현재의 관점에서 해석하게끔 만들고, 그렇게 함으로써 결국에는 역사를 불분명하게 만들 수 있다는 이유 때문이었다. 그래서 랑케는 역사가는 모든 종류의 관심들로부터 초연해야 하며, 역사 연구에는 그 어떤 목적도 부여해서는 안 된다는 원칙으로까지 나아가게 되었다. 이것이 말하자면 '역사가의 객관적 태도'이다.[35)] 랑케가 말하는 역사가의 객관적 태도에는 많은 문제점이 있을지라도 그 방식이 경험주의적 방식이나 실증주의적 방식과는 동일하지 않는 독특한 측면이 있었다. 경험주의적 방식에서 인식이란 감각으로부터 얻어지는 것

---

34) Cassirer, EoM, 187쪽. 이 문제와 관련하여 리쾨르는 역사는 역사가의 주관성을 반영하고 있고, 역사가의 작업이 역사가의 주관성을 단련한다고 말한다. 그는 역사가에게서 좋은 주관성과 나쁜 주관성을 구분한다. 역사가의 주관성은 좋은 주관성(카시러 식으로 말하면, 당파성과 이해관계를 초월한 주관성)의 승리를 구현해야 한다고 말한다. 그런 측면에서 역사의 객관성에 대한 정의는 '논리'에서가 아니라 '윤리'에서 찾아야 한다고 그는 주장한다. 리쾨르, 『역사와 진리』, 37-39쪽.

35) Cassirer, EoM, 188쪽.

이고, 거기서 얻어진 사실을 근거로 결론이 성립한다. 이런 맥락에서 실재란 곧 현상이고, 이 현상을 초월하는 인식이란 있을 수 없다. 하지만 랑케의 경우, 현상의 내면에 있는 생동하는 힘을 인식하고자 했기 때문에 경험론적이거나 실증주의적 태도와는 근본적으로 달랐던 것이다.[36] 랑케는 이렇듯 객관적 태도를 지닌 역사가가 세계사의 커다란 시련 속에서 할 역할은 심판을 준비하는 것이지 심판을 선고해서는 안 된다고 주장한다. 역사가는 피고를 위한 검사도 아니도 변호인도 아니라고 그는 말한다. 만일 역사가가 판사로서 말하는 일이 있다면, 그것은 예심판사로서 말할 뿐이라는 것이다.[37] 사건들의 모든 자료를 최고 재판소, 그러니까 세계의 역사에 제출하기 위하여 이를 수집하지 않으면 안 된다. 만일 그가 이러한 임무에 실패한다면, 만일 그가 당파심을 갖고 어떤 한쪽을 좋게 여기거나 증오한 나머지 단 하나의 증거라도 은폐하거나 왜곡한다면, 그는 자신의 최고의 의무를 소홀히 하는 것이 된다.

텐느는 역사가는 역사 연구에 있어서 박물학자처럼 행동해야 한다고 주장한다.[38] 역사가는 모든 인습적 편견에서 벗어나야 할 뿐만 아니라 모든 개인적 편견과 모든 도덕적 기준으로부터 자기 자신을 자유롭게 하지 않으면 안 된다는 것이다. 이러한 주장은 역사적 인식과 과학적 인식 간에 그 어떤 차이도 인정하지 않는 것이다. 그의 최고의 바람과 이상은 결국 역사를 자연과학으로 환원하는 일이다. 그런 방식으로 텐느는 역사

36) 이상신, 『19世紀 獨逸歷史認識論』, 고려대출판부, 1989. 117쪽.
37) Cassirer, EoM, 189쪽.
38) Cassirer, EoM, 192쪽.

의 객관성 문제를 해결하고자 했던 것이다. 텐느는 역사가에는 오직 두 가지 임무만이 있다고 주장한다. 하나는 사실들을 수집하는 일, 다른 하나는 이 사실들의 원인을 탐구하는 일이다. 이런 텐느의 입장에 대해 카시러는 다음과 같이 비판한다. 역사적 사실들은 물리적 사실, 혹은 화학적 사실들처럼 관찰될 수 있는 것이 아니라 재구성되는 것인데, 텐느는 이 점을 놓치고 있다는 것이다. 또한 역사의 객관성 문제를 해결하기 위해서 사물들의 가치를 판단하는 것 대신에 사물들의 원인을 탐구하게 되면 이는 곧 '역사결정론'의 형태를 취하게 된다고 비판한다.[39]

역사가의 탐구 방식이 과학자와 똑같이 엄밀한 규칙에 매여 있음을 틀림없다. 역사가는 모든 경험적 탐구 방법들을 이용해야만 한다. 또한 구할 수 있는 모든 자료를 수집하고 분석해야 한다. 또한 그 어떤 중요한 사실도 망각하거나 간과해서는 안 된다. 그런 면에서 카시러는 텐느보다는 랑케의 입장을 지지하고 있다. 그렇지만 카시러는 역사가에게서 최후의 결정적인 행위는 언제나 '생산적인 상상의 행위'라고 주장함으로써 랑케와 일정한 거리를 두고 있다.[40]

---

39) Cassirer, EoM, 193쪽. 카시러의 역사인식의 저변에는 기본적으로 자유의지론의 입장이 들어 있다. 이에 대한 상세한 논의는 신응철, 「문화 해석의 두 입장 : 자유의지론과 문화결정론의 논쟁」, 『고전 해석학의 역사』(한국해석학회), 철학과현실사, 2002. 209-229쪽 참조 바람.

40) Ernst Cassirer, *The Philosophy of Symbolic Forms, vol 3 : The Phenomenology of Knowledge*, translated by Ralph Manheim, New Haven and London, Yale University Press, 1957. 134쪽.

4. 나오는 말 : 문화과학으로서 역사 해석학

카시러의 역사학에 대한 논의는 그의 상징형식의 철학이라는 커다란 기획 하에서 살펴볼 필요가 있는데, 그런 맥락에서 이를테면 역사학은 문화과학의 대표적인 한 영역이기도 하다. 따라서 자연과학과 대별되는 문화과학의 고유한 논리 속에서 역사학과의 관련성을 살펴보면 카시러가 왜 역사 해석학을 이야기하고 있는지가 더욱 분명하게 될 것이다.

카시러에 의하면, 물리적 세계의 본질적인 특성은 성질불변항(property-constants)과 법칙불변항(law-constants)인데, 이에 반해 문화적 세계의 특성은 의미불변항(meaning-constants)이다.[41] 문화가 발달하면 할수록, 또한 문화가 전개되는 개별 영역이 많아지면 질수록, 이 의미의 세계는 그만큼 더 여러 가지로 풍요롭게 형성된다. 언어의 구체적인 말, 시(詩)와 조형 예술작품들, 음악의 형식들, 종교적 표상과 믿음의 형성물들, 이런 것 속에서 우리는 살아간다. 그리고 오직 이러한 것들 속에서만 우리는 서로를 알아본다. 이와 같은 직관적 앎(intuitive knowledge)은 과학의 특성을 지니지는 못하지만, 인간학적 가치를 충분히 지니고 있다. 이러한 부분들이 문화과학의 주된 관심사라고 할 수 있다. 카시러에 의하면, 문화과학들 각각은 각기 나름의 일정한 형식개념들 내지 표현양식개념들을 형성

---

41) Ernst Cassirer, *Zur Logik der Kulturwissenschaften, Darmstadt*(1942) (번역서로는 『문화과학의 논리』(박완규 역) 도서출판 길, 2007. 이후 『문화과학』으로 표기함). 205쪽. 영어본으로는 *The Logic of the Humanities*, Translated by Clarence Howe, New Haven and London : Yale University Press, 1961. 141쪽(이후 *LH*로 표기함).

하고, 이들을 이용하여 각기 다루고 있는 현상들을 분류하고 구별하여 체계적으로 개관한다. 이 형식개념들은 법칙정립적이지도 않고, 개성기술적이지도 않다. 형식개념들의 기능이 개별 현상들을 연역적으로 이끌어낼 수 있는 일반법칙을 확립하는 것이 아니기에 이 개념들은 법칙정립적이지 않다. 또한 형식개념들은 역사적 탐구방식으로 환원될 수도 없기에 개성기술적인 것도 아니다.[42]

대체로 자연과학은 '법칙'(法則)을 수립하여 이를 우주적 전 공간으로 확대 적용한다. 그런데 이러한 법칙의 보편성, 혹은 보편성의 형식으로 나아가는 길이 문화과학에는 닫혀 있다. 문화과학은 '의인화'(Anthropomorphism)와 '인간중심주의'(Anthropocentrism)의 길을 벗어날 방도가 없다.[43] 문화과학의 대상은 세계 그 자체가 아니라 세계 속의 특수한 한 영역인데, 이 영역은 순전히 공간적 관점에서 본다면 극히 작은 것으로 보인다. 문화과학이 '인간세계'에 국한하고 지구상의 인간존재의 한계 안에 머물고 있지만, 그것은 자신에게 할당된 영역을 끝에서 끝까지 완전히 헤아려 보려고 한다. 이런 측면에서 카시러는 문화과학의 목표를 제시한다. 그러니까 문화과학의 목표는 법칙의 보편성에 있는 것도 아니며, 또한 사실과 현상의 개별성에 있는 것도 아니다. 이 양자에 대립하여 문화과학은 그 자신 나름의 고유한 인식의 이상을 세운다. 결국 문화과학이 인식하려고 하는 것은 인간의 삶이 실현되는 현장인 '형식들의 총체성'(totality of the forms)이다.[44] 카시러에 의하면 이 형식들은 끊임없이 다양하

42) Cassirer, *LH*, 120쪽. 『문화과학』, 179쪽.
43) Cassirer, *LH*, 144쪽. 『문화과학』, 208쪽.

나 통일적인 구조 없이는 성립하지 않는다. 왜냐하면 우리가 문화발전에서 갖가지 모습의 인간을 만나지만, 우리가 늘 만나는 것은 결국 '하나 같은' 인간이기 때문이다. 관찰하고, 달아보고, 재어 봄으로써는, 다시 말해 자연과학적 관찰과 계량화의 방법으로써는 이러한 '동일성'(identity)을 의식할 수가 없다. 또한 심리학적인 귀납을 통해서도 이 동일성에 이를 수가 없다. 이 동일성은 오직 '행위'(行爲)를 통해서만 입증될 수 있을 따름이다. 우리가 어떤 문화를 이해하려면, 우리는 능동적으로 그 문화 속으로 들어가야 한다.[45)]

카시러는 자연과학의 업적은 '사물개념'과 '법칙개념'에 의해 이루어지고, 문화과학의 업적은 '형식개념'과 '표현양식개념'에 의해 이루어진다고 파악한다. 카시러는 문화과학의 파악과정에는 또한 역사적 지식이 필수적인 요소로 들어가게 된다고 말한다. 여기서 역사적 지식은 단지 수단이지 목적 자체는 아니다. 그래서 역사학의 임무는 단순히 과거의 존재와 삶을 우리가 알게 해주는 데 있는 것이 아니라 그 '의미'(意味)를 '해석'(解釋)할 수 있도록 해주는 데 있다. 과거에 대한 모든 단순한 지식은, 여기에 재생적 기억능력 이외의 다른 능력들이 포함되지 않는 한, 그것은 그저 생명이 없는 칠판 위의 죽은 그림에 불과하다. 사실과 사건에 대해서 기억이 보존하는 것은 이것이 우리의 내적 체험과 관련되고 내적 체험으로 변형될 수 있을 때에만 비로소 '역사적 기억'이 될 수 있다.[46)]

11

44) Cassirer, *LH*, 144쪽. 『문화과학』, 208쪽.
45) Cassirer, *LH*, 144쪽. 『문화과학』, 208쪽.
46) Cassirer, *LH*, 145쪽. 『문화과학』, 209쪽.

카시러에 의하면 역사는 단순한 연대기가 아니며, 역사적 시간은 객관적인 물리적 시간이 아니다. 역사가에게 있어서 과거란 자연과학자가 보는 것처럼 그저 지나가 버린 것이 아니다. 과거는 그 나름의 고유한 현재성을 지니고 있다. 아무리 역사가의 임무가 '본래 있었던 대로' 기술하는 것이라 해도, '본래 있었던 것'은 이것이 역사적 관점에 놓이게 되면 새로운 의미를 얻게 된다. 부연하자면, 지질학자가 지구의 과거 모습을 우리에게 말해줄 수 있고, 고생물학자가 지금은 사라져 없는 생물 형태들을 우리에게 말해줄 수 있다. 이 모든 것은 그저 언젠가 일찍이 '있었던 것'일 뿐이요, 그 생생한 특성은 소생될 수가 없다. 그러나 역사는 단순히 과거에 있었던 것을 우리 앞에 제시하려는 것이 아니다. 역사는 지나간 과거의 삶을 우리가 '이해'(理解)할 수 있도록 해준다. 역사는 지나가 버린 삶의 내용 자체를 소생시킬 수는 없으나 이러한 삶의 순수한 형식을 지키려고 한다.[47]

문화과학들에서 명백하게 나타나는 형식개념들과 표현양식 개념들이 아무리 다양하고 풍부하더라도 이 개념들은 결국 이러한 하나의 임무를 위한 것이다. 다시 말해서 이 개념들을 통해서만 문화의 재생(re-birth)과 재체험(re-experience), 그리고 문화의 부활(the palingenesis of culture)이 가능하게 된다.[48] 그러니까 카시러는 지금 문화과학의 최종 목표는 형식개념들과 표현양식 개념들을 통해서 문화의 재생과 재체험, 나아가 문화의 부활에 두고 있는 것이다. 역사학도 결국 같은 길을 걷

47) Cassirer, *LH*, 146쪽. 『문화과학』, 210쪽.
48) Cassirer, *LH*, 146쪽. 『문화과학』, 210쪽.

는 것이다. 과거로부터 현실적으로 우리에게 보존되어 있는 것은, 이것이 언어로 쓰인 것이건, 그림으로 그려진 것이건, 청동에 새겨진 것이건, 이 모두는 역사적 기념물들이다. 이러한 기념물들로부터 우리가 어떤 상징(象徵)을 읽어낼 때, 그 기념물은 비로소 '역사적인 것'이 된다. 우리는 이 상징들을 통해서 특별한 '삶의 형식들'을 알아볼 수 있을 뿐만 아니라 또한 이 상징 덕분에 우리는 우리 자신을 위해 이 삶의 형식들을 '부활'(復活)시킬 수도 있는 것이다.[49] 문화는 중단 없는 흐름에서 꾸준히 새로운 언어적·예술적·종교적 상징들을 창조해 간다. 자연과학은 현상을 경험으로써 읽어낼 수 있게 하기 위해서 이 현상을 그 구성요소들로 쪼개는 방법을 우리에게 가르쳐 준다. 반면에 역사학을 포함한 문화과학은 상징 속에 숨겨진 내용을 풀어내기 위해서, 즉 상징이 생겨난 원천을 다시 생생하게 볼 수 있도록 하기 위해서 이 상징을 해석(解釋)하는 방법을 우리에게 가르쳐 준다.[50]

카시러는 바로 이것이 역사 해석학이 자리하는 이유라고 말한다. 역사학은 우리 인간의 문명을 특징짓는 창조적 과정을 거슬러 조명한다. 인간의 문명은 인간의 삶이 외적으로 표현되는 데 쓰이는 새로운 형식, 새로운 상징, 새로운 물질적 소재를 필연적으로 창조한다. 역사가는 이 표현들 일체를 그 기원 자체에까지 거슬러 올라가 추적한다. 역사가에 의한 부단하고도 끈질긴 노고가 없다면 우리의 과거의 삶은 언제까지나 봉인된 책으로 남아 있게 된다. 역사가는 이 모든 형식들 하나하나의

49) Cassirer, *LH*, 146쪽. 『문화과학』, 210쪽.
50) Cassirer, *LH*, 158쪽. 『문화과학』, 224쪽.

기저에 있는 진짜 삶을 재구성하려고 한다. 그런 의미에서 역사는 그 부단한 노력이 없다면 소실되고 생명력을 잃게 될 삶의 부활이다. 따라서 역사 해석학이 없다면, 그리고 역사에 해석의 기법이 포함되지 않는다면, 인간의 삶은 매우 빈곤한 것이 될 것이다. 그것은 단지 한순간에 한정될 것이며 어떠한 과거도 갖지 않을 것이고 그러므로 어떠한 미래도 갖지 않을 것이다. 왜냐하면 미래에 관해 생각하는 것과 과거에 관해 생각하는 것은 서로 의존해 있기 때문이다.[51)]

51) Cassirer,『상징 신화 문화』, 210쪽.

Chapter 12

시간을 대하는 관점은 왜 다른가?*

에드워드 홀
(Edward Twitchell Hall, 1914 - 2009)

* 이 글은 「문화 넘어서기」, 『인문학연구』 31집(숭실대 인문과학연구소, 2001.12)에 수록된 것임을 밝혀둔다.

1. 들어가는 말

2001년 우리는 매스컴에서 들려오는 웃지 못 할 사건 하나를 접했었다. 내용인 즉, 2002년 월드컵을 공동 개최하는 한국, 그 한국인들이 '개고기'를 먹고 있는 야만인이기 때문에 세계인의 축제인 월드컵을 개최할 자격이 없다고 프랑스의 어느 잡지가 보도하고, 때를 같이 하여 프랑스 여배우가 국내의 한 언론사와의 전화 인터뷰에서 비슷한 발언을 한 사건이다. 그저 대수롭지 않은 것으로 여길 수도 있지만, 이것은 어떤 측면에서 우리에게 심각한 학문적 고민거리를 제공해 준 셈이다. 사실 개고기를 식용으로 하든 말든 그것은 사소한 문제다. 논란이 되는 것은 개고기를 먹는다는 것 자체가 한국의 식생활 문화이고, 따라서 어떤 한 나라의 문화적 행위, 혹은 문화적 삶을 다른 나라의 기준을 통해서 재단(裁斷)하려는 데, 그것도 자신들의 문화가 우월하다고 의식하는 문화 차등에 근거한 발언과 태도가 문제가 되고 있다.

우리는 위의 예에서 '개별 문화를 넘어서는 보편 문화란 존재하는가?'라는 주된 문제를 이론적으로 이끌어내어 살펴볼 필요가 있다. 이 문제는 다시 세 가지의 물음, 즉 '우리는 우리 자신의 문화를 넘어서야 하는가?', '문화에는 특수성, 개별성만이 존재하는가?', 그렇다면 '문화 읽기란 무엇인가?'라는 물음으로 나뉘어 볼 수 있다. 첫 번째 물음은 보편문화의 가능성과 그 기준에 대한 논의이며, 두 번째는 문화 상대론적인 관점에 대한 논의, 세 번째는 문화 해석의 의미에 대한 논의이다.

여기서 나의 관심은 두 번째와 세 번째 질문에 놓여 있다.

그렇지만 첫 번째 질문에 답하기 위한 몇 가지 방안들을 모색해 보고자 한다. 그 길이 지난한 과정이 될지라도. 요약해 보자면, 필자는 이 글에서 우리는 우리 자신의 문화를 결코 넘어설 수 없다고 전제한다. 그렇지만, 우리는 다른 한편으로 우리의 문화를 반드시 넘어서야 한다는 주장을 하고자 한다. 언뜻 상반된 주장 같아 보이지만, 우리는 문화에 대한 이러한 인식과 태도를 가질 때, 진정한 의미에서의 문화인, 세계인이 될 수 있다고 생각한다.

이러한 논의는 외관상 다양한 문화 현상들을 비교 연구하는 문화인류학(文化人類學)의 논의 같지만, 실질적으로는 철학적 인간학(哲學的 人間學)과 해석학(解釋學)의 논의이다. 인간이 만들어 놓은 문화는 다름 아닌 인간의 생활세계(生活世界)이다. 인간은 그 생활세계에 '갇힌 존재'이지만, 동시에 그 세계를 '초월할 수 있는 존재'가 된다. 인간이 어떻게 생활세계에 구속되어 있으면서도 동시에 그것을 풀어헤칠 수 있는가에 대한 고찰, 이러한 고찰이 문화의 문제에로 옮아 간 것이 이 글의 전체적인 논의라고 할 수 있다.

2. 문화의 패러독스

문화를 연구하는 철학자, 인간학자, 신화학자, 심리학자, 민속학자 등등의 학자들은 콕 꼬집어서 '문화는 이것이다'라고 절대적 확신에 찬 주장을 하지 않는다. 대체로 누구나 공감할 수 있는 개략적인 정의만 내리고 있다.[1] 여기에서도 알 수 있듯이, 문화란 광범위한 문제들을 다루고 있고, 또한 그것들을 논의할 수 있기에 일방적인 주장이나 특정 이론을 통해서 접근하려는 태도는 지양되고 있는 것 같다.

에드워드 홀(Edward T. Hall 1914-2009)에 따르면, 문화를 논의할 때에 제일 먼저 다가오는 방식은 서구인의 논리적인 사고방식에 근거한 것이다. 논리적으로 사고하는 방식은 매우 다양하지만, 서구인들은 소크라테스 이래 사용해 온 이른바 '로직'Logic이라는 선형(線形)의 사고체계를 무엇보다도 중시하고 있었다고 홀은 말한다.[2] 그래서 그들은 자신들의 논리체계를 진리와 동의어로 간주하게 되었다. 논리는 그들이 실재(實在)에 도달하는 유일한 통로였다. 그런데 이러한 태도는 프로이트의 꿈에 대한 분석과 연구의 결과, 선형적 사고방식과는 전혀 다른 차원의 정신의 과정이 존재한다는 사실이 알려지게 되었다. 이는 서구의 전통적인 논리 중심의 사고에 치명타를 가하게 되었고, 논리의 '선형적 세계' 이외에도 꿈과 같은 '통합적 세계', 즉 비선형적 세계가 존재함을 인정하게 되는 계기가 되었다.[3]

---

1) 예를 들어, 카시러(Ernst Cassirer)는 문화를 "인간의 언어적 활동들 전체와 도덕적 활동들 전체"(신응철, 『캇시러의 문화철학』, 한울아카데미, 2000. 29쪽 이하.)로 정의하고, 홀(Edward T.Hall)은 "문화는 인간의 매체이다."(에드워드 홀, 『문화를 넘어서서』, 한길사, 2000. 39쪽.)로, 베네딕트(Ruth Benedict)는 "개인이 생활을 영위하는 데 필요한 원자재로 제공되는 것"(루스 베네딕트, 『문화의 패턴』, 까치, 1997. 273쪽 참조.), 반 퍼슨(C.A. van Peursen)은 "문화는 인간 활동의 결과"(C. A. 반 퍼슨, 『급변하는 흐름 속의 문화』, 서광사, 1994. 19쪽 참조.)로 정의 내린다.

2) Edward T. Hall, 앞의 책, 29쪽.

3) 서구인들과 그외 지역의 사람들 간의 사고방식을 특징적으로 표현해 주는 것으로 맥루언(McLuhan, Marshall)은 <선형적 사고·비선형적 사고>라

이렇게 대비되는 두 가지 사고방식의 차이는 문화의 모델을 설정할 때에도 그대로 적용된다. 드러나는 것(overt)과 드러나지 않는 것(covert), 내재적인 것(implicit)과 외재적인 것(explicit), 언급된 대상과 언급되지 않은 대상, 의식적인 요소와 무의식적인 요소 등을 고려하여 문화의 모델을 말하게 되었다.

홀에 따르면 어떤 면에서 문화는 인간의 매체이다.[4] 인간의 삶은 어떤 식으로라도 문화의 영향을 받고 있고, 그로 인해 변용 된다. 말하자면, 문화는 사람들이 어떻게 자기를 표현하는가, 어떻게 사고하고 행동하는가, 어떻게 문제를 해결하는가, 어떻게 도시를 설계하고 수립하는가, 교통체계는 어떻게 기능하고 조직되는가, 경제 및 정치체제는 어떻게 구성되고 기능하는가를 좌우한다.

이제 여기에서는 두 가지 시간관을 예로 들어서, 특히 홀이 분석하고 있는 북유럽 전통의 모노크로닉한(Monochronic) 시간관과 라틴아메리카나 중동지역의 폴리크로닉한(Polychronic) 시간관을 대조해 봄으로써 거기에서 비롯되는 문화의 특징을 살펴보고자 한다. 이는 문화의 차이, 문화라는 얼굴의 패러독스를 확인할 수 있는 계기가 될 것이다.

1) 모노크로닉한 시간(Monochronic Time)

일반적으로 볼 때 모노크로닉한 시간은 선형적 사고와 일맥

는 표현을 사용하고, 풀러(Fuller, Buckminster)는 <포괄적 사고·비포괄적 사고>라는 표현을 사용하기도 한다(Edward T. Hall, 앞의 책, 32쪽).

4) Edward T. Hall, 앞의 책, 39쪽.

상통한다. 무슨 일을 하더라도 대개 한 번에 하나씩 해나가는 편이며, 그러기 위해서는 마음속으로든 구체적으로든 일종의 스케줄, 시간표, 프로그램이 요구된다. 이러한 시간에 익숙해 있는 서구인들은 사회생활, 경제생활, 심지어 성생활에까지 철저하게 시간에 지배되는 경향이 있다.

북유럽의 모노크로닉한 시간(*Monochronic Time*, 이후 M-Time으로 표기함) 체계에서 성장한 사람들에게는 시간이란 미래와 과거를 선후로 하여 이어지는 길이나 띠에 눈금을 표시한 '직선'과도 같다.[5] 이는 철학적으로 볼 때 아리스토텔레스적인 시간관의 반영이라고 보면 될 것이다. 그래서 이들에게서 시간이란 구체적인 실체이다. 때문에 그들은 시간을 두고 말할 때 시간을 '절약한다', '쓴다', '낭비한다', '잃어버린다', '낸다', '쏜살같다', '느리다', '기어간다', '떨어지다' 따위로 표현한다. 홀은 여기에서 이러한 비유적 표현들을 대단히 중요하게 간주하고 있다. 왜냐하면 그러한 표현들 속에는 모든 것을 구축하는 무의식적인 결정인자나 틀로서 상정되고 있는 시간에 대한 기본적인 태도가 드러난다고 보기 때문이다.

홀에 의하면 M-Time에 의한 시간 짜기는 삶을 질서 짓는 분류체계로서 이용되고 있다. 출생과 사망을 제외한 일생의 모든 중대사가 시간으로 짜인다. M-Time의 이런 체계가 없었다면, 인간에게서 공업문명은 발달하지 못했을 것이라고 홀은 진단한다. 그런데 M-Time은 장점뿐만 아니라 치명적인 결함도 동시에 가지고 있다. M-Time은 개인을 집단으로부터 '격리'시

5) Edward T. Hall, 앞의 책, 43쪽 이하.

키고, 특정 개인, 기껏해야 두세 사람과 관계 맺는 관계를 강화시켜 놓았다. 그런 측면에서 M-Time은 사생활을 보장해 주는 '밀폐된 방'과 같다고 홀은 말한다.

또한 M-Time은 자의적이고 강제적인 성격을 가지고 있다고 홀은 말한다.[6] 그러한 시간관념은 인간 고유의 리듬이나 창조적 충동에 내재하는 것도 자연에 내재하는 것도 아니다. 그것은 철저하게 습득된 것이다. M-Time에 익숙한 사람들은 대개 시간표를 실재하는 것으로 연상하고, 자아 또는 자신의 행동을 생활과 분리된 별개의 것으로 여기는 공통된 실수를 범하게 된다. 그렇게 때문에 M-Time은 우리를 자아로부터 소외시키고, 넓은 의미에서 전체의 맥락을 파악하지 못하도록 만든다. 마치 M-Time은 '대롱을 통해서 사물을 바라보는 것'과 흡사하게 우리의 시야를 편협하게 만들며, 우리가 생각하는데 미묘한 방식으로 깊숙이 영향을 미침으로써 우리의 사고를 단편화시킨다.

만일 M-Time의 체계가 행정 기능적인 측면에 활용될 경우, 이곳에서 사람들은 활동을 시간표화 하고 각 부분의 업무 분석은 개인에게 일임한다.[7] M-Time체계의 사람들은 일이 구획화 되어 있기 때문에 자신의 활동을 보다 큰 전체의 일부로서 맥락 속에서 살피는 경우가 비교적 적다. 이는 그들이 '조직'을 지각하지 못한다는 말이 결코 아니라, 업무 그 자체나 더욱이 조직의 목표를 보다 큰 맥락 속에서 살필 경우가 거의 없다는 말이다.

6) Edward T. Hall, 앞의 책, 44-45쪽.
7) Edward T. Hall, 앞의 책, 48쪽.

2) 폴리크로닉한 시간(Polychronic Time)

한편 폴리크로닉한 시간(Polychronic Time, 이후 P-Time으로 표기함)은 비선형적 사고와 비슷하다. 폴리크로닉한 시간의 특징은 몇 가지 일이 동시에 발생한다는 점이다. 이 체계에 속한 사람은 미리 계획을 세워 그것을 지켜 나가기보다는 사람끼리 이루어지는 관계나 일 처리 과정에서의 성취도에 역점을 둔다. 그리고 P-Time에 익숙한 사람들은 한꺼번에 여러 사람들과 교제하면서 끊임없이 서로 간섭한다. 이들이 시간표에 맞춰 산다는 것은 거의 불가능한 일이다.

만일 P-Time에 익숙한 사람들이 사회 조직을 구성할 경우, 거기에는 강력한 통제의 집중화가 요구되고, 그 조직은 비교적 천박하고 단순한 구조를 특징으로 한다.[8] 그 이유는 상위의 인물이 항상 많은 사람들을 거느리며 그 사람들은 대개 일이 돌아가는 상황을 파악하고 있기 때문이다. 그들은 같은 공간에서 지내면서 서로 깊이 개입하도록 양육되며, 상황을 파악하기 위해서 끊임없이 질문을 주고받는다. 그러한 환경에서는 권력기관의 대표를 파견하거나 관료제적 차원의 강화를 위해 과도한 양의 업무처리를 요구해서는 안 된다.

한편, P-Time 체계의 관료기구가 안고 있는 중대한 결함은 업무 기능이 늘어남에 따라 작은 관료기구가 증식하고 그와 더불어 외부인과의 문제를 다루는 데 곤란을 겪게 된다는 점이다. 예컨대, P-Time 체계를 가진 국가에서는 무슨 일이건 성사

8) Edward T. Hall, 앞의 책, 47쪽.

시키려면 그 나라 사람이든지 아니면 '연줄'이 있어야 한다. 관료기구는 모두가 배타적이기는 하지만 P-Time 체계에서는 특히 그러하다. 우리나라의 경우에서도 혈연, 학연, 지연에 따라 대소사가 결정되는 현상들을 떠올려 본다면, 우리 문화 속에도 P-Time 체계가 강하게 들어있다고 할 수 있을 것이다.

P-Time의 체계에 익숙하게 되면, 행정의 기능 수행의 측면에서도 여러 가지 특징들이 나타나게 된다.[9] 여기에서의 행정과 통제는 주로 '업무분석'을 중요시한다. 행정은 각 부하직원의 업무를 파악하고 그 일에 따른 활동을 확인하는 것으로 이루어진다. 그런 다음 명칭을 정하고 행정관으로 하여금 일의 진척 상황을 확인할 수 있도록 잘 정리된 차트를 가지고 종종 점검하기도 한다. 그러한 방법으로 개개인에 대한 완벽한 통제가 가능하다고 생각한다.

이상에서 우리는 시간에 대한 두 체계에 대해 살펴보았는데, 거기에는 각기 장단점이 있음을 알 수 있었다.[10] P-Time 체계의 관리자는 일을 분석할 수 있는 속도에는 한계가 있지만 일단 분석이 되면 적절한 보고를 통해 놀라우리만큼 많은 수의 부하직원을 다룰 수 있다. 그럼에도 불구하고 P-Time 모델에 의해 운영되는 조직은 그 규모에 한계가 있고, 재능 있는 관리자에 대한 의존도가 크며, P-Time 체계 이외의 외부 업무를 취급할 경우에는 일이 더디고 번거로워진다. 재능 있는 인물이 부재 하는 P-Time 체계의 관료제는 많은 사람들이 경험하듯이

9) Edward T. Hall, 앞의 책, 48쪽.
10) Edward T. Hall, 앞의 책, 49-50쪽.

재난을 만난 듯하게 된다. 한편 M-Time 체계의 조직은 그와 반대로 움직이게 된다. 이 조직은 P-Time 체계보다 훨씬 더 대규모화될 가능성이 있고 사실 그렇다. 그러나 M-Time 유형의 조직은 관료기구를 증식시키는 대신 통합한다. M-Time 조직의 맹점은 그 구성원의 비인간화에 있다. 반면, P-Time 조직은 우발적인 사건이 벌어졌을 때 전적으로 우두머리에게 의존해야 하기 때문에 그가 모든 일을 관장해야 한다는 점이 맹점이다. 때문에 M-Time 유형의 관료기구는 대규모화될수록 자신의 구조에 맹목적이 됨으로써 폐쇄적으로 변한다. 그 결과 갈수록 경직화되며, 그 본래의 목적이 지닌 비전(Vision)을 상실하는 경향마저 있다.

이런 점을 상기해 볼 때, 한국 사회의 정당제도 및 관료기구는 홀의 용어대로 한다면, P-Time 체계에 매우 가깝다고 할 수 있을 것이다. 3김으로 대변되는 특정 정치인에 의존하는 정당 구조, 지역이나 지역정서를 볼모로 하는 정치 행태, 모든 권력이 대통령 1인에게 집중되어 있는 대통령중심제 등의 요소들이 P-Time 체계의 전형적인 요소들이라고 할 수 있을 것이다.

이제까지 우리는 상이한 시간관을 통해서 나타날 수 있는 서로 다른 문화 유형을 살펴보았다. 이러한 논의를 통해서 우리는 문화가 하나의 기준, 절대적 기준에 의해서는 파악될 수 없으며, 또한 드러난 문화에 대해 특정한 하나의 입장에서만 접근해서는 안 된다는 사실을 간접적으로 확인할 수 있었다. 시간관을 예로 살펴보았지만, 동일한 시간 현상이라 하더라도 P-Time과 M-Time의 서로 역설적인 모습을 발견할 수 있었듯이, 우리의 문화 속에도 결국 특정한 관점에서는 이해되지 않는 역설적인 모습들이 들어 있다고 유추할 수 있을 것이다.

3. 문화의 다양성과 그 철학적 근거

문화를 바라보는 홀의 기본적인 입장은 문화의 다양성, 다시 말해 다양한 문화를 인정해야 한다는 것이다. 그런 측면에서라면, 서론에서도 이미 말했듯이, 프랑스인들이 한국인의 개고기 문화를 조롱하거나 비판할 이유가 하등 없는 것이다. 문화는 제각기 의미를 가지고 있을 뿐이다. 문화는 언제나 사물과 사물을 구분하는 경계선이 어디에 그어져야 하는가를 규정해 왔다. 그 경계선은 자의적임에도 불구하고 일단 습득되고 내재화되면 실재하는 것으로 다루어지게 된다. 그런데 문제는 그러한 구분을 위한 '타당한 경계선(valid line)'이 애매하다. 이 점에서 홀은 문화 상대론자라고 할 수 있다. 결과적으로 우리가 우리 자신의 문화적 속박에서 벗어날 길은 없는 셈이다.11)

문화적 다양성에 대한 논의는 철학적으로 볼 때 상대주의적 관점에서 태동되어 나왔다고 할 수 있다.12) 상대주의는 객관주의에 대한 반작용의 결과이다. 그러면 먼저 객관주의에 대해서 살펴보자. 객관주의(Objectivism)란, 합리성이나 인식, 진리, 실

11) Edward T. Hall, 앞의 책, 326쪽.
12) Richard J. Bernstein, *Beyond Objectivism and Relativism; Science, Hermeneutics, and Praxis*, University of Pennsylvania Press, 1983. 『객관주의와 상대주의를 넘어서』(정창호외 역), 보광재, 1996. 25-47쪽.

재, 선, 옳음 등의 본성을 결정하는 데 궁극적으로 호소할 수 있는 영원하고 초역사적인 어떤 기반이나 구조 틀이 존재하며, 존재해야 한다는 기본적인 확신을 뜻한다.[13] 객관주의자들의 주장에 따르면, 그러한 기반이 존재하기에 철학의 과제란 그것이 무엇인지를 '발견'하는 것이며, 가장 강력한 논거를 동원하여 자신이 발견했다고 주장하는 기반을 변호하는 데 있다. 객관주의는 토대주의(土臺主義)와 아르키메데스적인 점에 대한 추구와 밀접하게 연결되어 있다. 객관주의자들은 철학, 지식, 언어를 엄밀하게 근거 지을 수 없다면, 우리는 필연적으로 회의주의(懷疑主義)에 빠질 수밖에 없다고 단언한다.

반면, 상대주의자들은 객관주의자들의 적극적인 주장들을 부정할 뿐만 아니라 한 걸음 나아간다. 상대주의자들은 환원 불가능한 다수의 개념 도식들이 존재한다고 믿기 때문에 이 개념들이 결정적인, 일의적인 의미를 가질 수 있다는 주장에 반대한다. 상대주의자들이 볼 때, 예를 들어 '합리성'을 말한다 하더라도 그 때 사용되는 합리성의 기준이 '우리 자신의' 기준이거나 아니면, '그들의' 기준에 불과하다고 이들은 주장한다.

우리가 상대주의자들의 인식방식을 따라 이러한 논의를 문화의 영역에 확대 적용하게 되면 문화상대주의로 귀착하게 된다. 이에 반해 우리가 객관주의자들의 입장을 고집한다면, 우리는 보편문화에 근거해서 개별문화를 논의해야 한다. 앞에서도 밝혔듯이 필자의 기본적인 입장은 적어도 '인간의 세계에서' 보편문화란 존재하지 않으며,[14] 다만 개별문화만 존재한다는

---

13) 신응철, 『해석학과 문예비평』, 예림기획, 2001. 118쪽.

14) 이 문제는 일찍이 인간의 '문화' 개념의 생성과 관련된다. 우리가 '문화'

사실이다. 다시 말해 우리는 우리 자신의 개별문화 속에서 보편문화로 나아가려는 시도만 할 뿐이라는 것이다. 보편문화가 무엇인지? 어떤 형태인지? 그 모든 것은 베일 속에 가려져 있다. 보편문화라는 것은 결국 문화 주체인 우리가 어떻게, 무엇을 만드느냐에 따라서 그 형태가 규정될 뿐이다. 그와 같은 노력의 강도와 폭이 어느 정도냐에 따라 우리가 마주 대하는 세계문화의 양상이 달라질 것이다. 그렇다면 이제부터 이와 같은 필자의 주장에 대한 철학적 근거를 제시하도록 하겠다.

우리는 하이데거(M. Heidegger), 가다머(H. G. Gadamer), 리쾨르(P. Ricoeur)로 이어지는 현대 해석학의 전통을 잘 알고 있다. 이들의 공통점은 한결같이 선판단, 선이해, 자신의 고유한 지평을 인정하는 입장에 있다. 이 입장을 지지한다는 것은 인간은 자기가 살아가고 있는 '지금 여기'(now and here)를 결코 벗어나지 못한다는 사실을 뜻한다. 이는 인간의 유한성(有限性)에 대한 자각이기도 하다. 해석학은 기본적으로 이와 같은 해석학적 상황에 대한 인식에서 출발한다. 그런데 이러한 해석학적인 태도가 문화 담론에 확대될 경우, 우리는 '자민족(自民族) 중심주의', 혹은 '자문화(自文化) 중심주의'의 한계에서 벗어나지 못하게 되는 결과를 초래한다.

라고 말할 때 그것은 신이 만든, 신에 의해 주도되는 문화를 뜻하는 것이 아니라, 신의 영역에서 벗어 나온 인간이 만든, 그리고 인간에 의해서 이끌려 가는 문화를 뜻한다. 우리는 이러한 사실을 성서의 창세기 창조신화에서 확인할 수가 있다. 그 점에서 헤르더나 칸트, 그리고 카시러는 문화를 인간이 만든 창조물로 인식하고 있는 것이다. 그리고 이러한 문화는 계속하여 만들어지고 있는 과정 중에 있기 때문에 그 문화의 양상 또한 개별직일 수밖에 없으며, 모든 민족, 모든 국가에 공통으로 적용될 수 있는 보편문화는 그런 점에서 불가능하다는 말이 된다.

우리는 유명세를 얻고 있는 문화 인류학자들의 연구에서도 이러한 사실을 확인할 수가 있다. 예컨대 베네딕트는 방금 얘기한 이러한 해석학적인 측면을 문화 연구에 접목시키기도 하였다. 그녀는 좀 뉘앙스를 달리하여 인간의 문화는 각기 고유한 패턴, 즉 아폴로형, 디오니소스형, 편집광형으로 묘사될 수 있다고 말하기도 했다.[15] 이는 인간에게서 문화는 '동일성(同一性)'보다는 '차이(差異)'를 드러내고 있다는 사실을 설명해 주는 것이다. 그러한 문화의 차이는 발전의 차이, 개발의 차이 등을 포함한 '질적인 차이'를 뜻하는 것이 아니다. 오히려 그것은 모양의 차이, 형태, 엮음새의 차이라고 할 수 있을 것이다.[16] 이러한 문화의 차이는 근본적으로 문화를 창출해 내는 인간의 삶의 차이, 인간의 사고방식의 한계상황을 반영하는 것이라고 해석할 수 있다. 한편 홀은 우리가 문화적 속박의 딜레마에서 벗어날 길은 없다고 주장하기도 하였다.[17] 우리가 우리의 문화를 초월하기 위해서는 먼저 삶을 이루는 모든 측면에 관한 숨겨진 주요 원칙과 표명되지 않은 전제를 밝혀내야만 한다. 그런데 사실상 그런 일은 불가능하다. 그 이유는 문화는 전일적이고 계통적이며 고도로 맥락화 되어 있기에 외부에서 그것을 설명하기가 어렵기 때문이다.

그런데 여기서 심각하게 고려해 볼 문제가 있다. 우리 자신의 실존적 한계를 인정하고 인식한다고 해서, 거기에서 비롯되는 문화의 이해나 문화의 해석도 개별문화, 특수문화의 형태만

15) Ruth Benedict, 앞의 책, 4쪽.
16) Ruth Benedict, 앞의 책, 305쪽.
17) Edward T. Hall, 앞의 책, 317쪽.

을 인정해야 하는 것인가? 만일 그렇다면, 인류의 문화의 미래는 과연 어떤 모습이 될 것인가? 서로 구별되는 문화, 상이한 문화, 그러한 문화 상황에서는 필연적으로 문화적 갈등, 나아가 문화 전쟁이 일어날 가능성이 있게 된다. 아니 실제로 진행되고 있다고 해도 과언이 아니다. 우리는 2001년에 행해진 미국과 아프가니스탄의 전쟁에서, 2003년에 벌어진 미국과 이라크의 전쟁에서 그 출발점이 무엇이었든지 간에 기독교 문화권과 이슬람 문화권간의 전쟁으로 비화되어 진행되었음을 목도하게 된다. 이러한 인류의 미래상을 예측해 본다면, 우리는 누구와도 공존할 수 있는 하나의 공동의 문화, 문화의 통일성에 대해 희망하게 된다. 그렇다면 인간에게서 공동의 문화란 어떤 형태이며, 그러한 문화에서 나타나는 문화의 통일성이란 도대체 무엇인가?[18] 이 질문에 대한 이론적 답변을 우리는 역시 해석학에서 이끌어 낼 수가 있을 것 같다.

가다머와 리쾨르로 돌아가 보자. 가다머에 따르면 우리 인간은 누구든지 자신만의 고유한 선판단을 지니고 있는데, 이것은 다름 아닌 자신의 지평(地平)[19] 속에서 살아가고 있음을 뜻한다. 그런데 이러한 개별적인 지평은 이해 행위 속에서 하나로 융합(融合)을 일으키게 된다. 이해행위란 만남의 과정을 통해서 가능하다. 만남이란 두 사람 사이에, 즉 나와 타인, 주체와 객체, 자아와 타자의 관계 맺음을 뜻한다. 그러한 만남이 이루

---

18) 이러한 문제에 대해서는 신응철, 「문화발전과 문화윤리」, 『사색』 제17집 -김기순 교수 정년기념·이삼열 교수 화갑 기념호-, 숭실대 철학과, 2001. 12, 377-392쪽.

19) Gadamer, H. G., *Wahrheit und Methode*, J. C. B. Mohr, Tübingen, 1986. 271쪽.

어져 그 속에서 상호간에 의사소통이 이루어지는 순간 이해 작용이 이루어진다. 지평간의 융합에 있어서 중요한 사실은 어느 한쪽이 다른 한쪽을 일방적으로 수용한다든지, 흡수하여 이루어지는 융합이 아니다. 가다머가 말하는 지평융합은 개별 지평이 언제나 함께 동시에 참여하여 이루어지는 것을 말한다. 예컨대 대화상황을 연상해 보자. 한 사람이 말을 걸면, 그 질문에 대해 다른 한쪽이 응답하고, 그 응답에 대해 다시금 질문하고, 이러한 일련의 과정들이 반복되다보면, 맨 처음 질문을 한 사람의 지평은 대화가 지속되면 될수록 어느덧 새로운 지평으로 변화되기에 이른다. 그것은 응답을 하는 다른 한쪽의 경우에도 마찬가지로 나타난다. 대화과정 속에 질문자와 응답자가 온전히 참여할 때, 진정으로 그 대화에서는 하나의 합의(合意), 하나의 이해(理解)가 생겨날 수 있게 되는 법이다. 가다머는 이러한 지평융합을 개인과 개인의 관계에서, 독자와 작품의 관계에서, 인간과 세계의 관계에서 추구하고 있는 것이다.[20]

리쾨르의 경우는 대체로 가다머의 입장을 수용하는 편이다. 다만, 그는 가다머가 말하는 지평융합에 있어서 그 용어를 '친숙화(親熟化)'[21]라는 용어로 대체한다. 리쾨르는 우리가 작품을 읽거나 대할 때 그렇게 하는 궁극적인 목적은 텍스트의 이해를 통해서 간접적으로 자기 자신을 이해하는데 있다. 말하자면 작품 앞에서의 자기이해(自己理解)이다. 작품을 앞에다 두

---

20) 가다머의 해석학에 대한 이해는 신응철, 「해석학과 문예비평」, 『철학연구』 제54집, 2001년 가을호, 255-271쪽.

21) Ricoeur, Paul., *Interpretation Theory : Discourse and The surplus of Meaning*, The Texas Christian University Press, Fort Worth, Texas, 1976. Sixth Printing, 91쪽.

12

고 그것을 읽음으로써, 그 작품은 우리에게 말 걸어오게 된다. 이에 독자는 그 말 걸어옴에 대해 자기 식으로 답하게 되는데, 이것이 말하자면 친숙화이다. 친숙화 과정에서 리쾨르가 강조하고 있는 점은, 작품이나 텍스트는 언제나 우리에게 말 걸어오고 있기에, 독자인 우리 스스로가 우리만의 환상에서 벗어나, 그리고 우리 자신의 지평에서 벗어나 텍스트 앞으로 나아가야 한다는 것이다. 이는 텍스트 앞에서, 세계 앞에서의 독자의 자기변화, 자기변신이 전제될 경우에만 진정한 의미에서 친숙화가 이루어진다는 말이 된다.[22)]

이러한 가다머와 리쾨르의 입장은 하이데거의 이해의 선구조(先構造)[23)]에 빚지고 있는 것이기도 하다. 이해의 선구조에 대한 하이데거의 설명은 그의 『존재와 시간』 제1편 현존재에 대한 예비적 기초분석, 제32절 '이해와 해석'에서 상세하게 설명되고 있다. 이해행위가 일어나기 위해서는 항상 앞선 구조가 있는데, 말하자면, 선취(先取), 선견(先見), 선파악(先把握)에 근거해서 이해가 일어난다는 것이다. 이는 우리의 인식에 있어서 아무런 전제가 없는 상태에서 본질 직관을 해야 사태의 본질을 제대로 파악할 수 있다고 주장한 후설(Husserl)의 견해를 뒤집어엎는 것이라 할 수 있다. 말하자면, 인간의 인식이나 이해에 있어서 무전제적인 인식이나 이해는 결코 불가능하다는 하이데거의 선언이라고 보면 된다. 따라서 우리의 이해는 이해

22) 리쾨르의 텍스트 해석의 원리에 대해서는 신응철, 『해석학과 문예비평』(예림기획, 2001)의 제2장, 55-82쪽.

23) Heidegger, Martin., *Sein und Zeit*, 『존재와 시간』(이기상 역), 까치, 1998. 206-221쪽.

의 선구조에서 비롯되는 '해석학적 순환'에 의해 수행되는 것이다. 이러한 하이데거의 인식 태도는 인간의 유한성을 인정하는 것에서 비롯되고 있다. 가다머나 리쾨르 둘 다 하이데거의 이러한 측면을 받아들이고 있는 것이다.

이상에서 우리는 문화 상대주의, 문화적 상대성의 이론적 근거를 해석학의 논의를 빌어 고찰해 보았다. 여기서 중요한 사실은 해석학에서의 최종 단계는 '상호이해(相互理解)'에 있다는 점이다. 그것이 '지평융합'이라는 용어로 표현되든, 아니면 '친숙화'라는 개념으로 표현되든 간에 말이다. 이러한 해석학적 발상이 문화 이해에도 적용된다면, 우리는 우리의 미래의 문화상에 대해서도 예상해 볼 수 있게 될 것이다. 한국사회만 하더라도 영호남 문화의 융합, 동서 문화의 융합, 남북 문화의 융합을 떠올려 볼 수 있을 것이다. 국제 사회적으로는 서구 문화와 동양 문화의 융합, 기독교 문화와 이슬람 문화의 융합을 생각해 볼 수 있다. 그런데 이러한 일이 과연 성취될 수 있을 것인가?

4. 나오는 말 : 우리는 자신의 문화를 넘어설 수 있는가?

극단적인 형태의 질문 하나, 우리는 우리의 문화를 넘어설 수 있는가? 이에 대해 필자는 먼저 결코 넘어설 수 없다고 말하고 싶다. 다만, 그렇다고 해서 우리의 문화만이 유일한 가치를 지녔고, 다른 민족의 문화는 무의미하다는 그러한 발상은 아니다. 일찍이 칸트는 국제 연합을 구상하여 세계시민, 코스모폴리타니즘이라는 이상을 만들어내기도 하였다. 어떤 이들은 유토피아 개념을 만들어 내기도 하였다. 어떤 이들은 사회체제의 형태로서 공산주의 사회를 염두에 두기도 하였다. 그리고 종교적으로는 하나님과 인간의 단절된 관계의 회복을 주장하는 이들도 있었다. 그런데 그 모든 것들은 아직 실현되지 못하고 있다. 문화와 문화의 통합, 하나의 단일 문화는 태동하지 못하고 있다. 왜 그런 것일까?

물론 여러 가지 이유가 있을 수 있다. 현대 사회는 복잡한 정치 경제적 시스템에 의해 운영되고 있고, 특히 자본주의라고 하는 체제가 전 세계를 휩쓸고 있는 상태에서는 더더욱 문제의 해결책을 모색하기가 어렵다고 할 수 있다. 문화도 자본의 논리에 의해 인식되고, 문화의 진행과정도 자본의 생리에 따라 좌우되고 있다. 거대 자본주의 제국인 미국의 영향권에서 세계 모든 국가는 벗어나기 힘든 상황이 되고 있다. 미국이 세계 경찰의 역할을 담당하고 있는 동안, 자연스럽게 미국의 문화가 세계의 문화로 둔갑하고 있는 실정이다. 이런 추세는 시대의 흐름이 되고 있다. 이와 같은 자본과 문화의 상호관계에서는 어쩌면 자문화 중심주의라는 것도 한갓 우스운 주장에 불과할는지도 모른다. 미국 문화만이 판치는 그런 세계에서는 어쩌면 당연하게도 하나의 공통의 문화만 존재할 수도 있을 것이다.

그렇지만 다시금 생각해 본다면, 문화란 본래 물질적인 측면보다 정신적인 측면이 강조되고 있기에 현대 자본주의 사회라 하더라도 각국의 문화의 양태는 이질적일 수밖에 없을 것이다.

최근 우리 철학 계에서는 서구 일변도의 문화, 지식, 이론 중심에서 탈피하여 그 관심을 '아시아적 가치', '동양적 가치'로 전이시키는 움직임이 활발하게 일어나고 있다. 이는 그 동안 우리의 세계관, 학문관, 문화관에 대한 반성과 더불어 일어나고 있는 현상들이다. 이와 같은 측면에서 본다면, 문화는 상대적인 가치를 갖는다는 주장에 동의를 할 수도 있을 것이다.

필자는 우리가 우리 자신의 문화, 그 문화의 영향을 생물학적으로는 넘어설 수 없다고 생각한다. 마치 해석학적인 이해의 선구조를 우리가 지워버릴 수 없는 것처럼 말이다. 그러나 결국 우리가 지향해야 할 태도는 '상호이해', '지평융합', '친숙화'에 대한 희망이라고 본다. 문화적 태도에 있어서도 우리는 이러한 해석학적인 인식방식을 그대로 유지해야 한다는 것이 필자의 최종적인 생각이다. 그러한 태도를 우리가 유지할 때, 우리는 이질적인 문화에 대해서 다소 개방적인 태도를 취할 수가 있게 될 것이다. 개방적인 태도를 취한다는 것은 나 아닌 타인을, 나의 문화가 아닌 남의 문화를 인정하는 태도이며, 또한 그것을 존중하는 태도라고 할 수 있다. 인정하고 존중한다는 것은 작게는 그의 문화, 그들의 문화를 이해하는 것이지만, 넓게 본다면 그것은 인간인 우리 자신을 이해하는 길이라고 생각한다. 그런 측면에서 문화 넘어서기는 자기 자신의 그림자를 넘어서려는 시도와도 같다. 문화 넘어서기는 결국 인간 이해하기의 다른 이름에 지나지 않는다. 바로 여기에 문화읽기의 진정한 의미가 있지 않나 싶다.

12

참고문헌

강내희, 『지식 생산, 학문전략, 대학개혁』, 문화과학사, 1998.

강돈구 외, 『해석학과 사회철학의 제문제』, 일월서각, 1990.

강준만, 『대중매체 이론과 사상』, 개마고원, 2001.

곽신환, 「조선조 지식인의 정체성 갈등」, 『인문학연구』 제32집, 숭실대 인문과학연구소, 2002.

그로스버그, 로렌스., 「문화연구 : 그 이름이 의미하는 것」, 『현대사상』 제4호, 민음사, 1997.

금장태, 『한국민족문화대백과사전』12, 한국정신문화연구원, 1991.

김덕영, 『게오르그 짐멜의 모더니티 풍경 11가지』, 도서출판 길, 2007.

______, 『논쟁의 역사를 통해 본 사회학』, 한울아카데미, 2003.

______, 『현대의 현상학』, 나남출판사, 1999.

김상봉, 「안티학벌 운동의 철학적 기초」, 『진보와 보수』(사회와철학연구회), 이학사, 2002.

______, 『학벌사회』, 한길사, 2004.

김영한 외, 『사이버문화와 기독교문화 전략』, 쿰란출판사, 1999.

김용석, 「김용석의 대중문화로 철학하기」 중, “차별 해소? 의식의 껍데기를 벗어던지라”.

김용환, 「문화학에서의 인문학 : 문화인류학적 제언」, 『인문비평』창간호, 월인, 2000.

김재진, 「역사의 시간화와 역사해석에 있어서의 히브리적 인지구조」 2010년 12월 숭실대 기독교학대학원 교수퇴수회 발표원고.

나유미, 「국립중앙박물관 자원봉사 현황」, 한국문화교육학회, 2008.

누스바움, 「“순화된 애국주의”란 가능한가? 세계정의의 논증」, 한국학술진흥재단 <세계 석학 초청> 고려대학교 강연원고, 2008. 8월.

_______, 「로크적인 자유주의 국가에서 근본적인 악 : 정치적 감정에 대한 무시」, 한국학술진흥재단 <세계 석학 초청> 계명대학교 강연원고, 2008. 8월.

_______, 「약자에 대한 배려능력으로서의 공감」(오병선 역), 『서강법학』 10권2호, 2008.

대한성서공회, 『성경전서』 새영어흠정역판, 1985.

데이빗 호이, 『해석학과 문학비평』(이경순 역), 문학과 지성사, 1992.

류재만, 「어린이를 위한 전문 도슨트에 대한 연구」, 『미술교육논총』 제18권, 2005.

맥루한, 『구텐베르크 은하계-활자인간의 형성』(임상원 역), 커뮤니케이션북스, 2001.

_____, 『미디어의 이해-인간의 확장』(박정규 역), 커뮤니케이션북스, 1997.

문현병, 「프랑크푸르트학파의 사회철학에서 문화비판」, 『시대와철학』 제11호, 1995.

박경미, <피 묻은 돈으로 인문학 살리면, 세상이 바뀌나?>, 2011년 9월 23일. 프레시안 기사

박길성, 『사회는 갈등을 만들고, 갈등은 사회를 만든다』, 고려대학교 출판부, 2013.

박영신, "가치 지평의 사회학" 『본질과 현상』, 2008년 가을호.

_____, "기억과 자기이해", 『현상과인식』 제35권 3호 통권 111호, 2010 가을호.

_____, "역사의 기억과 진실의 인식" 『현상과인식』, 19권 3호(1995년 봄).

_____, 『실천 도덕으로서의 정치』, 서울 : 연세대학교 출판부, 2000.

박정신, "백낙준과 김양선의 한국 기독교사 인식-이른바 '선교사관'과 '수용사관'의 꼴과 결" 『한국 기독교사 인식』, 도서출판 혜안, 2004.

_____, "학원 친일 문제, 어떻게 이해할 것인가-고백, 기록, 그리고 기억으로 '어제'를 넘어 '미래'로-" 『역사학에 기댄 우리 지성사회 인식』, 서울 : 북코리아, 2008.

박지연,「박물관·미술관 도슨트의 직무분석」, 한국문화교육학회, 2008.
박충구,『21세기 문명과 기독교윤리』, 대한기독교서회, 1999.
번스타인, 리처드.,『객관주의와 상대주의를 넘어서』(정창호외 역), 보광재, 1996.
베네딕트, 루스.,『문화의 패턴』, 까치, 1997.
베르그손, 앙리.,『물질과 기억』(박종원 역), 아카넷, 2012.
샌델, 마이클.,『돈으로 살 수 없는 것들』(안기순 역), 와이즈베리, 2012.
손탁, S.,『해석에 반대한다』(이민아 역), 도서출판 이후, 2002.
수잔 헤크만,『해석학과 지식사회학』(윤병희 역), 교육과학사, 1993.
스카치폴, 테다.,『역사 사회학의 방법과 전망』(박영신 역), 서울 : 사회학연구소, 민영사, 1986.
신응철,「문화 해석의 두 입장 : 자유의지론과 문화결정론의 논쟁」,『고전 해석학의 역사』(한국해석학회), 철학과현실사, 2002.
_____,「문화발전과 문화윤리」,『사색』 제17집-김기순교수 정년기념·이삼열교수 화갑 기념호-, 숭실대 철학과, 2001.
_____,「슬픔이 기쁨에게」,『대동철학』 63집, 대동철학회, 2013.06.
_____,「인식의 현상학-카시러에게서 인식론과 문화과학의 관계를 중심으로」『철학사상』 37호(서울대철학사상연구소), 2010.
_____,「카시러의 인식이론 고찰」,『칸트와 현대 유럽철학』(한국칸트학회 편), 철학과현실사, 2001.
_____,「프랑크푸르트학파와 신칸트학파의 문화분석(연구) 방법론-문화철학과 문화비평의 상관성의 관점에서」,『대동철학』 제24집, 2004.
_____,「해석 : 해방인가? 훼방인가?」,『철학연구』 제61집, 2003. 5.
_____,「해석학과 문예비평」,『철학연구』 제54집, 2001년 가을호.
_____,『문화, 철학으로 읽다』, 북코리아, 2009.
_____,『문화철학과 문화비평』, 철학과현실사, 2003.
_____,『카시러 사회철학과 역사철학』, 철학과현실, 2004.
_____,『카시러의 문화철학』, 한울아카데미, 2001.

_____, 『해석학과 문예비평』, 예림기획, 2001.
심혜련, 「대중매체에 관한 발터 벤야민의 미학적 고찰이 지니는 현대적 의의」, 숭실대 대학원 철학과, 2001 춘계 콜로키움, 자료집, 2001.5.21(숭실대).
쌍소, 피에르 ., 『느리게 산다는 것의 의미』(김주경 역), 동문선, 2007.
아스만, 알라이다., 『기억의 공간』(변학수외 역), 그린비, 2012.
옥한흠, 「크리스챤의 성 윤리」, 『현대와 크리스챤의 윤리』, 도서출판 엠마오, 1987.
올릭, 제프리., 『기억의 지도』(강경이 역), 옥당, 2011.
이경직, 『문화매거진 오늘』, 2006년 5·6월호.
이구슬, "가다머와 하버마스의 해석학 논쟁", 한국해석학회, 제3차 발표회, 1994.
이국헌, 『기독교 윤리학의 이해』, 삼영출판사, 2004.
이병준 외, 『고령자 적합 직종 발굴 및 훈련프로그램 개발(문화영역을 중심으로)』, 노동부·부산대 교육연구소, 2007.
이상신, 『19世紀 獨逸歷史 認識論』, 고려대출판부, 1989.
이상엽, 「짐멜과 카시러의 문화철학 비교 연구」, 『철학논총』 50집, 제4권, 2007.
이영주, 「삼성어린이박물관의 museum Educator 운영 사례」, 한국문화교육학회, 2008.
이지성, 「타인의 고통, 연민을 넘어 공감으로」, 대동철학회 봄 학술대회보 『사회적 병리현상으로서의 왕따』 2013.05.
임성빈, 「성경으로 본 동성애」, 『빛과 소금』, 1996년 6월호.
_____, 『21세기 문화와 기독교』, 장로회신학대 출판부, 2004.
임종국, 『해방전후사의 인식』, 서울 : 한길사, 1979.
전국대학인문학연구소협의회, 『인문비평』, 월인, 창간호 : "우리나라 인문학 연구의 현황과 문제점",(2000), 제2호: "국내외 인문학 동향"(2001), 제3호: "인문학의 경제적 가치와 생산성"(2002).
정진상 외, 『대학 서열체제 연구』, 한울출판사, 2004.
정진상, 『국립대 통합네트워크』, 책세상, 2004.

조요한, 『예술을 사랑하는 마음』, 한길사, 1996.
짐멜, G., 『게오르그 짐멜의 문화이론』(김덕영·배정희 옮김), 도서출판 길, 2007.
_______, 『돈의 철학』(안준섭·장영배·조희연 역), 한길사, 1983.
_______, 『짐멜의 모더니티 읽기』(김덕영·윤미애 옮김), 새물결, 2005.
최명관, 『카시러의 철학』, 법문사, 1985.
최성환, 「딜타이와 짐멜의 삶의 개념과 이해 개념」, 『철학탐구』25집, 2009.
최소인, 「니체와 칸트-거리의 파토스와 사이의 로고스」, 『칸트와 현대 유럽 철학』(한국칸트학회편), 철학과현실사, 2001.
최태연, 「사이버 문화의 철학과 기독교 세계관」, 『사이버문화와 기독교 문화 전략』, 쿰란출판사, 1999.
칸트, 임마누엘., 『칸트의 역사철학』(이한구 편역), 서광사, 1993.
콘너스만, 랄프., 『문화철학이란 무엇인가』(이상엽 역), 북코리아, 2006.
크리언, 케이트., 『그람시·문화·인류학』(김우영 역), 도서출판 길, 2004.
파에촐트, 하이츠., 『카시러』(봉일원 역), 인간사랑, 2000.
폴 리쾨르, 『역사와 진리』(박건택 역), 솔로몬출판사, 2002.
피에르 노라 외, 『기억의 장소』 1-5(김인중 외 역), 나남출판사, 2010.
하이데거, 마르틴., 『존재와 시간』(이기상 역), 까치, 1998.
하이데거, 『니체와 니힐리즘』(박찬국 역), 철학과현실사, 2000.
한국문화교육학회, 2008 한국박물관대회 논문집, 『도슨트#해설사』, 2008.
한국문화예술교육진흥원, 『박물관·미술관·미술관 교육 전문인력 양성 및 지원방안 연구』, 2006.
한스 게오르그 가다머, 『진리와 방법 1』(이길우 외 역), 문학동네, 2000.
한승옥, 「亂世의 知識人과 선비정신」, 『인문학연구』 제32집, 숭실대 인문과학연구소, 2002.
현대사상 기획특집 특별대담 "문화연구와 권력", 『현대사상』 제4호, 민음사, 1997.
홍경자, 「짐멜의 비극적인 것」, 『해석학연구』 8집, 2001.

Ahrendt, Hannah., "Race-Thinking Before Racism", *The Review of Politics*, VI, No. 1(1944).

Apel. Bormann. Bubner. Gadamer. Giegel. Habermas, *Hermeneutik und Ideologiekritik*, Suhrkamp Verlag Frankfrut am Main, 1971.

Assmann, Jan., *Religion and Cultural Memory*, Stanford : Stanford University Press,2006.

Bandura, A., Behavior theory and the models of man. *American Psychologist*(December). 1974.

Bandura, A., The self system in reciprocal determinism. *American Psychologist* 33(4). 1978.

Benjamin, W., "The work of art in the age of mechanical reproduction" (1968), in *Culture; Critical Concepts in Sociology*, Edited by Chris Jenks, Vol 2. Routledge London and New York, 2003. 『문예비평과 이론』(이태동 역), 문예출판사, 1997.

Bernstein, Richard J., *Beyond Objectivism and Relativism; Science, Hermeneutics, and Praxis*, University of Pennsylvania Press, 1983.

Bieber, I., *Homosexuality*, New York : Basic Books, 1962.

________, *Psychodynamics and sexual object choices : A reply to Dr. Richard C. Friedman's paper. Contemporary Psychoanalysis* 12 : 1976.

Buber, Martin., *Ich und Du*, in *Die Schriften über das dialogische Prinzip*, Verlag Lambert Schneider, Heidelberg, 1954, 1974.(영어본은 *I and Thou*, ed by Walter Kaufmann, 1970. 번역서로 『나와 너』(표재명 역), 문예출판사, 1977.)

____________, *Ich und Edu*, in *Die Schriften über das dialogische Prinzip*, Verlag Lambert Schneider, Heidelberg, 1923. 1954, 1974. 영어본은 *I and Thou*, ed by Walter Kaufmann, 1970.

(번역서로 『나와 너』(표재명 역), 문예출판사, 1977.)

Byne, W., and B. Parsons., Human sexual orientation : The biological theories reappraised. *Archives of General Psychiatry* 50. 1993.

C. A. 반 퍼슨, 『급변하는 흐름 속의 문화』, 서광사, 1994.

Carlyle, Thomas., *On Heroes, Hero Worship and the Heroic in History*, Oxford University Press, London : Humphrey Milford, 1841, Reprinted, 1928(번역서로는 『영웅숭배론』(박시인 역), 을유문화사, 1963).

Cassirer Ernst., *An Essay on Man,* Yale University Press. 1944.

___________, *Determinism and Indeterminism in Modern Physics* (1936), Translated by O.T. Benfey, New Haven : Yale University Press, 1956.

___________, *Philosophie der Symbolischen Formen*(1923), Dritter Teil : *Phänomenologie der Erkenntnis*, Darmstadt, 1929. Wissenschaftliche Buchgesellschaft, Darmstadt, Reprint, 1973.

___________, *Versuch über den Menschen. Einführung in eine Philosophie der Kultur*, Frankfurt / M. 1990.

___________, *Zur Logik der kulturwissenschaften*(1942)(번역서로는 『문화과학의 논리』(박완규 역) 도서출판 길, 2007.) *The Logic of the Humanities*, Translated by Clarence Howe, New Haven : Yale University Press, 1961.

_________, *Symbol, Myth, and Culture : Essays and Lectures of Ernst Cassirer 1935-1945*, Edited by Donald Philp Verene, New Haven and London Yale University Press, 1979.

__________, *The Philosophy of Symbolic Forms,* Vol 3 : *The Phenomenology of knowledge*, translated by Ralph Manheim, New Haven and London, Yale University Press. 1957.

___________, *Das Erkenntnisproblem in der Philosophie und Wissenschaft der neueren Zeit*, Erster Band(1906), in

Gesammelte Werke, Hamburg : Felix Meiner, 1998~2009.

____________, *Determinismus und indeterminismus in der modernenPhysik*,(1937). in *Gesammelte Werke*, Hamburg : Felix Meiner, 1998-2009.

____________, *The Myth of the State*, New Haven and London : Yale University Press, 1946.(번역서로는 『국가의 신화』, (최명관 역, 서광사, 1988.)

Daniel A. Helminiak, *What the Bible Really Says About Homosexuality*, Millennium Edition, 2000.(『성서가 말하는 동성애-신이 허락하고 인간이 금지한 사랑』(김강일 역), 해울, 2003.)

Derrick Sherwin Bailey, *Homosexuality and the Western Christian Tradition*, Longmans, Green, 1955.

Dorner, G., Stressful events in prenatal life of biand homosexual men. *Experimental and Clinical Endocrinology* 81. 1983.

Fauser, Markus., *Einführung in die Kulturwissenschaft*, Wissenscaftliche Buchgesellschaft, Darmstady, 2003.(번역서로 마르쿠스 파우저, 『문화학의 이해』(김연순 역), 성균관대출판부, 2008.)

Gadamer, H.G., *Replik, :Hermeneutik und Ideologiekritik*, Frankfurt/M, 1971.

____________, *Rhetorik, Hermeneutik und Ideologiekritik*. Metakritische Erörterungen zu *Wahrheit und Methode : Hermeneutik und Ideologiekritik*, Frankfurt/M, 1971.

____________, *Wahrheit und Methode; Grundzüge einer philosophischen Hermeneutik*, J.C.B. Mohr (Paul Siebeck) Tübingen, 1986. 영역본은 *Truth and Method*, Translated William Glen-Doepel, Sheed and Ward London, 1975.

Gobineau, *Essai sur I'inégalité des races humaines*, 1853-1855. 제2판(Paris : Firmin-Didot), Kant, *Grundlegung zur Metaphysik der Sitten*, sec. 2, "Werke", ed. E. Cassirer, Ⅳ.

Gramsci, Antonio., *Selections from Cultural Writings*, edited by David Forgacs and Geofferey Nowell Smith, London, Lawrence & Wishart, 1985.

______________, *Selections from Political Writings* 1910-1920, edited by Quintin Hoare, London, Lawrence & Wishart, 1977.

______________, *Selections from the Prison Notebooks*, edited by Quintin Hoareand Geoffrey Nowell Smith, London : Lawrence & Wishart, 1971.

Habermas. J., *Erkenntnis und Interesse*, Frankfurt/M. 1968.

__________, *Technik und Wissenschaft als Ideologie*, Suhrkamp Verlag, 1969.

__________, *Universalitätanspruch der Hermeneutik,:Hermeneutik und Ideologiekritik*, Frankfurt/M, 1971.

__________, *Zur Gadamers 'Wahrheit und Methode', in : Hermeneutik und Ideologiekritik*, Frankfurt/M, 1971.

__________, *Zur Logik der Sozialwissenschaften*, Frankfurt/M, 1967.

Hallbwachs, M., *The Theory of Memory : A Reader*, Baltimore : Johns-Hopkins University Press, 2007.

Heidegger, Martin., *Sein und Zeit*, Max Niemeyer Verlag Tübingen, 1927.

Herrn, R., On the history of biological theories of homosexuality used to justify homosexuality. Special issue : Sex, cells, and same-sex desire : The biology of sexual preference. *Journal of Homosexuality* 28(1-2). 1995.

Hume, D., *The Natural History of Religion*(1757)(『종교의 자연사』(이태하 역), 아카넷, 2004.)

I. 칸트 외, 『감성계와 지성계의 형식과 원리들』(최소인 역), 이제이북스. 2007.

John R. W. Stott, *Same-Sex Partnership?*, Zondervan, 1998.(『존 스토트의 동성애 논쟁-동성 간 결혼도 가능한가?』(양혜원 역), 홍성사, 2006.)

Judith K. Bailiwick & Jack O. Balswick, *Authentic Human Sexuality*, Inter Varsity Press, 1999(『진정한 성』(홍병룡 역), IVP, 2002).

Kant, Immanuel., *Metaphysische Anfangsgründe der Naturwissenschaft*, Werke in zehn Bänden, ed. Wilhelm Weischedel, Darmstadt : Wissenschaftliche Buchgesellschaft, 1968.

Kearney, Richard., *Modern Movements in European Philosophy* (Manchester Univ. Press, 1986).

Krois, J. M., *Cassirer : Symbolic Forms and History*, Yale University Press, New Haven and London, 1987.

MacIntyre, Alasdair., *After Virtue : A Study in Moral Theory*, London : Duckworth, 1990.

McLuhan, Marshall., *The Gutenberg Galaxy : The Making of Typographic Man*, New York : Mentor, 1964. 『구텐베르크 은하계-활자 인간의 형성』(임상원 역), 커뮤니케이션북스, 2001.

_________________, *Understanding Media:The Extensions of Man*, New York : McGraw-Hill, 1964. 『미디어의 이해-인간의 확장』(박정규 역), 커뮤니케이션북스, 1997.

Mendlewitsch, Doris., *Volk und Heil. Vordenker des Nationalsozialismus im 19. Jahrhundert*, Rheda-Wiedenbrück, 1988.

Mosse, George L., *Die Geschichte des Rassismus in Europa*, Frankfurt/M. 1990.

Mosse, George L., Friedrich., *Also sprach Zarathustra* Ⅰ-Ⅳ. Kritische Studienausgabe Herausgegeben von Giorgio Colli und Mazzino Montinari, Dünndruck-Ausgabe, 1988. 『차라투스트라는 이렇게 말했다』(정동호 역), 니체전집 13. 책세상, 2000.

Mosse, George L., Friedrich., *Sämtlich Werke, Kritische Studienausgabe*

Band 6. dtv/de Gruyter, Dünndruck-Ausgabe, 1980.

Niedermann, J., *Kultur : Werden und Wandlungen des Begriffs und seiner Ersatzbegriffe von Cicero bis Herder*, Firenze : Biblipolis, 1941.

Nietzsche, Friedrich., *Sämtlich Werke, Kritische Studienausgabe* Band 5. dtv/de Gruyter, Dünndruck-Ausgabe, 1980. 『선악의 저편·도덕의 계보』(김정현 역), 책세상, 2002.

Nora, Pierre., "Between memory and History", *Theories of Memory : A Reader*(Baltimore : Johns Hopkins University Press, 2007.

Nussbaum, Martha C., *Citizens of the World : A Classical Defense of Reform in Liberal Education*(Cambridge, MA : Harvard University Press, 1997).

__________, *Hiding From Humanity : Disgust, Shame, and the Law*(Princeton : Princeton University Press, 2004).

__________, *Not for Profit,* Princeton University Press, 2010(번역서로 『공부를 넘어 교육으로』(우석영 역, 궁리, 2011)).

Peter Coleman, *Christian Attitudes to Homosexuality*, SPCK, 1980.

Ricoeur, Paul., *Hermeneutics & the Human Sciences, Essays on Language, action, and interpretation,* ed by John B. Thompson, Cambridge Univ. Press, 1981.

__________, *Interpretation Theory : Discourse and The surplus of Meaning*, The Texas Christian University Press, Fort Worth, Texas, 1976.

__________, *Memory, History, Forgetting*, Chicago : University of Chicago Press, 2004.

Rossington, M., *Theories of Memory : A Reader*, Baltimore : Johns Hopkins University Press, 2007.

Schlick, Moritz., "Kritische oder empirische Deutung der neuen Physik?" *Kant Studien* 26(1921).

_____________, *General Theory of Knowledge*, 2d ed., trans. Albert E. Blumberg(1927; reprint, New York and Vienna : Springer-Verlag, 1974).

Shusterman, Richard., *Pragmatist Aesthetics : Living Beauty, Rethinking Art*, Rowman & Littlefield, 2000.(번역서 『프라그마티스트 미학; 살아있는 아름다움, 다시 생각해 보는 예술』(김광명 외 역), 예전사, 2002.

Simmel, Georg., "Die Zukunft unserer Kultur. Stimmen über Kulturtendenzen und Kulturpolitik(1909)", in *Georg Simmel Gesamtausgabe* 17, Frankfurt a.M : Suhrkamp, 2005.

_____________, "Vom Wesen der Kultur(1908)", in *Georg Simmel Gesamtausgabe*, *Band 8. Aufsätze und Abhandlungen 1901-08*, Suhrkamp Verlag Frankfurt am Main 1993.

_____________, *Gesamtausgabe*, *Band 14. Hauptprobleme der Philosophie. Philosophische Kultur*, Herausgegeben von Rüdiger Kramme und Otthein Rammstedt, Suhrkamp Verlag Frankfurt am Main 1966.

_____________, *Grundfragen der Sozilogie. Individuum und Gesellschaft*, Berlin 1970.

_____________, *Soziologie. Untersuchungen über die Formen der Vergesellschaftung*(1908):*Georg Simmel Gesamtausgabe* 11, Frankfurt am Main. 1992.

Sontag, Susan., *Against Interpretation and Other Essays*, New York, Dell, 1966. 『해석에 반대한다』(이민아 역), 도서출판 이후, 2002.

Spengler, Oswald., *Der Untergang des Abendlandes,* München : Beck, 1918.

Tillich, Paul., *Theology of Culture*, ed. by Robert C. Kimball, Oxford University Press, 1959(번역서로 『문화의 신학』(남정우 역), 대한기독교서회, 2002).

Uexküll, J. von., *Theoretische Biologie*, 제2판(Berlin, 1938); *Umwelt und Innenwelt der Tiere*(1909), 제2판(Berlin, 1921).

Verene, Donald Phillip(ed)., *Symbol, Myth, and Culture : Essays and Lectures of Ernst Cassirer, 1935-1945*. Yale University 1979(번역본으로, 에른스트 카시러, 『상징 신화 문화 : 에른스트 카시러의 1935-1945년 에세이 및 강의』(심철민 역), 아카넷, 2012).

Vieregg, H., *Museumswissenschaften*, Paderborn : W. Fink Verlag. 2006.

Warnke, Georgia., *Gadamer Hermeneutics, Tradition and reason*, polity press, 1987.

Weber, Max., *From Max Weber : Essays in Sociology,*(Edited by Hans Gerth/C.W. Mills), New York : Oxford University Press, 1958.

Wolff, C., *Love between women*, New York : St. Martin's Press, 1971.

신응철(申膺澈)

• 학력

경북 안동 경안고 졸업
숭실대학교 철학과 졸업(서양철학, 문학사)
숭실대학교 대학원 철학과 졸업(해석학, 문학석사)
숭실대학교 대학원 철학과 졸업(문화철학/문화해석학, 철학박사)

• 경력

대림대학교 교양학부 교수
경성대학교 글로컬문화학부 교수
동아대학교 철학생명의료윤리학과 교수
현) 숭실대학교 한국기독교문화연구원 인문사회학술연구교수
현) 한국해석학회 회장
현) 한국현대유럽철학회 회장
현) 한국기독교철학회 부회장
현) 한국인간과자연학회 부회장

• 단독 저(역)서

『카시러의 문화철학』(2000), 『해석학과 문예비평』(2001), 『문화철학과 문화비평』(2003), 『카시러 사회철학과 역사철학』(2004), 『철학으로 보는 문화』(2004), 『관상의 문화학』(2006), 『기독교 문화학이란 무엇인가』(2006), 『문화, 철학으로 읽다』(2009), 『기독교 철학자들의 문화관』(2011), 『20대, 이제 철학을 만나다』(2014), 『언어와 신화』(2015), 『에른스트 카시러』(2016), 『대학생이 알아야 할 인성 교양 윤리의 문제들』(2018)

20대, 이제 철학을 만나다

초판 1쇄 발행 | 2014년 3월 10일
초판 2쇄 발행 | 2016년 8월 30일

저 자 | 신 응 철
발행인 | 이 중 수
발행처 | 동 문 사

주소 : 서울특별시 서대문구 홍제원 1길 12(홍제동 137-8)
Tel : 02)736-3718(대), 736-3710, 3720
Fax : 02)736-3719
등록번호 : 제9-17호
가격 : 16,000원

ISBN : 978-89-8251-644-3(03180)
E-mail : dong736@naver.com
www.dongmunsa.com